Martin E. Schleich

Münchener Punsch

humoristisches Originalblatt

Martin E. Schleich

Münchener Punsch
humoristisches Originalblatt

ISBN/EAN: 9783742891914

Hergestellt in Europa, USA, Kanada, Australien, Japan

Cover: Foto ©Suzi / pixelio.de

Manufactured and distributed by brebook publishing software (www.brebook.com)

Martin E. Schleich

Münchener Punsch

Münchener Punsch,

humoristisches Originalblatt
von
M. E. Schleich.

Achtzehnter Band.

Münchener Kindl's einziger Neujahrswunsch:

Rettung vor'm Tollhaus!

München, 1865.
Druck der Dr. Wild'schen Buchdruckerei (Parcus).

? ? ?

So viel steht fest: es droht Gefahr,
Unheimlich schwirren ihre Boten,
Besorgniß herrscht, Entrüstung gar,
Unruhig sind die Patrioten.
Vorwärts mit Agitationen!
Das Sich versammeln wird zur Pflicht;
Adressen, Deputationen —
   Warum?
  Das weiß man nicht!

*

Seht ihr die Schaar von Jesuiten,
Wie sie schon nah und näher schweift?
Wer bürgt, daß man nicht Inquisiten
Auf's neu' zum Scheiterhaufen schleift?
Ein Cabinet von falschen Frommen
Ist unausbleiblich schon in Sicht.
Die Reaktion sie muß bald kommen —
   Woher?
  Das weiß man nicht!

*

Kein Rede-, kein Versammlungsrecht,
Und keine Presse, keine freie —
Nichts gibt's in Bayern! Wie gerecht
Sind Nürnberg's, Augsburg's Schmerzensschreie!
Weh' auch der schüchternsten Bewegung,
Denn blutig straft sie das Gericht!
Erstickt wird jede freie Regung —
   Von wem? Und wo?
  Das weiß man nicht!

*

Man ist erregt, man ist erbittert,
In München spinnt ein schwarzer Plan.
Wer das nicht sieht, wer das nicht wittert,
Der Schurke ist ultramontan.
Schickt Deputirte ohne Zagen,
Vertreten sei jedwede Schicht.
Zum König hin — man wird's ihm sagen!
   Nun, was benn?
  Ja, das weiß man nicht!

Inhalt
des
achtzehnten Bandes.

	Seite
Abgeordnetenfest, zum preuß.	234
Anlehens-Kalender für das schuldenreiche Jahr 1866	402
Aphorismen über Aphorismen	298
Aut Caesar aut Nihil. Kleines Dresdener Soirée-Episödchen	62
Bericht aus Frankfurt	372
Bericht, ehrerbietigster, des Pfarrers von Schnurfling auf das Inquisitorium betr. der Presse	138
Berliner Witz, der	354
Biarritzig	337
Cäsar, der Rattenfänger	108
Classen-Kappelmann an die Holzkirchner	259
Classen-Kappelmann, Gedenkblatt	284
Concurrenz-Dank-Gedicht an Oestreich und Preußen	145
Crämer's Fürther Rede	346
Dawison und — keine Reclame!	128
Deutschland	342
Deutsch-österreichisches Volkslied	316
Die Welt steht auf kein' Fall mehr lang	131
Diplomatie, allerneueste	286
Distanzmesser, politisch-moralischer	117
Encyclica	4
Erinnerung an Compiègne, oder das symbolische Hundefressen	290
Er hat doch ein guter Kerl!	70
Feldzugsplan, kleiner, aus der Mappe des Grafen Bismark	348
Feuerlärm, ein Münchener	17
Geist Mannheim's, der	89
Gendarmerie-Fabrik	148
Geschichte Julius Cäsar's, die, eine von Louis Napoleon's neuesten Geschichten	17

	Seite
Gibt es ein Fortschrittsmonopol? Ernstlich, aber nicht bös gemeinte Betrachtung	26
Glossen eines Berliners über den Speisezettel bei der kgl. Abgeordnetentafel in München	120
Isoldens Unpäßlichkeits-Arie, ein sangbarer Text	174
Jagd-Kalender	287
Kasseler Bulletins	283
Keine Fabel!	93
Kostenvoranschlag, kleiner, der Wagner'schen Stadterweiterungspläne	403
Leitartikel, ein, ohne Titel	321
Macht der Logik, resp. Logik der Macht	3
Maularbeiterfrage betr.	218
Mari und Mini, eine Liebesgeschichte	269
Metamorphosen	255
Minimal-Forderungen Preußens	87
Monumenta boica	397
Monumentum boicum	38, 419
Morgenständchen eines neudeutschen Componisten. Nach einer Münchener Volkssage	66
Morgengebet eines bescheidenen Mannes	387
„M'r weiß's schon!"	249
Müllertag	58
Muster-Mißtrauens-Votums-Begründung gegen das kgl. b. Ministerium	186
Nach-Encyclica	17, 59
Niemand hat was g'hört. Eine höchst merkwürdige Geschichte	253
Noch ein Leitartikelchen	257
Pälzische Blutrach', auf Grund einer Idee des Hrn. Ruland	196
Palästina, das modernisirte. Ein Phantasiestück	42

	Seite
Pygmäen-Zwist, der	177
Ranke'sche Verdauungsrede	226
Real-Invalide, der politische	85
Redebilder, landschaftliche	36
Richardhüpfel	388
Säbel, der beste. Novelle	74
Schleswig'sche Haiden	303
Schmach und Schande, neu definirt	335
Schreibfehler, wobei aber das Wort doch eigentlich richtig geschrieben ist	11
Schwarzweiß-Buch in der schlesw.-holsteinischen Frage	106
Schwindel und Wirklichkeit	339
Sicilien	140
Symbolum, ein ironisches	77
Trennungsstunde, zur	365
Tagsbefehl an die Rheinarmee	241
Tristan u. Isolde (Textproben)	167

	Seite
Umschreibungen des östr. Finanzministers für Schuldenmachen	202
Und sie geht doch in die Laube!	202
Urlaubshüpfel, abgelaufene	2
Vermißten, die, im schleswig-holsteinischen Feldzuge	34
Volksfreundlicher Artikel. Von einem freien Maurerjungen	338
Volksversammlung in Nürnberg	206
Was bleibt noch ungebeelt?	302
Was thut Preußen? Was thut Oestreich?	357
Wenn i Minister war', was mi Alles reu'n that. Altbayrisch	164
Wie man Bundestags-Präsident wird	99
Zum Sturm im Wasserglas	395

Nicht als ob's den Leuten nicht vergönnt wäre — im Gegentheil! Aber man erlaubt sich nur Folgendes zu bemerken:

Es ist nicht alle Tage Sonntag, sagt das Sprüchwort. Manches Jahr enthält jedoch **mehr** Sonntage als in der Ordnung ist, so auch das heurige, in welchem die verehrl. Abonnenten 53 Nummern des Punsch erhalten.

☞ Zu Anfang eines Semesters werden **nur halbjährige Bestellungen** angenommen.

Preis in Bayern 1 fl., in Preussen 25 Sgr., in Oestreich 1 fl. 35 Nkr., in der Schweiz 3 Frcs. 20 Sous.

Alle **Postanstalten** in und ausser Deutschland effektuiren Bestellungen.

Und somit wünschen wir allerseits
vergnügte Aufregung!

Münchener PUNSCH.

Ein humoristisches Originalblatt von M. E. Schleich.

Achtzehnter Band.

Nro. 1. Halbjähriger Abonnementspreis: in Bayern 1 fl. Im Ausland erfolgen die üblichen Postaufschläge. 1. Jan. 1865.

☛ Zu Anfang des Semesters erledigen die Post-Anstalten nur **halbjährige Bestellungen.**

Im ganzen deutschen Vaterland, welches größer — in ganz Bayern, welches energischer — in ganz Preußen, welches bescheidener — in ganz Oestreich, welches ehrlicher — und in ganz Europa, welches jünger sein sollte, bestellt man dieses Blatt bei der nächstgelegenen kaiserlichen, königlichen, großherzoglichen, herzoglichen, churfürstlichen, fürstlichen, landgräflichen, freistädtischen oder rein menschlichen Post-Anstalt.

Zur Geschichte der „Irrthümer".

Auch eine Encyclica, und zwar eine zeitgemäße

Abgelaufene Urlaubshüpfel.

Ju Mießbach is schö',
Da hab'n d'Hütl'n an Spitz;
Bin jetz' wieder in München
Bei meiner Justiz.

*

D' Justiz is was Fein's,
A Minister is was Rar's,
Hat mir bei der Nacht schon
Oft tramt g'habt: I war's.

*

Der Mulzer is g'wes'n,
Der Ringlmann no eh',
Und jetz' bin i's selber,
Tiarui didiröh!

*

Staatsanwält' und Richter
I schieb' s' hin und her,
Warum? Weil i s' gern hab',
Was will ma denn mehr?

*

An Huber von Weid'n
Hab' i schö' einibracht.
Dös kon i net leid'n,
Wenn ma Lärm von was macht.

*

Im Winter gibt's Schneefall,
Im Summer gibt's Blitz,
Was 's aber 's ganz' Jahr gibt,
Dös is die Justiz.

*

D' Juristen soll'n leb'n,
Und die Kammer daneb'n,
Kumma mir Zwoa in d'Haar',
Dann glückselig's neu's Jahr.

Macht der Logik, resp. Logik der Macht.

Wenn „Hamlet" in Polen spielte, so müßte Ophelia auf seinen Rath: „Geh' in ein Nonnenkloster" antworten: Es gibt ja keines mehr! Das orthodoxe Rom an der Newa entwickelt übrigens einen Jesuitismus, der dem General an der Tiber alle Ehre machen würde. Zuerst wurden die polnischen Klöster aufgehoben, weil sich die Mönche an der Insurrektion betheiligten. Nun beseitigte man aber im Gouvernement Lublin fünf Klöster aus dem Grunde, weil sie nicht genug Mönche zählten, um ein Kloster vorzustellen! Aehnlich macht es Herr v. Bismark mit der durch klösterliche Bescheidenheit sich auszeichnenden Versammlung in der Eschenheimer Gasse zu Frankfurt am Main. Rührt sich der Bund, so überschreitet er seine Competenz und Preußen wird ihn unschädlich machen. Thut er Nichts, so heißt es: er zählt nicht hinlänglich viele Kräfte, um einen Bund vorzustellen — confiscirt wird also jedenfalls! Wer die Gewalt hat, der hat nicht nur das Recht, sondern auch die Logik.

Die päbstliche Encyclica verdammt achtzig moderne Irrthümer.

Bei dieser Gelegenheit möchte ich fragen: werden nach Neujahr die Zinsen des römischen Anlehens bezahlt, oder wäre es, wenn sich Einer darauf verließe, vielleicht der einundachtzigste Irrthum? Auch dieß lassen wir uns gefallen, aber nur „verdammt" möchten wir beßhalb nicht gleich werden.

Mehrere treue Katholiken,
im Sinne des bekannten Artikels der Allg. Ztg.

Die Bayerische Zeitung gab unlängst eine statistische Zusammenstellung der in München täglich consumirten Viktualien und kam dabei zu folgendem schmeichelhaften Resultat: In München trifft auf jeden Kopf ein halbes Pfund Rindfleisch!

Wenn Einem nun der Kopf recht schwer wird, so wäre es interessant zu wissen, ob's am Rindfleisch liegt oder am übrigen Kopf?

Encyclica betr.

Unter den verdammten achtzig Irrthümern befinden sich Naturalismus, Rationalismus, Clericoliberalismus und andere Ausgeburten sogenannter Denkerköpfe.

Was aber die Encyclica nicht erwähnt, also auch nicht verwirft, was also bisher nur ungerechter Weise zu den Verirrungen der Zeit gezählt wurde, sind folgende Dinge:

> **Hazardspiel,**
> **Lorettenthum,**
> **Crinoline,**
> **Börsenspeculation,**
> **Lebende Bilder,**
> **Gefärbte Schooßhunde.**

Diese Dinge sind, wenn es sich um's Seelenheil handelt, doch weniger schädlich, als Rationalismus und andere philosophische oder liberale Anwandlungen. Lieber schlechte Gesellschaft, als Bibelgesellschaften. Verzeihung allen Fehltritten, nur kein Civilstandsregister! Am meisten aber fliehe man Versteigerungen confiscirter Klostergüter. Es sind zwar auf diesem Wege, z. B. auch in Bayern, schon viele Leute reich geworden, aber dieser Reichthum ist ein Irrthum, um so schwerer, je größer die Summe ist. Welch' ein schreckliches Loos, auf diese Art mit einer halben oder ganzen Million herumirren zu müßen. Es lebe die Encyclica! Keine katholische Gelehrtenversammlung mehr — die Herren können zu Hause bleiben. Auch Döllinger möchte vorwärts, aber Fortschritt ist ein Irrthum, die Welt muß wenigstens stille stehen. Der Gesandtschafts-Sekretär von Inderhausen ist mit dem Vollzug beauftragt:

—⚬⋄⚬—

Marl. Was machen denn eigentlich die Mittelstaaten?

Sepperl. Na, die werden wahrscheinlich nächstens doch eine Conferenz haben, wahrscheinlich gegen Lichtmeß.

Marl. So, gegen Lichtmeß? Ich hab' glaubt: gegen Preußen!

Sepperl (haut ihm eine hinüber). In einer hehren Sache solche Witze machen, das kannst bleiben lassen.

———

(Kleine, aber schwierige Rechnungs-Aufgabe.) Hundert Gensdarmes mehr, wie viel macht das Spitzbuben weniger?

Lord Palmerston, der nicht nur in politischer, sondern auch in Landwirthschaft macht, hielt unlängst bei einer Festivität eine Lobrede auf die Treschmaschinen, welche die alte Treschmanier bald ganz verdrängen und einen ungeheuren Umschwung in der Landwirthschaft herbeiführen würden. Se. Lordschaft scheinen sogar überzeugt zu sein, daß es in einigen Jahren in England gar keine **Flegel** mehr geben wird.

Ein deutscher Cultusminister, der im Rufe der Tüchtigkeit steht, soll zu einem hohen Geistlichen gesagt haben: „Das Einzige, was ich der Kirche versprechen kann, ist: daß ich sie beim **Dorf lasse.**"

Es ist möglich, daß man lediglich durch **brieflichen** Unterricht gut französisch, englisch oder italienisch lernen kann.

Aber ein ächter und verläßiger **Deutscher** scheint sich durch diese Methode nicht herstellen zu lassen.

Der blinde Adressat in Hannover.

Noch ein Mal die Encyclica.

Dem Freunde in der Mittelhand neue Farben anspielen,
  Auf den Zehner schinden, wenn der Freund Trumpf geworfen hat,
  Mit dem Aß stehen bleiben, wenn das Spiel durch den Stich gewonnen wäre, —
diese und andere Irrthümer hätte ich auch gerne von Rom aus verdammt gesehen, da sie gar so oft vorkommen und einige Leute, man mag ihnen predigen was man will, sich doch nichts merken. Bei einer ächten Encyclica kommt's nicht darauf an, ob sie ein bischen länger oder kürzer ist und dann könnte man sich beim Taroken doch einmal auf eine Autorität berufen.

Benignus Gemüthlich,
Pfarrer und Solosänger in Nesthausen.

Wenn zwischen dem Wiener Reichsrath und dem Staatsminister noch eine Differenz besteht, so handelt sich's nur um eine einzige Sylbe.

Der Reichsrath beabsichtigt die geheimen Fonds einfach zu streichen, Herr v. Schmerling aber will sie einstreichen.

In der Pagerie zu Petersburg ist eine Emeute ausgebrochen, indem die Zöglinge sich weigerten, deutsch zu lernen.

Zur Revanche soll eine große Anzahl deutscher Edelknaben den patriotischen Entschluß gefaßt haben, niemals Unterricht in der russischen Sprache zu nehmen und etwaige freie Stunden lieber zu benützen, um sich mit den Anfangsgründen im — Billard bekannt zu machen.

Talschler. Husch husch, aber ich bin froh, wenn der Winter herum ist, gar nicht erwärmen kann ich mich mehr in meiner Wohnung.

Pimpshuber. Heizen Sie doch ein.

Talschler. Hilft nichts. Meine Tochter hat sich zum Christkindl einen Flügel eingebild't, aber gerade so muß er sein, wie Hans von Bülow seiner. Meine Frau war so schwach, einen kommen zu lassen; nun können Sie sich denken, was das für ein gewaltiges Stück ist, wie man sich's von Berlin nicht anders erwarten kann. Im Zimmer hat er keinen Platz, jetzt müssen wir die Thüre auflassen und auf dem Gang stößt man sich auch immer d'ran. Wenn das die Zukunfts-Flügel sind, dann bin ich froh, daß ich schon so alt bin.

Kleine Frühstücksplaudereien.

Frln. Janauschek spielte ihre Meisterrolle: „Iphigenie" letzten Mittwoch im großen Hoftheater. Trotz bedeutender Preiserhöhung war das Haus gut besetzt, der beste Beweis, daß der Ruf dieser in der deutschen Schauspielkunst einzig dastehenden Leistung bereits in alle Schichten des Publikums gedrungen ist. Der Janauschek gelang es, alle Mitspielenden mit sich fortzureißen, so daß wir an diesem Abend eine künstlerisch gehobene Vorstellung erlebten. Das Publikum gab dem Gaste seinen Dank in enthusiastischer Weise zu erkennen.

Das im Verlag von Giftnickels sel. Erben in Augsburg erscheinende Anzeigeblatt („'s Blättle") bringt eine Reihe von Winkelbetrachtungen über Bayern und die baverische Politik, die natürlich die Galle nicht werth sind, aus der sie gemacht wurden. Interessant bleibt es nur zu sehen, was für Gründe die Giftnickelparthei — der „Berg" im Magistrat — ihren Schlußfolgerungen zu Grunde legt. Frhr. v. d. Pfordten wird als Derjenige bezeichnet, der bei der vorletzten schleswig-holsteinischen Krisis erklärt habe: Der Wille des Kaisers von Rußland müße vollzogen werden! Nun war aber gerade die Verwerfung des Londoner Protokolls der einzige Punkt, worüber eine frühere Kammer dem vielbesprochenen Freiherrn ihre Anerkennung zollte. Gerade dem Vertreter Rußlands, der da sagte: Der Czaar wolle, daß der Bund das Protokoll ratificire, hatte Hr. v. d. Pfordten erwidert: Wir sind nicht in Rußland! Der Herr Baron an der Spitze unseres Auswärtigen ist wahrlich nicht zu beneiden. Dazu noch der Sündenspiegel in den Neuesten Nachrichten und jeden Nachmittag eine Kälte von 10 bis 12 Graden, da soll sich Einer erholen!

Beim letzten Bezirksamtsbeben in Garmisch stürzte eine Seelnonne erschrocken auf die Straße und der Barometerstand war dabei, wie die Blätter beifügen, ziemlich niedrig. Vom naturwissenschaftlichen Standpunkt wäre es interessant zu erfahren, inwiefern eine aus dem Haus stürzende Seelnonne einen höhern Barometerstand herbeiführen sollte.

Im Würzburger Musentempel ereignete sich unlängst eine drollige Scene. Frau Straßmann von München gastirte als Medea, welcher Tragödie der Zettel fälschlicher Weise statt vier fünf Akte aufoktrovirt hatte. Als nun nach dem 4. Akte die Handlung ihren hochtragischen Ausgang und die Hauptpersonen ihr klassisches Ende gefunden hatten, fiel der Vorhang. Der Publicus Herbipolitanus aber blieb in den Parterre- und Logenräumen erwartungsvoll sitzen, wahrscheinlich in der Meinung, wie die Hunnenschlacht in den Lüften, so werde das Stück in der Unterwelt weiter gekämpft werden. Endlich rollte der Vorhang wieder empor und ein alter Hellene in modernem Anzug erlaubte sich, dem Publikum zu bemerken, daß das Stück vieraktig und nun zu Ende sei. Die theilweise Beschämung der Anwesenden verbarg sich mit leichter Mühe unter einer allgemeinen Heiterkeit.

Die sanguinische Terminologie unserer Politiker wußte bekanntlich schon seit ein paar Jahren von einem „deutschen Officierstag" zu erzählen. Hand in Hand mit dieser Fiktion ging eine in Coburg erscheinende „deutsche Wehrzeitung", die aber Ende dieses Jahres wegen Mangels an Abonnenten eingeht. Den „Officierstag" selbst scheint der Mangel an Officieren weniger zu geniren.

In Linz klopfte es an die Thüre eines schwindsüchtigen Hauptmanns, ein blasser, natürlich magerer, Mann trat ein und überreichte ihm einen Zettel mit dem Datum seines Todes. Seit diesem unheimlichen Ereigniß sollen im Wiener Finanzministerium, wo auch die Schwindsucht herrscht, alle höheren Beamten erschrecken, so oft es an die Thüre klopft. So ein plötzlicher Zettel von Geisterhand, mit der Inschrift: „Es geht nicht mehr!" — das ist es, was sie fürchten.

Im Verlag des Buchhändlers Fleming zu Glogau erschien ein „Töchteralbum", enthaltend „Unterhaltungen zur Bildung des Verstandes und Gemüthes der weiblichen Jugend". Ob zu dieser literarischen Glogauer Weihnachtsgabe auch die HH. Lieutenants Krause und v. Richthofen Beiträge geliefert haben, ist nicht gesagt. Jedenfalls verdankt man ihnen eines der bekanntesten Blätter im Glogauer „Töchter-Album".

Alle Zeitungen stimmen Loblieder an auf die Humanität eines rheinländischen Fabrikbesitzers, der da unter den Kindern seiner Arbeiterinnen große Sterblichkeit bemerkte und tiefbewegt sogleich anordnete, daß den Weibern der Fabrikarbeiter zur Kindbettpflege ein sechswöchentlicher Urlaub mit Gagenfortbezug bewilligt werde. Wenn der sel. Lassalle noch lebte, würde er sagen: Die Kinder der Fabrikarbeiter kommen baldmöglichst auch in die Fabrik, gehören also zu den Arbeitskräften, resp. zum Capital des Fabrikherrn, sie helfen für gerlugen Arbeitslohn den in die Tasche des Unternehmers fließenden Arbeitsertrag vermehren. Ein Arbeiter mit Weib und Kindern arbeitet eigentlich für weniger Lohn mehr, denn wenn die Leistungen der Kinder in der Fabrik auch bezahlt werden, so kann doch der Vater die Forderungen für seine Arbeit nicht leicht höher spannen, im Gegentheil: im Interesse seiner stabil gewordenen Familie, und weil ja der Herr Weib und Kind und all' sein Fleisch und Blut beschäftigt, läßt er sich gegebenen Falls eher eine Herabsetzung des Lohnes gefallen. Also liegt der Kindersegen bei den Arbeitern im Interesse des Arbeitgebers — hinc illae lacrimae, daher die Humanität und weiche Gemüthsstimmung des vielgelobten Unternehmers. Wie gesagt: dieß wäre eine Deduction à la Lassalle. Etwas Wahres ist daran. Wie gräßlich erscheint aber von diesem Standpunkt aus der Unsinn: wenn Besitzende Arbeitern die Anfässigmachung und Verehelichung verweigern wollen!

Halbjährig in Bayern 1 fl.

Münchener PUNSCH.

Ein humoristisches Originalblatt von M. E. Schleich.

Achtzehnter Band.

Nro. 2. Halbjähriger Abonnementspreis: In Bayern 1 fl. Im Auslande erfolgen die üblichen Postaufschläge. 8. Jan. 1865

Deutsche Bundesveterinäranstalt oder Schinders Machtsphäre.

Glaubst Du vielleicht, durch Aufwarten und Wedeln Dein Leben zu retten?

Palmerston hielt bei einer festlichen Gelegenheit eine Lobrede auf die Preßfreiheit.

Ein Minister erklärt die Controle seiner Handlungen durch die Presse für eine Annehmlichkeit, nicht nur für die Presse, sondern auch für ihn!

Die in Wien erscheinende „Neue freie (?) Presse" schlägt die Hände über dem Kopf zusammen und wirft sich nieder in den Staub, um dieses Wunder anzubeten. Den Preßzuständen in **Deutschland** gegenüber, sagt sie, sollte man meinen, England befinde sich auf einem andern Planeten!

Halt ein in deinem Schmerz, gute Wienerin! Lord Palmerston und seine Zeitungsschreiber befinden sich auf demselben Irrstern, wie wir Andern auch.

Was aber die Preßzustände **Deutschlands** betrifft, so hat ein **Wiener** Blatt weder das Recht noch die Veranlassung, vor dem Ausland darüber zu lamentiren. Es gibt in Deutschland, in der Nachbarschaft Oestreichs, Länder welche **vollkommene Preßfreiheit** besitzen, eine Preßfreiheit, die man eine **englische** nennen könnte, wenn nicht unlängst ein scrupulöser Staatsanwalt geglaubt hätte, man müße den „Ultramontanen" das verweigern, was man den „Demokraten" gestattet. Gefängnißjacke und Fasttage sind Attribute der östreichischen Preß-Strafgesetzgebung, nicht aber der deutschen.

Wir ersuchen also die „Neue freie Presse" künftig etwas besser zu distinguiren, und wenn sie es nicht wagen darf, östreichische Zustände zu bejammern, dafür zu setzen: **Vormächtliche Zustände.** Der geniale Alliirte an der Spree denkt ja von der Presse auch total anders, wie Palmerston, und doch ist Herr v. Bismark — leider — auf keinem andern Planeten!

Idylle.

Hanns. Es ist doch merkwürdig, wie oft heuer Leuten, während sie im Engelamt sind, ihre Sachen gestohlen wurden.

Veit. Das passirt mir gewiß nicht.

Hanns. Warum? Habt Ihr so gute Schlösser?

Veit. Das nicht, aber ich gehe in kein Engelamt.

Preußen's König schickte am Weihnachtsabend einen bereits prachtvoll verzierten Christbaum nach Wien; dieser verzierte Christbaum ist ein Symbol der östreichisch-preußischen Allianz, denn dieselbe hat keine Wurzeln und Oestreich steckt Nichts mehr auf dabei.

Badens Großherzog verlieh dem König Victor Emanuel den Orden der Treue.

Daß Baden gerade den Mann decorirt, dem notorisch ein guter Hühnerhund lieber ist als alle europäischen Ordensdecorationen mit einander, ist Geschmackssache. Baden muß bekanntlich immer was Apartes haben. Wenn aber einige bayer. Blätter in edler Entrüstung ausrufen: Gerade dem König gibt man den Orden der Treue, der selber treulos ist und am meisten Treue gebrochen hat, so möchten wir zur Bereicherung unserer zeitgeschichtlichen Kenntnisse doch fragen:

Wann und wo Victor Emanuel dem Kaiser von Oestreich, dem König Franz, dem Großherzog von Toscana, den Herzogen von Parma und Modena überhaupt Treue geschworen, gelobt oder versprochen hat? Man darf versichert sein: Victor Emanuel hält sein Stabsofficiersehrenwort so hoch, daß, wenn er es unversehens gebrochen hätte, er jedenfalls sogleich um seine Entlassung eingekommen wäre.

Schreibfehler,

wobei aber das Wort doch eigentlich richtig geschrieben ist:

„Der Berliner Hofprediger predigte am Neujahrstage von der Pflicht der Annertenliebe."

„In den Herzogthümern besteht gegenwärtig eine interimystische Regierung."

„Wenn das Recht offenbar werden soll, dann müßen die preußischen Kronsündici gefragt werden." *)

---

*) Auch das päpstliche Rundschreiben hat zu orthographischer Uneinigkeit geführt; man liest: Encyclica, Enzyklika, Encyklica u. s. w. Nur die Schreibart Entzücklica habe ich noch nirgends, nicht einmal in katholisch gesinnten Blättern gefunden.   Anm. des Setzers.

Ponsard's berühmtes Schauspiel: „Geld und Ehre" hat im Wiener Carltheater gar nicht gefallen. Geld und Ehre sind aber auch zwei unangenehme Worte, die gegenwärtig in Oestreich überall nur schmerzliche Gefühle erwecken können.

Vom Continent und besonders aus Deutschland werden jährlich viele Tausende von Fröschen und Kröten nach England verschickt, da es deren dort zu wenig gibt und die in England selbst heimische Gattung von Protzen sich mit dem Insekten- und Raupenfang nicht abgibt.

Die bayerische Fortschrittspartei gründet ein Organ, das sogleich in's Leben treten soll.

Man möchte nur fragen: wohin man denn auf mittelstaatlichem Gebiet treten muß, wenn man in ein Leben treten will?

Marl und Sepperl, Schusterbuben.

Marl. Was ergibt sich denn eigentlich aus der Volkszählung?

Sepperl. Nun, man weiß doch, wie viel Seelen eine Stadt zählt, ohne Militär.

Marl. In Preußen würde manche Stadt ohne Militär wohl mehr Menschen zählen.

Sepperl. Wie so?

Marl. No, weil 's Militär alle Augenblick Ein' umbringt.

Marl. Was macht 'n unser Freund Bismark? Wird er bald herrschen, so weit die deutsche Zunge reicht?

Sepperl. Nur so weit die Trichinen reichen.

Marl. Wie so?

Sepperl. No, über die Mainlinie sind ja die Trichinen bekanntlich noch nicht herüber gekommen.

Marl. Ach ja.

Und wenn alle Köpfe aus Mecklenburg verschwinden, **ein
Kopf** ist es, der dem Lande treu bleibt, nämlich der im großherzoglichen Wappen. — Muh!

Seit der letzten Volkszählung hat sich die Bevölkerung in Mecklenburg um viele Tausend Köpfe verringert.

Daß die **Köpfe** weniger werden, daraus macht sich die herrschende
Gewalt nichts, daß aber mit den Köpfen auch die übrigen **Körper-
theile** abnehmen, das ist es, was besonders die mit der Handhabung
des Stockes betrauten Executivämter ärgert.

Darf man denn von Oestreich, Preußen gegenüber, wirklich
nur lauter **Halbheiten** erwarten? Jetzt schicken sie als östreichischen Civilcommissär einen Herrn von **Halbhuber!** Da
wäre ja ich noch besser, ich bin doch ein **ganzer Huber.**

Pimplhuber,
Civilcommissär seiner Selbst.

Privat-Kabel des Punsch.

Kiel. Herr v. Bismark soll auf den glücklichen Gedanken
gekommen sein, das ganze Vermögen des Herzogs Friedrich
zu confisciren, und denselben nachher wegen — **Mangels an
Subsistenzmitteln** aus Kiel auszuweisen.

Marokko. Die Astrologen protestiren sehr energisch gegen die Errichtung von Telegraphenleitungen. Der Mufti von Marokko bereitet
eine Encyclica vor, worin folgende drei **Irrthümer** der Neuzeit verdammt werden, nämlich: 1. Galvanismus, 2. Electricität, 3. Electro-
magnetismus.

Paris. Bei der Neujahrsaufwartung sagte der Kaiser: Bei
der jetzigen **Kälte** werde ich mich wohl hüten, Jemanden meinen
Handschuh hinzuwerfen.

Soll denn der Herzog Friedrich gar nicht **gehört werden?** Die Mittelstaaten wollten ihm beim Bunde doch wenigstens eine **Moll-Stimme** einräumen, und auch diese nur mit h geschrieben (Mohl), doch selbst dieß wäre den Preußen noch zu laut!

In der Wiener Stadt gibt es, wie schon Staberl erzählt, ein Haus, das hat die Nummer 111, und dorten heißt man's bei den „drei **schö-nen Einsern**".

Das heurige östreichische Deficit beträgt über 77,770,000 fl. Darauf hin kann man nun das Wiener Finanzministerium taufen wie man will, man kann sagen: Zu den „vier **abscheulichen Siebenern**" oder: zu den „vier **fatalen Nullen**" (eigentlich „Nullern", wie man südlich von der Donau sagt).

Auch eine Depesche.

☞ ☞ Alle **Postanstalten Deutschlands** effektuiren Bestellungen auf dieses Blatt. Eine Weigerung würde, da auch Niemand **hinter** seiner Competenz zurückbleiben darf, einen Bundesbruch involviren, in welchem Fall wir um sofortige Anzeige bitten, um diejenigen energischen Maßregeln ergreifen zu können, über welche wir selbst noch nicht im Reinen sind.

Kleine Frühstücksplaudereien.

Weihnachten und Neujahr sind zwar vorüber, wer jedoch seinen Kindern eine recht hübsche **Carnevalsfreude** machen will, der kaufe ihnen **Lamparts** bewegliches Bilderbuch mit Eduard Ille's köstlicher Staberliade. Dieselbe ersetzt den Kindern jedenfalls eine maskirte Akademie, deren heuer ohnehin keine stattfindet.

Herr Engellen hat seine Stelle als Direktor des neuen Münchener Volkstheaters seit dem 1. Jänner angetreten.

Herman Schmid's schon länger erwartetes Trauerspiel „Ludwig im Bart" ging endlich über die Münchener Hofbühne und bewährte, trotz einzelner sehr wirksamer Scenen die alte Erfahrung, daß die bayrische Geschichte für den Dramatiker keine rechte Fundgrube ist. Ein großer Fortschritt war im Dialog herauszufühlen. Der Dichter hatte nämlich die Phrase ganz verlassen und sich auf den Boden der Natürlichkeit gestellt; freilich darf man hiebei nicht hinter die Schönheitslinie zurück gehen und das P a t h o s etwa mit k r a n k h a f t e r N a s e w e i s h e i t vertauschen, wie es in Paul Heyse's „Ludwig der Bayer" stellenweise der Fall war. Geist, Gemüth und Bildungsgang Herman Schmid's lassen indeß eine solche Gefahr nicht besorgen. Merkwürdig ist die außerordentliche Fruchtbarkeit dieses Literaten. Bänderreiche Romane, um welche sich die Berliner Buchhändler zu reissen scheinen, entspringen seiner Feder, daneben eine ergiebige Thätigkeit auf dem Felde der Publicistik, wo Hermann Schmid's Novellen und Gedichte eines der wirksamsten Zugmittel bilden — und ausser dem Allen findet unser Poet noch Zeit, Muße und Kraft genug, auch im Dienste der tragischen Muse zu wirken.

Aus Regensburg wird gemeldet, daß dort die Wassernoth immer mehr steigt. Bringt denn das dortige Nationalvereinsorgan keine politischen L e i t a r t i k e l mehr?

Schon der sel. Krenkl betrachtete den „Schillinger" als ein Bildungsmittel. Nun berichten die „Dresdener Nachrichten", daß daselbst im sog. S c h i l l e r - S c h l ö ß c h e n mehrere Preußen großmäulig waren und deßhalb von den sächsischen Gästen hinausgerendsburgert wurden. Alles unserm gemeinschaftlichen Dichter zu Ehren.

Die „Hamburger Reform" enthält unter dem Titel: „Prosit Niejahr" ein Gedicht, worin das Gemüthlichkomische des plattdeutschen Dialekts recht hübsch hervortritt. So lautet z. B. die erste Strophe:

> Dat weer en Jahr, ja dat is wahr
> So ganz appart un sunnerbar.
> Veel Pulwer un veel blaue Bohn,
> Veel Flinten, Sawels und Kanon,
> Polacken, Preußen, Mausefall
> Un Inquarteerung öwerall!

Im übrigen läßt unser Dichter, Herr Johann Meyer von Kiel, jeden Ehrenmann hoch leben, also wie es scheint nicht nur seinen Angestammten sondern auch Hrn. v. Bismark und sämmtliche Erbberechtigte. Um sich möglichst hoch über die Parteien zu stellen, widmet Herr Meyer auch noch eine Strophe der „Wetenschap und Kunst". Ja, wenn man die rechte „Wetenschap" hätte, wie das Ding noch ausgeht, dann wäre es keine „Kunst", jetzt schon den richtigen Toast auszubringen.

Ein Herr Nagel, bisher Sekretär des „Sechsundbreißiger-Ausschusses" in Frankfurt, erhielt einen Ruf an den wahlverwandtschaftlichen Nationalverein zur Theilnahme an dessen „Geschäftsführung". Hütet Euch nur vor'm Bismark! Wenn der will, trifft er den Nagel auf den Kopf!

Opfer des Hazardspiels in Deutschland. Bekanntlich hat sich in Wiesbaden erst unlängst wieder ein verzweifelnder Spieler erschossen. Nun hört man aber aus Hamburg eine andere tragische Geschichte. Ein reicher alter Herr kaufte beim Weihnachtsbazar 100 Loose und gewann damit — drei Schulränzel.

Zu der officiösen, conservativen und Fortschrittspresse kommt nun noch eine neue Gattung: die Heu=Presse. Diese neue Erfindung auf dem Gebiete der Landwirthschaft soll große Bedeutung gewinnen. Die bei solcher Presse beschäftigten Individuen brauchen noch weniger Bildung, als so Manche von der Tagespresse.

Ein östreichischer Feldmarschalllieutenant beschäftigte sich damit, die Entstehung der Erde zu ergründen und — es gelang ihm, das Räthsel zu lösen. Das Resultat seiner Forschungen lautet: Die Entstehung der Erde ist ein Geheimniß Gottes. Bravo! Wer etwas anderes herausbringt, der sei durch drei Encycliken verdammt! Die Wiener geologische Gesellschaft will das Buch des Hrn. Feldmarschalllieutenants nicht gelten lassen. Auf den Index mit ihr! Wenn übrigens die Professoren nicht pariren wollen, so darf man ja nur ein paar Regimenter beim militärischen Gehorsam zum Glauben daran verpflichten und die Ordre bei der Parade expediren lassen.

Der um eine Stabstrompeterstelle concurrirende Pfarrer M. stammt aus einer berühmten Tonkünstlerfamilie und hat schon mehrere gelungene Märsche componirt. Es wäre in der That nicht zu verwundern, wenn die nächste Encyclica den Satz: daß sich auch Pfarrer zu Stabstrompetern eignen, feierlich verdammen würde. Aber was entspringt nicht Alles aus einem verfehlten Beruf.

☞ Zu Anfang des Semesters erledigen die Post=Anstalten nur halbjährige Bestellungen.

Halbjähriger Preis in ganz Bayern 1 fl.

Druck der Dr. Wild'schen Buchdruckerei (Parcus).

Münchener PUNSCH.

Ein humoristisches Originalblatt von M. E. Schleich.
Achtzehnter Band.

Nro. 3. Halbjähriger Abonnementspreis: in Bayern 1 fl. Im Ausland erfolgen die üblichen Postaufschläge. 15. Jan. 1865.

Nach-Encyclica
oder:
fortgesetztes Verzeichniß verwerflicher Irrthümer unserer Zeit.

81) Die Starnberg-Weilheimer Bahn wird sich rentiren.

82) Die Einführung der Podewilsgewehre bei der Landwehr war nothwendig.

83) Die bisher gegen das Haberfeldtreiben getroffenen Maßregeln sind die richtigen und werden das Uebel beseitigen.

84) Richard Wagner trägt durch seine Compositionen viel bei zur Erhaltung und Verbesserung der menschlichen Stimme.

85) Die officiellen Reisen auf Gemeindekosten zur Besichtigung gemeinnütziger Anstalten im Ausland haben für unsere Vaterstadt noch immer rasche Früchte getragen.

(Wird fortgesetzt.)

Ein Münchener Feuerlärm,
Beitrag zur städtischen Culturgeschichte des 19. Jahrhunderts.

Es ist Nachts halb zwölf Uhr, nur mehr 30 Minuten auf die Polizei- und Geisterstunde. Beides wird in München nicht mehr gefürchtet. Die meisten Wirthshäuser sind noch voll, und Diejenigen, welche darinnen sitzen, sind es ebenfalls. Man lebt wie alle Tage, trinkt, raucht, spielt; das Oppositionsgift in den eben gekauften „Neuest. Nachr." kann nicht verfangen; heute erstickt es in Bier, morgen früh in Schleim. Diese Gepflogenheit kennt weder Vor- noch Rückschritt, sie dehnt sich aus in die Breite; jeder neu herangewachsene Einheimische, jeder zugereiste Fremde geräth in den Zauberkreis der Kneiperei, halb zieht es ihn, halb sinkt er hin. Und die elfte Stunde — in der Politik so unheimlich und so verhängnißvoll, wenn sie nicht beachtet wird — zeigt im Wirthshaus den Culminationspunkt der Gemüthlichkeit. Man ist bereits befriedigt und doch nicht so übersättigt, um nicht noch Etwas zu bedürfen. Noch eine Halbe! dieser Ruf erschallt um diese Zeit aus tausend Kehlen, und seine Erhörung beruhigt das Herz trotz Bismark, Mainlinie und Encyclica.

Doch wie manchmal die Ruhe der spiegelglatten See durch plötzlichen Windstoß, so kann auch dieser stille mittelstaatliche Lebensgenuß grausam unterbrochen werden, wie z. B. am Montag den 9. Januar. Ein paar Leute, die sich zufällig im Freien befanden — vor Wirthshäusern befindet sich fast immer Ein' oder der Andere im Freien — stürzen in's Zimmer, mit dem Ruf: „Es brennt", oder „brennen thut's". Dieser Ruf hat nun, je nachdem das Wirthshaus oder die Gesellschaft ist, verschiedene Folgen. Von Charaktern, die nur den Vortheil oder die Sicherheit ihres Ich im Auge haben, wird die erste Verwirrung sogar häufig dazu benützt, um wie jener Prinz aus der Pfalz, ohne Bezahlung der Zeche aus der Stube zu kommen. Auf diese Erfahrung hin sollten auch Kellnerinnen zur Feuer-Assecuranz gelassen werden, da sich bei ausbrechenden Bränden ihre Verluste oft hoch belaufen. Jedenfalls sind Spiel und Unterhaltung gestört und Mancher leert seinen Krug mit einer Hast, daß das Quantum viel besser auf die Brandstelle gegossen wäre, als in den Magen.

Indessen wächst der Feuerlärm. Während sie die Stadt sonst nur mit eintönigen Stößen aufrütteln, beflissen sich die Thürmer dießmal einer gewissen Modulation; offenbarer Einfluß der Zukunftsmusik. Einige wollten sogar eine Melodie aus dem „fliegenden Holländer" erkennen. Die Menschenmenge auf den Straßen wächst, man rennt nach einem unbestimmten Ziele, Fenster öffnen sich und ängstliche Stimmen rufen herab: wo brennt's? Auch Diejenigen, welche schon zu Bett lagen, haben sich angezogen und eilen herab; wenn der Thürmer noch eine Weile fortbläst, stehen sogar die Todten auf. Selbst das schöne Geschlecht fängt an, sich im Negligé unter die Eilenden zu mischen. Einzelne Witzbolde schlagen mit Stöcken an die geschlossenen Läden, andere brüllen „Feuer!" Verschiedene Rheumatiker, die in heilsamem Schweiß gelegen, springen heraus und holen sich am Fenster eine Lungenentzündung. Schauerlich und in fieberhafter Schnelle dröhnen die Glockenschläge über die bereits erschreckte Hauptstadt.

Nun kommt auch das Militär. Wozu haben wir ein so großes Militärbudget? Die Trommler der Hauptwache schlagen den großen Wirbel und vertheilen sich wirbelnd in die Straßen. Da wird auch der Faulste munter und selbst Murmelthiere erwachen. Zum Blasen, Läuten und Trommeln gesellt sich Pferdegetrampel. Die Cuirassiere, die schwerste noch existirende Reitergattung, ein imponirendes Ueberbleibsel aus der eisernen Zeit, jagen ihre Streithengste über das Pflaster. Ein colossaler Mann auf einem monumentalen Roß, behelmt und gepanzert und ein Rolandsschwert an der Seite sprengt, ein winziges Papierchen in der Hand, nach der Stadtkommandantschaft, um dem Herrn Commandanten zu melden, daß es brennt, was Jedermann, der überhaupt Ohren hat, ohnehin schon weiß. Nachdem die Galopade eine Weile gedauert hat und alle Meldungen vorschriftsmäßig erfüllt sind, gelangt die Erlaubniß in's Feuerhaus, die Spritzen ausrücken zu lassen. Nun das Spritzenrennen. Die vom Herzog Max ist die erste, so hört man allenthalben rufen! Auch die Bierbräuer schicken ihr vorräthiges Warmwasser in großen Fässern. Glockentöne, Blasen, Trommeln, Feuergeschrei, Pferdehufe, Wagengerassel, Commandoruf — alles zu gleicher Zeit und in allen Stadttheilen. Die Symphonie hat sich zum Höchsten entwickelt. Der Lärm schlägt mit seinen Wogen bis in die äußersten Vorstädte und lockt die Bewohner, der innern Stadt einen nächtlichen Besuch abzustatten. Selbst in den abgelegensten Straßen wird's lebendig. Soldaten und Gensdarmes rennen hin und her und reißen an verschiedenen Glocken, um den Herrn Offizieren zu melden, daß es brennt. Ehrwürdig aussehende Hartschiere verfügen sich mit möglichster Eile in die Residenz. Alle Kassiere eilen auf ihre Posten. Die Registraturbeamten finden sich auf den Bureaur ein, um ihre Akten bis auf das letzte Oktavblatt zu beschützen und zu vertheidigen. Wenn es noch eine Weile fortgeht, so geschieht das Unerhörte, und werden sämmtliche niemals brennende Gaslichter angezündet.

Selbst ein paar Einspänner drängen sich mit Droschkeneile durch die wogenden Massen; es sind der Herr Polizeicommissär und derjenige Herr Magistratsrath, welcher die Feuersbrünste übernommen hat. Es dauert nicht mehr lange, so kommt auch der Herr Polizeidirektor, der Herr Bürgermeister, der Herr Stadtkommandant, verschiedene Herren Generale und selbst einige Prinzen, welche alle die getroffenen Anstalten mit Energie und Umsicht leiten, die nöthigen Befehle ertheilen und durch das Beispiel ihrer Anwesenheit allen ebenfalls Anwesenden zur Ermunterung dienen.

Wo aber brennt's und was brennt? Man verzeichne es in der Stadtchronik: In der Nacht vom 9. auf den 10. Januar 1865 wurde ganz München durch officiellen und freiwilligen H ö l l e n s p e k t a k e l aufgeweckt und in Schrecken versetzt, w e i l — bei einem Neubau vor dem Isarthor ein H a u f e n S t r o h brennend geworden war! Darum Feuerruf bis vor die Propyläen und Trommelschlag bis zur Georgenschwaige. Als sich das „Volk" getäuscht und um das Schauspiel eines Brandes betrogen sah, brach es in bestialisches Brüllen aus. Einzelne Gensdarmes schlichen beschämt vorüber und das war das beste, was sie thun konnten, denn eine Einmischung hätte den F o r t s c h r i t t des Scandals unaufhaltsam gemacht. Fiat Feuerlärm, pereat Nachtruhe!

Was der Bund sein sollte.

In Kassel wurde Advokat Henkel als Majestätsbeleidiger verurtheilt, weil er den Churfürsten an seine Sterblichkeit erinnert hatte.

Der Krug will sich also vom Henkel nicht daran erinnern lassen, daß er so lange zum Brunnen geht, bis er bricht.

Maxl und Sepperl, Schusterbuben.

Maxl. Na, wie g'fallt b'r die Depesch', die der v. d. Pfordten nach Berlin g'schickt hat?

Sepperl. Ganz ausgezeichnet. Nur mit dem Schluß bin ich nicht einverstanden.

Maxl. Wie so?

Sepperl. Am Schluß heißt es: Gezeichnet v. d. Pfordten. Der darin eigentlich Gezeichnete ist ja der Bismark!?

Maxl. Recht hast b'.

Was der Bund wirklich ist.

Da sich die bayer. Fortschrittspartei doch einmal auf's praktische Feld geworfen und die Freigebung der ärztlichen Praxis auf ihre Fahne geschrieben hat, so könnte sie wohl auch dafür eintreten, daß die Friseurs auch **barbieren** dürfen, ein natürliches Recht, um das wir schon so lange vergeblich nachsuchen.

Brenneisen,
Friseur und Freund des Fortschritts.

In Berlin hat der alte Direktor der Sternwarte, Dr. Enke, um seine Pensionirung nachgesucht.

Kein Wunder! So lange der Stern des Hrn. v. Bismark so hoch steht und Alles überglänzt, gehört wirklich ein eigener Geschmack dazu, Astronomie zu treiben!

Die Eintrittspreise zu den Patti=Concerten sind sehr hoch. Es wäre daher sehr zu wünschen, daß für die Mitglieder des Consum=Vereins eine eigene Produktion zu ermäßigten Preisen arrangirt würde. Zucker, Cafe und Kartoffel so billig und die Patti auf einmal so theuer! Wenn's ein ächter Consumverein sein soll, muß alles im Verhältniß stehen. Ausschuß rühr' dich!

Mehrere Mitglieder.

Einer der bedeutendsten Kaffernstämme hat einen gebornen Preußen zum König gewählt.

Schämt Euch Ihr Deutschen! Die Kaffern übertreffen Euch an politischer Einsicht, sie haben die Vortheile und die Nothwendigkeit einer preußischen Spitze früher begriffen, als dieß in Deutschland der Fall ist.

Doch wäre es voreilig, sich deßhalb der Hoffnung hinzugeben, daß nunmehr die Gothaer und die Doctrinäre des National=Vereins sämmtlich an's Kap der guten Hoffnung auswandern werden. Sie warten darauf, ob sich nicht zuletzt doch auch die Deutschen als solche Hottentoten erweisen, daß sie nach preußischer Führung schreien.

Die Amme des Kaisers Napoleon ist gestorben. Das war jedenfalls eine merkwürdige Frau, denn nach ihr ist es Niemanden mehr gelungen, Napoleon III. trocken zu legen.

Im Gesetzgebungsausschuß vertritt der Minister und sein Commissär die Ansicht, daß die Advokaten nur eine **Klasse** von Staatsbürgern seien, ihre Verhältnisse also auf dem Verordnungsweg geregelt werden können. Ein alter Advokat soll deßhalb bemerkt haben: eine so **klassische** Behandlung ist uns noch unter keinem Ministerium zu Theil geworden.

Privat-Kabel des Punsch.

Wien. Gestern Abend, bei dem dichten Nebel, ereignete sich auf der Ferdinands-Nordbahn ein sehr erhebliches — Glück. Prinz Friedrich Carl ist nämlich von Berlin angekommen. Die Schuld daran scheint ein Wechsel in der östreichischen Politik zu sein.

Kleine Frühstücksplaudereien.

Patti, Patti, Patti — las man dieser Tage an allen Ecken und Enden — und das an amerikanische Reclamen nicht gewöhnte Münchener Publikum harrte den kommenden Concertwundern mit Vorsicht entgegen. Aber die Größe der Leistungen übertraf noch die Höhe der Ankündigungsbuchstaben; auch dem verwöhntesten musikalischen Gourmand wird das am Pattiabend genossene Ohrensouper unvergeßlich bleiben. Jedes einzelne Gericht, oder vielmehr jede einzelne „Piece", wie man im deutschen Concertstyl zu sagen pflegt, war vollendet — die Würze des Speisezettels aber bildete Frln. Patti, die Kehlenvirtuosin, die Trillerheldin. Ganz entzückend war die in den Kauf gegebene Lach-Arie. Wann die Patti auch lachen mag, zuerst oder zuletzt — sie lacht immer am besten!

Der Verein der Münchener **Buchbinder** hat zum Bau einer zweiten protestantischen Kirche 100 fl. hergegeben. Es scheint also, daß auch katholische Buchbinder mit der päbstlichen Verdammung aller Bibelgesellschaften nicht so ganz einverstanden sind.

Den Berliner Theaterzeitungen nach zu schließen, hätte das von König Ludwig übersetzte Lustspiel am dortigen Hoftheater doch gefallen. Das Publikum unterhielt sich ausnehmend gut und sämmtliche Darsteller wurden am Schlusse zweimal stürmisch gerufen. Was ein Kritiker der National-Zeitung dabei von Trias und „mittelstaatlicher Politik" zu faseln beliebte, kommt also lediglich auf seine Rechnung und ist das Berliner Theaterpublikum nicht so verrannt, als es nach dem ersten Bericht den Anschein hatte.

Bayern wird nun bald eine ganz andere Stimme hören lassen im europäischen Concert. Der berühmte und wie es heißt, einzig richtige Gesangslehrer Schmitt, von Wagner berufen, ist in München angekommen. Alles muß künftighin total anders klingen, von A bis Z, besonders das Z muß anders gesungen werden.

Große Heiterkeit erregt dahier die ganz ernsthafte Mittheilung des „Fränkischen Kurier", daß es der Graf v. Pappenheim gewesen sei, der seiner Zeit dem König Max die Entlassung des Ministeriums Reigersberg empfohlen und daß der Nämliche auch neuestens von der Wiederberufung eines v. b. Pfordten abgerathen habe und deßhalb aus der Nähe des Thrones entfernt worden sei. Man vergegenwärtige sich nun die so ernste Persönlichkeit des Königs Maximilian, wie er sich von einem blutjungen Flügeladjutanten auffordern läßt, mit seinem Volke Frieden zu machen! Welche staatsmännisch-politischen Gründe der edle Graf neuestens gegen den Frhrn. von der Pfordten geltend gemacht hat, meldet der Kurier leider nicht. Man kennt wohl „seine Pappenheimer", aber den Pappenheim hat man von dieser Seite noch nicht gekannt.

„Pfarrer M." der Stabstrompeter in spe, erläßt eine sonderbare Erklärung: Der Unterzeichnete (?) sagt er, erklärt, daß er mit dem betreffenden Kommandanten weder persönlich noch schriftlich verkehrt hat. Wenn an der Sache nichts wahr ist, wie kommt dann Pfarrer M. dazu, sich zu erklären? Und wie kommt seine Erklärung dazu, sogar einen bestimmten Commandanten in's Auge zu fassen, von welchem nirgends die Rede war? Herr M. hat eben seinen Irrthum eingesehen und — laudabiliter se subjecit.

Briefranzen.

Tatschler. Hören Sie, erhalten denn die Damen, die sich unlängst im Odeon die Kleider und Shawls ruinirt haben, weil die Sitzplatz-Nummern Farb' g'lassen haben, keine Entschädigung?

Pimplhuber. Entschädigung? Sind S' froh, wenn sie von dem Verfasser der Originalnummern nicht wegen Nachdruck belangt werden!

Halbjähriger Preis in ganz Bayern 1 fl.

Druck der Dr. Wild'schen Buchdruckerei (Parcus).

Münchener PUNSCH.

Ein humoristisches Originalblatt von M. E. Schleich.
Achtzehnter Band.

Nro. 4.   Halbjähriger Abonnementspreis: in Bayern 1 fl. Im Ausland erfolgen die üblichen Postaufschläge.   22. Jan. 1865.

Pimplhuber. Haben Sie 's schon gehört von der Explosion in der Türkengrabenkaserne?

Talschler. Ja wohl!

Pimplhuber. Wer wird aber auch Pulver hinter'n Ofen stellen!

Talschler. Und ich sage Ihnen: die Mittelstaaten können ihr Pulver gar nicht trocken genug halten.

Marl und Sepperl, Schusterbuben.

Marl. Also jetzt hat man's erfahren, worin denn eigentlich das sinnige Weihnachtsgeschenk besteht, das der Bismark von seinem Herrn erhalten hat.

Sepperl. Ja, ein elfenbeinernes lorbeerumwundenes Porträt auf einem Stock.

Marl. So? Ist das sinnig? Das finde ich eher stock —

Sepperl. Stockpreußisch?

Marl. Na, auch gut.

Marl. Also ein östreichischer Feldmarschall hat über die Entstehung der Alpen g'schrieben?

Sepperl. Ja; soll ein merkwürdig's Büchl sein.

Marl. Woher kommen sie denn eigentlich, die Alpen?

Sepperl. Wo die Alpen selber her sind, weiß i net, aber „die Voralpen" sind von Dr. Roé.

Gibt es ein Fortschritts=Monopol? Nein!

oder:

Fort wollen wir Alle, und wenn wir nicht wollen, so müssen wir.

Eine ernstlich, aber nicht bös gemeinte Betrachtung.

Eine der Neujahrsbescheerungen für unser „engeres" Vaterland ist die neugeborne „bayerische Fortschrittspartei". Brater, Crämer, Völk — Völk, Crämer, Brater, immer die **Nämlichen**, und immer **das Nämliche**.

Nationalverein, Frankfurter Centralausschuß, deutscher Abgeordnetentag, Flottenverein, volkswirthschaftlicher Verein für Südwest oder Nordost — es sind nur wechselnde Namen für dasselbe Sehnen und Ringen. Neuestens nennt man sich bayerische Fortschrittspartei, denn der Nationalverein ist in Mißcredit, aber man läßt ihn fortbestehen, damit, wenn die preußische Spitze wieder irgend einmal in günstigerem Lichte erscheinen sollte, sofort auf ihn zurückgegriffen werden kann.

Ist nicht Freund Crämer dabei, der es wiederholt und feierlich proclamirte: Preußen **muß an die Spitze?** und Herr Brater, der da geschrieben hat: ich erstrebe den Bundesstaat unter „preußischer Führung"? und Herr Völk, der — allerdings noch Nichts gesagt hat. Herr Völk ist Reactionsdüppel=Stürmer im Innern, nach Außen hat er sich noch nicht gebunden, nur ein Mal ließ er unseres Wissens in der Kammer die Drohung verlauten, er könnte, wenn es so fortgehe, sich möglicherweise noch mit dem Nationalverein befreunden. Auch sprach er früher von „vorübergehender Säbelherrschaft", die er sich gefallen lassen wolle, wenn Deutschland nur einig werde. Eine solche Säbelherrschaft würde aber nicht vorübergehen, sondern als Junkerherrschaft dableiben und wie es dann in diesem neuen „Bundesstaat" mit geschlossener Freiheitsklappe aussehen, welche Stellung liberale Advokaten in pecuniärer und politischer Hinsicht einnehmen würden — dieses düstere Bild auszumalen überlassen wir der nächtlichen Phantasie des Herrn Doktors selber.

War vorhin nicht von einem **Bundesstaat** die Rede? Behauptet die Brater'sche Partei nicht, einen solchen zu wollen? Ungeheure Heuchelei, politischer Jesuitismus ohne Gleichen! Gerade darin besteht das Wesen des Bundesstaates, daß alle Glieder **gleiche** Rechte und Pflichten haben, daß keines sich selber hilft

ober überhebt, daß jedes Handeln auf eigene Fauſt als Felonie
verpönt iſt. Die Schweiz und Nordamerika ſind Bundesſtaaten.
Brater und Conſorten wollen keinen Bundesſtaat, ſondern die
Hegemonie, die ſchlechteſte aller Staatsformen, wie Kolb ſagt.
Wenn Herr Brater die Hegemonie nur als Uebergangsſtadium
zum großpreußiſchen oder preußiſch-deutſchen Einheitsſtaat be-
trachtet, ſo erſcheint er vielleicht als Politiker beſſer, aber als
Tartüffe nicht kleiner.

Uebrigens iſt es hübſch, in Bayern ein politiſches Parteileben
ſich entfalten zu ſehen, wenn man auch bedauern muß, daß ſich
die Liebhaberei auf ſo wenige Perſonen beſchränkt. Gibt es ja
noch Hunderte und Tauſende von Männern, die auch Verſtand
und Herz beſitzen und doch kein Bedürfniß fühlen, den Gang der
Dinge durch politiſches Peitſchenknallen zu beſchleunigen. Möge
ſich darum der in Nördlingen erzeugte und in Nürnberg geborne
Ausſchuß nicht etwa als Fortſchritts-Kurie betrachten, außerhalb deren nur Rückſchritt, Finſterniß und Verdammung herrſcht.
Möchten die Comitémitglieder wenigſtens die Möglichkeit zu-
geſtehen, daß man den Fortſchritt lieben und für ihn wirken
kann, ſelbſt ohne Mitglied der bayeriſchen Fortſchrittspartei zu
ſein — die Herren würden ſich durch ſolche Toleranz von den
Verfaſſern der Encyclica vortheilhaft unterſcheiden.

Aber die Haltung gewiſſer Organe gibt der eben ausgeſpro-
chenen Hoffnung nur wenig Raum. Die Pfordten'ſche Depeſche,
die in Frankreich und England, wo es doch auch einige ſtaats-
männiſche Dilettanten gibt, ſo viel Bewunderer gefunden und ſo
zu ſagen Europa daran erinnert hat, daß auch außer Preußen
und Oeſterreich noch ein Deutſchland und in dieſem ein Königreich Bayern exiſtirt, dieſes ſo ſehr gelungene Aktenſtück erfährt
gerade in ſeinem Vaterland eine biſſige Beurtheilung. Wenn's
auf einen kräftigen Briefſtyl ankommt, meint Herr Brater, dann
iſt uns geholfen. Welches ſind denn aber, vom Reden und
Schreiben abgeſehen, die Thaten des Nationalvereins? Er hat
Geld geſammelt oder geſammeltes benützt, ſonſt wüßten wir auch
von ihm nichts „Erhebliches"!

Doch wen man fürchtet, den haßt man. Die Nationalvereinler haben oft ſchwere Träume und leiden am Alpdrücken, und
der Alp iſt die ſog. Trias. Die Unmöglichkeit und Lächerlich-
keit derſelben zu beweiſen, iſt ihre liebſte Erholung und eine ganz
gefahrloſe, denn über die Trias hört auch Herr v. Bismark gerne
ſchimpfen und Graf Mensdorf ebenfalls. Herr v. d. Pfordten
aber gilt als der Vertreter dieſer Idee, er ſoll mit Herrn v. Beuſt

in der Bamberger Eisenbahnrestauration bei einem Stück Tellerfleisch davon gesprochen haben.

Das constitutionelle Deutschland in geschlossener Gruppe wäre freilich ein Riegel sowohl gegen eine Hegemonie, wie auch gegen den Dualismus. Daß es leider unmöglich ist, einen solchen vorzuschieben, geben wir zu, aber nicht aus innern Gründen, sondern Dank der Beschaffenheit einiger deutschen Fürsten und Minister. Wer wird das bis zum jüngsten Tag garantirte Welfenreich für gemeinschaftliche Selbsterhaltungszwecke gewinnen können? wer wird einem Kasseler Churfürsten die Freundeshand hinhalten wollen? wer den Muth haben, einem Herrn v. Roggenbach staatsmännische Vorschläge zu machen, die nicht von diesem selbst ausgegangen sind? Jeder Versuch von mittelstaatlicher Seite, die Lage der Dinge thatsächlich zu ändern, wäre gegenwärtig fruchtlos, also vom Uebel. Der würtembergische Minister Varnbüler sagte in diesem Betreff das Nämliche, was — man entschuldige unsere Befriedigung — früher schon der Münchener Punsch gesagt hat.

Wir müßen die Sache, wie man sich im Berliner Dialekt ausdrückt, 'mal „'rankommen" laßen. Selbst die Annerion der Herzogthümer dürfte uns aus der zuwartenden Stellung nicht herauslocken. Auch wir, — man lache nicht — auch wir haben unsere Machtsphäre und in diese müßen wir unsern Casus belli verlegen. Die dritte Gruppe geht nicht zusammen, weil jeder Theilnehmer selbst Arrangeur sein möchte; aber wenn der entscheidende Augenblick kommt, **dann stellt sich diese Gruppe von selber**, wie in Schorn's Sündfluth.

Wo wird dann die bayerische Fortschrittspartei sein? Gott erhalte sie noch recht lange, denn ihre Existenz bedeutet Frieden in Deutschland, Freiheit in Bayern und Gemüthlichkeit in Europa überhaupt.

Die Scharte von Olmütz ist ausgewetzt, rief stolz der Präsident des preußischen Abgeordnetenhauses.

Allzu scharf macht schartig, und allzu schartig — macht wieder scharf, sonst könnten die liberalen und reaktionären Bismarke nicht so großsprechen.

Ein gemüthlicher Bannstrahl

oder:

Man muß nicht Alles gleich so tragisch auffassen.

Wenn die Garben **blühen**, prophezeite Graf Zichy in Wien, wird der ungarische Landtag beisammen sein.

Andere hingegen glauben, die ungarische Frage werde ihre Lösung nicht eher finden, als bis **gedroschen** wird.

Kleine Frühstücksplaudereien.

Man erinnert sich noch an den vorzüglichen Violinisten Sivori aus Genua, der in München sehr schöne Einnahmen machte. Er versprach deßhalb ein Concert zum Besten der **Armen**, hätte es auch **beinahe** gegeben, kam aber nicht dazu. Herr Ullmann, reisender Besitzer eines lebendigen Virtuosenkabinets, soll für 3 Vorstellungen 10,000 fl. verdient haben, zu einem wohlthätigen Zwecke ließ er jedoch seine Patti nicht lachen. Nachdem jeder Policinellokastenintendant oder Küchelbäcker auf der Dult gehalten ist, eine Abgabe an den Armenfonds zu entrichten, dürfte es wohl angezeigt sein, künftig auch von solchen Concertgebern, beziehungsweise Spekulanten eine Tantième zu erheben.

Das Münchener Aktienvolkstheater ist **jetzt schon** eine Quelle des Vergnügens. Wie die Zeitungen melden, hätte Hermann Schmid die Stelle eines „Dramaturgen" daselbst mit **Vergnügen** übernommen.

Die Nachricht, daß bei der neuen Gesangslehrmethode, wornach jetzt Sopranistinen in München Unterricht erhalten, auch **Kohlendampf** angewendet wird, soll auf böswilliger Erfindung beruhen.

Bei der soeben beendigten **Ständeversammlung** auf dem Dultplatz befand sich auch eine Bude, auf welcher dutzendmal das großgedruckte Wort „**Halt!**" zu lesen war. Daselbst wurden jedoch keine **Weiswaaren** feilgeboten, sondern andere nützliche Artikel für verschiedene **Klassen** von Staatsbürgern.

Klassische Renommage! Der Oper „**Loreley**," von dem jungen Berliner Componisten Bruch, werden überall, wo sie in Scene geht, in der Presse Erläuterungen vorausgeschickt, damit die einfältigen Zuhörer das ungeheure Werk wenigstens einigermaßen begreifen. In Hamburg, wo Loreley gegenwärtig bevorsteht, läßt ein Freund des Herrn Bruch folgenden Satz in die „Reform" einrücken: „Die Musik dieser Oper wird dem Publicum am ersten, vielleicht auch noch am zweiten Abend vollständig über den **Kopf wachsen!**"

Das durch ihre Vorstadtgastspiele auch in München bekannte Frln. Genée ist doch ein originelles und dauerhaftes Wesen. Neuestens gastirt sie im zweiten Theater zu Dresden in einem eigens für sie geschriebenen Scherz: „Großmütterchen und Enkel", worin sie eine 75jährige Matrone und einen 17jährigen Seekadetten darstellt! Gott schenke dieser talentvollen Soubrette langes Leben und Gesundheit, damit vielleicht das Münchener Volkstheater auch noch von ihr profitiren kann.

———

Wie man erfährt, liegen doch noch einige Bundesexekutionstruppen in Holstein, nämlich 20 Mann Sachsen im Spital zu Plön. Man ist begierig, ob ihnen Herr von Bismark nicht demnächst einen bestimmten Termin zur Genesung stellt!

———

In Wien ist die k. k. Porcellanfabrik auch eingegangen. Auf diesen Instituten scheint kein rechter Segen zu ruhen. Nach München hat Baron Liebig bekanntlich sogar seinen Schwiegersohn berufen, um mittelstaatliches Porcellan zu treiben, und ein Buchhalter wurde bis von Berlin verschrieben und — doch ging's nicht.

———

„Gnade für ein Kind" wimmerte die Gartenlaube, als der siebzehnjährige Rober, der bekanntlich am östreichischen Cäsar zum Brutus werden wollte, zu schwerem Kerker verurtheilt wurde. Der Kaiser begnadigte ihn nun zu sechsmonatlichem Livins, bei Arithmetik und Geschichte, verschärft durch wöchentlich zweimaliges Versuchen in schriftlichen Aufsätzen.

———

Auch nicht übel! In den „Dresdener Nachrichten" beklagt sich Jemand über den daselbst einreissenden Unfug: Hunde in Concerte mitzunehmen. Da müssen ja die Concertgeber auf den Hund kommen.

———

In den größeren deutschen Zeitungen — auch in der Augsb. Allg. — ist eine finnländische Anleihe von 3 Millionen Thalern angekündigt, die unter der Aegide der Herren Rothschild und Heine in Deutschland gemacht werden soll. Welches sind denn eigentlich die finnischen Staatseinkünfte? Finnland ist eine der ärmsten russischen Provinzen und enthält manches naturhistorisch Merkwürdige, aber Nichts, das Geld einträgt. Wenn bei dieser Anleihe etwas herausschaute, so brauchten die Herren Rothschild und Heine wahrhaftig nicht ganz Deutschland dazu, um lumpige drei Millionen aufzubringen. Es geschieht eben Alles nur um der lieben Provision willen, und wenn sich ein oder der andere Gimpel durch die fettgedruckten Namen Rothschild und Heine vielleicht dazu verleiten läßt zu glauben, daß diese Häuser etwa für die Zinsenzahlung garantiren, nun, so ist das seine Sache! Aehnlich verhält es sich mit schwedischen und anderen großartig angekündigten Anleihen, wobei es nur auf die Taschen der guten Deutschen abgesehen ist. Die unterschriebenen Bankhäuser haben eben ihre bestimmten Procente davon — sonst hat's keinen Zweck.

———

Was eine Stadt nicht Alles erleben kann, wenn sie alt wird! In der von Alexander dem Großen gegründeten egyptischen Hafenstadt Alexandria ist nun auch ein großes Theater erbaut und mit einer Meyerbeer'schen Oper eröffnet worden! Bald wird's auch Recensionen, Theaterzeitungen und Agenturen geben und es wäre das vielleicht ein Mittel, wenigstens einige Israeliten wieder nach Egypten zurückzuführen.

* * *

König Ludwig's „Recept gegen Schwiegermütter" ist auch in Cassel zur Aufführung angenommen. Was aber die Hessen-Casseler noch nothwendiger brauchten, das wäre ein Recept gegen Landesväter.

* * *

Es gibt Zeitungscorrespondenten, welche sich den Brief mit 1 Thlr. oder 1 fl. oder die Zeile mit 1 Groschen oder Kreuzer bezahlen lassen. Die Pariser „Presse" aber hat von Alexander Dumas einen Roman erworben, und gibt ihm für den Buchstaben einen Centime oder Pfennig. Es wäre nicht übel, wenn sich große Sängerinnen und Tenoristen notenweise bezahlen ließen, versteht sich die höheren theurer.

* * *

Die Pariser „Damen" tragen die Embleme ihrer Verehrer — wo? Auf der Brust? Am Herzen? O nein, sondern in den Ohren. Epanlettes bedeuten einen Offizier, Steigbügel einen Aristo, Goldmünzen einen „Wie heißt", Ordenskreuze einen Staatsmann. Also nicht an ihren Früchten (denn „das gibt's nicht" bei „diesen Damen") — sondern an ihren Ohren werdet ihr sie erkennen.

* * *

Der Nürnb. Corr. erheitert sich darüber, daß Herr Engelken die Direktion des Münchener Volkstheaters jetzt schon angetreten haben soll. Hat doch der Prinz von Augustenburg die Regierung seiner Herzogthümer schon vor mehr als einem Jahre angetreten!

* * *

Im Bautzener Tagblatt sind Canarienvögel zum Verkaufe ausgeschrieben, welche „den Pattitriller schlagen!" Man macht da einmal eine Auslage und hat dafür täglich sein Patticoncert, ohne Vormerkung und Gedränge.

* * *

Die Augsburger Lokalblätter sind voll von Klagen über mangelhaftes Bestreuen der Fußwege und dadurch herbeigeführte Unglücksfälle. So ein Glatteis könnte selbst den Bürgermeister Fischer dazu bringen, nur einem höchst bedächtigen und langsamen Fortschritt zu huldigen. Denn wenn einer plötzlich hinfällt, was ist das für ein Parteistandpunkt?

Druck der Dr. Wild'schen Buchdruckerei (Parcus).

Münchener PUNSCH.

Ein humoristisches Originalblatt von M. E. Schleich.
Achtzehnter Band.

Nro. 5.   Halbjähriger Abonnementspreis: in Bayern 1 fl. Im Ausland erfolgen die üblichen Postaufschläge.   29. Jan. 1865.

Privat-Kabel des Punsch.

Wien. Officiell. Kaiser und Kaiserin von Oestreich hatten dem Prinzen Friedrich Carl, der bekanntlich ein großer Freund von Photographien ist, schon lange ihre Porträts für sein Album versprochen. Da sich die Absendung verzögerte, so ist der Prinz nach Wien gereist, um sich die Bilder selbst zu holen — Dieß der ganze Sinn und Zweck der geheimnißvollen „Mission".

Berlin. Auch der Kriegsminister hat vom König zum Weihnachtsgeschenk einen Knüppel bekommen. Die Wirkung von dem Allen kann nur eine niederschlagende sein.

Frankfurt. Kaiser Maximilian zeigt dem deutschen Bundestag an, daß ihm der Thron von Merico übertragen wurde. Derselbe erwidert, daß ihm (dem Bundestag) Nichts übertragen wurde.

Athen. Es ist eine Verschwörung entdeckt worden. Auf die Entdeckung war keine Belohnung gesetzt, da es in Griechenland durchaus nicht schwierig ist, derlei zu entdecken.

Rom. Zwischen der päpstlichen und der italienischen Regierung hat nun doch eine Amtshandlung stattgefunden, nämlich ein Austausch von Sträflingen. Die Regierung Victor Emanuels soll sich hiebei gegen die römische sehr nobel benommen haben, indem sie erbötig war, letzterer mehr Sträflinge zukommen zu lassen, als sie dafür empfing. Cardinal Antonelli glaubte jedoch die Großmuth des Turiner Cabinets ablehnen zu müssen.

Jener Graf Limburg-Styrum, der holsteinische Erbrechte zu haben behauptet, wird als ein sehr wohlthätiger Mann geschildert, der sich besonders bei den Typhusepidemien in Schlesien auszeichnete. Der Herr Graf scheint in der That einen Drang zu haben, sich bei an st e ck enden Krankheiten, wozu auch die Behauptung von Erbansprüchen an Schleswig-Holstein gehört, hervorzuthun.

———

Es geht das Gerücht, daß die drei Alliirten von Anno Dazumal: die Monarchen von Rußland, Oestreich und Preußen dieses Frühjahr wieder eine Zusammenkunft in Warschau haben. Europa wird zwar keine Erneuerung der hl. Allianz befürchten und den Saal, wo die Drei zusammenkommen, für keinen dynastischen Rütli halten. Aber fragen möchte man, ob die hohen Herren, welche sich dieses etwas gewagte Stelldichein geben, den Empfang, den ihnen vor einigen Jahren das Warschauer Theaterpublikum bereitete, noch im Gedächtniß, resp. in der Nase haben? Die damalige Demonstration war allerdings ruchlos, aber nicht geruchlos.

———

Die Vermißten im schleswig-holsteinischen Feldzug.

Die officiellen Verlustlisten führen auf: Todt 405 Mann; verwundet 1628 Mann; vermißt 54 Mann.
Frage: Wird sonst Nichts vermißt, als diese Mannschaft? Schon beim Beginn des Krieges vermißten wir die ehrliche Absicht, das Londoner Protokoll zu zerreißen, und die Herzogthümer wirklich zu befreien. Bei Missunde vermißten wir jeden vernünftigen Grund zur Renommage. Bei den Friedensverhandlungen vermißten wir auf preußischer Seite jede Aufrichtigkeit, jede deutschnationale Gewissensregung, jede schuldige Berücksichtigung des Rechtes. In der Behandlung der Bundestruppen vermißten wir sogar jede letzte Spur von Schaam. Und jetzt vermissen wir auf Seite des Berliner Hofes die sonst so eifrig verfochtene Theorie von der Göttlichkeit aller monarchischen Besitztitel, und auf Seite der Liberalen jede Erinnerung an das sonst so sehr verherrlichte Selbstbestimmungsrecht der Völker.
Jene 54 Vermißten sind höchlich zu bedauern. Aber noch bedauerlicher ist es zu sehen, was man ausser ihnen noch Alles vermissen muß!

———

Regensburger Lateinschule.

Lehrer. Was heißt: Percipit?
Schüler. Er nimmt ein.
Lehrer. Was heißt: Percepit?
Schüler. Er hat eingenommen.
Lehrer. Was heißt: Perceptum iri?
Schüler (nachdem er sich besonnen). Mit dem Eingenommenen durchgehen.

Die Hamburger „Nessel" behauptet: Die Schlägereien zwischen Preußen und Oestreichern in Altona seien durch die Augustenburgische Clique angezettelt worden.

Schau! Schau! Also gibt es auch in Frankfurt seit 16 Jahren und in Mainz gar schon seit einem halben Säkulum eine Augustenburgische Clique! Das hat man in der That noch nicht gewußt, das ist einmal etwas Neues.

Zuerst sollte Oestreich Venetien verkaufen, was es doch wenigstens hat. Neuestens soll ihm Preußen 25 Millionen Thlr. geboten haben für die Gestattung der Annexion, d. h. Oestreich soll die Herzogthümer verkaufen, die es nicht hat. Hoffentlich wird Graf Mensdorff einsehen, daß er in jedem Fall der Verkaufte wäre.

Auf des Lebens gefrorner Höhe.

Diener. Aber das ist schön von Exzellenz, daß Sie mich hieher mitgenommen haben. Sie erlauben, daß ich mit Ihnen stehe und falle.

Minister und Diener laufen Schlittschuh.

Minister (fällt). Nun ich habe geglaubt, Sie fallen mit mir?

Diener. Jetzt liegen Sie schon da. Wenn ich auch mitstürze, so ist Ihnen doch nicht geholfen. Für mich ist es gescheidter, ich fahre so fort, wie bisher. (Er fährt weiter und hält sich dann hart an einen Boom.)

Landschaftliche Redebilder.

Grabow sagte in seiner zweiten Eröffnungsrede: den königlichen Wahlspruch:

Nur wer auf dem Fels des Rechtes steht,
Steht auch auf dem Feld des Sieges und der Ehre,

habe sich auch die Kammer erkoren.

Wenn in Preußen das Recht mitten auf dem Feld des Sieges steht, dann ist preußisches Recht jedenfalls ein „erratischer Block", der sich in das Gebiet der Macht verirrt hat.

Und wenn in Preußen das Recht ein Fels sein muß, so fragt sich: was für einer? Granit? Basalt? Oder verwitternder Kalk-, leicht zu zerbröckelnder Sand-, oder gar durchlöcherter Tropfstein?

Ferner sagte Grabow: „Die Art wird an den Baum der Selbstverwaltung gelegt". Also das Recht ist ein Fels und die Selbstverwaltung ein Baum. Und Herr v. Bismark ist der Mann, der nicht lange auf den Busch klopft, sondern gleich Bäume umhaut, mit den Worten: der Zucht will ich ein Ende machen.

„Dieser Baum, sagt Grabow, trägt seit 1808 als seine schönsten Früchte: Gemeinsinn und Gemeinwohl". Daß das Gemeinwohl von der Selbstverwaltung abhängt, haben wir gewußt. Daß aber der Gemeinsinn auch eine Frucht ist, hätten wir nicht geglaubt. Den Gemeinsinn möchte man eher für den Boden halten, der die erste Bedingung ist, wenn der Selbstverwaltungsbaum gepflanzt werden soll, weil er aus demselben seine besten Kräfte zieht. Doch Gärtner Grabow erklärt den Sensus communis für eine Obstgattung, und wenn Bismark gleich den ganzen Baum fällt, braucht er am Gemeinsinn nicht lange zu rütteln.

Man denke sich nun die ausgedehnten Felder der Ehre und des Sieges, die Ernte ist vorüber und die Stoppeln der Ehre stehen da; in der Mitte erhebt sich der nackte Fels des bloßen Rechts, im Hintergrunde der Baum der Selbstverwaltung — man wird gestehen müssen, es ist jedenfalls

eine schöne Gegend!

Wenn der Großherzog von Toscana an die Ueberschwemmten in seinem ehemaligen Lande wirklich eine großmüthige Gabe geschickt hat, so wäre wohl Folgendes das passendste Motto gewesen:

„Den Ueberschwemmten der Weggeschwemmte."

Die Encyclica ist wahr, also — bedarf sie nicht erst noch einer Bestätigung.

Ein seminärrischer Logiker.

Talschler. Aber sonderbar finde ich es doch, wenn Jemand auf dem Griff eines Stockes sein eigenes Haupt mit Lorbeer bekränzen läßt.

Pimpfhuber. Nun, wer an kühnen Griffen Freude hat, der kann's ja thun.

Rußland hat einen Andreasorden und ist das Andreaskreuz überhaupt ein orthodoxes Abzeichen. Nun wollte es aber die Vorsehung, daß auch der Pabst sein Andrea=Kreuz hat. Im heil. Collegium stehen sich zwei Ansichten quer über's Kreuz. (X) Die Cardinäle können sich immerhin schneiden, der Pabst aber nicht.

Gleich nach Abreise des Prinzen Friedrich Carl begab sich der Kaiser von Oestreich auf die Fuchsjagd. Wenn denn Einer geprellt sein mußte, war es allerdings am besten ein Fuchs.

Wahre Anekdote
aus der ehem. fürstl. Hohenzollern'schen Gegend.

Reisender (zum Postillon.) Sind die zwei Ortschaften, die man dort sieht, auch preußisch?

Postillon. Noi, aber verdiene thäte sie 's!

Ein Monumentum Bolcum.

Mitglied eines Comité zu sein „ist ehrenvoll und ist Gewinn", das heißt: nicht immer! Das „Nationaldenkmal=Comité" muß sich harte Dinge sagen lassen, besonders seit es den Beschluß faßte, die Statue Maximilian's II. an's Ende der von ihm gegründeten Straße zu setzen. Nach der genialen und geschmack= vollen Idee eines städtischen Architekten sollte es auf den „Dultplatz" zu stehen kommen. Diese trostlose Münchener Sahara, welche sich von der Expedition der Bayer. Zeitung bis zur Karlsthorsteppe und von der Oase El=Achatz bis zum Neuenthor (Bab=el=Buchbinder Schlegel) hin erstreckt, sollte in grünendes Wald= und Wiesenland verwandelt und dadurch das Klima der Hauptstadt wesentlich gemildert, ja sogar die Gletscherbildung auf dem Promenade= und andern Plätzen gänz= lich gehemmt werden. Dadurch würden auch die beiden Jahr= märkte mit der großen Geschirrausstellung, dem Jochberger= Bazar und der Filz= und Fleckschuh=Passage aus diesem Stadttheil vertrieben, um auf dem andern Isarufer Platz zu nehmen, wo man die Abfälle diesseitigen Fortschritts dankbar aufnehmen würde. Dieser schöne Plan ließe sich unserer Ansicht nach — mit Erlaubniß der „Neuesten Oppositionsnachrichten" — verwirklichen, auch ohne daß das Denkmal auf den Dultplatz zu stehen kommt! Im Gegentheil: je üppiger es auf dieser umgewandelten Fläche hergeht, je höher die Bäume wachsen und je dichter die Gesträuche emporschießen, desto mehr müßte das Monument als solches, als plastisches Kunstwerk, an Effekt ver= lieren. Es würde, und wäre es so hoch wie der chinesische Thurm, zuletzt das Schicksal desselben theilen und von Niemanden mehr angesehen werden. Ein Monument braucht Hintergrund und Umgegend und diese Bedingungen sind auf dem Rondell vor der Maximiliansbrücke jedenfalls besser erfüllt, als auf dem Dultplatz, sei es nun vor'm „englischen" Cafehaus, oder vor'm „Utzschneidergärtl", oder vor der so wunderschön uniformirten Häuserfronte an der Südost=Seite. Möge es — von allen Denkmälern abgesehen — der schöpferischen Kraft des Magistrats baldmöglichst gelingen, den Dultplatz in einen Park, in einen Lieblingsaufenthalt für Amseln, Grasmücken, Nachtigallen und Kindsmädchen zu verwandeln! Die Vortheile für die Augen und Lungen der Anwohner und Passanten sind jedenfalls größer, als etwa die strategischen Nachtheile hinsichtlich einer bequemen Auf= stellung der Landwehrbrigade München. Aber eine Statue, ein Werk der Bildhauerei, postire man so, daß es in einem archi= tektonischen Rahmen steht.

Heinrich Heine's literarischer Nachlaß wurde von der östreichischen Regierung für 2000 Frcs. Rente erworben.

Wenn Oestreich für Heine's literarischen Nachlaß so viel gibt, was geben Andere für Oestreichs offenbaren **politischen Nachlaß**?

Encyclica=Nummern

(für Oestreich, wo's noch eine Lotterie gibt).

Pius der 9te thut das 10te in die 8.

Preußische Kreisstände haben gebeten, einen Ort, Namens **Drei-Linden** in „Düppel" umtaufen zu dürfen.

Wie wäre es, wenn sich das Münchener Vorstadttheater zu den „brei Linden" auch **Düppeltheater** nennen würde? Dem Direktor wäre es wahrscheinlich um so lieber, je öfter sein Kunstbüppel gestürmt würde.

Kleine Frühstücksplaudereien.

Der 25. Januar war ein denkwürdiger Tag für die Münchener Hofbühne: Schiller's Freiheit athmendes Gedicht: „Don Carlos" **vollständig aufgeführt**, und zwar auf Befehl des **Königs**, der fünf Stunden, ohne einen Blick von der Bühne zu verwenden, der Recitirung des Werkes lauschte. Aehnliches dürfte wohl an keinem deutschen Hoftheater da gewesen und von Schiller und Göthe selbst kaum, im Traume gehofft worden sein. Das Geschmacksbeispiel des jungen Monarchen fängt aber auch bereits an, zu wirken; das Haus zeigte sich, obwohl vor 11 Uhr Nachts an kein Ende zu denken war, sehr **stark besetzt**; bei dem Interesse, das der König für die Sache zeigte, schämte man sich förmlich, das Haus vor Schluß zu verlassen. Was die Aufführung betrifft, so befriedigte am wenigsten ein Gast als „Posa"; das Ganze hätte sich unbedingt glänzender gemacht, wenn Herr **Dahn** den Posa gab, eine Rolle, deren schönrednerischer Charakter diesem Künstler ganz besonders zusagt.

Ein schwedisches Witzblatt (Risse) spottet über die gedankenlose Singwuth der Deutschen. Die Deutschen, sagt der Schwede, schreien, brüllen und singen überall, ob's zur Situation paßt oder nicht. Gehen Abends ein Paar in's Wirthshaus, so schreien sie: „Freunde, seht, es strahlet der Morgen!" Wenn es ertönt: „An der Elbe Strand' ist mein Vaterland," so werden auch schwäbische und altbayerische Liedertafler begeistert einstimmen. Ist die Kneipe recht im Zug, so heißt's: heut' ist's lustig, heut' singen wir, und gleich darauf läßt sich die Gesellschaft vernehmen: „Ich weiß nicht, was soll es bedeuten, daß ich so traurig bin!" Manch' edler Proletarier kennt auch das Heine'sche Lied und bringt es seinem Schatz, einem Fabrikmädchen, zu: „Du hast Diamanten und Perlen, hast Alles, was Menschenbegehr!" Wie oft und enthusiastisch der „Rheinwein, aus Römern geschlürft", beim Bier in steinernen Maßkrügen besungen, und der Körner'sche Schlachthymnus beim Dampf der Cigarren angestimmt wird, davon wollen wir nicht weiter reden, aber wahrhaft lächerlich machen sich die Deutschen, wenn sie noch nicht aufhören, forte und fortissimo zu verkünden: „Das ganze Deutschland soll es sein!" oder: „Das Volk steht auf, der Sturm bricht los!" Es steht Keiner auf, es bricht Nichts los.

———

Herr Brater macht in der „Wochenschrift der bayer. Fortschrittspartei" über das Staatshandbuch, resp. über das Verzeichniß der mit Orden Dekorirten einige gar nicht üble Witze, findet aber für gut, dabei zu übersehen, daß Frhr. v. d. Pfordten seiner Zeit in der Kammer selbst erklärt hat: die Orden seien theilweise an die Stelle der früher gespendeten Dosen und Brillantringe getreten; sie schmeicheln dem Empfänger mehr und kosten dem Geber weniger Geld. Uebrigens gibt es Leute, welche glauben, daß so mancher Oppositionsmann, wenn er rechtzeitig seine Stelle im Staatshandbuch bekommen hätte, heute zu den Freunden der bayerischen Selbstständigkeit gehören würde. Sehr übel angebracht ist es, darüber zu spotten, daß so wenig Richter mit Orden begnadigt sind, während bei der Administration die Brüste ein gar blendendes Schauspiel böten. Auszeichnungen von Richtern, deren Charakterstärke noch nicht durch Decennien erprobt ist, müßten den Glauben an ihre Unabhängigkeit beeinträchtigen und würden gewiß von den Liberalen zu allererst als eine versuchte Beeinflussung aufgefaßt werden. Doch, die Wochenschrift braucht Stoff! Sie hat auch entdeckt, welche Papierverschwendung dadurch entsteht, daß bei jedem Namen im Staatshandbuch, wenn er auch öfter vorkommt, alle Titel wiederholt sind. Diesen großen Uebelstand zu beseitigen, wäre in der That eine würdige Aufgabe für eine bayerische Fortschrittspartei.

Halbjährige Bestellungen bei allen kgl. Postämtern.

Druck der Dr. Wild'schen Buchdruckerei (Parcus).

Münchener PUNSCH.

Ein humoristisches Originalblatt von M. E. Schleich.

Achtzehnter Band.

Nro. 6. — Halbjähriger Abonnementspreis: in Bayern 1 fl. Im Ausland erfolgen die üblichen Postaufschläge. — 5. Febr. 1865.

Marl und Sepperl, Schusterbuben.

Marl. Was hältst du denn eigentlich von den preußischen Besuchen in Wien?

Sepperl. Es scheint doch, daß sie zur Stärkung der Bande gedient haben.

Marl. Gebrauch' doch keine so beleidigenden Ausdrücke!

Sepperl. Ich meine ja: zur Stärkung der Bande der Freundschaft, so steht 's sogar in officiösen Blättern.

Marl. Ah so!

Marl. Hast Du die Fallot'sche Broschür' auch schon g'lesen?

Sepperl. Ja, ganz ausgezeichnet, sehr einverstanden!

Marl. Aber ich bitt' dich —

Sepperl. Ja weißt du: ohne daß es riecht, kann man eine solche Sache nicht fertig bringen; es handelt sich eben nur um die möglichst wenig sanitätswidrige Art —

Marl. Ja was meinst denn du eigentlich für eine Broschür'?

Sepperl. Doch die über die Kloakenfrage?

Marl. Ach Gott, die ist ja von Ranke. Ich red' von der Fallot=Gemeiner'schen!

Sepperl. Ah so, ja das ist was Anderes — oder vielmehr was Aehnliches. Ja, ja, da hätt' man halt auch zur rechten Zeit den Pettenkofer fragen sollen, wie man am besten ausräumt.

Das modernisirte Palästina,
ein fortschrittliches Phantasiestück.

Wenn Palästina das gelobte Land bleiben will, so muß es dem Fortschritt huldigen, denn ohne Fortschritt wird in den Zeitungen kein Land mehr gelobt. Eisenbahnen, Telegraphen, Fabriken, Gasbeleuchtung, gute Gasthöfe, wo möglich auch noch Zeitungen, Theater und Bälle — diese Dinge sind es, die das einst so berühmte Land annehmen und cultiviren muß, wenn es seine Bedeutung nicht ganz verlieren will.

Der Anfang ist gemacht, die Eisenbahn von Jaffa (dem alten Joppe) nach Jerusalem beschlossene Sache und werden nächstens die Projektirungsarbeiten beginnen. Als König Salomo das Tempelbauen anfing, machte er es schon so wie später König Ludwig, er kaufte sich nämlich selbst Steinbrüche, um Baumaterialien zu gewinnen, und zwar in der Nähe von Joppe. Die Herren Steinlieferanten, Maurermeister und königlich israelitischen Oberbauräthe werden wohl dazumal in derselben Weise ihren Profit genommen haben, wie heut' zu Tage. Ja, wenn damals von Joppe nach Jerusalem schon die Eisenbahn gegangen wäre, dann hätte sich Salomo leicht gethan und wären ihn seine Bauten auch nicht so theuer gekommen.

Dem Mangel wird nun abgeholfen und die Bahn gebaut. Die bekannteste Station auf der Route ist das freundliche Städtchen Emaus. Die Ausflüge der Einwohner von Jerusalem dürften sich besonders am Ostermontag nach diesem Orte richten. Möchte sich dort ein tüchtiger Gastwirth etabliren, um den alten Ruf dieser Einkehr zu erhalten. Dann werden die Leute, wenn es auch „Abend werden will" doch „bei ihm bleiben", besonders wenn die palästinische Generaldirektion etwa die Rücksicht hat, noch um 10 Uhr Nachts einen Zug nach der Hauptstadt abgehen zu lassen.

In Jerusalem gab es seit ein Paar Tausend Jahren schon manche Reibereien und Zwistigkeiten. Neu aber dürfte daselbst die Streitfrage sein: Wo soll der Bahnhof hinkommen? Am natürlichsten stünde er vor dem Jaffa=Thor, wodurch die Kaufläden und Parterrelokalitäten in der Davidsstraße in hohem Grad gewinnen müßten. Vor dem Damaskusthor liegt die Grotte des Jeremias. Derselbe muß doch kein sonderlicher Prophet gewesen sein, sonst hätte er gewußt, wohin einst die Eisenbahn gehen wird und sich am Jaffathor angekauft. Unausbleiblich wäre die

Entstehung eines großartigen „Hotel Zion", wo einige alte Herren Pharisäer jeden Abend ihr Schöppchen trinken und sich die angekommenen Fremden mustern könnten. Der ehemalige Thurm Davids würde wohl zu einer Gasfabrik eingerichtet werden, da von dieser Stelle aus das Gas am leichtesten durch die ganze Stadt, bis vor's Herodesthor und zum Haus des Pilatus vertrieben werden könnte. Auch dürften um die ganze Stadt herum bald freundliche Glacis entstehen, mit englischen Anlagen, die sich bis zum schönen Flecken Bethania erstrecken, wo vielleicht ein unternehmender Deutscher oder Schweizer ein elegantes Cafe errichtet. Daß dann auch Droschken, Fiaker, Lohndiener u. s. w. nicht lange auf sich warten lassen, versteht sich von selbst. Die heiligen Orte verwandeln sich in „Sehenswürdigkeiten", die Pilger in Fremde, statt Hut, Stab und Kürbisflasche sieht man Plaids, Regenschirme, roth eingebundene Bücher und Reise-Perspektive. Wie viel Stoff bietet die heilige Stadt für einen neuen Bädeker! Wie oft kann der Mann seine empfehlenden Sternchen anbringen. Das „**heilige Grab" — zwei Sternchen, ja nicht zu versäumen; *Moriah, mit Tempelruinen, jetzt Moschee Omars, Fremden nur gegen Bastonnade zugänglich; *Teich Bethesda, ehemaliges Mineralbad, dem sich vielleicht durch einen kleinen Spieltisch wieder aufhelfen ließe u. s. w. Ueberhaupt muß auch für Unterhaltung gesorgt werden; in der Stadt abwechselnd Bälle bei Kaiphas und Annas und jeden Donnerstag und Sonntag Musik à la Gungl im Garten Gethsemane — welch' herrliche Versöhnung der biblischen Geschichte mit der modernen Civilisation!

Und das ist der Segen der Eisenbahn, daß sie stets neue Bahnen muß gebären! Kaum wird die Strecke Jaffa-Jerusalem durch eine feierliche Eröffnungsfahrt eingeweiht sein, so werden sich auch schon Deputationen aus Samaria und Galilaea einfinden, mit der Bitte, diese anmuthigen und fruchtbaren Provinzen in den allgemeinen Verkehr zu ziehen und wenigstens die Concession zu Projektirungsarbeiten zu ertheilen. Die Weiterführung der Bahn nach Norden ist auch unzweifelhaft. Wenn jedoch die Allg. Ztg. unlängst einen Tunnel durch den Oelberg prophezeite, so ist das wohl nur schlechter Witz, denn warum sollte man, abgesehen vom Kostenpunkt, nach dem todten Meere zu bauen, wenn man an den See Genezareth will? Nein, die Zweigbahn läuft gleich vom Jaffathor nördlich dem Thale Josaphat zu, das nach Pauli'schem System überbrückt werden muß. Wenn sich die Menschheit am jüngsten Tage dort versammelt, kann gleich der Viadukt als Gränze von Links und Rechts, als

Barrière zwischen Böcken und Schafen angenommen werden. Die Fundamente werden wenig Schwierigkeiten machen, denn der Bach Kidron, dem das Wasser längst ausgegangen ist, unterspült Nichts mehr. Von da geht es dann über Rama direkt an den Berg Garizim, der allerdings vielleicht durchbohrt werden müßte. Den Berg Tabor kann man umgehen, doch dürfte wegen der interessanten Lage dort eine Station angezeigt sein. Man denke sich auf dem Berge einen Gasthof à la Rigi Culm, mit einem tüchtigen Mann: einem orientalischen Schimon an der Spitze, dann würden die Gäste, welche in T a b o r zusprechen, jedenfalls wie v e r k l ä r t zurückkommen.

Nun geht es schleunig abwärts an den schönen See Genezareth, der durch die Eisenbahnverbindung zu Jerusalem ungefähr in dasselbe Verhältniß treten würde, wie der Würmsee zu München. Eine Sommerfrische zwischen Zebulon und Juda, wie schön müßte das sein, und Niemand könnte sich über die „v i e l e n J u d e n" aufhalten, die hinkommen.

Die schlichten Nachfolger der Apostel würden den Fischfang als Nebensache behandeln und sich lieber auf das Ueberführen von Touristen verlegen, also auch „Menschenfischer" sein. Zahlreiche Landhäuser würden bald das Ufer des Sees schmücken, ein asiatisches Niederpöcking würde entstehen, ohne Dampfschifffahrt könnte man gar nicht mehr existiren und das erste Boot müßte „R e n a n" heißen! Das Endziel der Fahrenden wäre das freundliche Capharnaum, wo jener Hauptmann wohnte, von dem man nie gehört hat, daß er zum Major befördert wurde.

Vom See ginge es dann nordwestlich der phönizischen Küste zu, wo man die Wahl hätte: Thyrus oder Sidon oder beide mit einem Schienenstrang zu beglücken. Heut zu Tage, wo so viel neue Throne errichtet werden, müßte sich der dort heimische Handel mit Purpurschnecken gar nicht übel rentiren.

Eine dritte Gesellschaft will, so hört man, zunächst von Jerusalem nach Jericho bauen, dessen Festungscharakter wieder hergestellt werden soll, freilich mit Rücksicht auf die Fortschritte, welche die Blasinstrumente und die Geschütze seitdem erfahren haben. Von Jericho ginge es dann am Jordan aufwärts durch die berühmten „Gefilde" und das herrliche Thal Aulon, links und rechts fette Weiden und aromatische Wiesen, die einst die Kräuter zur Bereitung der Salben lieferten. Ach, wir brauchen jetzt nicht mehr die Thäler von Gilead auszuplündern, die Chemie lehrt uns aus der nächsten Pfütze die köstlichsten Odeurs zu ziehen. Wüßten doch die Damen, die da mit verächtlich auf-

gezogenem Näschen vorübereilen, was sie sich Alles in's Schnupf=
tuch spritzen und an die Stirne reiben! Freilich sind dann die
gemeinen Bestandtheile durch den hohen Schornstein der Fabrik
verdampft und nur das Edle ist zurückgeblieben, denn auch in
der Jauche steckt ein edles, salonsfähiges Element.

Auch dieser Fortschritt muß den Damen in Palästina wohl=
thun, die Salben werden viel billiger und der geizige Judas
hätte heut zu Tag keine Ursache mehr, über besondere Ver=
schwendung zu murren, wenn Magdalena ein Töpfchen darauf
verwendet, um die Füße des Herrn zu parfümiren.

Landschaftlich wäre also die Jordanlinie vorzuziehen, mehr
und wichtigere Orte berührt die durch das Hochland laufende;
vielleicht zeigt sich das Bedürfniß, beide auszuführen. Später
wird sich dann die Aufmerksamkeit auf eine Verbindung mit
Aegypten lenken. Hätte zur Zeit der Pharaonen schon eine
Eisenbahn existirt, wie schnell und bequem wären die Kinder
Israel befördert gewesen, man hätte höchstens die Güterzüge auf
8 Tage einstellen dürfen. Soll ein eigener aegyptischer Bahnhof
gebaut werden, so geschieht dieß am besten am Fuße des Berges
Zion, wo man nur den daselbst gelegenen Teich auszufüllen
braucht, um einen billigen Bauplatz zu erzielen. Die erste
Station südlich wäre Betlehem, welche Stadt sich neuestens
außerordentlich heben soll. Es gibt daselbst mehrere Gasthöfe,
worunter der „zu den drei Königen" besonders gerühmt wird.
Das Mißgeschick, keine anständige Herberge zu finden und in
einem Stalle übernachten zu müßen, wäre heut zu Tage ganz
undenkbar. Auch dürfen sich Familien ohne Furcht dort nieder=
lassen, denn ein Kindermord ist im heutigen Betlehem ebenso
verpönt, wie anderswo. Bei Hebron wäre, schon dem alten
Abraham zu Ehren, der dort sein gekauftes Familiengrab hat,
wenn auch nicht eine förmliche Station, so doch eine Haltstelle
mit Drehscheibe angezeigt. Der Herr Expeditor in Hebron könnte
dann, als Nebenverdienst, den Fremden die Doppelhöhle Machpela
zeigen, als ein Symbol seiner Besoldung: das Wenige, was auf
der einen Seite eingeht, ist auf der andern gleich wieder draussen.

Ueber die fernere Richtung der Bahn läßt sich noch nichts
auffstellen. Es scheint fast, als ob Moses schon instinktmäßig
die richtige Tracirung vorgenommen hätte. Man wird am besten
seiner Spur folgen, nur mit dem Unterschied, daß man nicht
durch's rothe Meer, sondern um dasselbe herumfährt. So wer=
den denn die Völker abermals aus Aegypten in's gelobte Land
ziehen, eine rauchende Feuersäule vor sich, bestehend im

Schlot der Locomotive. In allen Bahnhofgebäuden werden die üblichen Verordnungen angeschlagen sein und also auch am Sinai die Zeit der Gesetzverkündung von Neuem beginnen. Da die Bahn zuversichtlich einer Privatgesellschaft überlassen und diese ihren Verwaltungsrath haben wird, so ist es wirklich Schade, daß das goldene Kalb nicht mehr steht; man hätte beim feierlichen Eröffnungszug an demselben ein kleines Déjeûner dansant veranstalten können.

Wie leicht ließe sich aus Palästina eine selbstständige Monarchie machen; der Monarch könnte versprechen, was er wollte, denn es ist ja das Land der Verheissungen. Die Krönung dieses Fortschritts- und Civilisations-Gebäudes wäre das allgemeine Stimmrecht. Auf wen die Stimmen fallen würden, kann nicht zweifelhaft sein. Die Dynastie Rothschild hätte wohl so viel Patriotismus, um einen ihrer Prinzen dem Throne Davids zu opfern. Unter seiner Regierung würde es auch um's todte Meer herum wieder lebendig werden, denn ein Rothschild läßt Nichts todt liegen.

Freilich wäre, wenn dieß Alles in Erfüllung ginge, abermals ein Stück Poesie, ein Stück Ehrfurcht vor der Bibel, ein Stück Glaube oder Illusion dahin. Aber was thut's? Fortschritt muß sein und Allem, was sich mit Gewalt geltend macht, huldigt man, im Osten wie im Westen. Die orientalische Frage besteht in der Frage: Wann wird man auch in der Türkei in jedem Coupé einen Weinreisenden treffen?

Der gegen die Encyclica so feindlich gesinnte italienische Cultusminister heißt Vacca.

Wenn es gelingt, in Italien eine allgemeine Vaccination einzuführen, dann möchte die Kurie auch von der nächsten Generation nicht viel Ergebenheit erwarten dürfen.

Behauptung.

Ein preußischer Kronjurist ist deßhalb noch nicht die Krone der Juristen!

In der Adreßcommission des Herrenhauses sagte Herr v. Bismark: die Zukunft wird ein helleres Licht geben.

Wir schließen uns dieser Erklärung des genialen Staatsmannes an und bitten auch unsere verehrlichen mittelstaatlichen Consumenten, sich dabei zu beruhigen.

Mehrere bayerische Gasbeleuchtungs-Gesellschaften.

In Paris ist durch eine Gas-Explosion die Austerlitzbrücke zerstört worden.

Dummes, einfältiges Gas, hätte es nicht lieber die Jena-Brücke sprengen können?

Ein Düppelstürmer.

Neuer Schaffler-Barometer.

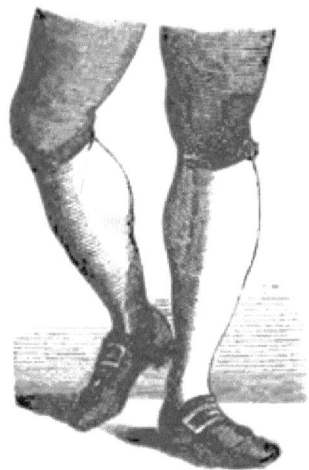
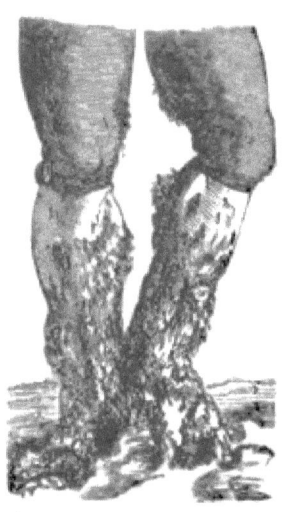

Wenn er so aussieht ist's schönes Wetter.

Wenn er so aussieht ist's schlechtes Wetter.

Laut Ankündigung in Wiener Blättern werden daselbst jetzt sehr schöne künstliche Busen fabrizirt und der Damenwelt empfohlen.

Am Ende ist derjenige Busen, an welchen Austria gegenwärtig die Klein- und Mittelstaaten wieder so freundschaftlich zu drücken scheint, auch nur ein künstlicher? Vielleicht sind es nur officielle oder diplomatische Federn, welche ihn in alter Liebe schwellen machen?

Hütet Euch, großdeutsche Kinder! So wenig man von Dornen Trauben sammelt, so wenig läßt sich aus Kautschuk-Brüsten stärkende Milch ziehen.

Kleine Frühstücksplaudereien.

Der Fleischertrakt von Liebig (nach Andern soll ein Franzose der eigentliche Erfinder sein) ist der chemisch ausgezogene Nahrungsstoff, der selbst von zentnerschweren Fleischmassen nur ein ganz kleines Volumen einnimmt und in einer kleinen Büchse verschickt werden kann. Ein Mastochs in der Westentasche ist also künftig kein Wunder mehr!

In Rom ist der Cardinal Lucca zum Vorstand des Inder- oder Bücherverdammungsinstitutes ernannt worden, und zwar weil er, wie recht naiv beigefügt wird, der deutschen Sprache so mächtig ist!

Nach neuester Zusammenstellung besitzen in München 30 Einwohner einen Hund. Wie viele Einwohner aber oft ein Hund besitzt, das dürfte keine Statistik ermitteln können.

In Amerika hat man einen Cavalleriesäbel construirt, der am Korb einen Revolver hat, so daß sich mit derselben Waffe nicht nur hauen und stechen, sondern auch schießen läßt. Gott verhüte, daß diese Erfindung über den Ocean nach Europa herüberkommt. Man denke sich einen damit ausgerüsteten preußischen Garde-Dragoner-Lieutenant, der Nachts nach Hause kommt und dem der Hausknecht nicht schnell genug öffnet! Zusammenhauen, erstechen und standrechtlich erschießen ist dann das Werk eines Augenblicks!

Druck der Dr. Wild'schen Buchdruckerei (Parcus).

Münchener PUNSCH.

Ein humoristisches Originalblatt von M. E. Schleich.
Achtzehnter Band.

Nro. 7.   Halbjähriger Abonnementspreis: in Bayern 1 fl.
Im Auslande erfolgen die üblichen Postaufschläge.   12. Febr. 1865.

Privat=Kabel des Punsch.

Constantinopel. Der Großwessir erstattete einen Bericht über die Staatsfinanzen. Desicittere Byzanz!

Mexico. Die Republikaner sind überall zerstreut und zwar in dem Maße zerstreut, daß sie gar nicht daran denken, der Autorität des Kaisers Maximilian zu huldigen.

Afrika. Die fremden Consuln beschworen den König von Dahomey, die von ihm als feststehend angekündigten Menschen=Opfer rückgängig zu machen. Der König, welcher Neger durch und durch ist, erklärte es für unmöglich, von diesem seinem eigensten Werk abzustehen, doch wolle er entgegenkommend sein und die Opfer auf zwölf vermindern. Die Basis der constitutionellen Monarchie ist das Compromiß.

Croatien. Die Banal=Conferenz wird nächstens zusammenkommen. Wahrscheinlich weder die erste noch die letzte Conferenz, auf der banales Zeug vorkommt.

München. Kürzere Finanzperioden, Freigebung der ärztlichen Praxis, beschleunigte Zustellung der Postpakete, Einführung von Francocouverts, Aufhebung des Zapfenstreiches, neue Gesangslehrmethode, kleinere Gendarmeriesäbel — ja Fortschritt, was willst du noch mehr?

Florenz. Der König Ehrenmann verleiht den Damen, welche den Muth hatten, dem letzten Turiner Hofball beizuwohnen, eine Tapferkeitsmedaille. Auch können sie sich den heurigen Carneval als Feldzugsjahr anrechnen.

Freundschafts-Telegramm des Kaisers der Türkei an den Kaiser von Mexico.

Säcularisirst Du Deine Moscheengüter, so säcularisir' ich meine Moscheengüter. Allah ist groß und unsere Noth auch.

Frankfurt. Was doch einem Sterblichen nicht für Ehren passiren können! Herr v. Schrenk wurde beim Bundestag wieder in alle 20 Ausschüsse gewählt, in welchen Herr v. d. Pfordten gewesen war. Sonst nichts Erhebliches.

Maxl und Sepperl, Schusterbuben.

Maxl. Was hört man Neu's?

Sepperl. Nun in Cassel is die G'schicht aus dem Geleis' gekommen, die ganze Bagasch hinausgeworfen und Einer ordentlich herabgeschleudert worden.

Maxl. Hör' auf, mach' keine schlechten Witze —

Sepperl. Wer wird denn mit einem Eisenbahnunglück schlechte Witze machen?

Maxl. Eisenbahn-Unglück?

Sepperl. Ja, bei Marburg.

Maxl. Ah so, ich hab' 'glaubt —

Sepperl. Nein, nein, die Lokomotive, die du meinst, fährt noch immer so fort, wie bisher.

Maxl. Sonderbar; wenn man von der Artillerie absieht, so ist aus den preußischen Armeen noch nichts Besonderes hervorgegangen: kein Feldherrngenie, keine Erfindung, keine staatsmännische Notabilität.

Sepperl. Weißt du, der König hat's ja gesagt: in meinem Heere lebt die Furcht Gottes. Und die Furcht Gottes ist bekanntlich erst der Weisheit Anfang. Es wird später schon noch kommen.

Vielleicht dumme, aber doch nicht grundlose Frage.

Die ärztliche Praxis ist freigegeben. Wird sich die bayerische Fortschrittspartei, in deren Ausschuß Herr Völk sitzt, jetzt auch für die Freigebung der Advokatur in's Zeug legen? — Wenn ja, dann Respekt.

Pimpelhuber,
fortschreitender, und doch immer in München bleibender
königl. Einwohner.

Statistische Ausbeute aus dem Staatshandbuch.

„Bei der Infanterie trifft auf fünf und einen halben Officier ein Orden."

Zeitungen berichten von einem französischen Sonderling!, der in den Wäldern eines südlichen Departements als freiwilliger Wilder lebt.

Ein freiwilliger Wilder ist natürlich in dem heutigen Frankreich ein um so größerer Sonderling, als bekanntlich alle übrigen Franzosen ihr Dasein als unfreiwillige Zahme hinbringen.

———

Welche Aehnlichkeit hat der Disconto der Frankfurter Bank mit dem Frankfurter Bundestag?

Er ist neuestens wiederholt sehr herabgesetzt worden.

———

Zwischen den bayerischen Bahnen und Oestreich ist ein Uebereinkommen getroffen worden wegen directer und möglichst kurzer Gepäcks- und Personenabfertigung in Wien.

Wenn sich unter den in Wien kurz abgefertigten bayerischen Personen nur nicht auch einmal Hr. v. d. Pfordten befindet!

———

In dem von Dr. Fraas herausgegebenen Blatt: „Die Schranne" wird anläßlich eines vorgekommenen „Bienenmordes" darauf hingewiesen, daß wir in Deutschland noch kein Bienenrecht haben. Wie viele Rechte werden wir in Deutschland noch bekommen und wie lange wird Deutschland, wenn's darauf ankommt, doch rechtlos bastehen!

———

Praktische Aufgaben für den neu erfundenen

Distanz-Messer.

1) Wie weit ist Oestreich davon entfernt, eine wirklich deutsche Macht zu sein?

2) Wenn vom Erhabenen bis zum Lächerlichen nur ein Schritt ist, wie kommt es dann, daß Graf Rechberg nach dem Frankfurter Fürstentag doch noch einige Monate brauchte, um zur östreichisch-preußischen Allianz zu gelangen?

———

Die auf den 2. Februar treffende Bundestagssitzung ist wegen des Festes Mariä Reinigung ausgefallen.

Ja, ja! Wenn es sich um eine **Reinigung** handelt, da kann kein solcher **Bundestag** geduldet werden.

Auch in Mittelfranken ist das Errichten von Schneidsägmühlen freigegeben worden.

In Bayern darf sich also jetzt Jedermann eine **Schneide** anschaffen. Möchten unsere Staatsmänner von dieser Befugniß zuerst Gebrauch machen!

Wegen der einer Klosteroberin zugestandenen Jurisdiction wußte der östreichische Justizminister Lasser Nichts zu erwidern.

Man wird's in der östreichischen Strafrechtspflege wohl auch beim Alten lassen, denn der Minister ist ja eben der — Lasser.

Psychophysiologisches Räthsel.

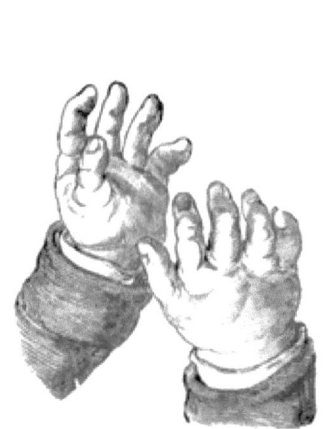 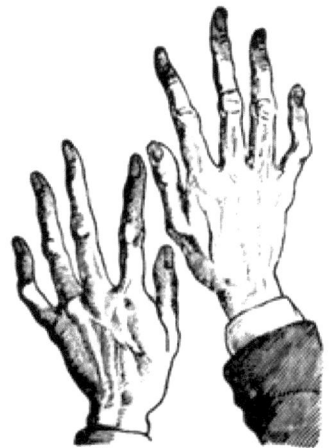

Jaell's Hände   Liszt's Hände
und Beide sind sie gleich gute Clavierspieler!

Ein Symbol der Abhängigkeit des Königreichs Italien von Frankreich liegt wohl auch in dem Umstand, daß sich der König Viktor Emanuel seiner bisherigen Hauptstadt **französisch empfohlen** hat.

———

Preußen's Weigerung, die Zölle auf östreichische Weine zu ermäßigen, basirt gutem Vernehmen nach nicht nur auf politischen und financiellen, sondern besonders auch auf moralischen Erwägungen. Bei dem bekannten Glogauer Fall hat man die traurige Erfahrung gemacht, welche Wirkung z. B. Ungarweine, besonders die süßeren Gattungen derselben, zuweilen auf jüngere Personen ausüben und wie leicht sie zu mißbräuchlicher Anwendung verlocken können. Kommen zufällig noch Butterbeemchen und etwas Kohlendunst hinzu, so ist der Standal fertig. In der Armee lebt zwar, wie unlängst von hoher Seite bestätigt wurde, große Gottesfurcht und — wie man gerechter Weise hinzufügen muß — auch sehr viel Schicklichkeitsgefühl, denn v. Richthofen sagte selbst zur Maria Drogand: „Zusehen schickt sich nicht", aber all' diese vortrefflichen Eigenschaften können durch unvorsichtigen Genuß östreichischer Weine wankend gemacht werden. Daher erscheint es als Pflicht der preußischen Regierung, den Satanas, der in der ungarischen Traube steckt, nach Kräften fern zu halten und wenigstens dahin zu wirken, daß gottesfürchtige Krieger ihren sittlichen Fall nicht um gar so billigen Preis herbeiführen können.

Kleine Frühstücksplaudereien.

Der auch durch literarische und verschiedenartige kritische Leistungen bekannte Maler **Pecht** hat ein großes und gelungenes Porträt Richard Wagner's vollendet.

———

Wenn doch das Münchener Volkstheater schon stünde! Oder wenn wenigstens bis zu fünf Graden unter Null das Mauern erlaubt wäre! Maître Offenbach hat schon wieder **drei Operetten** von sich gegeben, und alle drei haben sie durchgeschlagen und sind Cassastücke geworden, in Paris, wie in Wien und Berlin. Wenn es einen **musikalischen Pabst** gäbe und wenn dieser eine Encyclica erließe, so müßte der Offenbach'sche Schwindel als erste und schwerste Verirrung darauf verzeichnet stehen. Aber die Leute würden dennoch hineinlaufen.

———

Wir registrirten neulich die Thatsache, daß sich der König von Bayern „Schiller's Freiheit athmendes Gedicht Don Carlos" vollständig aufführen ließ. Der in Berlin erscheinende „Theater-Horizont" druckt unsern Artikel ab, nimmt jedoch dem Gedicht seinen **Freiheitsathem** und setzt „Schillers Don Carlos". Ein vorsichtiger Mann! Er wird wissen warum.

In den journalistischen Beschreibungen des **päpstlichen** Besuches bei König Ludwig I. findet sich die Angabe, Pius IX. habe, den König erblickend, ausgerufen: „Ah, welch' schönes Wetter!" Man denke sich einen Papst, dem allgemein die Gabe witziger und geistreicher Unterhaltung nachgerühmt wird, wie er lächelnd die Arme ausbreitet und ruft: welch' schönes Wetter! Ist das nicht gründlich fad? Doch die Berichterstatter haben falsch übersetzt. „Ecco il buon tempo!" heißt: „Da ist es, das schöne Wetter!" Offenbar hatte der Papst dem König versprechen, beim Eintritt besserer Witterung die Villa Malta zu besuchen und sich also gleichsam als den Boten und Bringer derselben vorgestellt.

Herr **Brater** schreibt jetzt unter dem Namen **Jakob**. Die unter seiner Leitung erscheinende „Wochenschrift der bayer. Fortschrittspartei" ist verlegt und redigirt von „Jakob". Uebrigens ist Jakob sehr fleißig; in Erlangen erscheint auch eine autographirte Correspondenz, deren Emanationen immer gleichzeitig in allen Fortschrittsblättern mit Originalzeichen erscheinen. Man denke nur an den Artikel, worin der süddeutsche Steuerverein als verkappte Trias denuncirt wird, an „die bayer. Fortschrittspartei im Lichte der Kreuzzeitung" u. s. w. Der Sechsunddreißiger Ausschuß, dessen Mitglied Jakob ist, verwendet ja programmmäßig einen Theil der ihm zugeflossenen Fonds auf politische Aufklärung und moralische Unterstützung des Herzogs Friedrich. Wenn die letztere eine aufrichtige ist, so haben wir Nichts dagegen.

Jede Stadt hat ihre Kirchthurminteressen; man nimmt das keiner übel, kümmert sich aber auch vom höheren Standpunkt nicht darum. Nürnberg jedoch dürfte die einzige Stadt sein, an deren **Kirchthurminteressen** das ganze Land Theil nimmt, weßhalb denn auch von allen Seiten Beiträge zuströmen, um dem abgebrannten Lorenzer-Thurm wieder zu seiner Spitze zu verhelfen. Für eine preußische Spitze würden die Nürnberger im übrigen Bayern wohl nicht so viel Sympathie vorfinden.

Nicht nur der „fliegende Holländer", sondern auch Meyerbeer's „Afrikanerin" spielt, theilweise wenigstens, auf einem **Schiff.** In Paris wird bereits ein solches gebaut und sind auch von andern Seiten mehrere bestellt. Also eine förmliche **Theaterschiffs-Rhederei!** Vielleicht kommt noch ein oder der andere Regisseur in die Lage, während der Oper melden zu müssen: Herr oder Frln. X. hat die Seekrankheit bekommen und bittet um Nachsicht.

Fleißige Leser der Bayer. Ztg. können sich in der Jenischen oder Gaunersprache förmlich unterrichten; wir erfahren daraus, daß „Markizer" einen Einschleicher, „Chilfer" einen Linkswechsler, „Tori" einen betrügerischen Gewinn bedeutet und dgl. mehr. Am Ende erscheint auch noch der politische Theil in „Kochemer Loschen".

Die dänische Lehensgräfin Danner, die rechter Hand eigentlich noch immer Jungfrau ist, hat nun einen armen schwedischen Grafen gefunden, der sie wirklich heirathet. Der Mann heißt Silwerstolpe und soll die beiden ersten Silben seines Namens bisher immer mit einer schmerzlichen Bewegung geschrieben haben. Nun hat er auch „Silwer" und kann sorglos durch's Leben „stolpen".

Weiterer Beweis von der Inhumanität und Verwerflichkeit des Conscriptionswesens. Das „Schwäbische Ortsblatt" meldet: Heute wird die conscriptionspflichtige Mannschaft auf dem Rathhause a u s g e z o g e n und morgen unten a n g e n a g e l t.

In Rom hat man den kleinen Cohn zur Taufe gezwungen. Um so wohler befindet sich beim Christenthum ein anderer Cohen, der Karmeliter-Pater Augustin, der gegenwärtig in der katholischen Kirche zu H a m b u r g predigt. Pater Augustin ist als Hamburger Judenkind geboren und heißt von Haus aus C o h e n. Seine ausgezeichneten, feurigen Kanzelvorträge, die er noch dazu in mehreren Sprachen gibt, machen Aufsehen und die Hamburger Juden sind noch immer stolz auf ihn. Pater Augustin lebt gewöhnlich in England und ist einer der hervorragendsten K a r m e l i t e r g e i s t e r.

Norddeutsche Blätter warnen abermals vor den besonders in Bayern häufig angekündigten „Schwedischen Staatspapieren" und „Hypothek-Obligationen". Liest man doch allenthalben, wie sehr sich die Bankrotte in Schweden mehren und wie fabelhaft der Werth des Grundbesitzes geschwunden ist. Hätte ja der Schwedenkönig seinem Freunde in Dänemark so gern geholfen, aber die Volksvertretung erklärte: Schweden sei zu a r m, um einen Krieg zu führen; die Dänen müßten sich begnügen, daß ihnen die Schweden auf Deutschland schimpfen h e l f e n. Wir sollen hinwiederum den Schweden Geld vorstrecken aus reiner Freundschaft, denn Garantie vermögen sie keine zu bieten, man müßte sich denn an ihre Elend-Thiere halten. Diejenigen Zeitungen, welche diese schwedischen Anlehensgaukeleien ankündigen, sagen freilich nichts dagegen, weil die Insertionskosten zu viel abwerfen. In Hannover soll es die Schwedische Diplomatie sogar dahin gebracht haben, daß Pupillengelder in solchen Elend-Papieren angelegt werden dürfen! Die „Schwedische Diplomatie" hat sich überhaupt schon in mehreren deutschen Staaten aufdringlich gemacht.

Druck der Dr. Wild'schen Buchdruckerei (Parcus).

Münchener PUNSCH.

Ein humoristisches Originalblatt von R. E. Schleich.

Achtzehnter Band.

Nro. 8. — Halbjähriger Abonnementspreis: in Bayern 1 fl. Im Ausland erfolgen die üblichen Postaufschläge. — 19. Febr. 1865.

Da die französischen Gesandten in Deutschland den betr. Ministern die Depeschen häufig nur vorzulesen haben, so sollen in den Amtslokalitäten des Auswärtigen allenthalben Katheder angebracht werden, von welchen aus die Vorlesung bequemer gehalten werden kann. Ob ein oder der andere deutsche Staatsmann für sich die entsprechende Schulbank hineinstellen läßt, wird sich zeigen.

Daß die Photographie keine Kunst ist, wissen wir jetzt officiell. Was aber dann ein von der Münchener Akademie der bildenden Künste abgegebenes Gutachten ist, dieß zu wissen, wäre ich wahrhaft neugierig.

          Pimplhuber.

Der Pabst wird den Kaiser von Merico dadurch strafen, daß er — mit ihm kein Concordat abschließt.

Hätte es doch dem Himmel gefallen, uns schon vor einigen Jahren in ähnlicher Weise zu strafen!

       Unus pro 30,000,000 Oestreicher.

Zum Müllertag.

In Dresden ist aus allen Theilen Deutschlands, sowie auch aus Oestreich eine Anzahl strebsamer Müller zusammengetreten und hat beschlossen, demnächst eine allgemeine Versammlung der Müller Deutschlands und Deutsch=Oesterreichs zu berufen.

Nun Gottlob, so haben wir ja endlich wenigstens ein deutsches, und zwar ein Müller=Parlament. Daß es dabei lärmend genug hergeht und das Geklapper nicht leicht aufhört, ist eben so müllerisch, als parlamentarisch. Jedenfalls sitzen die Pulvermüller auf der äußersten Linken; bei ihnen bedarf es nur eines Funkens, um die Explosion herbeizuführen; gleich nach ihnen kommt die eigentliche Linke, aus Windmüllern bestehend, die davon leben, daß immer etwas in der Luft ist und denen gänzliche Windstille ebenso verhaßt als verderblich ist. Zu ihnen gehören auch die Stampfmüller, denen Nichts recht ist, und die Sägmüller, die gern die Zähne weisen und sich auf ihre Schneide viel zu Gute thun. Das entscheidende Centrum bilden jedenfalls die Getreidemüller, die so zu sagen das tägliche Brod des constitutionellen Lebens liefern und jedenfalls die meiste Grütze haben. Auf die Rechte kommen die Schleifmüller, die kein scharfkantiges Wesen leiden können, und die Poliermüller, die Alles glatt abzumachen wünschen.

Bei der Ertheilung des Wortes thut sich der Präsident leicht, denn wenn die Müller nicht nach dem Grundsatz handeln: Wer zuerst kommt, der mahlt zuerst, wer soll's dann thun? Die Debatte wird körnig, vielleicht manchmal sogar vierschrötig, aber offenherzig sein. Ein Müller gehört nicht zu denen, die auf den Sack schlagen und den Esel meinen; wenn ein Müller auf den Sack schlägt, so meint er nicht den Esel, sondern das darin enthaltene Getreide. Möchte es den Theilnehmern gelingen, wenigstens eine deutsche Müller=Einigkeit herzustellen! Natürlich gründen die Herren auch ein publicistisches Organ — niemals ohne dieses! Es betitelt sich: „Die Mühle" und verspricht den Leuten auch nicht mehr weiß zu machen, als andere Blätter! Deutschland besitzt eine große Fülle von journalistischen Wasser=kräften, die also eine neue Gelegenheit zur Verwendung finden.

Pimpfhuber. Wissen Sie schon von der neuesten amerikanischen Erfindung eines Säbels, mit dem man sechsmal schießen kann?

Tatschler. Was machen Sie daraus für ein Wesen? Meine Buben zu Haus haben ein Gewehr, mit dem man hauen kann, und zwar so oft als man will.

Nach=Encyclica
oder:
Weiteres Verzeichniß verwerflicher Irrthümer unserer Zeit.

87. Wenn man republikanische Tugend finden will, so gehe man nach Genf.

88) Alle, besonders die „eminent" Liberalen wollen die Freiheit als solche, nicht nur für sich, sondern auch für Andere.

89) Durch die neue Gerichtsorganisation ist die Rechtspflege für den Einzelnen billiger und schneller geworden.

(Wird das ganze Jahrhundert hindurch fortgesetzt.)

Anläßlich der herrschenden Wassernoth hat sich in Regensburg eine Wasserhandlung aufgethan, die den Eimer für 2 Pfennige verkauft. Es wäre nur interessant zu wissen, wenn der Vorrath zu Ende geht, mit welchem Surrogat das Wasser dann „gestreckt" wird?

Ein Ziegelmeister soll erklärt haben: „Der Grundstein zum neuen Münchener Opernhaus ist noch nicht gebrannt."

Gesuch.

Stoffe zur Unzufriedenheit, Wünsche nach Veränderungen, sowie Fortschrittsbedürfnisse aller Art werden magazinirt und deren Einsammlung angemessen bezahlt im Verlag der Wochenschrift der bayerischen

Fortschrittsparthei.

P. S. Hiebei bemerken wir, daß wir nun mit Witzen über das neue Staatshandbuch hinreichend versehen sind und von diesem Genre vorläufig Nichts bedürfen. Gute Einfälle contra Pfordten stehen uns hingegen nicht in erwünschter Menge zu Gebot und sind daher solche sehr willkommen.

Ein Berliner Gelehrter hat die fixe Idee: Louis Napoleon habe Aufzeichnungen von ihm in die Hände bekommen und daraus sein Buch über „Julius Cäsar" auf plagiatorischem Wege hergestellt.

Gutem Vernehmen nach erhält dieser Gelehrte nächstens den Titel: „Hof-Bacherl Sr. Majestät des Kaisers der Franzosen."

Wenn Richard Wagner dem König von Bayern unaufgefordert für 1000 fl. sein Oelporträt schickt, so veranlaßt er ja Se. Majestät gewissermaßen selbst, ihn an den Nagel zu hängen.

Auch nach der neuesten Verordnung ist es ausser den Aerzten Niemanden gestattet, an den Leuten chloroformirende Versuche anzustellen.

Aus diesem Grunde unterbleiben auch alle ferneren dramatischen Vorlesungen des Hrn. Dr. Köberle im hiesigen Museumssaale.

Druckfehler.

Zu Gunsten Wagner's trat in neuerer Zeit ein einziger Schriftsteller aufrichtig in die Schranken und das war Pech. (Sollte heißen: Pecht.)

Einer auf dem Eise.

Münchener Kindl. Sie, wenn Sie den Kopf so hoch tragen, geben S' Acht, daß S' fein net in das Loch da 'neinfallen!

Aut Caesar aut Nihil.
Kleines Dresdener Soirée=Episödchen.

Es gibt einen mittelstaatlichen Staatsmann, wenn man seinen Namen ausspricht, so wird es in jeder Gesellschaft stille; schon deßhalb, weil dieser Name, der zwar nur mit weichem B anfängt, dafür mit st! aufhört. Dieser Herr von Bst. war neulich in einem Salon mit einem Diplomaten in eifrigem Gespräch begriffen, wobei er ausrief: "Aut Caesar aut nihil!" Dieses Dictum ging wie ein Lauffeuer durch den Saal — die stutzenden Diplomaten und die diplomatisirenden Stutzer fragten sich: Was bedeutet das? Was hat er damit gemeint? Was führt er im Schild? was wird er thun? Viele glaubten, Herr v. Bst. wolle die Existenz sämmtlicher Mittelstaaten auf eine Karte setzen, an die Spitze der Trias treten und mit ihr unter= oder als Retter Deutschlands hervorgehen. Die Unruhe wuchs und Einige machten schon Miene, auf's Telegraphenbureau zu schicken, da traten zwei Herren, der Eine aus Preußen, der andere aus Oesterreich in die Nähe des Gefürchteten. Der Eine winkte ihm mit dem Finger: Bst. pst!, der Andere mit dem Kopfe: pst, Bst.! — Herr v. Bst. machte der Person, mit der er sprach, schnell ein Compliment und sprang zu den beiden Vorwinkern.

„Hören Sie 'mal, sagte der Eine mit schnarrender Stimme, was wollten Sie denn sagen mit Ihrem fameusen aut Caesar aut nihil? Ich prophezeihe Ihnen jedenfalls nihil!" — „Wir meinen nur, fügte der Andere in etwas gutmüthigerem Tone hinzu, es könnt' halt anders ausgelegt werden, Sie wissen ja, wie man jeden -- Laut von Unser Einem weiter tragt und falsch interpretirt. Also sagen Sie's, was haben Sie denn g'sagt, oder vielmehr, was haben Sie sagen wollen?" — „Mein Gott, erwiederte Herr v. Bst., es ist die unschuldigste Sache von der Welt. Graf Beemcheberg fragte mich, ob ich vom Kaiser Napoleon wohl auch ein Dedications=Exemplar von seinem Cäsar zu bekommen hoffe? Ich erwiederte, dieß sei mir ziemlich gleichgültig, ich würde nächste Woche schon sehen: entweder kommt das Buch, oder es kommt Nichts — aut Caesar aut Nihil! Nun, sind Sie beruhigt, meine Herren?" — „Vollkommen!" erwiederten die beiden Diplomaten, klopften Herrn v. Bst. zuerst auf die Schulter, schüttelten ihm dann die Hand und gingen lächelnd zu einer andern Gruppe.

In den Turiner „Neuesten Nachrichten" sowie im „Turiner Boten für Stadt und Land" lesen wir:

Lebewohl.

Bei meiner unvermuthet schnellen Abreise von der Hauptstadt sage ich auf diesem, jetzt bei Fürsten nicht mehr ungewöhnlichen Wege meinen etwaigen Freunden und Bekannten ein herzliches Lebewohl.

Victor Emanuelmeier,

Ehrenmann à la Suite und Gutsbesitzer.

P. S. Eben daselbst wird ein schwarzer abgerichteter Hühnerhund, männlichen Geschlechts gekauft, da der König einen solchen wünscht. Derselbe soll die Sucht bereits überstanden haben.

Privat=Kabel des Punsch.

Caprera. Unglaublich, aber wahr! Garibaldi hat kürzlich die überraschende Entdeckung gemacht, daß der rechte Zeitpunkt zur Befreiung Italiens noch nicht gekommen sei und daß er denselben abwarten müsse.

Paris. Die Thronrede beobachtet über den jüngsten Ball beim Prinzen Napoleon völliges Schweigen. Man hatte erwartet, der Kaiser würde wenigstens den daselbst servirten neuen Salat, genannt Salade impériale, lobend erwähnen.

Kleine Frühstücksplaudereien.

Die Patti=Concerte grassiren jetzt in Hamburg und fordern von der Einwohnerschaft zahlreiche Geldopfer. Der Verlauf ist auch dort wie überall: Aufregung, Enthusiasmus, Bedürfniß: vor Entzücken zu schreien und gleich darauf Ernüchterung und der Wunsch, den Zustand sobald nicht wieder durchzumachen. Die Patti singt, resp. spielt auf ihrem Kehlkopf dieselben Stücke wie in München. Auch in Hamburg ist das Lachlied die gewöhnliche Dreingabe, und so lacht sie fort — doch wie es scheint niemals zum Besten Solcher, die keine Ursache haben, zu lachen.

Rom muß fest stehen! Die Zeitungen berichten: „Der Pabst celebrirte wieder das Amt mit Te Deum zum Andenken an das Erdbeben von 1705, welches jährlich wiederholt wird und immer über 3 Stunden dauert."

———

Einer der vielseitigsten Geister ist und bleibt Crämer von Doos. Neuestens leitete er im Nürnberger Volksverein eine lange Verhandlung über die schwierige Schulfrage. Wenn man so ein Naturgenie betrachtet, möchte Einen jedes Jahr gereuen, das man auf der Schulbank verrutscht hat.

———

In Bamberg unterwarf sich ein „Journalist" der gewerblichen Prüfung als Bäcker und bestand sie sehr gut. Vielleicht bietet er dem Publikum als Bäcker nicht mehr so viel altgebackenes, leichtes oder ungenießbares Zeug, wie als Journalist.

———

Die Dresdener Nachrichten schreiben: Das lichte Lagerbier auf dem Waldschlößchen ist jetzt von so ausgezeichneter Qualität und goldheller Farbe, daß es dem besten böhmischen Lagerbiere gleichgestellt werden kann. Vorzüglich schön ist es bei Herrn Guhrmüller in der Waldschlößchen-Restauration anzutreffen. (Guhrmüller, ein ominöses Schild für schönes Bier.)

———

Wer den östreichischen Reichsrath und gewisse in den Zeitungen besonders oft genannte Mitglieder zu beobachten Gelegenheit hatte, dem sind wohl über die höhere Befähigung Dieses oder Jenes eigenthümliche Zweifel aufgestiegen. Ein Meisterstück der — gelinde gesagt — Gedankenlosigkeit lieferte neuestens der Finanzausschuß, indem er behauptete: mit den geheimen Fonds würden Blätter unterstützt, z. B. die Augsb. Allgemeine, die Kölnische Zeitung. Die Allgemeine mag sich selbst vertheidigen, aber was die Kölnische betrifft, so gibt es wohl nicht leicht eine Zeitung, die Oestreich mit mehr Geist, Consequenz und Perfidie verfolgt, als eben die „Kölnische". Und auf ihre Honorirung sollen nun die Dispositionsfonds verwendet worden sein! Das hieße denn doch die christliche Feindesliebe zu weit treiben, es müßte denn das große Kölner Blatt für Oestreich in einer besonderen Schmeichelausgabe erscheinen. Was überhaupt parlamentarische Größen und gerade „eminent Liberale" oft für schwache Stunden haben, davon kann man sich auch ausser Oestreich überzeugen.

Briefranzen.

Ist es wahr, daß man mit dem Gedanken umgeht, den neuerfundenen Säbel, mit dem man auch sechsmal schießen kann, bei der Landwehr einzuführen und daß zu diesem Zweck Rüstgelder und Reluitionsbeiträge erhöht werden sollen?

———

Druck der Dr. Wild'schen Buchdruckerei (Parcus).

Münchener PUNSCH

Ein humoristisches Originalblatt von M. E. Schleich.
Achtzehnter Band.

Nro. 9. Halbjähriger Abonnementspreis: in Bayern 1 fl. Im Auslande erfolgen die üblichen Postaufschläge. 26. Febr. 1865.

Diplomatische Vorschläge eines Münchener Kindl.

Mossignore Chigi
Möcht' fort von Parigi —

so hört man allgemein und da die römische Curie bezüglich der Wiederbesetzung des Postens in Zweifel ist, so erlaube ich mir vorzuschlagen, den Fürsten Chigi wieder nach München zu versetzen und dafür Mossignor Gonella nebst Sekretär Jäckele nach Paris zu schicken, wo diese Herren vielleicht mehr Gelegenheit finden, Spiritum levitatis zu beobachten, als am soliden Isarstrand. Was den schwierigen politischen Wirkungskreis eines Nuntius in Paris betrifft —

Vielleicht macht Herr Gonella
Keine so groben Fehla.

Gegen eine Moskauer Adelsversammlung ist eingeschritten worden, weil die Theilnehmer ein constitutionelles Programm in dem Blatte „Wjest" veröffentlicht hatten.

Wenn erst die Constitution da wäre, dann würden sich diese Adeligen wahrscheinlich nicht mehr Wjest, sondern Hott halten.

„Jeder Bürger muß schreiben können?" Was soll das heissen: schreiben können? Wann wird es in der Pariser Thronrede einmal heissen: Jeder Franzose soll schreiben dürfen?

Morgenstündchen
eines neudeutschen Componisten.
(Nach einer Münchener Volkssage.)

Prachtvolles Schlafzimmer; Sammettapeten, Seidenvorhänge, Wollteppiche, Spiegelplafond mit Fresken von Pecht und Kaulbach. Gegen das Fenster zu ein kleines Orangenwäldchen, wo von Zeit zu Zeit eine eben zeitig gewordene Frucht abfällt. Der Waschtisch befindet sich in einer Felsengrotte mit wohlriechendem Moos, Epheu und Bur bepflanzt. Aus dem Fels entspringen zwei Quellen, eine kalte und eine warme, die sich in zwei krystallene Lavoirs ergießen. Links und rechts wachsen die feinsten Schwämme, in perlmutterfarbigen Muscheln sind Pariser Seifen versteckt. Ein hinter prismatische Gläser gestelltes Flämmchen läßt über der ganzen Gruppe einen Regenbogen erscheinen, der jedoch, da sich die Morgensonne mit rosenfarbigen Strahlen von besonderer Schönheit in's Zimmer drängt, etwas verbleicht.

Rumorhäuser, der große Componist, erwacht, streckt sich, aber nicht nach der Decke, sondern nach der Länge, blickt umher und reißt an einem Glockenzug. Man hört sogleich das Trompetensignal aus „Lohengrin."

Kammerdiener, in Schuhen und Strümpfen tritt ein.

Rumorhäuser.
Trab' nicht so, du weißt, daß ich keinen Lärm ausstehen kann. Meine Ohren werden von Tag zu Tag empfindlicher. Bring' mir Socken!

Kammerdiener
(verneigt sich entschuldigend, schleicht auf den Zehen hinaus und kommt bald darauf mit einer silbernen Platte zurück, auf welcher sechs Paar Socken verschiedener Farbe liegen.)

Rumorhäuser
(besehend) hm! Keine Auswahl. Mehr Socken! (Legt sich zurück.)

Kammerdiener
(tritt mit Vorsicht wieder ab, kommt bald darauf mit einer noch größeren Platte zurück, auf welcher zwölf neue und verschiedenfarbige Socken liegen.)

Rumorhäuser
(besieht wieder) hm! Gefällt mir Nichts davon. Ich will die gestrigen wieder anziehen! — (Es geschieht.) — Man bringe mir den Katalog [meiner seidenen Schlafröcke. — (Der Katalog kommt.) Ich wünsche den veilchenblauen mit gelb

ausgenähter Ornamentik, in welchem ich neulich die große Tenor-Arie für den Riesen Fafner componirt habe; so was Hohes gibt's nicht mehr, es ist die Zugspitze unter allen Arien. (Er steht auf.) Mein braunes Hauskäppchen, dasjenige, auf welches mir die Fürstin Bitzlibutzli mit grüner Seide den Lorbeerkranz gestickt hat.

(Rumorhäuser ist in die Morgentoilette geschlüpft und geht hin und her.)

Kammerdiener.

Wer hat heute die Gnade, Herrn Direktor den Cafe bringen zu dürfen?

Rumorhäuser.

Kannst du dir gar nichts merken, du Böotier? Trink' ich den Cafe schwarz, so bringt ihn der Mohr, trink' ich Melange, bringt ihn der Mulatte und will ich ihn weiß, so darfst du ihn mir vorsetzen. Wir wollen später sehen. Jetzt will ich mich waschen. (Tritt an's Felsengrotten=Boudoir und betrachtet das Bächlein.) Was ist das? Warum seh' ich denn so wenig Goldfische? Was ist denn das für eine Lumperei? Das Wasser muß lustig sein, lebendig. Mehr Goldfische her!

Kammerdiener.

Herr Direktor entschuldigen, sie sind eben sehr schwer zu bekommen.

Rumorhäuser.

Ach was — schwer zu bekommen. Für mich gibt's keine Schwierigkeit. Man schicke einfach in den k. Wintergarten und lasse sagen: Ich brauche Goldfische, dann ist's in Ordnung.

Kammerdiener

(verneigt sich). Gut.

Rumorhäuser.

Ist das Nebenzimmer in Ordnung und gehörig geheizt? Hat es diejenige Temperatur, welche ich bedarf, um ein Duett zu componiren? Donnerwetter, auf was bin ich da getreten? Was ist das für ein Schandteppich? In dem Gewebe sind ja lauter Knoten und Knöpfe, daß man sich die Füße ruinirt.

Kammerdiener.

Pariser Waare — durch Schneiber und Diß bezogen — von Steinmetz gespannt —

Rumorhäuser.

Was Pariser Waare, wer wird sich denn heut' zu Tage noch auf einem Pariser Teppich Hühneraugen holen? Wozu haben wir jetzt die bequeme Verbindung mit dem Orient? Ich habe nie andere als indische oder höchstens persische Teppiche leiden können. Bis morgen will ich auf einem andern Boden stehen, verstanden? Ueberhaupt, Ihr einfältigen Europäer, Ihr müßt Euch etwas mehr asiatisiren, sonst kommen wir nicht aus mit einander. (Er wäscht sich.)

Kammerdiener.

Das ist eben das Wunderbare, daß Euer Gnaden bei allem orientalischen Geschmack doch der ächte Repräsentant deutscher Kraftmusik sind.

Rumorhäuser.

Wir Deutschen stammen ja von Asien her, wir gehören zur **Indogermanischen** Race, verstehst du?

Kammerdiener.

So, so; daß ich zu einer Race gehören muß, hab' ich mir schon gedacht, und daß es die hintergermanische ist, freut mich zu wissen.

Rumorhäuser geht in's Nebenzimmer und betrachtet den großen Blumentisch.

Rumorhäuser.

Hm! Nicht übel. Camelien, Azalcen, Veilchen, Nelken, alles Mögliche für diese Zeit. Nur etwas mehr Lorbeerbäume soll man mir hereinstellen; ich sehe mir nie genug Lorbeer. Sag' auch dem Hofgärtner, hinter den Vorfenstern da sollen Alpenrosen wachsen und Edelweiß —

Kammerdiener.

Das wird kaum gehen, wegen der Temperatur.

Rumorhäuser.

Es muß gehen! Wer so lange Opern componirt wie ich, den genirt keine Temperatur (wirft sich in ein Sopha). Dort an der Wand hängt ein Glockenzug, nicht wahr? Ich wünschte statt dessen einen andern Mechanismus. Wenn ich ziehe, soll's an eine große Trommel schlagen, das stört mich weniger im Componiren, als das Geklingel. Theatermaschinist Benkmaier ist mit dem Vollzug meiner Anordnung beauftragt. Jetzt aber wünsche ich — schwarzen Cafe.

Kammerdiener.

Also der Mohr! (springt hinaus).

Rumorhäuser
(summt neue Arien vor sich hin).

Für Tenor.
Oho! Ohe! Ha, hi! ha, ho!
Ollaho! Ollahe! Ha, hu!
Heijoh, Hollahehahi!

Für Sopran.
Eia pupeia,
Tralala, walala
Wugala weia!

Mohr
tritt mit Frühstück und Pfeife ein, auf der silbernen Platte liegt auch die Allg. Zeitung, Hauptblatt Nr. 50.

Rumorhäuser
(läßt sich die Pfeife anzünden, schlürft vom Cafe und nimmt die Zeitung). Richard Wag — wie? Richard Wagner und — und was? — und die öffentliche Meinung (blättert um und liest). Ha, schändlich! Und was für ein Styl! — Schulden in Wien — erbärmlich! Sybaritismus — lächerlich! Volksliebe — man traut seinen Augen nicht — so was kann nur in München vorkommen!

(wirft dem Mohren die Pfeife an den Kopf, geht in's Schlafzimmer zurück und riegelt die Thüre hinter sich zu).

Kammerdiener
eilt auf den Lärm bestürzt herein und räumt zusammen.

Rumorhäuser
(von innen)

Man rufe meinen langjährigen Freund Pecht!

Officiöse Statistiker behaupten, in den letzten Jahren habe die Sterblichkeit in Paris abgenommen.

Da nach andern Berichten die geistigen Leistungen der Neuzeit gegen das Bürgerkönigthum weit zurückstehen, so könnte man wohl beifügen, daß unter'm Kaiserreich auch die Unsterblichkeit nicht zugenommen hat.

Er ist halt doch ein guter Kerl!

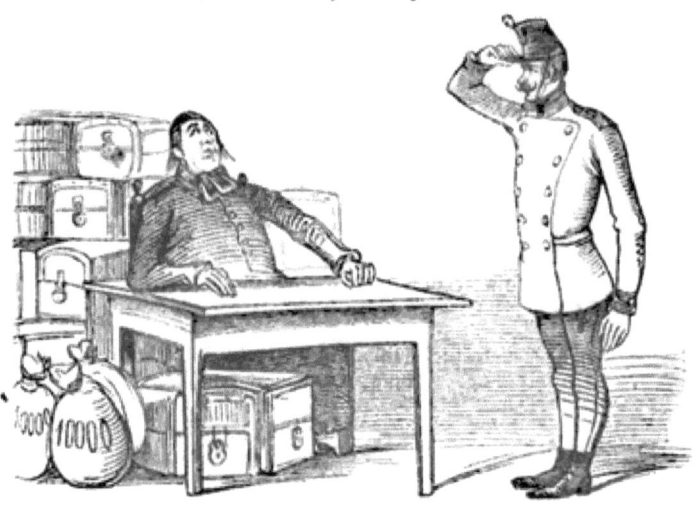

Generalverwaltungsdirektor der Kirchengüter. Was wollen Sie bei mir? Ich hoffe doch nicht —

Bruder Oestreicher. Ich wollt' mir nur erlauben zu fragen, ob Sie's schon g'hört haben, daß in Mexico alle katholischen Kirchengüter confiscirt worden sind?

Verwaltungsdirektor. Allerdings, aber —

Oestreicher. Und daß der Donaufürstenthümer=Fürst alle griechischen Klostergüter mit Beschlag belegt hat?

Verwaltungsdirektor. Das weiß ich ebenfalls, aber —

Oestreicher. Und daß sogar der Sultan daran ist, die türkischen Moscheengüter einzusäckeln?

Verwaltungsdirektor. Auch das weiß ich —

Oestreicher. No, wenn Sie das Alles wissen, so werden Sie wohl einsehen, was Sie an mir für einen Freund haben! Ich könnt's Geld auch brauchen, recht nothwendig, aber sehen S': ich nehm' Ihnen Nichts!

Verwaltungsdirektor. Ganz gut, mein Lieber, aber gehen Sie nur, gehen Sie!

Auf den Wunsch des Herrn **Halbhuber** wurden einige Compagnieen Oestreicher nach Schleswig verlegt.

Wenn es den Wünschen — nicht des Herrn Halbhuber, sondern des Herrn **Pimplhuber** nachginge, so würden nicht nur einige, sondern alle Oestreicher und nicht nur diese, sondern auch die sämmtlichen Preußen aus Schleswig und Holstein **hinaus** verlegt.

Aber die rechten Huber haben eben leider Nichts zu sagen!

Kleine Frühstücksplaudereien.

Il buon tempo! — Ein Einsender glaubt, daß Pius IX. bei seinem neulich erwähnten Ausruf: »Ecco il buon tempo« sich nicht nur als den Bringer des schönen Wetters darstellen, sondern auch — in seinem Doppelsinn — an die gute Zeit erinnern wollte. Beim Anblick des Königs Ludwig, den er auch in glücklicheren Tagen auf der Villa Malta besuchte, glaubte er sich vielleicht in jene gute Zeit, wo er noch geehrt und geliebt und im unbestrittenen Besitz seiner Länder war, zurückversetzt. Ma, i buoni tempi sono passati — nicht allein für den guten Pabst Pius IX.

Der hitzige Hanns. Herr Hanns v. Bülow erklärt in der Augsburger Abendzeitung Diejenigen, welche sagen: die Wagnergenossen hätten ihre Beziehungen zum Hofe mißbraucht, für ehrlose Verläumder! „Verläumder" allein hätte wohl auch gereicht, um so mehr, da es ehrenvolle Verläumder unseres Wissens nicht gibt. Herr von Bülow behauptet, er sei der Einzige von den „Genossen", der zu Hofe kam; wie war es denn dann mit den Vorträgen des Hrn. Dr. Nohl? Es ist eine große Confusion in der ganzen Sache und die Muse der Geschichte wird mit Darlegung derselben einst Mühe haben, wenn sie es der Mühe werth findet.

Einen neuen Beweis staatsmännischer Genialität gab der Wiener Finanzausschuß wieder dadurch, daß er die östreichische Gesandtschaft in **Kassel** streichen wollte. Wenn Oestreich vertreten sein muß, so ist es gerade in Kassel, lieber gebe man den Posten in Merico auf, der das Fieber nicht werth ist, das man dort bekommt. Graf Mensdorff wurde dadurch gleichsam gezwungen, zu sagen, daß — Preußen in Kassel intriguirt. Herr Giskra hätte sich das freilich zum voraus denken können. Aber in constitutionellen Ländern gibt es immer Leute — Peter auf allen Kammersuppen — die Etwas sagen, tadeln oder vorschlagen müssen, um jeden Preis.

Unkraut verdirbt nicht und die „preußischen Spitzibeen" ebensowenig. Sie sind nur durch die Ungunst der Witterung von der Oberfläche verdrängt, aber wenn man gewisse Zeitungsartikel nur ein bischen aufschürft, gewahrt man ihre Wurzelfasern. Jakob in Erlangen sagt eben auch: Wir können warten! Die Bürgerkrone des Herrn von Grabow bildet einstweilen den Polarstern in der budgetlosen Nacht; sonst ist's stille, nur von Zeit zu Zeit vernimmt man eine kleine Heulerei über Bismark. Die gothaischen Correspondenzbureaur haben es besonders auf kleinere Blätter abgesehen, damit das große Publikum den kleindeutschen Faden unbewußt in der Hand behalte. Neuestens spukt wieder so eine Abhandlung über die „Situation in Preußen", worin Herrn von Bismark ohnmächtiger Ehrgeiz und — hört! — nutzlose Unredlichkeit vorgeworfen wird. Also eine Unredlichkeit, die etwas nützte, würde man nicht verschmähen?

Herr Ullmann, der bekannte Virtuosenmenageriebesitzer, hat nach München geschrieben, daß er darauf verzichte, ein nochmaliges Patti-Concert zu geben. In München verzichtete er bekanntlich auf ein weiteres Gastspiel in Stuttgardt. Es scheint zur Routine zu gehören, sich am vorhergehenden Ort noch einen Abend vorzubehalten, um dann, falls die Sache am dritten Ort nicht zieht, einen Grund zur Abreise zu haben, oder andernfalls den Verzicht als Reclame für eine weitere Vorstellung zu benützen. In Genf machte Patti übrigens Fiasko; man nannte sie eine Spieldose. Die Herren Genfer machen sich jedenfalls einer Uebertreibung schuldig. Die Patti ist als Sängerin, resp. Singerin eine außerordentliche Erscheinung und kann schon um der Methode willen, die sie sich angeeignet, nicht ignorirt werden. Was Herrn Ullmann betrifft, so scheint ihm in Hamburg eine Nummer des Punsch zu Gesicht gekommen zu sein, denn er sandte als Ertrag des nicht stattgehabten Armen-Concertes 100 fl. hieher.

Briefranzen.

Strebt man nicht immer darnach, Staat und Kirche zu trennen? Was soll man aber dazu sagen, wenn der Amtmann von Mindelheim officiell, unter dem Rubrum: „Evangelischer Gottesdienst in Mindelheim betreffend" ausschreibt: wann ein solcher stattfindet, mit dem Beifügen: „Dieß wird allen Betheiligten hiemit zur Nachachtung eröffnet." Unterschrieben: Königl. Bezirksamt. Wenn man uns nachweisen kann, daß in irgend einer protestantischen Gegend ebenfalls von Bezirks-Amtswegen ausgeschrieben wird: „Morgen findet dahier Oelberg oder Kreuzweg statt", dann wollen wir uns gerne beruhigen und in dieser schönen amtlichen Objectivität ein neues Symptom unseres confessionellen Friedens erkennen.

Halbjährige Bestellungen bei allen kgl. Postämtern.

Druck der Dr. Wild'schen Buchdruckerei (Parcus).

Münchener PUNSCH.

Ein humoristisches Originalblatt von M. E. Schleich.

Achtzehnter Band.

Nro. 10. | Halbjähriger Abonnementspreis: in Bayern 1 fl. Im Ausland erfolgen die üblichen Postaufschläge. | 5. März 1865.

Der Volksbote veröffentlicht die Uebersetzung eines Beifalls=Schreibens, welches der Pabst an den Bischof von Speyer erlassen hat; der hl. Vater spricht darin von dem „Priesterseminar, welches jenes Ministerium schließen wollte".

Um die Stellung, welche die Curie zu Bayern einnimmt, richtig zu beurtheilen, müßte man wissen: heißt im lateinischen Original=Schreiben jenes Ministerium „illud" oder „istud Ministerium?"

———

In London läßt der Sultan aus alten Kanonen Münzen prägen, um damit rückständige Besoldungen zu bezahlen.

Es wäre eine große Geschäftsvereinfachung und gewissermaßen ein Schritt zum Selfgovernement, wenn bei den verschiedenen Aemtern jeden Monat ein paar alte Kanonen abgeladen würden, mit dem Bedeuten, die Herren Beamten sollen sich ihre Gehälter selbst prägen lassen.

———

Der (offiziöse) Wiener Botschafter erklärt, Oesterreich werde den Forderungen Preußens nunmehr die Selbstständigkeit Schleswig=Holsteins gegenüberstellen und seine aus dem „Mitbesitz" erwachsenden Rechte zu Gunsten des Bundes geltend machen.

Den „Botschafter" hör' ich wohl, allein mir fehlt der Glaube!

Faust.

Der beste Säbel.
Zeitgeschichtliche Novelle in 4 Kapiteln

I.

Die langen, etwas gekrümmten Korbsäbel der Gensdarmerie wurden plötzlich für unschön und unpraktisch erklärt, warum: weiß man nicht. Für das erstere liefert die Aesthetik keine Anhaltspunkte und was das zweite betrifft, so möchte man fragen: Ist nicht die ganze Gensdarmerie unpraktisch? Warum soll's der Säbel allein entgelten? Doch: es kann nicht immer Alles so bleiben wie es ist, am wenigsten eine U n i f o r m i r u n g, und so wurden die krummen Korbsäbel als altes Eisen verkauft und neue, g e r a d e, angeschafft.

II.

Je mehr sich die neuen Gensdarmeriesäbel durch ihre G e r a d h e i t auszeichneten, desto heimtückischer zeigten sich die Spitzbuben. Die Unsicherheit nahm zu, in den wenigsten Fällen gelang es, Einbrecher oder Ruhestörer zu erwischen. Es zeigte sich, daß die neuen Gensdarmeriesäbel zu l a n g waren. Der Gensdarm soll sich nicht nur in Ernst und Würde, sondern auch im Styl seiner Waffe dem alten Römer nähern. Die vier oder fünf Tausend Gensdarmeriesäbel, welche viele Vorzüge hatten und dem Staat in der kurzen Zeit ihres Bestehens sehr nützlich gewesen, aber leider um 2 Zoll und 3 Linien zu lang waren, wurden verurtheilt, den Weg der Korbsäbel zu gehen, das heißt, sie wurden abgewürdigt und als altes Eisen verkauft. Sic transit — gladius gensdarmicus!

III.

Leuten vom Civil sind die Zwecke von Uniforms- und anderen Aenderungen im Militärwesen häufig nicht einleuchtend, weil sie es nicht verstehen. Kenner und Sachverständige aber merkten den Unterschied zwischen den abgeschafften und den neueingeführten Gensdarmerie-Säbeln augenblicklich, die Meinungen waren jedoch getheilt. Ein kurzer Säbel reicht nicht so weit, dafür ist aber ein langer nicht so schnell gezogen! Gewiß ist nur so viel, daß dieß noch nicht die letzte Aenderung ist, die in der Ausrüstung der Gensdarmerie vorgenommen wurde und daß noch viele Versteigerungen abgehalten werden müssen, bis unsere Sicherheitsmannschaft nichts Unzweckmäßiges mehr an sich hat.

IV.

Es wird vorgeschlagen, die Gensdarmerie auf ein Minimum

zu reduciren, in den Städten aber die Constabler zu organisiren, die unter der Civilautorität stehen. Was die schwierige Frage der richtigen **Säbellänge** betrifft, so wäre es wohl am Besten, einen versöhnenden Mittelweg einzuschlagen und jeden Constabler mit einem — ordentlichen **Knochenbrecher** auszustaffiren.

Die schimmernde Lobrede, welche der Herr Justizminister im Gesetzgebungsausschuß auf das Princip der Oeffentlichkeit gehalten hat, wurde von vielen Seiten in das Gebiet des Luxus verwiesen.

Nachdem jedoch ein „eminent liberales" Ausschußmitglied, unterstützt von einem gleich eminenten Mitliberalen, es durchgesetzt hat, daß dem Berichterstatter der „Allg. Zeitung" und des „Correspondeten" die Benützung der stenographischen Aufzeichnungen nicht mehr gestattet wurde und zwar, weil er verschiedene ausschüßliche Leistungen eines Mitgliedes nicht ausführlich genug gewürdigt, ja eine Rede desselben sogar als eine „gewundene" zu bezeichnen sich erdreistet hatte —

Also scheint aus diesen Vorkommnissen hervorzugehen, daß es vielleicht allenfalls unmaßgeblichst doch nicht so ganz und gar überflüßig gewesen sein dürfte, in benanntem, mit so eminent liberalen Kräften untermischtem Ausschuß dem Princip der Oeffentlichkeit eine kleine Ovation zu bringen?

Nasosapiens — ein Naseweiser.

- französisch.

Der Franzose Renan schreibt ein „Leben Jesu", um zu beweisen, daß Jesus nur ein **Mensch** war.

Napoleon schreibt ein „Leben Cäsars", um die Göttlichkeit Cäsars darzuthun.

Also Jesus muß weichen, damit Cäsar an seine Stelle rücken kann.

Otto I., König von Ex-Griechenland, soll sich, wie auswärtige Blätter berichten, mit Abfassung eines **neugriechischen Wörterbuches** beschäftigen, da er zu den gediegensten Kennern dieser Sprache gehört.

Wenn das richtig ist, welche Gefühle mögen den König Otto überkommen, wenn er niederschreiben soll, wie man z. B.

Anstand,

Dankbarkeit,

Ehrlichkeit,

Ehrgefühl,

Ehrenwort,

Eid,

Gewissen —

und was dergleichen deutsche Begriffe mehr sind, im **Neu-Griechischen ausdrückt?**

Als das gehetzte Casino von Mannheim nach Ludwigshafen flüchtete, erklärte der dortige Polizei-Commissär auf Grund eines Gesetzesparagraphen jede Versammlung für unstatthaft und die vereinigten Fortschritts-Blätter beeilen sich, ein kgl. bayerisches Polizeiverfahren als ganz correct zu beloben.

Es ist auch richtig — der Mann hat in einem schwierigen Moment entschlossen und legal gehandelt. Wie aber, wenn z. B. aus irgend einem Nachbarstaat eine Nationalvereins-Versammlung vertrieben würde, sich auf bayerisches Gebiet retten wollte und ebenfalls besagter Herr Polizeicommissär sein Quod non! dazwischen würfe, wie dann? Die liberale Presse könnte wohl auch nichts dagegen haben, aber wie würde es wohl mit der Belobung aussehen?

Nachfrage.

Da von dem Herrn Abgeordneten und Gesetzgebungsausschuß-Mitglied Umbscheiden schon seit wenigstens 8 Tagen in den Blättern weder eine Erklärung, noch „Vervollständigung", noch Berichtigung, noch sonst eine Reclamation erschienen ist, so erlaubt man sich die Frage zu stellen, ob derselbe vielleicht unwohl ist?

Ein ironisches Symbolum.

Ein Frankfurter Blatt bringt folgende merkwürdige Erklärung: „Die hier (in Frankfurt) im Kaisersaal aufbewahrte **Fahne des deutschen Schützenbundes** hat sich für ihre Zwecke als zu groß und **schwerfällig** erwiesen. **Aenderungen** konnten nicht mehr vorgenommen werden und soll die Fahne nur als **historisches** Kleinod bewahrt bleiben. Man denkt daran, zum nächsten Schützenfest eine andere Fahne herzustellen, die sich leichter **entfaltet**."

Ist diese schwerfällige, unpraktische und kostspielige Fahne des deutschen Schützenbundes nicht das wahrhaftige Ebenbild der Verfassung des deutschen Staatenbundes? Die eine ist einer **Entfaltung** so wenig fähig, wie die andere! Niemand findet sich, der einer von beiden mehr **die Stange halten möchte.** Fort mit ihnen in's Antiquitäten-Cabinet, wer sie dort bewundern will, mag's thun. Nur dürfte es immerhin leichter sein, eine neue Schützenfahne herzustellen, als eine andere Bundesverfassung. Das **Zeug** zur letzteren wäre allerdings vorhanden, aber wem überläßt man das **Zuschneiden?**

In einer bayerischen Kreishauptstadt fand eine Carnevalsunterhaltung statt, bei welcher auch Rebus zur Aufführung kamen. Unter Anderem sah man einen Häring, der vermittelst einer Schnur von der Decke hing und hin und her geschwungen wurde. — Was ist das? Auflösung: Ein fliegender Holländer.

Klappern gehörte bisher „zum Handwerk". Seit den Mannheimer Ereignissen sieht man, daß es auch zur **Politik** gehört.

Bei den gottlosen Deutschen graffirt der Dichterspruch: „Zu welcher Religion ich mich bekenne? - Zu keiner! — Warum? - Aus Religion."

Bei den Damen der Pariser Aristokratie droht sich ein ähnliches Loosungswort geltend zu machen. „Welches Kleid wähle ich für den heutigen Ball? — Keines! — Warum? — Weil das am besten **kleidet**."

In einer Berliner Weißbierschenke erzählte Jemand, daß, als die Goßmann in Coburg auftrat, das Orchester geräumt werden mußte.

Pah, erwiederte ein anwesender Unterofficier, was soll das heißen! Als wir Preußen in Rendsburg auftraten, mußte ganz Holstein geräumt werden!

―――

„In dem Lande des allgemeinen Stimmrechts soll jeder Bürger lesen und schreiben können."

Heinrich IV. wollte, daß jeder Bürger sein Huhn im Topf habe. Napoleon III. will, daß jeder Bürger im Stande sei, seine Feder in die Tinte zu bringen.

―――

Schwabens „Merkur" meldet aus Rom: „Der Pabst hat die Seligsprechung zweier neuer Heiligen angeordnet."
Der „schwäbische Merkur" ist protestantisch, aber unsere katholische „Bayerische", welche ihm nachdruckt, könnte wissen, daß das unmöglich und gegen die himmlische Constitution ist. „Selig" ist ja weniger, als „heilig"; man sollte es kaum glauben, aber es ist doch so. Wenn Einer, trotz strengster Untersuchung und aller Einwände des Advocatus diaboli dennoch „selig" gesprochen wird, so kann er zufrieden sein, muß sich aber auch gefaßt machen, etliche fünfzig oder gar hundert Jahre in diesem Stadium zu verbleiben. Es ist ungefähr ein ähnliches Verhältniß, wie bei einem Accessisten, der endlich angestellt wurde und in der ersten Zeit ebenfalls nicht daran denken darf, um Beförderung oder Versetzung in die Hauptstadt einzukommen. Erst nach Verlauf einer langen Zeit, wenn sich inzwischen gegen ihn nicht das geringste Nachtheilige herausgestellt hat, wird seine Sache wieder aufgenommen und dann geht's an die Heiligsprechung. Ein wirklicher und definitiver Heiliger hat aber dann eine gesicherte Stellung; er kann, wie ein richterlicher Beamter auf Erden, willkürlich nicht mehr entfernt oder abgesetzt werden. Wollte also der Pabst Einen, der schon lange heilig ist, wieder selig sprechen, d. h. ihn von der Heiligkeit zur bloßen Seligkeit degradiren, so wäre das ein unerhörtes Beginnen. Dagegen müßte das ganze himmlische Staatshandbuch protestiren, weil dann Niemand, der das St. vor dem Namen hat, mehr seiner Stellung als Heiliger sicher wäre.

―――

Europäische Hausmeisterdepeschen.

Rom. Der Hausmeister im Vatican erhielt den Auftrag, von Herrn Dr. Mazzini keine Briefe mehr anzunehmen, mögen sie nun durch die ewige Stadtpost kommen oder von einem Dienstmann gebracht werden.

Frankfurt. Der Hausmeister am Bundespalais glaubt nicht, daß in der nächsten Zeit in seinem Bezirk etwas Erhebliches vorkommen wird.

Athen. Der Hausmeister im Finanzministerium schlägt mit polizeilicher Genehmigung Folgendes an: „Allen bei der Staatskassa nicht beschäftigten Dieben ist der Eintritt verboten."

Warschau. Die unsichtbare Nationalregierung besteht noch fort und ist in Abwesenheit der Mitglieder einstweilen dem Hausmeister übertragen worden. Die Russen bemühen sich vergeblich, die Glocke zu demselben zu finden.

Entwurf einer Opernkritik für die bekannte Wiener „Presse".

Die Mittelstaaten trieben von jeher größeren Luxus, als sich für ihre realen Verhältnisse schickt. Welchen Aufwand an Diplomatie, an Generalität, an Verfassungsapparaten sehen wir, und doch, wenn's auf entscheidende Thaten ankommt, müssen Oestreich oder Preußen eintreten. So auch in der Kunst. Eine Sängerin wie die Stehle paßt nicht für ein mittelstaatliches Hoftheater; das ist Ueberhebung, Großmannssucht. Proclamiren wir es offen: die Hauptstadt einer deutschen Vormacht hat ein natürliches Recht auf die ersten künstlerischen Kräfte der Nation. Wir müssen uns für Deutschland am meisten plagen, also können wir auch Abends den meisten Genuß beanspruchen. Wenn man den Engagementsvertrag nicht ohne alle Umstände für aufgehoben erklären und Frln. Stehle sans façon annexiren will, so bewirke man wenigstens deren engsten Anschluß an Oestreich. Sie singe jährlich 7 Monate in Wien, erhalte 4 Monate Urlaub und für den Rest der Zeit mag das bayerische Hoftheater ihr Besitz- und Hoheitsrecht auf sie ausüben.

Kleine Frühstücksplaudereien.

General Langiewicz ist mit seinem Adjutanten in München durchgereist. Der Adjutant ist ein junger und sehr schöner Mann, läßt sich aber, wahrscheinlich um nicht für Frln. Pustowoitoff gehalten zu werden, einen blonden Schnurrbart stehen.

Das neue und elegant aussehende Schuldgefängniß in Berlin, wo meistens Wechsler, Börsenspieler und Spekulanten sitzen, erhielt vom dortigen Volkswitz den Namen „Villa Sanftleben".

Der wie es scheint ewig jung bleibende Emil Devrient, neuestens wieder zu Gastrollen nach Pesth engagirt, erhielt vom König von Sachsen das Ritterkreuz des Albrechtordens. Ihm zu lieb sollte auch ein Denkzeichen gegründet werden für „fünfzigjährige treugeleistete Liebhaberrollen".

Dem durch endlose Reclamen bekannt gewordenen Malz-Extrakt ist ein Malheur passirt; ein russischer Arzt veröffentlicht, daß Personen durch den Genuß desselben vergiftet wurden. Und der Erfinder dieses famosen Berliner Nahrungsmittels erhielt erst unlängst seinen östreichischen Orden!

Eine gewisse Sorte von Blättern hat sich verabredet, den Wagner-Conflict so darzustellen, als ob dieser große Mann durch Intriguen der Ultramontanen verfolgt und deßhalb gehaßt würde, weil er ein Fremder und ein Lutheraner ist! Der letztere Grund wird vom Organ der Fortschrittspartei in Augsburg ganz ungenirt aufgeführt. Für Herrn Wagner ist dieß in so fern bedauerlich, weil es aussieht, als ob für ihn keine bessern Argumente aufzutreiben wären.

„Bockbier im Hofbrauhause" das ist jetzt das Loosungswort der Dresdener und kein staatsmännischer Geniestreich des Hrn. von Beust wäre im Stande, das allgemeine Interesse davon abzulenken. 350 Eimer sind eingesotten worden und Alles „verliebt sich in die braune Blume (!), die aus dem Töpfchen herauswinkt". — Die Dresdener Nachrichten versteigen sich sogar so weit, zu schreiben: „Das Dresdener Hofbrauhaus ist der Münchener Hofbräu (?) im Kleinen, nur fröhlicher, urgemüthlicher." Nun, in den Faschingstagen zeigt sich auch der Münchener „Hofbräu" oft unangenehm „fröhlich".

Druck der Dr. Wild'schen Buchdruckerei (Parcus).

Münchener PUNSCH.

Ein humoristisches Originalblatt von M. E. Schleich.

Achtzehnter Band.

Nro. 11. Halbjähriger Abonnementspreis: in Bayern 1 fl. Im Ausland erfolgen die üblichen Postaufschläge. 12. März 1865.

Erklärung.

In einem jüngst zu Paris erschienenen Buche wird die Erstehung solcher Männer, wie Cäsar, Napoleon I. u. A. direkt und ohne Umschweife der Vorsehung zugeschoben. Unterzeichnete erklärt hiemit, daß sie jede, durch solche Behauptungen ihr zufallende Verantwortung entschieden zurückweist. Auch warne ich Jedermann, auf meinen Namen etwas zu borgen oder im Vertrauen auf mich Schulden zu machen, da ich durchaus Nichts bezahle.

Die Vorsehung.

Marl. Was geschieht denn eigentlich mit Polen?

Sepperl. Polen? das wird jetzt Rußland einverleibt und förmlich annektirt.

Marl. So? aber was war's denn bisher?

Sepperl. Der bisherige Zustand war nur sogenannter „engster Anschluß".

Marl. Na, da gratulir ich den Schleswig-Holsteinern, wenn die diese Stadien auch durchmachen müßen.

Kaiser Napoleon überreichte seinem Sohne ein Exemplar des „Cäsar".

Gewöhnliche Knaben bekommen zuerst den „Cornelius Nepos" und dann erst den „Cäsar". Aber natürlich: der kaiserliche Prinz, bei welchem nach Aussage seines Vaters die Vorsehung selbst betheiligt ist, überspringt solche Kleinigkeiten.

Robert Kirschkuchen,
Schüler der III. Lateinschule,
<small>mit dem Wahlspruch:</small>
Miltiades, Cimonis filius u. s. w.

Offene Frage.

Was würden die Liberalen dazu sagen, wenn einen Tag vor der letzten Nationalvereins-Versammlung in Leipzig ein dortiges reaktionäres Blatt Folgendes inserirt hätte:

„Morgen kommt eine Parthie Rothwildpret zur Ausbauung?"

Und wenn dann wirklich etwas Pleisse-Schleim in Bewegung gesetzt und vielleicht gar Herrn Metz ein Rockflügel herabgerissen worden wäre, die officiösen Blätter des Herrn von Beust aber einen solchen Skandal gelobt hätten?

Um aufrichtige Antwort wird gebeten.

Gegenüber nachtheiligen, in der europäischen Presse verbreiteten Gerüchten erklärt der kgl. griechische Finanzminister, dass er sich durch Nichts beunruhigt fühle —

nämlich durch dasjenige Nichts, welches sich in seiner Kasse befindet.

Ein Druckfehler, der einen Pariser Setzer nach Cayenne bringen könnte:

„Vom Standpunkt eines Juristen betrachtet ist Napoleon ein Eindringling und Landräuber". (Soll heissen: vom Standpunkt eines Juaristen aus.)

In den Tuilerien.

Herr Havin. Sire, Ihr Buch ist ausgezeichnet; ich bitte nur: Krönen Sie endlich Ihr Gebäude mit der Freiheit!

Herr Cremieur. Ich verwahre mich gegen Ihre Vorrede; die Juden haben ihren Messias nicht gekreuzigt, sondern wir warten noch darauf.

Der Verfasser des Cäsar. Ihr könnt alle Beide noch lange warten!

Landshuts großer Literat Wittmann erklärte in seiner Preß=proceß=Voruntersuchung mit rühmlichem Freimuth: er habe unter dem Worte Bibel den Koran, unter den Bischöfen Derwische, unter Domkapitel das Domkapitel in Sibirien verstanden —.

Es erscheint an sich traurig, hat aber bei freien Staats=einrichtungen und gesundem Volkssinn lediglich etwas Lächerliches, wenn ein Confusionsrath, der nicht so viel Schulbildung besitzt, um einen Satz richtig schreiben zu können, dennoch als Volks=lehrer auftritt und über Staat und Kirche, Politik und Religion, Philosophie und Geschichte, Gott und Teufel loszieht, daß es eine Schande ist. Gifte und Waffen räumt man Narren auf die Seite, aber Feder und Papier läßt man ihnen, und wenn sie das Geld dazu haben, können sie's sogar drucken lassen, der Drucker und noch mehr der Käshändler haben jedenfalls ihren Nutzen dabei. Ueberdieß brauchen auch Vertheidiger hie und da einen dankbaren Stoff und können bei solcher Gelegenheit Redensarten wie: „Die Jesuiten sind der Fluch der Menschheit!" als ganz nagelneue Gedanken in Rechnung gebracht werden.

☞ Wir bemerken ausdrücklich, daß hier nur von Leuten aus Ober= und Niederasien, in der Nähe der russisch=chinesischen Grenze, die Rede ist und daß wir zur ganzen Betrachtung lediglich durch ein Referat im „Kurier für Südost=Sibirien" veranlaßt wurden.

Die Berliner Volkszeitung enthält einen sehr gediegenen Artikel über die endliche Beseitigung des Sklaventhums in Nordamerika. Ueber die Beibehaltung des bismark'schen Regiments in Preußen sagt das Blatt Nichts.

„Fränkischer Kurier" und ähnliche Blätter berichten, daß man in mehreren Städten die Landtagsabgeordneten zu Volksversammlungen laden wolle, um ihnen das Gewicht der Volksstimme mitzugeben auf den Weg zu ihrem dießmal besonders schwierigen Berufe.

Wie so „schwierig"? Das Bier läßt sich trinken, die Wohnungen sind nicht theurer geworden, Taroker gibt's noch immer, Frln. Stehle wird auch bald wieder in München sein, das Frühjahr naht und allem Anschein nach zieht sich die Session sogar noch in die Bocksaison hinein — nun frage ich: worin liegt gerade dießmal die „besondere Schwierigkeit" in der Ausübung des bayerischen Volksvertreter-Berufes?

Pimplhuber,

k. Einwohner von München, gewohnt, allen Schwierigkeiten fest in's Auge zu sehen, aber wenn keine da sind, wohin soll man dann sehen?

———

Wenn ein Abgeordneter das Gewicht der Volksstimme mit auf den Weg bekommt, zählt das als leichte Waare, die nicht viel genirt, zum gewöhnlichen Handgepäck oder muß man's aufgeben und nöthigenfalls Uebergewicht bezahlen? In den Tarifbestimmungen der k. Verkehrsanstalten ist das nicht vorgesehen.

———

Zu Neumünster im Holsteinischen ist die Maschinenfabrik der Firma Köster abgebrannt. Dieselbe lieferte für die Herzogthümer die Spinn-, Kratz- und Hechel-Maschinen.

Was die Funktion der letztern Maschinen betrifft, so dürfte keine Stockung fühlbar werden. Die Preußen übernehmen die Aufgabe, an den alten Rechten zu kratzen, die Anhänger des Augustenburgers durch die Hechel zu ziehen und die Herzogthümer überhaupt so zu rupfen, wie es alle Neumünsterer Maschinen nicht im Stande gewesen wären.

———

Der politische Real-Invalide

oder:

Einen andern Herzog wird Preußen niemals anerkennen!

Er kann Nichts ausheben, hat keinen Meeres-Arm mehr zur Verfügung, besitzt keinen eigenen Kriegs-Fuß und kann andererseits auch mit keiner Macht auf vertrautem diplomatischem Fuße stehen — im Uebrigen aber ist der Mann durchaus selbstständig.

Badenser. Wie wollt denn Ihr Bayern uns tadeln? Ihr habt ja selbst klerikale Ansprüche zu bekämpfen? Habt Ihr nicht den Koch zum Kultusminister?

Bayer. Einen Koch schon, aber keinen Mannheimer.

―――

Gesindel, Lumpenpack, diese Zeitungsschreiber! Schloß in Braunschweig abgebrannt, Herzog nur die Mütze gerettet, Hemd vom Kammerdiener angezogen — pfui, aber ungeheuer komisch — und lese in der ganzen deutschen Presse nicht einen einzigen Witz barüber!

Wenn mir das passirt wäre, möchte wissen, wie die Hunde über mich hergefallen wären. Schurken!

Der bekannte Hesse in Kassel.

―――

Kaiser Napoleon erhielt und acceptirte das Diplom des „volkswirthschaftlichen Vereins" in Mailand.

Wie wäre es, wenn wir Mittelstaatler auch Etwas thäten, um den großen gallischen Cäsar günstig zu stimmen? Ich würde vorschlagen, ihn zum „Correspondenten des Vereins der praktischen Landwirthe", zum „Ehrenmitglied der agriculturchemischen Versuchsstation" und zum bayerischen „Oktoberfest-Rennrichter extra statum" zu ernennen.

Wenn er sich durch solche Ehren nicht gehoben fühlt, dann ist der Mann stumpfsinnig geworden, oder er hat einen verhängnißvollen Groll auf Deutschland.

Ein Oekonom.

―――

Herr Wittmann von Landshut sagte zu den Richtern: „Ich bin, wenn Sie wollen, Republikaner."

Was ist er aber, wenn die Andern nicht wollen?

―――

Formulirte Minimal-Forderungen Preußens

zur

Herbeiführung einer Lösung der schleswig-holsteinischen Frage.

—

1) **Einschmelzung** der gesammten schleswig-holsteinischen Armee.

2) Preußen hat das Recht, nicht nur Matrosen und Rekruten, sondern auch Demokraten-Nester **auszuheben**.

3) Der durch sein Gutachten in der Glogauer Affaire bekannt gewordene Auditeur **Splittgerber** wird Präsident des obersten Gerichtshofes der Herzogthümer.

4) An der Universität Kiel wird ein eigener Lehrstuhl für preußisches **Erbrecht** errichtet, deßgleichen ein Seminar zur Heranbildung junger Kronsyndici.

5) Sofortige Herstellung des **Nord-Ostsee-Kanals**. Die Stände der Herzogthümer haben die Befugniß, die Zinsengarantie zu übernehmen. Den augustenburgischen Vereinen wird die Ratten-Vergiftung übertragen.

6) Die Preußen haben das Recht, überall Besatzung hinzulegen und Alles zu **glogauern**. Alle Hausknechte werden aufgefordert, ihr Leben zu versichern.

7) Den Preußen gehören alle **Häfen** und überdieß dürfen sie den Schleswig-Holsteinern auf der **Schüssel** liegen, so viel sie wollen.

8) Post- und Telegraphenwesen wird von Berlin aus dirigirt. Das Briefgeheimniß ist gewährleistet, besonders wenn man die Mühe nicht scheut, die Sache selber **mündlich** auszurichten. Der Herzog erhält zwar keine Portofreiheit, aber monatlich eine bestimmte Anzahl Franco-Couverts verschiedener Größe.

9) Alles, was hier etwa vergessen sein sollte, behält sich Preußen ebenfalls vor und sind alle Zweifel im Voraus zu seinen Gunsten entschieden.

Kleine Frühstücksplaudereien.

Die Gränzboten, ein Gothaer Organ, sagen in ihrem neuesten Hefte: „Die bayrische Kammer darf sich dazu Glück wünschen, daß sie die ganze Zeit über — (während sich nämlich die schleswig-holsteinische Krisis entwickelte) — nicht versammelt war — hat sie doch keine unnütz gesprochenen Worte zu bereuen!" Was sagt „Jakob" in Erlangen zu diesem Trostspruch von Seiten seiner Gesinnungsgenossin?

Eine neue Erscheinung auf journalistischem Gebiete und ein Zeichen der Zeit ist das Blatt, welches jetzt Adolf Henze, der bekannte Handschriftenkenner, herausgibt. Es heißt: „Illustrirter Anzeiger über gefälschtes Papiergeld und unächte Münzen." Das Blatt bringt Beschreibungen und genaue Abbildungen aller zu Tage kommenden Werthzeichen-Falsificate. „Bei dem außerordentlichen Fortschritt (!), welchen in unsern Tagen auch die Münz- und Banknotenfälschung gemacht hat, ist eine solche fortlaufende Controle für den Geschäftsmann nicht nur nützlich sondern auch nothwendig."

Die „Wochenschrift der bayerischen Fortschrittspartei" — Druck und Redaktion von „Jakob" in Erlangen — hat es wirklich über sich gebracht, die Mannheimer Thaten einen „widerlichen Pöbelerzeß" zu nennen. Andere liberale Organe hingegen sprechen in ihrer Verblendung von der „Volkswuth" wie von einem Faktor, mit dem man rechnen müsse!

Ewige Schönheit. Frln. Geistinger, die einst viele Münchener in die Musenbaraque jenseits der Isar lockte, spielt nächstens im Victoriatheater in Berlin die „schöne Helene" in Offenbachs gleichnamiger Operette. Auch Frln. Genée brillirt noch immer in Hosenrollen und die berühmte Soubrette Gallmeyer, die sich nun in Wien genug Streiche gemacht hat, fängt auch an zu gastiren. Vielleicht kommen die Drei bei Sturm und Regen nächsten Herbst auf dem Münchener Eichthal-Anger zusammen.

Man erinnert sich an die haarsträubende Geschichte, wie eine Rabenmutter ihr Kind in den Teig geknetet und den Laib zum Bäcker getragen, von wo er dann im gebackenen Zustand zurückkam, so daß beim Anschneiden der Kopf gerade im „Scherzl" steckte. In Bamberg sollte dieser Commiß-Kindsmord geschehen sein. Nun erklärt aber im „Bamberger Tagblatt" der dortige Bäckermeister Jakob Schmitt das Gerücht, als ob „in einem Laib Brod seines Backwerks" ein solcher Fund gemacht worden wäre, für aus der Luft gegriffen und sichert demjenigen 25 fl. Belohnung zu, der den Urheber namhaft macht. In Aibling hat man bereits einen „Mausbäck", nun hätte es in Bamberg auch noch einen „Kindsbäck" gegeben.

Münchener PUNSCH.

Ein humoristisches Originalblatt von M. E. Schleich.
Achtzehnter Band.

Nro. 12. Halbjähriger Abonnementspreis: in Bayern 1 fl. Im Ausland erfolgen die üblichen Postaufschläge. 19. März 1865.

Der „Geist Mannheim's"
oder:
Einig! Feurig! Mannhaft!

Der Pfälzische Kurier schreibt: „Wie wenn vom Föhn geweckt der Bergstrom mit plötzlich wachsender Macht in die Thäler stürzt, unaufhaltsam gewaltig: so erhob sich der Geist Mannheim's einig, feurig, mannhaft und zerschlug in heiligem (!) Zorne das thönerne Gebilde des Priester= Schwindels, zeugend (?) und zeigend, was **Gesetz** sei, **Bürgersinn** und **deutscher Geist**."

Die Geschichte Julius Cäsar's,

eine von Louis Napoleon's neuesten Geschichten.

„Die Ermordung Cäsars konnte die Herrschaft des Augustus doch nicht verhindern." — Wen's juckt, der kratze sich!

Daß unter Großonkel Cäsar Niemand anderer verstanden ist, als Onkel Napoleon, hat man bereits ohne besondern Scharfsinn errathen können; denjenigen, welche es noch nicht merken sollten, kommt ein Titelkupfer zu Hülfe. Cäsar braucht nur die große Weste anzuziehen und das bekannte Hütchen aufzusetzen, so ist er Napoleon und nimmt Letzterer die Toga um die Schultern, so haben wir den großen Italiener, der die Gallier so schmählich unterjochte. Beide Heroen gleichen sich an Geist wie an Gesichts-Ausdruck, nur hat der Eine mehr Fett zwischen Haut und Fleisch, als der Andere. Da es aber zur neufranzösischen Mission gehört, alle Gegensätze zu „versöhnen", so braucht man nur Cäsar'n etwas dicker und den ersten Napoleon etwas magerer anzunehmen, und die Gleichheit ist hergestellt. Der kais. franz. Hofmaler Ingres hat durch seinen embonpointirten Cäsar diese vermittelnde Umstimmung in unserer Phantasie auf's glücklichste angebahnt.

Cäsar fiel durch eine Verschwörung von Freiheitsfreunden, Napoleon durch eine Coalition, die so despotisch gesinnt war, wie er selbst; nur das begeisterte deutsche Volk stellte sich ihm als rächender Brutus gegenüber, um von den Andern später als Brutum behandelt und um allen Lohn betrogen zu werden. Cäsar fiel an der Bildsäule des Pompejus, Napoleon an dem rohen Felsen von St. Helena, aus dem wohl nie ein plastisches Kunstwerk geschaffen wird, selbst wenn er nicht englisches Eigenthum wäre.

Auf Cäsar mußte Oktavianus, auf den Onkel der Neffe folgen, so sicher wie der August auf den Juli. In den Tuilerien thront er gegenwärtig, der neue Augustus, der seinem Zeitalter wenn auch nicht gerade den Namen, so doch einen gewissen Stempel gibt. Dem Manne blühte das Glück seines Vorbildes. In den Pariser Straßen hatte die Freiheit ihre letzte Schlacht verloren und sie rief, Abschied nehmend, den Franzosen zu: „Nach diesem Philippi sehen wir uns nicht wieder!" Beide, Louis Napoleon und Oktavianus, ließen sich anfangs nur auf 10 Jahre wählen, um die republikanische Form noch zu schonen. Hören wir aber, was Rotteck schon vor 50 Jahren über Oktavianus geschrieben hat! „Die Erfahrung, sagt er, hatte das Unheil einer Republik ohne Tugend gezeigt; die weiseren Bürger erkannten die Nothwendigkeit einer monarchischen Gewalt. Man war der Erschütterungen müde und verlangte Ruhe um jeden Preis." Sind es nicht dieselben Motive, aus welchen der Pariser Bourgeois sein „Oui" in die Urne warf, um sich und der Stadt eine augusteische Aera zu bereiten?

Der Geist der auswärtigen Politik war unter Augustus im Ganzen ein friedlicher — l'Empire c'est la paix! Doch führte er mehrere kleine Kriege, um das Heer zu beschäftigen und die Römer von Zeit zu Zeit mit Siegesnachrichten ſund Trophäen zu unterhalten. Freilich ging es dabei auch nicht ohne Schlappen ab; so nahm z. B. eine Expedition nach Arabien ein klägliches Ende, es war das Meriko des Augustus, der jedoch nach der Hand einem Andern den unglücklichen Einfall zuschob und diesen dafür hinrichten ließ. Schade, daß sich eine solche moralische Deckung des Herrschers mit der berühmten „Civilisation" unserer Zeit nicht mehr verträgt! Durch Eines unterscheidet sich der neue Augustus vortheilhaft von dem alten: er schickt keinen Varus gegen die Teutonen. Mit dem Kopf gegen die Wand zu rennen, ist ohnehin nicht seine Liebhaberei.

Augustus liebte, besonders bei herannahendem Alter, den Frieden. Aber obwohl er den Tempel des Janus drei Mal schloß, und mit immer größerer Ostentation, so zählte in Folge jener kleinen und entfernten Kämpfe seine Regierung doch mehr Kriegs- als Friedensjahre. Er war kein Eroberer, ergriff aber mit Vergnügen jede schickliche Gelegenheit, um sein Reich abzurunden. Im Innern erreichte unter ihm die Regierungsmaschinerie, d. h. die allgemeine bureaukratische Bevormundung den höchsten Gipfel. Alles ging von ihm aus; er wollte, wenn auch nicht als der heilige Geist, so doch als der leitende Weltgeist anerkannt und verehrt sein. Unter seinem Vorsitz versammelte sich zeitweilig der Geheimrath (consistorium), bestehend aus den Spitzen des Heeres, der Finanzen, Gerichte u. s. w. Seine verläßigsten Diener waren der Feldherr Agrippa (Magnan) und der feingebildete, üppige Mäcenas (Morny). Er strebte darnach, die Lebensmittel möglichst wohlfeil zu machen, dem Volk Verdienst und Vergnügen zu verschaffen und die Hauptstadt zu verschönern. In letzterer Beziehung ging man oft sehr rücksichtslos zu Werke, aber es wurde Großartiges geleistet. In sittlicher Beziehung kam die römische Gesellschaft unterm augusteischen Régime in Verfall. „Der Luxus wurde enorm, das Familienleben hörte auf, die Ehen wurden immer seltener und ein alter Geschichtsschreiber sagt: Wie sollen die Jünglinge Lust zum Heirathen haben, da es keine tugendhaften Frauen mehr gibt?

Man sieht: die Aehnlichkeiten der beiden Zeitalter sind ungeheuer. Nur der Unterschied fällt auf: daß die Römerinnen ihre Kleider glatt über den Körper fallen ließen und keine von den Gemahlinnen des Augustus auf die Idee kam, sich eine Crinoline zu erfinden.

Ja, es war eine große Periode, in der sich das backsteinerne Rom in ein marmornes verwandelte. Aber damals gab es keine gezogenen Kanonen, kein Börsenspiel, kein Café chantant, keinen Alexander Dumas und noch gar vieles nicht. Darum erfreche sich Keiner der heutigen Franzosen unzufrieden zu sein, sondern jeder verneige sich und spreche mit Andacht: O Herr, ich danke Dir, daß Du mich nicht unter dem alten Augustus hast leben lassen, sondern unter dem modernen, denn wenn ich — abgesehen davon, daß der moderne viel besser ist — unter'm alten gelebt hätte, so — wäre ich schon lange gestorben. Amen.

Vesuv soll gegenwärtig ein eigenthümlich contrastirendes Schauspiel bieten, er speit Feuer und ist dabei mit Schnee bedeckt.

Ist das nicht ganz ein Bild, wie es die Mittelstaaten in der schleswig-holsteinischen Frage boten? Sie erbebten vor Begeisterung, grollten und bonnerten gelegentlich, und waren Feuer und Flamme, aber die frostigen Großmächte schlugen eine feuchte Decke über und der in Fluß gekommene Patriotismus erstarrte in der kalten Wirklichkeit und der großmächtliche Schnee spottete der hitzigen Artikel, mit denen er bombardirt wurde. Das Deutschthum ist ein alter Vulkan; wann er erlöschen wird, ist nur mehr eine Frage der Zeit, so sagt Bismark, genannt Plinius der Jüngste.

Kaiser Maximilian übersandte dem Kaiser Franz Joseph das Großkreuz vom neuen mexikanischen Adler.

Das Gerücht, daß der Kaiser von Oesterreich eigens nach Mexiko reisen wird, um sich für die Verleihung dieses Ordens persönlich zu bedanken, soll jedoch unbegründet sein.

Keine Fabel!

Wißt Ihr, liebe Kinder, was man von der Klapper=Schlange erzählt? Sie sitzt, sagt man, am Boden fest, hält den Kopf recht hoch, reißt den Rachen recht weit auf und sieht das arme Thierchen, das es verschlingen will, in einem fort an. Dieses fängt nun an ängstlich zu thun, will sich fortmachen, kann aber nicht und kommt dabei der Schlange immer näher, bis es ihr endlich freiwillig in den Rachen springt. Selbstbestimmung heißt man das.

Raff's Naturgeschichte für Kinder
und Deutsche pag. 242.

Dänemark ist jetzt eine Drohung für Schleswig-Holstein —
Also auch für Preußen —
Also — (eigentlich noch „alsoer") — auch für Deutschland,
Also — (am „alsoesten") — muß Preußen Schleswig-Holstein haben.

Die Sache ist so klar, wie raffinirtes Petroleum. Es geht ein Theil aus dem andern so leicht hervor, wie bei einem alten Perspektiv. Wer Obiges nicht begreift, dem ist nicht zu helfen.

Ein größeres Compliment ist wohl noch keinem Land widerfahren, als Dänemark in diesen Tagen. Nach Verblutung seiner halben Armee, nach Verlust seiner zwei reichsten Provinzen, nach Einbuße seiner vorzüglichsten, man kann sagen: seiner einzigen Nahrungsquelle, nach Erschöpfung seiner Finanzen und Erschütterung aller staatlichen Grundlagen — nach alle Dem, und trotz dem Allen ist dieses kleine Land, dieß winzige Volk noch immer eine Drohung für ganz Deutschland und zwar eine so gefährliche Drohung, daß sich Preußen mit seiner ganzen Macht dazwischen legen und denjenigen Theil Deutschlands, auf den es dieser furchtbare Feind abgesehen hat, in eigene Verwahrung nehmen muß! Es ist unglaublich, aber es muß wahr sein, denn Herr v. Bismark hat's gesagt und sagt's noch.

Wer nur ein Mal lügt — einem solchen Tropfen glaubt man nicht;
Aber wer immer lügt, dem lauscht Alles, wenn er spricht!

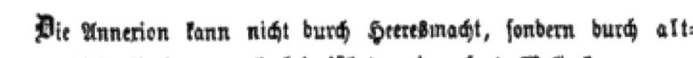

Die Annexion kann nicht durch Heeresmacht, sondern durch altpreußische Reformen herbeigeführt werden, sagte Walbeck.

Darf man sich vielleicht erlauben, zu fragen: was das für Reformen sind, die „altpreußischen"? Was würde man über einen Münchener sagen, wenn er vermittelst „altbayrischer" Reformen das Annexiren anfangen wollte? Aber in Preußen ist alles liberal, fortschrittlich und national, selbst das specifisch'ste Specificum.

Ein Anstauner der Gegenwart.

Münchener Bürger. Ach Ihr armen Polen, was seid Ihr für blutjunge, saubere Leute! Und so unglücklich! Ihr dauert mich und ich werde Etwas für Euch thun. Aber aufrichtig gesagt: Eure letzte Revolution hat mir gar nicht gefallen! Diese abscheulichen Hänge-Gensbarmen — pfui!

Pole. Sie haben Recht, derlei wird nicht mehr geschehen. Das nächste Mal machen wir Hänge-Schutzmänner.

Der Seiltänzer Blondin soll unlängst daran gewesen sein zu stürzen und zu verunglücken. Der gewiegte Künstler, der schon über den Niagara gegangen und seinen geliebten Schwiegervater auf ein 90 Fuß hoch gespanntes Seil getragen, begriff selbst nicht, was ihn angewandelt haben konnte. Da stellte sich plötzlich die Ursache heraus. Was war's?

☞ Herr Blondin hatte in der Tasche seines Costüms zufällig das Fragment eines Zeitungsblattes, auf welchem das Budget des Königreichs Italien übersichtlich zusammengestellt war, und der außerordentliche Mangel an Gleichgewicht in demselben hatte sich seinem Körper mitgetheilt und nahezu ein akrobatisches Fallissement zur Folge gehabt. *)

---

*) Es gibt, auch außer Italien, noch mehr solche Reichs-Budgets, weßhalb jeder Seiltänzer, bevor er anfängt, nachsehen soll, was er in der Tasche hat.
Anmerkung des Setzers.

Kleine Frühstücksplaudereien.

Zur Geschichte der Schuldhaft. Im Münchener Neuthurm soll ein Mensch wegen eines nichtbezahlten Frackes schon zwei Jahre sitzen, so daß der Frack den Gläubiger bereits mehr als 1000 fl. kostet. Wie oft hätte der hartherzige Mann um diese Summe seinen Schuldknecht vom Fuß bis zum Kopf neu „g'wanden" können? Caeterum censeo: der Neuthurm sei sammt dem „Kostthörl" zu beseitigen und eine freie Passage herzustellen. Der Wagner kann sich einen andern Platz suchen — nicht Richard Wagner, sondern derjenige Wagner, der im Kostthorthurm wohnt und seine Deichseln seit Jahrzehnden unter das „Thor mit dem gothischen Bogen" lehnt.

Wie die Wiener „Blätter für Theater und Musik" berichten, hat Baron Sina bereits seine erste musikalische Soirée gegeben und war hiezu die Heldin des Tages, Frl. Stehle, geladen. Mitglieder des kaiserlichen Hauses, Diplomaten, einige österreichische Gutsbesitzer à la Estherhazy, sowie auch einige Freunde und Bekannte des Herrn v. Sina, recht millionärrische Käuze, wogten durch die Salons.

Ein sehr liberaler Journalartikel zu Gunsten der Polen bringt folgende gefährliche Expectoration: „Was nützt die Gesetzlichkeit polizeilicher Maßregeln, wenn sie der Würde des Staates und den Forderungen der Humanität widersprechen?" Also zuerst kommt die Staatswürde, dann die Humanität und dann erst die Gesetzlichkeit einer polizeilichen Maßregel in Betracht? Eine unvorsichtige Behauptung, ein zweischneidiger Grundsatz. Die „staatsrechtliche" Nothwendigkeit ist begraben, es lebe die „humanitätsrechtliche", die „würdebewahrende"!

Der jüngste König ist gegenwärtig offenbar der von Würtemberg. Ja, er muß es sein, denn alle schwäbischen Zeitungen melden am 6. März: „Im ganzen Lande ist der erste Geburtstag des Königs in überaus herzlicher Weise gefeiert worden."

Große, fast an Melancholie streifende Heiterkeit erregt bei dem betheiligten Stand eine Rede des Hrn. Crämer von Doos, wobei er den Lehrern zuruft: „Hört auf, Euch als Beamte des Staats zu betrachten, an's Volk schließt Euch an, nur von unten ist Heil zu erwarten!" Herrn Crämer war es hier offenbar um eine Redefigur zu thun, er respektirte den Sachverhalt so wenig wie damals, als er die bayerischen Bauern vor dem zollfreien Eintrieb österreichischer Ochsen warnte. Man denke sich daß eben so herzerschütternde als interessante Bild eines Landschulmeisters, der sich an's Volk angeschlossen hat und sein Heil von unten herauf erwartet! Der sog. kalte Brand, der bei den Zehen anfängt, müßte gegen diesen Zustand ein wahrer Jux sein. Möglich, daß in, um und zwischen Nürnberg und Doos, wo die Bauern vor'm Dreschen noch geschwind die „Wochenschrift der bayrischen Fortschrittsparthei" lesen, solche Aufklärung herrscht, daß sie den Schullehrer nicht als Schmarotzerpflanze sondern als den Freund und unbezahlbaren Wohlthäter ihrer Kinder betrachten. Im Allgemeinen aber ist es heut zu Tage noch so, wie bei den Griechen und Römern: den Ungebildeten kommt es leichter an, einen Gulden für physische Bedürfnisse oder Genüsse aufzuwenden, als einen Sechser für Erziehungszwecke. Ein Lehrer, der sich an's Volk, resp. an seine Bauern „anschließt", um von ihnen zu leben, ist ein bedauernswerther Europäer! Da Herr Crämer praktischen Verstand besitzt, so wird er wohl im Stillen den Unwerth seiner Phrase selbst bekennen, er müßte denn an ein goldenes Zeitalter glauben, in welchem das „Volk" wirklich etwas anderes ist, als gegenwärtig. Dann müßte aber auch die Zumuthung in Betreff des „Anschlusses" an die Zukunfts-Schulmeister gerichtet werden; die gegenwärtigen erwarten von gefeierten Volksmännern nützlichere Rathschläge.

Druck der Dr. Wild'schen Buchdruckerei (Parcus).

Münchener PUNSCH.

Ein humoristisches Originalblatt von K. E. Schleich.

Achtzehnter Band.

Nro. 13.   Halbjähriger Abonnementspreis: in Bayern 1 fl.
Im Ausland erfolgen die üblichen Postaufschläge.   26. März 1865.

Spiele nicht mit Geschichte,
Denn Jeder fühlt, wie Du, den Scherz.

Der Geist Julius Cäsar's. Was hast Du aus mir gemacht? Du verdientest zur Strafe, von der Schriftstellerei leben zu müßen!

Preußen's Kriegsminister sagte in der Kammer: „Die Ueberlegenheit in den **Waffen** gleicht die **numerische** Ueberlegenheit nur bis zu einem gewissen Grade aus" — also nicht vollständig.

Hörte man nicht von demselben Ministertisch die Behauptung, daß **Majoritäten** Nichts taugen, daß die Wahrheit und das Recht bei der **geringeren Zahl** seien und daß diese gleichsam mit göttlich gefeiten Waffen kämpft und deßhalb siegen wird und muß? Dieses Privilegium der Minorität, diese Unfehlbarkeit der Waffen, besteht also nur auf parlamentarischem Feld. Auf dem kriegerischen tritt die Natur wieder in ihre Rechte, da braucht man numerische Stärke und wo möglich Ueberlegenheit. Also im Innern herrscht die Minorität, nach Außen wirkt Preußen durch Soldaten-**Majorität**, einen bestimmten Grundsatz **gibt's** nicht, man nimmt's wie man's braucht — Suum-cuiquismus heißt man das.

Obwohl Napoleon III. von der Zweckmäßigkeit des **Unterrichtszwanges** überzeugt ist und ihn in Frankreich eingeführt haben wollte, so erhob sich doch beim französischen Volk ein solcher Sturm des Unwillens und der Abneigung dagegen, daß der Kaiser den Gesetzentwurf zurückziehen ließ.

Daraus folgere man jedoch nicht, als ob ein Napoleon gesonnen wäre, seine Verwaltungsweise nach dem Willen oder Unwillen seiner Franzosen zu reguliren oder der öffentlichen Meinung, besonders in Fällen wo sie vielleicht das Richtige trifft, eine Entscheidung einzuräumen, o nein! Der Tuilerien-Sarastro neigt sich milde zu La France hernieder und singt:

> Zum **Unterrichte** kann ich Dich nicht **zwingen** —
> Doch schenk' ich Dir die Freiheit nicht!

Aus Meriko wird berichtet: Der Kaiser arbeitet unablässig. Auf eine Ermahnung, sich zu schonen, erwiderte er: „Oh, ich wollte: ich wäre so „**aufgerieben**" wie der Expräsident Juarez!"

Wie man Präsident wird.

Preußens Streben geht dahin, den bisherigen deutschen Bund trocken zu legen und vor der Nation wie vor ganz Europa möglichst zu discreditiren.

Oestreich, sollte man meinen, hätte den natürlichen Beruf und das instinktive Bedürfniß, die Rechtsbasis gemeinsam mit den Mittelstaaten zu vertheidigen.

Da reist Frhr. v. Kübeck nach Wien und übergibt das Präsidium an — Preußen. Der Annexionsbock wird zeitweiliger Bundesgärtner. Gewiß ein höchst niederschlagender Beweis, daß der Bundestag für die Entwicklung der deutschen Frage ein so gleichgültiges Institut ist, daß Oestreich seinem perfiden Nebenbuhler unbedenklich die Leitung auf beliebig lange Zeit anvertrauen kann.

Noch mehr! Auch der Vertreter Preußens muß nach Hause reisen und übergibt das ihm anvertraute Präsidium — an wen? an — Bayern. Herr v. Schrenk vorübergehender Vorsitzender Deutschlands! Ach, daß er von so kurzer Dauer ist, dieser schöne Präsidialtraum! Wenn Bayern die rechte Großmuth besäße, so müßte es seinen Gesandten gleichfalls heimrufen, um auch Hannover diese Wonne ein Weilchen genießen zu lassen!

Man denke nur: Bayern, das verkörperte Bundesgewissen, der verhaßte Mahner und lästige Beobachter, wird vom preußischen Herkules, der schon den östreichischen Atlas ablöste, selbst eingeladen, ein paar Tage lang die Weltkugel zu tragen. Bundestags-Präsident, Hauptperson in der völkerrechtlichen Repräsentation Deutschlands — wie unerheblich muß der Posten sein, wenn ihn Preußen ungescheut an Bayern überläßt!

Da kommt der Geburtstag des Königs von Preußen, mithin ein officielles Diner. Baron Kübeck eilt nach Frankfurt zurück und sagt zu seinem bayrischen Collegen: „Herzlichen Dank für Ihre Bemühung; nun muß ich Sie aber bitten, mir den Präsidialstuhl wieder zu überlassen. Bei den politischen Berathungen will ich Ihnen das Vergnügen gerne öfter machen, aber bei einem Diner, das ist zu wichtig!" Und Bayern setzte sich wieder zu den Uebrigen.

Die ganze zeitweise Vertretungsgeschichte sieht von weitem aus wie eine absichtliche Verhöhnung des größten Mittelstaates. Aber: wer den Rechtsgefühls=Schaden hat, braucht für den Vormachts=Spott nicht zu sorgen.

Der mericanische Kaiser meldet herüber: Die östreichischen Freiwilligen haben, kaum im Lande a n g e l a n g t, einen der glänzendsten Erfolge errungen.

In der That ein trauriger Triumph, der nur beweist, daß die Kaiserlichen in Merico gar nicht weit zu gehen brauchen, um eines Waffenerfolges zu bedürfen!

Frage.

Wird von der „Geschichte Julius Cäsars" nicht auch eine eigene Eisenbahn=Waggon=Ausgabe veranstaltet?

Ein niederbayerischer Geschichtsforscher,
der nächstens wieder in der Lage ist, zwischen München
und Heimath öfters hin und her zu fahren, und bei dieser
Gelegenheit etwas zu denken haben möchte.

Landshut's großer Wittmann sagte vor den Richtern: „Ich bin weder Katholik noch Protestant, sondern e i n f a ch e r Ch r i st."

Nach diesem Ausspruch sind also Katholiken und Protestanten d o p p e l t e Ch r i st e n!

Bei dieser Gelegenheit fällt uns auch eine Schilderung ein, welche seiner Zeit englische Blätter von der Religion der Taipings brachten und worin diese chinesischen Rebellen so zu sagen als „h a l b e Ch r i st e n" dargestellt wurden.

Auf diese Art gäben also erst zwei rebellische Chinesen einen Wittmann.

Die preußische Regierung, heißt es, wird ihrer Kammer demnächst den Plan zu einer Flotte vorlegen.

Wann, von wem und wo werden die vor einigen Jahren gesam= melten Flotten=Gelder vorgelegt?

Einer, der auch verschiedene Groschen in's Feuer
beziehungsweise in's Wasser geschickt hat.

Frage.

Was bezahlt der Magistrat Augsburg gegenwärtig für den Metzen Maikäfer?

P. S. Auf dem deutschen Städtetag hätte sich vielleicht eine gleichmäßige Maikäfer-Prämie festsetzen lassen und schon in dieser Beziehung ist es bedauerlich, daß Augsburg nicht dabei sein kann.

Ein Berliner Kunst- und Papierhändler soll gesonnen sein, das Porträt des Herzogs von Augustenburg nächstens als sogenanntes

Abzieh-Bild

anzukündigen.

Nur zeitgemäß!

Grüß Gott, Herr Spachtel! Wo gehen Sie denn hin?

— Ich muß in eine Künstler-Versammlung.

Ei was, gehen S' mit mir.

— Unmöglich, wir haben große Berathung über das Maifest, und da ist's höchste Zeit, daß man dazu thut!

Vom Napoleonischen „Cäsar" wurden am Tage seines Erscheinens dreißig Kisten voll nach Deutschland befördert.

Auf diesen Kisten soll gestanden sein:

> (gegenwärtig) **Oben.**
>
> Cäsar, recommandirt.
>
> Zerbrechlich.
>
> Vor Sturz zu bewahren.

———

Morny, Persigny, St. Arnaud, Mocquard und Fould sind die fünf Finger des Kaiserthums, sagt ein englisches Blatt. Wenn das wahr ist, dann war Marschall St. Arnaud der **Daumen**, den man der Demokratie auf's Auge setzte, Morny der **Zeigefinger**, als derjenige, der am meisten **bedeutete**, Persigny der **Mittel- oder sog. lange Finger**, Achilles Fould der **Goldfinger** und Cabinetschef Mocquard der **kleine Finger**, durch den sich der Kaiser Alles, auch die geheimen Dinge, sagen ließ.

Gold- und Mittelfinger agiren noch, im Uebrigen ist die Hand verstümmelt. Aber die berühmte Vorsehung, die ja auch Cäsar und Napoleon in's Dasein rief, hat allen Schäden auch wieder die Heilmittel nahe gelegt. Paris ist der classische Boden der „**künstlichen Gliedmaßen**". Der Verlust des Daumens oder eines andern Fingers hat in Frankreich weniger Bedeutung, als anderswo. Man beklagt das Verlorne und — ersetzt es. Voilà tout.

———

Der Münchener Hoftheaterzettel vom 24. März kündigt das Ende der Vorstellung des „Don Carlos" auf **12 Uhr** an. — Bei Verzögerung um einige Minuten kann demnach das ganze Auditorium wegen „Uebertretung der Polizeistunde" gestraft werden.

Kleine Frühstücksplaudereien.

Mozart sagt irgendwo: „Musik ist Offenbarung". Gungl und Morelly concertiren um die Wette, das Publikum verhält sich unpartheiisch, d. h. es hört Beiden zu und wessen Orchester eben spielt, der ist der beste. Am 19. März gab Herr Morelly im englischen Cafehaus musikalische Vormittags-Produktion. Also den Sepperln zu Ehren eine Extra-Offenbarung mit Bockwürstl! Auch das ist Fortschritt! Daneben zeigen sich die altberühmten Concerte der musikalischen Akademie im Odeon immer spärlicher besucht. Die ununterbrochene Aufführung und der Mangel jeglicher Pause, sagte man, thut dem Besuche Abbruch. Freilich gibt es da nicht nur keine Pause, sondern auch kein Bier und keine Cigarren.

Der „volkswirthschaftliche Verein für Süddeutschland" spricht in einem Flugblatt über das Hazardspiel und zählt als die Haupt-Spielhöllen folgende auf: Baden-Baden, Nauheim, Wilhelmsbad, Aachen, Spaa, Ems und Kissingen! Wenn die Herren „Volkswirthschaftler" all' ihre Schlüsse und Behauptungen auf so sichere Voraussetzungen bauen, dann ist ihnen schon großes Gewicht beizulegen! Sagte doch schon der sel. Aschenbrenner: „Lieber wirst Kissingen eine schlechte Rente ab, als daß wir daselbst einen Spieltisch gestatten." Und nun kommt so ein leichtsinniger Volkswirth und wirst die solide Ragoczy-Quelle mit den übrigen Selbstmordanstalten in einen Topf!

Frln. Stehle konnten die Wiener nicht kriegen, aber Etwas haben sie uns doch geraubt: Herrn Tewele, eine wahre — Glasperle der hiesigen Bühne. Herr Tewele ist am Carltheater aufgetreten und schon bei seinem Erscheinen mit Applaus empfangen worden, eine Ovation, über deren Grund sich die Blätter den Kopf zerbrechen. Man fand übrigens merkwürdiger Weise viel Klingendes bei ihm, wenn er sprach, und seine jugendliche Persönlichkeit wird als angenehm geschildert. München aber blickt schmerzbewegt hinab, denn — es hat keinen Tewele mehr!

Augsburger und Münchener Blätter eifern sich darüber, daß dem Augsburger Magistrat von Oberaufsichtswegen die Theilnahme am sog. „deutschen Städtetag" nicht genehmigt wurde. Was speciell Augsburg für ein zwingendes Bedürfniß hat, am deutschen Städtetag Theil zu nehmen und was der angeblich „deutsche" Städtetag — (Berlin hat sich dafür bedankt) — überhaupt für einen praktischen Zweck hat und worin das Bedürfniß nach einem solchen besteht, verschweigen die Herren. Sind denn die Gelegenheiten zum überflüssigen Reden noch nicht zahlreich genug?

Der bekannte Wiener Musikalienhändler Haslinger hat dem Kaiser von Merico einen eigens componirten „Kaiser Maximilians-Marsch" gewidmet, welche Dedication von der erotischen Majestät auch huldvoll angenommen wurde. Die Mericaner sollen dadurch einigermaßen beleidigt sein und sagen: „Wir können und werden unserm Kaiser schon selber die Marsch-Musik liefern."

Wohin so eilig? — Der Nürnberger Volksverein erklärt, daß er mit der bayrischen Fortschrittspartei durchaus nicht in einen Topf geworfen sein, sondern ihr nöthigen Falls voraus eilen wolle. Der Frankfurter Sechs- und Dreissiger Ausschuß, ein Onkel der bayrischen Fortschrittspartei, befindet sich gegenwärtig auf heimischem Boden, nämlich in — Berlin.

Eiherrjeses, wie kalt! Auch in Florenz hatte es am berühmten 20. März 11 Grad Kälte, nämlich in Elb-Florenz oder Dresden. Ein eisiger Sturm wehte über die Brühl'sche Terasse und es wurden noch mehr Fäuste im Sack gemacht, als zur Zeit des Rendsburger Affront.

Briefranzen.

Der Jardelieutenant und die Maus,
Beitrag zum fünfzigjährigen rheinischen Annexionsjubiläum.

Aus Trier wird dem „Münchener Punsch" folgendes, ihm neue, Geschichtchen mitgetheilt. Unter den Reliquien des dortigen Domes befindet sich auch eine goldene Maus. Es hatte nämlich in alten Zeiten eines Sommers so gräßlich viel Feldmäuse gegeben, daß sie alle Menschennahrung vorweg aufzuzehren und Hungersnoth herbei zu führen drohten. Da kam eine fromme Wittwe auf einen glücklichen Gedanken; sie ließ ein goldenes Mäuslein fertigen und, von Sünde gereinigt, opferte sie es auf dem Altar irgend eines Heiligen im Dome. Und siehe da — die Mäuse zogen alsbald aus der Gegend, räumten das ganze Land und das Volk jubelte. Nun befand sich unter den Fremden, welchen die Reliquien unlängst gezeigt wurden, auch ein Berliner Jardelieutenant. Er nahm das Mäuslein in die Hand, besichtigte es durch seine Lorgnette und rief: „Janz famos! Seid Ihr Kerle denn wirklich so dumm, solches Zeug zu glauben?" „Ach lieber Herr, erwiederte der Küster ganz gemüthlich, wenn wir daran glaubten, so hätten wir die Kosten nicht gescheut und schon lange einen goldenen Preußen machen lassen!" — Der Jardelieutenant sah den Küster verdutzt an und „Verfluchter Kerl!" in den Bart murmelnd verließ er, ohne Trinkgeld zu geben, die Sakristei.

☞ **Auf das zweite Quartal effektuiren die k. Postanstalten Bestellungen. — Preis in Bayern 30 kr.**

Auf Verlangen Nachlieferung der Nummern 1 — 13.

Druck der Dr. Wild'schen Buchdruckerei (Parcus).

Münchener PUNSCH.

Ein humoristisches Originalblatt von M. E. Schleich.
Achtzehnter Band.

Nro. 14.   Halbjähriger Abonnementspreis: in Bayern 1 fl.
Im Ausland erfolgen die üblichen Postaufschläge.   2. April 1865.

Praesens, Perfectum und — Futurum!

Wenn die bayrische Kammer, wie verlangt ward, vor einem Jahre zusammenkam, so hätte sie beschlossen:

„die Annexion der Herzogthümer **wäre** ein Rechtsbruch".

Gegenwärtig muß sie consequenter Weise beschließen:

„die Annexion der Herzogthümer **ist** ein Rechtsbruch".

Und kommt sie über's Jahr wieder zusammen, so wird ihr wohl nichts übrig bleiben, als zu erklären:

„die Annexion **war** ein Rechtsbruch!"

———

Der Kaiser von Mexico will kein „Unterthan des Papstes" sein.

Dagegen kann ihm versichert werden, daß auch nicht ein einziger Unterthan des Papstes, und wenn er noch so schlecht daran ist, Kaiser von Mexico sein möchte.

———

Wird sich der neueste bayrische Reichsrath den Regierungspostulaten gegenüber als „Faber Nro. 1 bis 2" (hart) oder als „Faber Nro. 3 bis 4 (weich) zeigen?

Die Minister zweifeln nicht daran, daß er, so was man sagt: **angeht.**

Preußens Kriegsminister sagt: Der Steuerdruck sei nicht zu hoch, und die Abgeordneten behaupten: er sei ja zu hoch.

Könnte man denn, um dem Streit ein Ende zu machen, nicht von Borsig in Berlin oder Maffei in München so eine Vorrichtung kommen lassen, vermittelst welcher man die Höhe des Dampfdruckes erkennt? Das Ding muß gehen, denn ärger als Dampf können die preußischen Steuern doch nicht drücken. Die preußische Staatsmaschine hat übrigens in den letzten 7 Jahren mit ihren „Atmosphären" mehr gewechselt, als dem Mechanismus zuträglich ist.

Ansicht eines mechanischen Lehrlings.

Schwarzweiß-Buch
in der
schleswig-holsteinischen Frage.

Vertrauliche Depesche, dem k. dänischen Minister vorgelesen, ohne Abschrift zu hinterlassen.

Excellenz! Die Ehre und der Vortheil, mit dem k. dänischen Cabinet in regelmäßigem Gesandtenverkehr zu stehen, ist uns durch verschiedene Hindernisse bis zur Stunde noch entzogen. Wir haben deßhalb eine vertraute Person, die auch jenseits angenehm sein dürfte und die Verhältnisse nach beiden Seiten hin kennt, auserlesen, um dem k. dänischen Cabinet über Gegenwart und Zukunft einige unmaßgebliche Ansichten und dringende Wünsche vorzulegen. Wir begreifen den Schmerz Dänemarks über die ihm auferlegten Opfer und wir bedauerten beim Friedensschluß, dieselben in ihrem vollen Umfang aufrecht halten zu müßen. Die dänischen Staatsmänner werden durch alle historischen und politischen Erwägungen nur zu der Ueberzeugung gelangen können, daß die Herzogthümer nunmehr unentreißbar mit Deutschland verbunden sind. Gleichwohl nimmt der Gerechtigkeitssinn des Berliner Cabinets keinen Anstand zuzugeben, daß in einigen nicht unansehnlichen Distrikten Schleswigs das dänische Element vorherrscht. Wenn wir unser Nationalgefühl befriedigen, sind wir nicht geneigt, das jenseitige zu verletzen. Wenn wir über die Herzogthümer freie Verfügung hätten, würden wir den dänischen Theil Schleswigs seinem natürlichen Eigenthümer zurückgeben.

Die Eifersucht der deutschen Mächte wird uns aber Schleswig-Holstein nur dann anvertrauen, wenn letzteres **bedroht** und **schutzbedürftig** erscheint. Mein vertrauliches, durch den Herrn v. Scheel-Plessen gestelltes Ansuchen geht also dahin, die k. dänische Regierung wolle gegen uns eine etwas unfreundliche, zweideutige Miene annehmen, in ihren Preßorganen das Friedensinstrument angreifen und geeigneten Orts bedrohliche Aeußerungen fallen lassen. Renommiren, Schwadroniren und Säbelrasseln ist ja keine Kunst, wir wissen das aus eigener Erfahrung. Wir werden dann, um allen angeblichen dänischen Gelüsten ein Ende zu machen, das gefährdete Objekt schleunigst in unsern heiligen und untheilbaren Besitzstand aufnehmen, den dänischen Theil aber zurückgeben und sind bereit, darüber Revers auszustellen.

Gez.
Manu propria.

An Seine des k. dänischen Herrn Ministers Excellenz.

NB. Diese Depesche kann zwar Nässe ertragen, ist aber vor **Abdruck** zu bewahren.

Dänische Rückantwort.

P. P. Durch dieselbe Vertrauensperson, Herrn v. Scheel-Plessen, erlaubt man sich anzuzeigen, daß, jenseitigem Wunsche entsprechend, demnächst einige **vorbereitende Grobheiten** in Berlin eintreffen werden; man bittet dieselben mit Entrüstung aufzunehmen. Auch ist man mit den durstigsten Elementen der Copenhagener Volkspartei in's Benehmen getreten, um den sog. „Belt-Schleim" aufzuregen. Die Loslassung der bezüglichen Schlagwörter und Phrasen, sowohl in der radicalen Presse wie auch in den politischen Kneipversammlungen erfolgt nächstens. Auch ist es im Werk, eine eiderdänische Wochenschrift zu gründen. Wir würden uns, wenn es die Gemüther in Deutschland im Sinn der preußischen Depesche erschrecken kann, sogar nicht schämen, noch ein Mal auf die Hülfe Lord John Russels eine Hoffnung auszusprechen! Kurz wir sind mit Vergnügen bereit, die gewünschte drohende Stellung anzunehmen und Alles zu thun, um die Sache noch zu einer uns möglichst befriedigenden Lösung zu führen. Hochachtung!

Unterschrift.

Aus dem Leben Cäsars, des Rattenfängers.

I.

Cäsar verräth von Jugend auf Anlage zum Stürzen.
(„Er ist jedes Weibes Mann und jedes Mannes Weib.")

II.

Cäsar geht über den Rubikon. (Stiehlt zum ersten Mal eine Wurst.)

III.

Caesar de bello civili. (Cäsar fällt über einen Hund her, der Bello heißt und einem Bürger gehört.)

IV.

Cäsar wird ermordet, weil er im Verdacht steht, auf die Herrschaft wüthend zu sein. (Nur keine 23 Wunden, das wäre eine Schinderei!)·

Wie's die Zeit mit sich bringt, so geschieht's!

Anno 1851 gab es keine ostensible und sich officiell so nennende „bayrische Rückschrittsparthei" und doch wurde so viel rückgeschritten!

Mit jedem Mitglied der neuen „bayrischen Fortschritts-Parthei", das gegenwärtig in der Kammer sitzt, wette ich fünf Gulden, daß, wenn sich die Parthei augenblicklich wieder auflöst, der Fortschritt nicht um eines Fingers Breite abnimmt.

Es wird Nichts mehr in Pacht gegeben!

Pimplhuber,
k. Einwohner und stiller Beobachter aller Spielereien.

Schnee und Schulden.

Seit einigen Jahren macht sich in Italien eine große Veränderung der Witterungsverhältnisse bemerkbar. Gegenden, welche früher nie einen Flocken zu Gesicht bekamen, sind jetzt mit Schnee bedeckt; Länder, die früher gar nicht wußten, was eine Anleihe ist, sehen jetzt aus den Schulden gar nicht mehr heraus.

In Frankfurt findet künftigen Mai eine große Fettvieh-Ausstellung statt.

Dieselbe dürfte, da bedeutende Preise ausgesetzt sind, stark beschickt werden, doch sollen sich bereits einige Aussteller zur Bedingung gemacht haben, daß ihr Vieh nicht, wie es in Frankfurt üblich ist, an verschiedene Ausschüsse verwiesen wird, da sie in diesem Fall fürchten müßten, dasselbe in völlig abgemagertem Zustand, oder vielleicht nie mehr zurück zu bekommen, denn die Art und Weise, wie man da unten durch die Ausschüsse geschleppt wird, soll geeignet sein, selbst „ein Vieh umzubringen."

Privat-Kabel des Punsch.

Frankfurt. In der heutigen Bundestagssitzung ist nichts Erhebliches vorgekommen. Der Antrag, den einige Mittelstaaten betreff Schleswig-Holstein's einbrachten, gelangt nächstens zur Abstimmung.

Kleine Frühstücksplaudereien.

Der „Fränkische Kurier" läßt die Kaiserin von Oestreich in einer außerordentlichen politischen Mission in München verweilen! Wahrscheinlich hat es mit der gleichzeitigen Ankunft ihrer Schwester, der Erbprinzessin von Taris, eine ähnliche Bewandtniß. Diese Anhäufung hoher Damen hat etwas Beunruhigendes — ein der Fortschrittsparthei voraus eilender Volksmann soll gesonnen sein, deßhalb eine Interpellation zu stellen.

Man hat sich oft genug darüber lustig gemacht, wenn König Franz II. sein Ministerium entläßt, Gesandte beglaubigt u. s. w. Was aber soll man dazu sagen, wenn die sog. „polnische Nationalregierung", auf Vorstellung der „Abtheilung der auswärtigen Angelegenheiten" ihren „Behörden" neue Siegel dekretirt? Solche traurige Schwänke können den Sammlungen, die man für arme Polen zu arrangiren sucht, wahrhaftig nicht nützen!

Der „Volksbote" ereifert sich darüber, daß ein Preuße berufen werden soll, um das bayrische Münz-Cabinet zu verwalten. Noch komischer wäre es ja, wenn man keinen andern Münzenkenner mehr fände, als einen Oestreicher.

Der Wiener „Hans Jörgel", der sonst über alle Debardeurbälle mit ernsthafter Miene Bericht erstattet, sich also auf diesem Felde mit keiner sonderlichen Pruderie bewegt, geräth neuestens in eine furchtbare, sittliche Entrüstung, in einen wahren Moralitätsparoxysmus und zwar über Offenbach's jüngstes Werk: „Die schöne Helena". „Das Schauspielhaus ist ein Haus der Kunst, ihr aber habt es zum Bordell gemacht", so beginnt Hansjörgel seine Predigt, deren Text selber wieder zu dem Saftigsten gehört, was in der „Journalistik" noch erzeugt wurde. Mit diesem Buch, sagt er, sei dem Publikum so zu sagen eine „Schüssel voll Kantharien" vorgesetzt; die Schamlosigkeit, welcher da Eltern, Kinder, Oberpriester u. s. w. theils nach einander, theils in gegenseitiger Gesellschaft huldigen, soll großartig sein und die Kritik des Ganzen läßt sich nach „Hans Jörgel" zusammenfassen in die zwei Worte: „Pfui Teufel"! Zum Schlusse bemerkt die genannte Volksschrift: „Wenn ein Mann seine Frau, oder Tochter, ein Bruder seine Schwester in diese „schöne Helena" führt, dann soll er's ja nit übel nehmen, wenn die Damen beim Herausgehen von einem Zudringlichen um ihre Adresse angesprochen werden." Von Frauen und Mädchen nämlich, die sich eine solche Comödie ansehen, ohne die Flucht zu ergreifen, muß man nach „Hansjörgel" eine schlechte Meinung bekommen. Es ist erfreulich, daß sich gegen solche moderne Kunstfurunkeln in Wien eine gesunde Reaktion geltend zu machen sucht; komisch aber erscheint es, wenn der Redakteur des „Hansjörgel" in einer Anmerkung gleichwohl das Verdienstvolle der Aufführung und Ausstattung hervorhebt.

In Augsburg starb der Er=Apostel Schweigert, 103 Jahre alt. Man kann also, wie Figura zeigt, über hundert Jahre alt werden und die Lösung der schleswig=holsteinischen Erbfolgefrage doch nicht erleben!

Merkwürdigkeit! In dem von der Bayr. Zeitung veröffentlichten Nekrolog des Generals Schuh heißt es: „Kaum acht Jahre alt starb sein Vater."

Ehret die Frauen, sie flechten und weben Himmlische Rosen in's irdische Leben — jedoch mit Ausnahmen. Eine solche stand vorige Woche vor dem Augsburger Schwurgericht. Dieselbe, eine wie es scheint ver= mögliche Metzgersfrau, hatte ihren Mann erdrosselt, dann erdrosselt, dann geköpft, endlich geviertheilt und die Stücke in's Krautfaß versteckt und Kraut darauf eingestampft, den Kopf aber im Waschkessel gesotten! Wie es scheint, waren im Publikum Aeußerungen des Unwillens darüber laut geworden, daß Herr Dr. Völk sich herbeigelassen, in diesem Fall als Vertheidiger zu figuriren, was den gefeierten Volksmann veranlaßte, gleich beim Beginn seines Plaidoyer auszurufen: „Nicht der empörte Pöbel spricht Recht, sondern die Geschwornen!" Drei bis vier Mal entschlüpfte das Wort „Pöbel" dem Goldmund des gereizten Advokaten, der doch sonst, z. B. bei Wahloperationen, Volksversammlungen u. s. w. die göttliche vox populi stark in Anspruch nimmt. Dr. Völk plaidirte auf einfachen Todtschlag; das nachfolgende Einpöckeln und Absieden des Opfers sei zwar barbarisch, gehöre aber nicht zum Reat, was allerdings richtig ist. Die Geschwornen aber erkannten im Einklang mit der öffentlichen Meinung um so eher auf Mord, als die Verurtheilte zu wiederholten Malen es vorausgesagt hatte, daß sie ihren Mann umbrin= gen werde. So mancher Accessist hätte da mit einer schön vorgetragenen Vertheidigung Sporen und Honorar verdienen können; die Uebernahme derselben durch Herrn Völk erklärten viele Unpartheiische für eine Ge= schmacklosigkeit. Ein ultramontaner Redakteur soll sogar geäußert haben: Mich hätte er gewiß nicht vertheidigt!

Briefranzen.

Schon wieder ist's eine bezirksamtliche Bekanntmachung, die unserer Aufmerksamkeit empfohlen wird. Unterm 8. d. M. publicirt das Amt Ingolstadt wörtlich folgendes: „Unter den Schweinen in Eichstädt ist die Klauenseuche ausgebrochen, daher vor dem Verkehr mit Schweinen von dort und dahier (?) hiermit ernstlichst gewarnt wird." — Da man von der Seuche nichts weiter gehört hat, so scheint's haben sich's die Ingolstädter gesagt sein lassen.

Zu Anfang des zweiten Quartals erledigen die Postanstalten auch vierteljährige Bestellungen. Preis in Bayern 30 kr.

Münchener PUNSCH.

Ein humoristisches Originalblatt von M. E. Schleich.
Achtzehnter Band.

Nro. 15.   Halbjähriger Abonnementspreis: in Bayern 1 fl. Im Ausland erfolgen die üblichen Postaufschläge.   9. April 1865.

Nicht so schnell!

Aber ich bitte Sie, wozu diese Ueberstürzung?

Niederbayrisches.

"Gegen den immer breiter werdenden Strom kann er sich nicht stemmen," da wäre er einfältig, wenn er das versuchen wollte. Was haben aber dann die Niederbayern davon, daß sie die bayerische Fortschrittsparthei um ein hervorragendes Mitglied, um ein eminentes Talent bereicherten? Oder glaubt man vielleicht, Völk und Brater werden ihrem Freund Jöckerer zu lieb bei "Fortschritt suspendu" für eine Entschädigung der Realrechtsbesitzer stimmen? Da kennt man unsern Jules Favre und unsern Eugen Pelletan schlecht.

"Bayern, mir nach!" war das Losungswort Max Emanuels — Bayern, uns nach! ist die Parole der im Hotel Max Emanuel versammelten Fortschreiter und wo Alles vorwärts geht, kann Niederbayern allein nicht zurückbleiben. Die einzige Entschädigung, welche den Wahlmännern in Vilshofen zu Theil werden wird, die aber freilich glänzend genug ist, besteht in dem Bewußtsein: Hrn. Jöckerer zum Vertreter gehabt zu haben!

Abermalige Frage.

Ist Herr Umbscheiden unwohl? Er hat noch nicht gesprochen und seit wenigstens drei Wochen war auch von ihm weder eine Berichtigung noch Erläuterung noch sonst eine Reclamation in den Blättern zu lesen.

Die Aufklärung des Horizonts, das von "unten kommende Heil" der sog. Erddämpfe, die Hinwegschmelzung aller hemmenden und nicht mehr zeitgemäßen Eiskrusten, die große Erhebung der Natur und die Umgestaltung fast aller Verhältnisse, die bessere Atmosphäre, in der wir uns befinden, kurz der ganze Frühlings-Anfang überhaupt gibt der Kammerfraktion im Hotel zum "Max Emanuel" Stoff zur Erörterung und sie erblickt in dem Entwicklungsprozeß der Natur so viel, was mit ihrem eigenen Streben verwandt und ähnlich ist, daß sie getrost beschließen kann, in ihren Organen zu verkünden:

☞ Der endliche Eintritt des Frühlings ist ein Sieg der Fortschrittsparthei!

Marl. Ja, jetzt leben wir halt in einer Zeit der Freiheit. Die ärztliche Praxis ist frei. Der Völk, hör' ich, beantragt die Freigebung der Advokatenpraxis.

Sepperl. Ja wohl, und nachher wird's Notariat auch frei'geben.

Marl. Ja, und auf b'letzt die Seelsorge auch, so daß Jeder, der will, eine Pfarrei anfangen kann.

Sepperl. Recht so, das wär' vielleicht ein Mittel, um dem Mangel an geistlichen Herren abzuhelfen.

Mar. Was hat's denn eigentlich für eine Bewandtniß mit dem Stück „Gute Nacht, Hänschen"?

Sepperl. Mein Gott, es ist halt in Augsburg dazu benützt worden, um dem confessionellen oder vielmehr dem Parteihaß neuerdings Luft zu machen.

Marl. So, so. Wenn also in Augsburg ein Radikaler einem Conservativen zuruft: „Gute Nacht Hänschen", wie soll er diesen Schimpf erwidern?

Sepperl. Na, dann erwidert er ganz einfach: „Guten Morgen, Herr Fischer", dann hat der Andere auch sein Theil.

Marl. Warst schon in der Kammer, resp. auf der Gallerie?

Sepperl. Da hast b' Recht.

Marl. Was is 's denn mit Hegnenberg und Lerchenfeld? Die find ja ganz im Hintergrund? Wer führt denn nachher jetzt die Kammer?

Sepperl. (Entrüstet) Ei was, das hat a u f g e h ö r t. Die Kammer besteht jetzt aus lauter Führern!

Marl. Ah — Respekt.

Die Herabsetzung der Finanzperioden auf zweijährige, welche von der Kammer mit Zuruf begrüßt wurde, soll, wie mehrere Zeitungen berichten, der Initiative des Königs selbst zu danken sein.

Bei dieser Gelegenheit drängt sich jedoch unwillkürlich die Frage auf: wie steht es mit dem vielbeschriecnen anticonstitutionellen Cabinets-Herenmeister?

Entweder ist derselbe gar nicht **gefragt** worden —
nun, dann **gut**!

Oder er hat zweijährige Finanzperioden angerathen —
auch gut!

Oder er war für dreijährige und der König entschied sich trotzdem für zweijährige —
noch besser!

Kurz, man mag einen Fall setzen, welchen man wolle — es bleibt kein anderer Ausspruch, als: **gut**!

Wozu aber dann der Lärm? Offenbar lediglich aus Futtermangel, der immer wieder eintreten kann.

Pimplhuber,
k. Einwohner von München, liest Nürnberger Blätter nur zum Vergnügen, nicht zu seiner Belehrung.

Malta wurde von den Engländern dem Papst als Zufluchts-Ort angeboten.

Paulus scheiterte bei **Malta** und ging dann nach **Rom**.

Petrus aber käme auf diese Art nach **Malta**, nachdem er in **Rom** gescheitert.

In der Bibel heißt es: Die Linke soll nicht wissen, was die Rechte thut.

Die Rechte, wenn es in der gegenwärtigen Kammer noch eine solche gibt, ist aber nicht im Stande, auch nur das Geringste zu thun.

Was soll also die Linke **wissen**?

Politisch-moralischer Distanzmesser.

Baden, sagte Herr Bluntschli neulich, ist die Avantgarde der Freiheit in Deutschland.

Wo eine Avantgarde, da muß auch ein Hauptcorps sein, und dieses bilden dann offenbar Württemberg, Bayern und Sachsen.

Um nun ermessen zu können, wie weit die Avantgarde dem Hauptcorps **voraus** ist, oder wie weit das Hauptcorps hinter der Avantgarde zurückbleibt, müßte man zuerst wissen: wie **nahe** der Feind ist, nämlich der Feind der Freiheit in Deutschland, um deren Vortrab und Gros es sich hier handelt.

Bei der Ausmessung dieser Distanz ist vor Allem in Anschlag zu bringen, daß Baden — trotz Allem — **Preussen sehr nahe steht!**

Also kann uns Baden nicht gar so sehr ungeheuer weit voraus sein!

Auf der photographirten Fortschritts=Partheigruppe befindet sich auch Herr Jörckerer, eine glimmende Cigarre in der Hand. Was ist's für eine Sorte? In Niederbayern wachsen unseres Wissens folgende:

Progressos; wenn man eine solche ansteckt, suchen die Mitgehenden schleunigst **voraus** zu eilen.

Realia; wem eine solche vorgeraucht wird, der hat auf **Entschädigung** Anspruch.

Wittmann; stark gebeizt, macht einen dummen Kopf, wird niemals trocken, braucht gute Vertheidiger.

Adolescentia; Cigarretten für Knabenseminarien; dieselben eignen sich dazu, heimlich geraucht zu werden und schmecken nach Weihrauch, so daß die Vorstände nichts merken.

Privat=Kabel des Punsch.

Athen. Der König Georgios trat heute in einen Kaufmanns= laden und **pumpte fünf Gulden „bis übermorgen"**. Die Stimmung wird sehr gedrückt. Der Finanzminister ist so zu sagen gegenstandslos. Dem Minister des Aeußern graut's im Innern und der Minister des Innern mag sich gar nicht äußern.

In Italien ist in Folge des neuen Civilgesetzes vom Staate aus auch den Geistlichen und Ordensleuten das Heirathen nicht mehr verwehrt. In den „Turiner Neuesten Nachrichten" liest man deßhalb bereits folgende Heirathgesuche.

„Ein Herr Pfarrer, in den dreißiger Jahren, im Besitze einer hübschen Pfarrei mit einigen hundert ziemlich wohlhabenden Seelen, sucht wegen Mangel anderweitiger Gelegenheit auf diesem nicht mehr ungewöhnlichen Wege eine Lebensgefährtin. Dieselbe soll Hauswirthschaft verstehen, einiges Vermögen besitzen und auch nicht ganz ohne musikalische Bildung sein. Angenehmes Aeußere wird vorausgesetzt, doch hat man auf besondere Schönheit nie gesehen. — Adressen unter T. Z. in der Expedition a Torino."

Und ferner:

„Ein Ordensmann in gesetztem aber noch nicht sehr vorgerücktem Alter, der seinen jetzigen Aufenthalt gegen irgend eins angenehme Stellung in der äußern Welt zu vertauschen wünschte, sucht ein vermögliches Mädchen oder dergleichen Wittwe zu ehelichen. In Sprachen und schönen Künsten nicht unerfahren und ein anerkannt guter Gesellschafter wäre er wohl im Stande, einen angenehmen Lebensgefährten abzugeben. Auch ist er bereit, allen seinen bisherigen Gelübden zu entsagen, und nur das des Gehorsams beizubehalten. Vermögen in italienischer Rente könnte nur nach dem Tagescours angenommen werden, Landgüter u. dgl., besonders am Garda- oder Comersee gelegen, hätten den Vorzug. Adressen unter der Chiffre Fra Angelo, abzugeben beim Commissionsbureauinhaber Brigantini in Livorno". —

Am 6. April (1809) erklärte Oestreich an Frankreich den Krieg und ersuchte Bayern, sich gegen es (Oestreich) freundschaftlich zu benehmen.

Wer sich aber gegen Oestreich nicht freundschaftlich benahm, war Bayern.

Hat nun Oestreich am heurigen 6. April, der vielleicht nicht minder wichtig ist, dem bayrischen Antrag beigestimmt, so sammelt es glühende Kohlen auf unsern Häuptern.

Sonst kann Oestreich ohnehin Nichts sammeln!

In Kiel wird bekannt gemacht, daß die Schildwachen nöthigenfalls schießen dürfen und sich Jeder die Folgen selbst zuzuschreiben hat.

Frage: Wie muß es ein Erschossener machen, wenn er sich Folgen selbst zuschreiben oder wenn er überhaupt schreiben will?

Muß denn Preußen an die Schleswig-Holsteiner lauter unmögliche Zumuthungen stellen?

Bei der Malzdebatte äußerte Herr Jöcferer: Meine Herren, man weiß gar nicht, welche ungeheure Schwierigkeiten und Plackereien damit verbunden sind, wenn man nur Hafer auf einer Handmühle schroten läßt. Ich habe selbst davon gekostet.

Wovon hat er gekostet?

Kleine Frühstücksplaudereien.

Lingua Germanica in bocca — Vindabanica! Ein östreichischer Volksdichter veröffentlicht in einem Wiener Blatt ein Poëm, in welchem folgender Reim vorkommt:

Auf dem Trottoir
Ist immer Gefahr (spr. Gefoahr).

Ein neuester Palästinaforscher, Fraas aus Stuttgardt, hat in den Gebirgen um's todte Meer herum durchaus nichts Vulkanisches entdeckt; er glaubt, daß Sodoma eher durch einen großen Petroleums-Brand eingeäschert worden sei. Auch nicht übel. Am Ende läßt sich das ganze Unglück auf einen Zufall à la Glogau zurückführen; ein sodomitischer Lieutenantsbursche stellte die Petroleumsflasche auf den Ofen, heizte ein und ging seiner Wege.

Ein Mastochs in der Westentasche ist kein Wunder mehr seit Erfindung des Fleischertrakts und seiner Verwahrung in kleinen Büchschen. Nun kommt aber noch das Fuder Heu im Rocksack. Diesen neuesten Importartikel verdanken wir der Schweiz. Während die Tagespresse oft das Kleinste in's Unendliche vergrößert, ist hingegen die Heupresse bestrebt, das größte Quantum zu einem wunderbar kleinen Volumen zusammenzudrücken. Es fehlt jetzt nur noch, daß Jemand erfindet, wie man auch recht viele Eier in einem möglichst geringen Raum verpacken kann; in dieser Beziehung stehen wir noch immer auf dem bekannten Standpunkt der Gelbfüßler.

Dem Besucher des Kunstvereins fällt von weitem eine Büste auf, deren kühner Bart, nach beiden Seiten mächtig hinausflammend, auf einen Feldherrn, Erbförster, Thierbändiger oder ein ähnliches martialisches Original schließen läßt. Bei näherer Betrachtung ist es der in den weitesten Kreisen bekannte Lyriker Herr von G e i b e l.

Tableaur=Direktor Schneider gibt jetzt in Schweinfurt „Passions=Vorstellungen". Seine frühere Behauptung, als führe er wirkliche Mitglieder des Oberammergauer Volksschauspiels mit sich, hat er wohlweislich fallen lassen; er vertheidigt sich jetzt nur mehr gegen verschiedene Vorwürfe, z. B. daß die Maria bei ihm von einer anrüchigen Person dargestellt werde. Die Rolle der heil. Maria, erklärt Herr Schneider, werde von seiner Frau gegeben, einer Gastwirthstochter aus Augsburg.

Der Berliner Geschichtsprofessor Ranke ist zwar Mitglied der von König Max gegründeten und reich dotirten Geschichtskommission, treibt aber deßhalb doch nicht „mittelstaatliche Politik", sondern gehört im Gegentheil zu den eifrigsten Vertheidigern der preußischen Erbansprüche an Schleswig=Holstein, so daß ihn König Wilhelm neuestens in den erblichen A d e l s s t a n d seines Königreiches erhoben hat. Herr v o n Ranke wird sich nächsten Herbst auf Geschichtskommission wieder in München einfinden.

In der letzten Nummer erzählten wir von der sittlichen Entrüstung des W i e n e r „Hans Jörgel" über Offenbach's „Schöne Helene". Der Referent der „Ostdeutschen Post" verlacht diese Moralisterei und sagt: Das Stück sei lustig und nicht frivoler als viele andere. Nach Durchlesung des französischen Originaltextes möchten wir uns denn doch lieber auf die Seite des Hanns Jörgel stellen. Das in Paris fabricirte Libretto ist des Augusteischen Zeitalters (siehe die „Gespräche des Labienus") vollkommen würdig; die so ziemlich jedem französischen Lustspiele zu Grunde liegende Verhöhnung der Ehe wird da unter Assistenz der edlen Musika natürlich noch drastischer durchgeführt; den Ehebruch erklärt die schöne Helene für ihr Schicksal — „c'est ma fatalité!" Die dankbarste und komischste Rolle hat der Oberpriester Calchas, Inhaber eines „Tempels" mit zahlreichem weiblichem Hülfspersonal; unter welche Kategorie dieser alte Lump rangirt, läßt sich denken. Daß man über ihn, wenn er mit Witz dargestellt wird, lachen muß, glauben wir der Ostdeutschen Post gerne; wie es aber mit dem höhern Beruf und dem endlichen Schicksal der V o l k s b ü h n e n bestellt sein wird, wenn diese Richtung Platz greift und am Ende vom „Volke" einzig mehr goutirt wird, darüber mag sich Jeder seine Gedanken selbst machen. Nein, lieber etwas weniger Dividende für die Aktionäre und die ästhetische Fahne hoch gehalten!

Zu Anfang des zweiten Quartals erledigen die Postanstalten auch vierteljährige Bestellungen. Preis in Bayern 30 kr.

Druck der Dr. Wild'schen Buchdruckerei (Parcus).

Münchener PUNSCH.

Ein humoristisches Originalblatt von M. E. Schleich.
Achtzehnter Band.

Nro. 16. Halbjähriger Abonnementspreis: in Bayern 1 fl. Im Ausland erfolgen die üblichen Postaufschläge. 16. April 1865.

Zu Anfang des Quartals erledigen auch die Postanstalten vierteljährige Bestellungen. Preis in Bayern 30 kr.
Auf Verlangen Nachlieferung der Nummern 1 — 13.

Beati possidentes!

Welch' ungeheurer Grad von — Gutmüthigkeit gehört doch dazu, um die vertrauensvolle Erwartung zu hegen, daß die Zwei den Knochen fallen lassen, um ihn einem im Hintergrunde wartenden Mäuslein auszuliefern!

Glossen eines Berliners
über den
Speisezettel bei der königlichen Abgeordneten-Tafel in München.

Windsor-Suppe. Das constitutionelle Bayern liebt es, mit englischen Zurichtungen zu kokettiren. So ein gut bayerischer Nudelteig mit englischem Aufguß hat etwas Komisches.

Krametsvögel. Diese Vögel werden vom Koch behandelt, wie in einigen Ländern die Unterthanen; man rupft sie erst, zieht ihnen dann die Haut über den Kopf und zuletzt müßen sie sich auch noch eine tüchtige Dressur gefallen lassen. Da sich in Bayern die Bauern recht wohl befinden, so gilt diese Anspielung vielleicht Oestreich oder gar Preußen.

Lachs, mit holländischer Sauce. Dazu spielte die Musik ein Stück aus dem fliegenden Holländer, also Lachs mit physischer und musikalischer Hollandaise. Ach, wenn die Mittelstaaten wüßten, in welche Zukunftssauce sie noch kommen können!

Gedämpftes Rindfleisch auf italienische Art. Man bemerke wohl, es heißt nicht: auf großherzogl. toskanische, auf königl. sicilische, sondern rein auf italienische Art. Es scheint darin der erste Schritt zu einer Anerkennung Italiens zu liegen. Uebrigens wären die Arten, wie man ehemals in Parma, im Neapolitanischen u. s. w. zu „dämpfen" beliebte, auch gar zu barbarisch.

Frische grüne Bohnen. Dieselben sind der Jahreszeit jedenfalls vorausgeeilt —
Was die Fortschrittspartei unter den Fraktionen,
Sind unter den Gemüsern diese Bohnen.

Rehragout, Gansleberpastete, beides mit schwarzen und weißen Trüffeln. Wenn es auch blaue Trüffel gäbe, hätte man gewiß nur weiße und blaue genommen, um der Sache eine particularistische Würze zu geben.

Sorbet (Kühltrank) von Trauben. Für Preußen ist ganz Deutschland, oder wenigstens Norddeutschland, oder doch ganz gewiß Schleswig-Holstein ein Sorbet; wir werden Alles schön langsam einschlürfen, wenn auch die Trauben sauer sein sollten.

Schnepfenbraten. Was läßt sich darüber sagen? Bei der Schnepfe ist der Schnabel bedeutender, als der Kopf, und insofern hat sie Aehnlichkeit mit manchem Deputirten. Aber von einem preußischen Minister ist sie wieder das gerade Gegentheil. Die Schnepfen ziehen schnell vorüber, sind äußerst scheu und stürzen bei der geringsten Verwundung; ein preußischer Minister hingegen bleibt sehr lang, scheut gar Nichts und man darf das gröbste Geschütz gegen ihn loslassen, er fühlt sich, von einem Sturz gar nicht zu reden, nicht einmal verletzt.

Artischoken. Wie mag sich wohl so ein Altbayer zu einer Artischoke anstellen? Artischoken ißt man so, wie Preußen Deutschland. Wer's nicht weiß, wird's sehen.

Frankfurter Weichselpudding. Ueber Frankfurt kommt man in München nicht hinaus. Beim Frankfurter Pudding ist darauf zu sehen, daß man das Fertige hübsch von der Form ablöst; beim Frankfurter Bundestag hingegen bleibt das Meiste immer an der Form hängen, so daß Alles, was von dieser Küche aufgetischt wird, schon häßlich und ungenießbar aussieht.

Haselnußtorte. Man muß einer mittelstaatlichen Kammer nichts zu Schweres zumuthen. Im Gewand einer Torte sind alle Nüsse leicht zu knacken.

Weine und Dessert waren, wie man hört, reichlich und gut geboten. Der König brachte einen Toast aus, mit den Worten schließend: „Dem theuren Vaterlande und seinen Vertretern bringe ich dieses Glas," worauf der Präsident erwiderte: „Die Versammelten gäben dafür das Gelöbniß unverbrüchlicher Treue." Ein König von Bayern macht mit seiner Kammer immer gute Geschäfte; er bringt ein Glas und erhält dafür etwas Unverbrüchliches! Mehrere Abgeordnete sollen „Vielliebchen" gegessen haben. Wer eine Mandel mit zwei Kernen hat, verfügt bei der Wahl zum Gesetzgebungsausschuß über die Stimme des Andern; welch ein hübsches Spiel z. B. zwischen Kolb und Ruland! — Nach dem Grundsatz, daß das Kleinere im Größern enthalten ist, war neben dem Frack auch der Rock zugelassen; Mehrere waren in einem solchen Implicite-Frack erschienen.

Der König sprach mit Jedem und Jeder sprach mit dem König — der hoftechnische Ausdruck „Cercle" ist zu steif und beschränkt für diese Scene. Einige behaupten: Die frühere fürstliche Gebarung, wie sie in Hannover, dem Verlagsort des „Hofmarschalls wie er sein soll" ihren Culminationspunkt erreicht, sei ein überwundener Standpunkt; der Münchener Ton sei der richtige und habe allein eine Zukunft. Vedremmo.

Kassel stellt künftig für Frankfurt das Bundescontingent und Frankfurt fährt gut dabei.

Wenn dagegen Frankfurt für Kassel die Churfürsten besorgen würde, müßte Kassel auch nicht schlecht fahren.

Das Wasser steigt, die Temperatur steigt, die Erbitterung gegen Preußen steigt, die Lerchen steigen, die „Amerikaner" steigen, kurz: Alles steigt, nur nicht das Ansehen des deutschen Bundestags!

Nach einem altbayerischen Sprüchwort sagt die Köchin im ersten Jahre: „Des Herrn Pfarrers Besen", im zweiten Jahre: „Unser Besen" und im dritten: „Mein Besen".

Bei den Preußen geht das noch geschwinder: noch im vorigen Jahre war Kiel ein holsteinischer Hafen; nach dem Friedensschluß wurde es in Folge des östreichischen Mitbesitzes „Unser Hafen"; jetzt aber sagt Herr v. Roon schon „Mein Hafen".

Wozu braucht's da noch vertrauliche Aufklärungen?

Georgios der Erste und Letzte, von Griechenland, soll gesagt haben: Es ist nur ein Glück, daß ich noch nicht die griechische Religion angenommen habe, sonst müßte ich nächstens wieder zum Protestantismus übertreten und das wäre rein zum Katholisch werden.

Amtliche Erklärung.

In Litthauen herrscht keine Menschenpest, sondern Murawieff.

Das Generalcommando.

Was ist jedenfalls ungefährlich?

Wenn Einer seinen Kopf zum Pfande dafür einsetzt, daß die Todesstrafe beibehalten wird.

Marl. Aber eine Schand' is's eigentlich doch.

Sepperl. Was denn?

Marl. Hast du's nicht g'lesen, Preußen hat bei Altenburg eine Gränz' reguliren wollen, aber die paar sächsischen Dörfeln haben sich g'weigert. Nicht einmal die Altenburger, die gewiß keine glänzende Stellung in Europa einnehmen, wollen preußisch werden.

Sepperl. Dafür ist aber Preußen anderseits eine glänzende Genugthuung 'worden.

Marl. Wie so?

Sepperl. Die Wasserpolaken, die bereits preußisch sind, haben sich entschieden dagegen verwahrt, daß man sie an Oestreich gibt.

Marl. Ich will dir was sagen: Wenn Einen die Natur schon von vornherein so g'schlagen hat, daß er ein Wasserpolak is, und wenn er als solcher das Preußischsein so zu sagen gewöhnt hat, und wenn er nachher zu dem Allen auf einmal östreichisch auch noch werden soll, das ist doch zu Viel verlangt. Alles was Recht is, aber so was muß man dem Menschen nicht zumuthen.

Marl. Also der Club der Jungliberalen ist jetzt in der französischen Restauration?

Sepperl. Ja.

Marl. Warum denn nicht mehr im Orlando di Lasso?

Sepperl. Es scheint, man will an keine Kirchenmusik erinnert sein.

Kranzlers Ecke (Berlin).

Lieutenant v. Krause. Wissen Sie, was Königs Majestät eigentlich thun sollte mit dem Augustenburger?

Lieutenant v. Siebke. Lassen Sie los!

Lieut. v. Krause. Er ist doch Major, nicht wahr, und am Avancement? Beim nächsten Armeebefehl prätieren! Colossale Blamage, das.

Lieut. v. Siebke. Au contraire, nicht prätieren! Im Gegentheil: zum k. preuß'schen Obristlieutenant macht man den Prätendenten. Das ist dann die größte aller Blamagen, verstehen Sie?

Lieut. v. Krause. Na, wie Sie 's eben auffassen wollen.

Privat-Kabel des Punsch.

Rom. Es scheint, daß man sich wirklich zur Versöhnungs-Politik und zu Reformen entschlossen hat; den Anfang macht eine Vermehrung der päbstlichen Gensdarmerie. Diese Gensdarmen bekommen auf den Tschako die Inschrift: „Non possumus". Man ist neugierig, wie sie sich bei Verfolgung von Briganten benehmen werden.

Paris. Ein Bürger hatte die Frechheit, sein Söhnchen auf den Namen Labienus taufen zu lassen. Pfarrer und Pathe erhielten Verwarnungen, der kleine Labienus aber wird von dem Augenblick, wo er zu sprechen anfängt, unter Polizeiaufsicht gestellt.

Kiel. Der Herzog von Augustenburg, welcher den Bundes-Beschluß gelesen hat und immer wieder liest, soll ausgerufen haben:

„Da sitz' ich nun, ich armer Thor,
Und bin so klug — als wie zuvor!

München. Aus Anlaß seiner Ernennung zum Reichsrath soll Herr v. Faber jedem Mitglied der beiden Kammern einen lebenslänglichen Bleistift zum Präsent machen.

London. Leopold von Belgien, diplomatisch=dynastischer G'schaftlhuber für Europa und noch einige Welttheile, reist wieder nach dem Continent. Seit seiner Betheiligung am merikanischen Schwindel leidet der alte Herr an einer starken Abnahme seines Renommée.

Pimpfhuber. Dieser kleine Georgios von Griechenland ist doch ein verteufeltes Mannsbild.

Tatschler. Wie so?

Pimpfhuber. Der führt ja wahre Hexenmeisterkunststücke auf?

Tatschler. Wie so, frage ich?

Pimpfhuber. Nun, ich lese so eben: Der König verweilt in Athen und sitzt den ganzen Tag in seinem Palaste. Nun frage ich: wie kann Jemand, der keinen Palast hat, in seinem Palast sitzen? Es ist gerade, wie wenn ich von „meinem Johannisberger" trinken wollte. Ich habe ja keinen.

Tatschler. Da müssen Sie sich eben welchen stehlen!

Pimpfhuber. Ah so: Diebstahl ist auch Eigenthum, sagt Proudhon.

Tatschler. Nein, der hat anders gesagt, aber „umgekehrt ist auch gefahren".

Telegramme melden: Der bayerisch=sächsische Antrag sei zum Beschluß erhoben worden.

Bei der Stellung, die der Bundestag heut' zu Tage vor aller Welt einnimmt, ist es fraglich, ob man das eine „Erhebung" nennen kann?

Literarische Anzeige. Im Verlage von J. Neustätter, Makulatur-Handlung in München, erscheint nächstens: „L. Wittmann, gesammelte Schriften," 2 Pfund 5 Kreuzer. Die Schriften des geistreichen Verfassers zeichnen sich durch hübsche Form (Oktav) sowie durch kräftigen und doch milden Charakter des — Papieres aus, weßhalb die Verlagshandlung einer zahlreichen Abnahme entgegensehen zu dürfen glaubt.

Kleine Frühstücksplaudereien.

Die Dresdener haben auch ein „Hofbrauhaus" — vom Münchener unterscheidet es sich nur dadurch, daß ober dem ersten u. die zwei Strichel fehlen. In diesem Hofbrauhause saß nun ein vormächtlicher Berliner, dem das mittelstaatliche Bier selbst in seiner gegenwärtigen Schwäche zu Kopfe stieg und er fing an zu prahlen. Womit? Mit der Kanonade von Missunde, mit dem Sturm auf Düppel? Nein, sondern mit dem Reichthum der Berliner. „In Berlin, sagte er, verbrennen selbst die ärmsten Familien jeden Winter für 50 Thlr Buchenholz." — „Na hören Se, erwiderte ein neben ihm sitzender Sachse, das ist noch gar nichts. In Meißen, da weiß ich eine arme Familie, die gab diesen Winter 60 Thlr. allein für Zündhölzer aus, um ihre Buchenscheiter anzuzünden!" — Der Preuße starrte in sein „Töppchen" und da ihm nichts Gescheidteres einfiel, trank er es aus.

Das vor dem Karlsthor aufgestellte Panorama von Petersburg soll so getreu und täuschend sein, daß ein Beschauer unwohl wurde und einen Anfall von der sibirischen Unpäßlichkeit zu bekommen fürchtete.

Die Wiener „Presse" bringt einen sonderbaren Artikel über die „Nationalpartei in Bayern". Darnach sei die weißblaue Fahne erblaßt und der bayrische Particularismus neige seinem Ende zu, die Altbayern gravitiren nach München, die Schwaben nach Augsburg (?), die Oberpfalz nach Nürnberg, die Franken nach Würzburg u. s. w. Nun, das wäre ja dann ein noch krasserer Partikularismus, als der bisherige? Die „Vereinigte Linke", behauptet der Verfasser, beherrsche Alles. Die kleindeutsche Spitze sei abgethan, man strebe nach einem reinen Deutschland. Gut, wenn nun aber diese bayerische „deutsche Nationalpartei" weder nach München noch nach Berlin „gravitirt," wo sucht sie dann ihren Schwerpunkt? In Frankfurt? Bei wem? In der Luft? Die „Presse" hat vor Allem den Zweck, pikant zu sein; unlängst prognosticirte sie ihren südlichen Nachbarn: sie würden und müßten, wie der Norden von Preußen, von Oestreich verschlungen werden. Jetzt ist Bayern auf einmal wieder der Herd der deutsch-nationalen Bestrebungen und Völk, Kolb, Umbscheiden haben alle moralische Macht an sich gerissen. Herrn Umbscheiden wäre da wieder eine hübsche Gelegenheit zu einer berichtigenden Erläuterung geboten.

Münchener PUNSCH.

Ein humoristisches Originalblatt von M. E. Schleich.

Achtzehnter Band.

Nro. 17. Halbjähriger Abonnementspreis: in Bayern 1 fl. Im Ausland erfolgen die üblichen Postaufschläge. 23. April 1865.

Die alleräußerste Gränze einer würdigen Stellung.

Du bist derjenige Mitbesitzer, von dem geschrieben steht:
O du — Mitbesitzer!

Keine Reclame!

Dawison, der Schauspieler von säculärer Bedeutung, dessen Biographie in keiner Encyklopädie fehlt und dem nach seinem Tode unfehlbar eine Reiterstatue gesetzt wird, Dawison, der liebenswürdige und doch so bescheidene Künstler, eine jener europäischen Persönlichkeiten, von welchen das Publikum wenigstens wöchentlich einen Charakterzug lesen will — mit einem oder vielmehr mit 2 Worten: Bogumil Dawison hat in Wien 40,000 fl. verdient und einen Effekt gemacht, der selbst die östreichischen Finanzen erschüttert hätte, wenn dieß noch mehr möglich wäre. Von diesen 40,000 fl. gab er, laut Handbillet an die Oeffentlichkeit, 2000 fl. für Gutzkow. Welche Gabe, welche Großmuth! Wo kämen die kranken Dichter hin, wenn's keine gesunden Schauspieler gäbe. Wenn Dawison dafür, daß er Rollen darstellt, 40,000 fl. erhält, so sind 2000 fl. zu viel für einen Mann, der bloß Stücke schreibt. Aber Dawison ist nobel und thut gern was Uebriges. Zu einer von ihm veranstalteten Wohlthätigkeits-Vorstellung subscribirte ein Banquier 15 Thaler; Dawison aber warf ihm den Bettel vor die Füße und sprach: „Für 15 Thaler mache ich keinen Besuch!". Die Geschichte war diesen Winter in allen Zeitungen zu lesen. Wir wissen nicht, was Hippokrates für einen Besuch verlangte, aber Oppolzer, Gräfe, Scanzoni und andere berühmte Aerzte dürften, wenn sie weiter nichts als einen Gang zu machen haben, für einen solchen kaum die Hälfte aufrechnen; Dawison aber thut's noch nicht einmal für 15 Thaler. Und das Alles ist keine Reclame, sondern nackte selbstverständliche Wirklichkeit. Die Geschichte wird sich einst wundern, daß es nicht noch viel ärger war. Doch nicht genug. Amerika wirkt nicht nur auf Europa, sondern auch umgekehrt. Der atlantische Ocean ist kein Hinderniß für die Anziehungskraft Dawison's. New-Yorker und Californier Blätter melden von Unterhandlungen — zwischen wem? Zwischen Nord und Süd, Lincoln und Lee? Nein, zwischen amerikanischen Theater-Direktoren und Dawison. Für einen solchen Mimen genügt ein Welttheil nicht; wäre Amerika noch unentdeckt, so müßte ein Columbus erstehen, um ihm neue Felder für Gastspiele zu erschließen. Neben dem großen Telegraphenkabel wird es zwischen der alten und der neuen Welt kein stärkeres Band geben, als die gemeinschaftliche Bewunderung Dawison's und der hin- und herströmende Austausch dieser Enthusiasmen. Und doch kommt das Gastspiel vorläufig nicht zu Stande. Amerika ist noch zu erschöpft, um Dawison sehen, hören, auffassen und — bezahlen zu können. Die Summe, die er jedes Mal für sein Auftreten verlangt, klingt horrend, wir wagen gar nicht sie niederzuschreiben, aber sie ist Nichts, wenn man den amerikanischen Reichthum und noch weniger als Nichts, wenn man Dawison's Kunst in Anschlag bringt. Die große Republik hat wohl gethan, diese Epoche bis nach erfolgtem Friedensschluß zu verschieben.

Dawison's Spiel ist hinreißend, unwiderstehlich, blocadebrechend — und schon deßhalb konnte die Reise bisher nicht stattfinden. Aber später werden die Söhne Washington's die Beendigung ihres Bürgerkrieges nicht besser feiern können, als durch den Genuß des großen deutsch-polnischen Roscius. Nach seinem Gastspiel muß die Monroedoctrin modificirt werden: „Amerika für die Amerikaner, und — für Dawison".

———∿∿∿∿∿∿ —

Pimpfhuber. Die Arbeitseinstellungen werden ja förmlich epidemisch?

Tatschler. Ja. In Nassau gibt's einen Abgeordneten-Strike.

Pimpfhuber. Wie steht's aber dann mit der Bezahlung der Diäten?

Tatschler. Die fließen fort.

Pimpfhuber. Woher? Aus dem Säckel der Wähler?

Tatschler. O nein, der Staat bezahlt auch die feiernden Deputirten, damit sie warten können.

Pimpfhuber. Nun, das geht ja ganz nach Lasalli schen Grundsätzen! Sage noch Einer, daß Nassau nicht demokratisch sei.

———

Am Palmsonntag segnete der Pabst die Palmen und vertheilte sie an die anwesenden Diplomaten.

Da es mit den Erfolgen der modernen Staatskunst ganz verzweifelt schlecht steht, so mag die Diplomatie wohl mit Begierde die Gelegenheit ergriffen haben, um wieder einmal eine Palme davonzutragen.

———

Bei der Visitation.

Bischoff. Wie ist's denn, Herr Pfarrer, ich glaube: Ihre Bauern lesen Schlechtes?

Pfarrer. Schlechtes lesen sie nicht, aber schlecht lesen thun f'!

Abermals stellen wir die **Frage:** heißt es in dem Schreiben des Pabstes an die Bischöfe, worin von „jenem bayerischen Ministerium" die Rede ist: Illud oder istud Ministerium? Um endliche Antwort wird gebeten, obwohl so zu sagen an „istud" kaum mehr zu zweifeln ist.

In einem Pariser Salon fragte ein großer Herr eine Dame: „Was haben Sie gegenwärtig für eine Lektüre?" — „Ah', ich bin ganz entzückt über diesen **Jules** — " „César?" fiel ihr der vornehme Herr in's Wort. „Bitte, erwiderte die Dame, nicht Jules César, sondern Jules Favre!"

Nach den Osterferien steht auch den Reichsräthen eine Einladung zur königlichen Tafel in Aussicht.

Unter der Hand sollen bereits Winke gefallen sein, daß, wenn ein oder der andere Herr Reichsrath vielleicht keinen Frack haben sollte, dieß kein Hinderniß bilde, sondern derselbe auch im Ueberrock erscheinen könne.

Woran liegt's jetzt eigentlich?

Frage an einen fortschrittlichen Bürgermeister. Wie kommt es denn, daß gerade in Augsburg immer diese unzeitgemäßen confessionellen Nergeleien vorkommen? Thut das die Bürgerschaft?

Bürgermeister. O nein, die Schuld liegt an der Geistlichkeit.

Frage an einen Geistlichen. Woher kommt doch wohl in Augsburg dieser ewige Confessionshader? Geht die Veranlassung dazu etwa von der Geistlichkeit aus?

Geistlicher. O durchaus nicht — die Bürgerschaft ist's, die sich befehdet.

Versteht der Pabst unter „jenem Ministerium" jenes ober jenem Kuhbogen? oder jenes hinterm griechischen Markte, wo man jene Salat- und Krautköpfe trifft? Oder gar jenes, wo laut jener Mittheilung jenes neue Stockwerk aufgesetzt werden soll? Alle Jene, welche Jenisch verstehen, sind um Auskunft gebeten.

Laut einer statistischen Uebersicht, welche auch in der Baier. Zeitung mitgetheilt wird, haben in Frankfurt in den letzten 14 Jahren **315** Selbstmorde stattgefunden.

Wenn man aber den bekannten Bundesbeschluß über die Räumung Holsteins mit einrechnet, sind es 316.

Die Welt steht auf kein' Fall mehr lang.

Die Regierung hängt sich den Brodkorb selbst höher und beantragt 2jährige Finanzperioden — allen Aufständischen wird Amnestie und Generalpardon — in einem Frühjahr, wo sechs Prinzen mit einander nur fünf Schnepfen schießen, werden sie den Abgeordneten dutzendweise vorgesetzt — der König liest Völk's Reden mit Vergnügen, freut sich, Herrn Crämer kennen zu lernen und findet, daß Kolb Recht gethan habe — das Militär droht seinen privilegirten Gerichtsstand zu verlieren — kein Reichsrath, der sich heute so gesund wie sonst niederlegt, ist sicher, ob er morgen nicht „umgestaltet" aufsteht — ja, um Gottes willen: wohin gelangen wir noch auf diesem Wege? Ist der großdeutsche Verein nicht mehr beim Kappler, weil jetzt der Bock dorten ist? Oder war's ein Bock, als der großdeutsche Verein dorten war? Findet sich Niemand, der dem gegenwärtigen Treiben ein

H—a—a—a—lt!

zuruft? — Ausschnaufen und ein Mal trinken wäre doch auch schön, besonders bei der Aprilhitze!

Ein Altconservativer, mit Respekt zu melden,
darf man schon bald sagen.

An den Verein für „historische Kunst"! Stoff zu einem neuen großen historischen Bilde:

> Herr v. Halbhuber verweigert seine Unterschrift zur Genehmigung der technischen Voruntersuchungen im Kieler Hafen.

Der kühne Muth und die Entschiedenheit des östreichischen Civil-Commissärs sind in natürlicher Größe darzustellen, wodurch das Bild, trotz seines historischen Gegenstandes, doch ein **bequemes Format** erhalten dürfte.

Bei der Nuntiatur in München sollen von Georgi an nur **Köchinen** engagirt werden, da Monf. Gonella erklärt hat, er könne keinen Koch mehr ausstehen.

Privat-Kabel des Punsch.

Mexico. Allgemeines Fortschreiten der friedlichen Entwicklung. Sogar der Kaiser dürfte nächstens im **Fortschreiten** begriffen sein.

Paris. Allgemeine Heiterkeit über den neuesten Witz des Kaisers Napoleon, welcher sagte: „Das Land fühlt, daß es frei ist." Niemand kann dieß hören oder lesen, ohne hellauf zu lachen. Wer aber die Franzosen **lachen macht**, der hat gewonnenes Spiel.

London. Der Prinz von Wales hat die große Kloaken-Eröffnung feierlich vorgenommen. Da der Prinz bisher immer vergeblich darauf wartet, an die Regierung zu kommen, so hat er sich gefreut, einstweilen wenigstens als **Nachtkönig** zu figuriren.

Mecklenburg. An den Körpern mehrerer Staatsbürger zeigten sich **blaue Flecken**. Man fürchtete schon, es mit Symptomen der sibirischen Pest zu thun zu haben. Glücklicher Weise stellte sich jedoch heraus, daß diese Flecken nur von erlittener Prügelstrafe herrührten.

"Frankreich fühlt, daß es frei ist", sagt der Kaiser. Aber es ist nicht die wirkliche, sondern eine Art Fichtennadel-Freiheit, ein Stoff, der diesseits des Rheins aus sanitätspolizeilichen Gründen verboten ist. Die Freiheit, wie sie die heutigen Franzosen haben, verhält sich zur wirklichen Freiheit nicht so, wie z. B. Schweinefett zu Rindsschmalz, die nach Liebig ganz gleichartige Stoffe sind und durch deren Vermischung nicht die mindeste Fälschung begangen werden kann. Dem constitutionellen Café, wie ihn die französischen Liberalen sonst schlürften, ist eine imperialdemokratische Cichorie substituirt, man hat es mit einem Surrogat zu thun, dessen schädliche Einflüsse auf Magen und Kopf an den verschiedenen „großen Staatskörpern" jetzt schon zu Tage treten. Es ist dieß einer der merkwürdigsten politischen Vergiftungsfälle und man weiß nicht: ist das relative Wohlbefinden des Patienten aus einem außerordentlich gesunden oder einem bereits gänzlich verdorbenen Naturell zu erklären.

Warum haben diejenigen Abgeordneten, die wegen Krankheit oder Abwesenheit von der k. Tafel wegblieben, nicht ihre Ersatzmänner für sich essen lassen? Auf diese Art hätten Männer, die sich ohnehin immer als etwas Unzeitgemäßes und Schädliches verschreien lassen müßen, von ihrer peinlichen Stellung doch auch einmal etwas gehabt.

Eben ein solcher Ersatzmann.

In Leipzig haben nun auch die Schneider eine Arbeitseinstellung angemeldet.

Also nicht nur die Setzer, sondern auch die Sitzer werden schwierig!

Kleine Frühstücksplaudereien.

Eine Notarswohnung muß immer praktisch sein. Notar Seidelmayr zu Ingolstadt macht im dortigen Tagblatte bekannt: „Am 15. April versteigere ich in meiner Amtsstube zwei Pferde und 8 Schober Stroh."

Der Komiker Ascher in Wien imitirte unlängst den Staatsminister v. Schmerling. Die hiezu gehörige Nase besitzt Herr Ascher allerdings. Mehrere Wiener nahmen indeß den Einfall übel und „Hannsjörgel" fragt: Ob Herr Ascher es wohl wagen würde in seiner Vaterstadt Berlin den Bismark zu copiren? — Herr Ascher sollte es wirklich einmal darauf ankommen lassen. Die Maske würde ohne Zweifel so gelingen, daß Alles ausriefe: „Er ist zum Anneriren getroffen!"

In dem päbstlichen Schreiben an den Erzbischof von München ist von einem den Bischöfen angeborenen Recht die Rede. Zum Bischof wird man also geboren, nicht gemacht. Klerikale Blätter hätten also f. 3. über die Ernennung eines neuen Bischofs von Regensburg keine bissigen Bemerkungen machen sollen, da derjenige, der's wird, die rothen Strümpfe gleichsam schon mit zur Welt bringt.

Augsburger Blätter melden: „Ein unbekannter Wohlthäter schenkte der Marienanstalt eine Gasaktie zu 500 fl., behielt sich jedoch den Zinsengenuß auf Lebenszeit vor." Wie muß man sich nun das vorstellen? Hat sich der wohlthätige Unbekannte die Coupons auf seine Lebenszeit abgeschnitten? Oder muß die Anstalt die Zinsen ihm oder einer Mittelsperson herauszahlen? Wie steht's aber dann mit der großen Unbekanntschaft, da auch die Mittelsperson jedes Jahr nachweisen muß, daß der Couponsverschlinger noch lebt? Wie so manche Augsburger Stiftung hat auch diese ihre dunkle Seite. Es läßt sich nur folgender Maßen erklären: Der Wohlthäter ist unbekannt, aber man kennt ihn doch.

Das „Dresdener Journal" enthält einen Artikel über den letzten Bundesbeschluß, worin weitläufig dargestellt wird, wie gut, schön und angenehm es wäre, wenn die schleswig-holsteinische Sache auf juridischem und zugleich gemüthlichem Weg an's Ziel geführt würde. Die guten Lehren an Preußen concentriren sich in dem Spruch: „Thue Recht und scheue Niemand". Herr v. Bismark scheint bis jetzt nur die zweite Hälfte dieser goldenen Regel zu goutiren.

Briefranzen.

☞ Für das nächste Neujahr wird jetzt schon als neue Gratulationsformel Folgendes vorgeschlagen:

Ich wünsche Ihnen so lange zu leben, bis diejenigen Gewerbsleute, welche für das neue Regierungsgebäude Arbeiten geliefert haben, bezahlt sind.

Oder:

Möge der Stammbaum Ihrer Familie so lange blühen, als die baumeisterlichen Rechnungsabschlüsse für's Marimilianeum in der Schwebe gehalten werden.

Münchener PUNSCH.

Ein humoristisches Originalblatt von M. E. Schleich.

Achtzehnter Band.

Nro. 18. — Halbjähriger Abonnementspreis: in Bayern 1 fl. Im Ausland erfolgen die üblichen Postaufschläge. — 30. April 1865.

Laut Cabinetsordre muß künftig immer gesagt werden, warum Einer einen auswärtigen Orden bekommen hat.

Möchte man gefälligst nicht auch umgekehrt mittheilen, warum den bayerischen Düppelstürmern vom Jahre 1849 noch kein inländisches Ehrenzeichen zu Theil geworden ist?

Marl (singt): Der Papst lebt herrlich in der Welt —

Sepperl. Hör' auf mit dem Gespött'.

Marl. Ich mein's ja im Ernst. Gibt es denn irgend einen Menschen auf der Welt, der von andern Leuten wahrhaftig gepeinigt wird, daß er ihnen seine Schulden überläßt? Frankreich will sie übernehmen, Italien will sie übernehmen und der heilige Vater gibt's nicht her! Ist das schon Jemanden passirt?

Sepperl. Merkwürdig ist's schon.

Marl. Das Neueste ist, daß man sich in Paris mit der Hoffnung schmeichelt, der Papst werde vielleicht doch etwa 500 Millionen von seinen Passiven an Frankreich abtreten.

Sepperl. Na, er kann's ja leicht thun, er hat's ja!

Ehrerbietigster Bericht des Pfarrers von Schnurfling
auf das
Inquisitorium in Betreff der Tagespresse.

Welche Zeitungen liegen in den Gasthäusern auf?

Antwort.

Wir haben nur ein Gasthaus, und da gehe ich nicht hinein, sondern lieber drei Viertel Stunden weit auf den nächstgelegenen Keller, kann also keine Auskunft geben.

Welches ist der Charakter Ihrer Lokalblätter?

Antwort.

Wir haben keine Lokalblätter; seit der Wirth den Stall vergrößert hat, gibt es dahier nicht einmal mehr ein Lokal.

Gibt es Leihbibliotheken im Pfarrsprengel?

Antwort.

In Schnurfling nicht. Möglicher Weise könnte in Ismaning oder Garching eine Leihbibliothek sein, aber ich glaube schwerlich. Die Bauern sind gegenwärtig zu stolz, um etwas zu leihen zu nehmen.

Gibt es Vereine, welche Bücher oder Zeitungen halten?

Antwort.

In Freising soll ein Leseverein existiren, ob derselbe aber Bücher oder Zeitschriften hält, weiß ich nicht.

Sind Anstrengungen gemacht worden, um guten Preßerzeugnissen Eingang zu verschaffen?

Antwort.

Das erzbischöfliche Ordinariat wird ersucht, gefälligst anzugeben, was es unter guten Preßerzeugnissen versteht? Und ist dieß hergestellt, soll man dann einen Bauern nicht eher absolviren, bis er auf ein gutes Blatt abonnirt hat? Oder werden Lesecirkel gewünscht? Wie sollen so viereckige Kerle im Stande sein, einen Cirkel zu bilden? Oder ist es mit dem Pastoral-Erlasse etwa auf die sog. gebildete Klasse, Bürger, Beamte, Aerzte u. s. w.

abgesehen? In diesem Falle würde ich dem hohen Ordinariat das Unpraktische seines Verlangens gerne nachweisen, wenn mir nicht jede, auch die kleinste „Anstrengung" zu groß wäre.

Pfarramt Schnurfling.

Der populäre Liebig.

Hausfrau (zur Köchin). Wo ist denn das Schweinefett hingekommen, das ich unlängst hier stehen hatte?

Köchin. Da hab' ich gestern Nudel damit 'backen.

Hausfrau. Um Gotteswillen — Nudel mit Schweinefett! Und wo hat Sie denn unser Rindsschmalz hingethan?

Köchin. Mit dem hab' i dem gnä' Herrn seine Stiefel g'schmiert.

Hausfrau. Zum Kukuk, ist Sie denn toll?

Köchin. Gar net! Schweinsfett oder Rindsschmalz, das is alleweil gleich, Fett ist Fett, fragen S' nur den Liebig, wenn Sie's net glauben. Für was haben wir denn so berühmte Chemiker in Bayern, wenn ihre Lehren nicht in's Volk bringen?

Freiheitliche Militärreform.

In Würtemberg dürfen sich die Offiziere den Bart wachsen lassen, so lange sie wollen.

„Die Mischung identischer Stoffe fällt nicht unter die Kategorie der Nahrungsmittelfälschung", sagt Liebig.

Es ist also nichts Unrechtes, wenn frisches Sommerbier mit übrig gebliebenem Winterbier vermischt und letzteres auf diese Art noch an den Mann gebracht wird. Man hat derlei bis dato übel genommen, was wieder nur ein Beweis ist, wie oft und leicht man den Bräuern Unrecht thut.

Darum hat Liebig auch mit Recht den Vornamen: Justus.

In der Session von 1849 rief ein schwäbisches Mitglied der Rechten aus: „Nein sagen ist keine Kunscht!"

Vor einigen Tagen sagte Dr. Ruland: Wenn ich ein Fortschreiter wäre, könnte ich leicht „Ja" sagen.

Also ist Ja sagen auch keine Kunst!

Am Ende ist's ganze Kammersitzen überhaupt keine Kunst?

Staberl, Künstler.

Sicilien.

Herrliche Insel, feuerspeienden Aetna's Umgebung,
   Sei nur einige Zeit — sicher, bis durch wir gereist.
Brigantaggio bestehet noch immer, und Handel mit Menschen,
   Räuber reisen umher, Reisende werden geraubt.
Königreich beider Sicilien lautete früher der Ausdruck,
   Nur mehr von einem hört man — ach und das eine, wie schlecht!
Manche, wie wären sie bei dem herrlichen Klima so glücklich,
   Wenn nur Ruhe, so blüht auch merkantilischer Flor.
Marmor gibt es und Schwefel, Lava, Salpeter und Bimsstein,
   Bienen, Sardellen, Alaun, Esel, Geflügel und Oel.
Doch immer klüftet auf's Neue der Boden, weil eben vulkanisch.
   Menschen was schaffen und bau'n, kommt nur Ruinen zu gut.
Nein, nach Sicilien gehen wir nicht, dort könnte Camorra
   Fassen uns ab, wir begeh'n Maifest in Teutschland dafür.

In der bayer. Kammer wurde die Behauptung der „Times" citirt: Ein Diplomat, der die Verhältnisse seines Landes nicht kennt oder würdigt, sei das Salz nicht werth, das er ißt.

Ist dieß vielleicht der Grund, warum man besonders junge „Diplomaten" so häufig beim Conditor trifft?

———•⚬✕⚬•———

Als der Kaiser Napoleon von den preußischen Vorschlägen an Schleswig-Holstein hörte, sagte er: Für diesen Zweck sind sie nicht anzuwenden, aber für mein Algier kann ich sie brauchen. Abb-el-Kader ist mein Herzog Friedrich, Algier wird selbstständig, aber unter engstem maritimen und militärischen Anschluß an Frankreich. Küsten und Häfen gehören mir ganz, das Post- und Telegraphenwesen behalte ich auch. Von Herrn v. Bismark kann selbst ein Napoleon etwas lernen.

———⚬✕⚬———

Genugthuung!

Der kühne Traum erfüllt sich, das für unmöglich Gehaltene wird zur Wirklichkeit, Tristan und Isolde kommen zur Aufführung, alle Schmerzen sind vergessen — die „Epoche" ist da! Es hat doch sein Gutes, daß es noch mittelstaatliche Höfe gibt!

———•⚬✕⚬•———

Privat=Kabel des Punsch.

Kiel. Das preußische Kriegsschiff Augusta kehrt nach Danzig zurück. Gut, daß es die „Augusta" ist und nicht die „Johanna", denn wenn Johanna geht, dann „kehrt sie nimmer wieder".

Flensburg. Ein hiesiger Pudel hat sich beigehen lassen, bei einem preußischen Schilderhaus seine Mißachtung zu documentiren. Die Wache wollte ihn festhalten, der Pudel entfloh; die Wache schoß und fehlte. Eifrige Nachforschungen sind angestellt; man hat bis jetzt nur so viel herausgebracht, daß der Pudel wahrscheinlich Caro hieß.

Wien. Sachverständige erklären die Krankheit, woran die östreichische Finanz leidet, für Deficit recurrens. Heilung sehr schwierig.

München. Die neue Deputirten=Krankheit heißt Kopf=schüttelzwang, Cephalosismus-Rheumatoides. Symptome: Unfähigkeit sich zu gruppiren, Unlust am Sprechen und Interpelliren, Durchfall so oft man will, im Uebrigen unwillkürliches Kopfschütteln zu Allem, was ringsumher vorgeht. Sagt doch Ruland: Wenn ich ein Fortschreiter wäre, d. h. wenn ich die Krankheit nicht hätte, könnte ich Ja sagen. Das Uebel befällt ausschließlich Abgeordnete von der ehemaligen Majorität. Durch „Austritt aus Gesundheitsrücksichten" wird der heftigste Schmerz beseitigt. Starke Naturen halten indessen aus.

Rom. Persigny verspricht dem heiligen Vater 6,000 Gensdarmes. Mit dieser Ausstaffirung, meint er, könnte die Curie sagen: Possumus!

Im „Hotel Maximilian", wo die Linke kneipt, sagt der Kellner, wenn er will daß man ihm aus dem Wege geht, nicht mehr: Sauce, meine Herren, sondern: „Reaction, meine Herren!"

Kleine Frühstücksplaudereien.

Das herrliche Frühlingswetter läßt eine gute Ernte erwarten, der Tenoristen-Mißwachs scheint aber auch heuer fortzudauern. Neuestens hat sich ein Herr Riese aus Bremen auf der Münchener Hofbühne als „Freischütz" hören lassen, aber Jedermann will's und mag's gerne glauben, daß uns dieser „Mar" schon wieder verlassen hat. Herr Riese hatte allen Redactionen Aufwartung gemacht und da, wo er nicht empfangen wurde, seine Photographie abgegeben! Welch' ein schönes Andenken! Mitunter erlebt man bei der Presse doch auch wieder etwas Wohlthuendes!

Wir erhielten die Probenummer einer „Bayr. Badezeitung", die uns einem zeitgemäßen Gedanken zu entspringen scheint. Das Blatt bringt auf bayrische Bäder bezügliche Notizen und fortlaufende Frequenzlisten. Die Clienten der „Doktorbäuerin" in Mariabrünnl sollen sich die Veröffentlichung ihrer Namen verbeten haben.

Aus einem „Eingesandt" in den hiesigen N. N. geht hervor, daß für den Ausmarsch von 1859, den sog. schwäbischen Feldzug, die Gratifikationen noch nicht ausbezahlt sind. Wie kann man sich darüber beklagen? Siehe erste Seite.

Der in Frankreich naturalisirte Israelite Jacques Offenbach aus Oestreich, eine cosmopolitische Natur, die eine ganze Sammlung von Nationalitäten in sich vereinigt, hat es übernommen, die schönen Gestalten der Antike, wie sie durch die Lektüre der Classiker den jugendlichen Geistern eingeprägt werden, zu zerstören und die homerischen Helden und Heldinnen in Strolche und Dirnen zu verwandeln — komische Operetten heißt man das. Man wird künftig an wenig Ideale mehr denken können, ohne daß Einem eine Zote („Bouffonerie") oder eine Cancan-Melodie einfällt. Da nun Griechenland die Domäne Offenbachs ist, so hat sich ein anderer Franzose, Namens Delibes, Aegypten ausgesucht. Seine Oper heißt „der Ochse Apis" und figuriren darin Herr und Madame Potiphar; letztere zeigt gelegentlich einer guten Freundin eine ganze Sammlung von Mänteln, die bei ihr zurückgeblieben sind —! Das gefällt den wackern Parisern ungeheuer. Von Aegypten ist der Sprung in die biblische Geschichte selber nicht mehr weit — David und Bethsabe gäben schon einen ganz pikanten Operettenstoff. Vom alten Testament geht man dann allmäßlig in's neue über, wie ja in Italien bereits die Passionsgeschichte als Ballet dargestellt wird. Dann kommt die Apostelgeschichte und zuletzt noch einige komische Kirchenväter. Bis diese Gebiete alle erschöpft sind, wird wohl ein Rückschlag eintreten.

Hübscher Druckfehler. In einem Grazer Blatt liest man: „Zu verkaufen ist ein großes Schloß mit prächtigem Park und einigen Weibern in reizender Lage". (Soll wahrscheinlich heissen Weihern.)

Mit großem Pomp, meldet man aus Berlin einen Akt des Fortschritts und der politischen Toleranz: es wurde nämlich gestattet, daß das Lustspiel: „Zopf und Schwert", worin ein Ahnherr des Königs vorkommt, ein Mal in einem Vorstadttheater aufgeführt werde. Wirklich ein colossales Stück Freisinnigkeit! So was wenn einmal in Bayern geschähe!

Der ehemals oppositionelle, gegenwärtig aber zum Bonapartismus übergelaufene französische Deputirte Ollivier war ein Schwiegersohn Liszts, also Schwager Hans v. Bülows. Seine Gattin ist gestorben und er verlobte sich neuestens mit einer Tochter Meyerbeer's und wird also geistiger Schwager der „Afrikanerin", für die sich der Kaiser so lebhaft interessirt. Wie soll Einer bei einem solchen Conner von Interessen und Rücksichten noch rein demokratische Opposition treiben, die sich in Frankreich ohnehin so schlecht rentirt.

Briefranzen.

Und es erging ein Gebot vom Bezirksamt Tölz an alle Lokal-Armenpflegen in der Jachenau, daß sie — vermöge eines angeblichen Beschlusses des Distriktsarmenpflegschaftsrathes — dem Kreisverein zur Vorsorge für entlassene Sträflinge mit einem Mitgliedsbeitrag beizutreten haben. Man fragt nun: 1) Gehört das auch zu den modernen Formen der Humanität, daß man die Leute zwingt, sich zu betheiligen? 2) Ist es in der Ordnung, daß die meist selbst armen Lokal-Armenpflegen ihren ehrlichen Schützlingen etwas abziehen zu Gunsten ehemaliger Sträflinge? 3) Warum wird der Beitritt im Amtsbezirk Weilheim als etwas Freiwilliges betrachtet? — Uebrigens ist es mit dem Zwangswesen im Bezirke Tölz nicht so gefährlich, als man vielleicht glaubt. In Lenggries haben 104 Begüterte die berühmte repartirte Haberfeld-Contribution noch nicht bezahlt; es ist längst Execution angedroht, aber wer nicht eintritt, das ist eben die Execution. Es ist übrigens eine gemüthliche Gegend, in der sich Jeder bald pappenheimisch fühlt.

Wie groß sind sie jetzt eigentlich? Untersuchungsrichter H. in Würzburg schreibt wörtlich folgendes aus: „Am 9. b. M. früh etwa 11 Uhr haben 2 junge Bursche von etwa 16 Jahren, wovon der Eine kleiner als der Andere war, näher können sie nicht beschrieben werden, den nachbeschriebenen Sack mit Effekten unterschlagen u. s. w."

Münchener PUNSCH.

Ein humoristisches Originalblatt von M. E. Schleich.

Achtzehnter Band.

Nro. 19. — Halbjähriger Abonnementspreis: in Bayern 1 fl. Im Ausland erfolgen die üblichen Postaufschläge. — 7. Mai 1865.

Nachträgliches Concurrenz-Dank-Gedicht
an Oestreich und Preußen.

   Ein Dank, gesungen Oesterreich
Und Preußen, den Befreiern —
Ein schön'res Thema gab's nicht gleich
Für edle deutsche Leyern.
Mein Landsmann ist, wie ich ihn kenn',
Des Dankens gern beflissen,
Das gibt ein wahres Wettgerenn'
Von Dank mit Hindernissen.
   Und wer's am schönsten macht, kriegt hundert Thaler —
   Ein Einfall das, ein wahrhaft genialer!

   In Schleswig stand ein Heer, zwar nicht
So herrlich wie in Preußen,
Stolz auf sein Recht und seine Pflicht
Konnt's doch ein Kriegsheer heißen.
Das lag vor Friedericia
Mit Bonin und den Stäben,
Und überrumpelt füllt' es da
Mit seinem Blut die Gräben.
   Ein schmählich Opfer von drei Tausend Todten —
   Dank, Preußen, für die Hülf', die Du geboten!

  Verlassen wohl von Freundes Hand,
Verräthern hingegeben,
Verkaufte doch das Holstenland
So billig nicht sein Leben.
Es will vertrau'n auf eig'ne Kraft,
Von Deutschland nichts mehr hoffen;
Willisen nimmt die Führerschaft,
Nun meint man: ist's getroffen.
   Bei Idstedt focht er, scheint's, nach Instruktionen —
   O blut'ger Tag! Dank, Preußen! Gott mag's lohnen!

  Es werde Frieden. — und es war!
Weh uns, wir sind betrogen —
Still! Oestreich mit dem Doppelaar
Kommt jetzo angezogen.
Entwaffnet wird das Volk, den Strick
Ihm um die Simsonshände!
Ein letzter rachefleh'nder Blick —
Und Alles ist zu Ende.
   Beruhigen heissen das die Diplomaten —
   Dank, Oestreich, Dir für die Beruhigungsthaten!

  Dann kam das Lond'ner Protokoll,
Es leben die Verfasser!
Und wem das Herz vor Ingrimm schwoll,
Dem rieth man kaltes Wasser.
Dann starb der König ohne Sohn,
Sein Stammbaum ist gefallen,
Von Friedrichs Namen hört man schon
Die Buchten wiederhallen.
   Ganz Deutschland anerkennt ihn sonder Schwanken,
   Nur Oestreich nicht, und Preußen nicht — wir
               danken!

  Nein! sagt v. Bismark, Pfordten: Ja!
Jetzt liegt der Hund beim Knüppel.
Man weiß, was im Verlauf geschah,
In Frankfurt und bei Düppel.

Man sieht, was Preußen fröhlich wagt,
Man kennt auch Oestreich's Schnitzer —
Wohl sind die Dänen fortgejagt,
Dafür gibt's Mitbesitzer.
    Was aber knirscht das Volk wohl aller Orten?
    Ei, offenbar ringt man nach **Danke s worten.**

    Apollo, seinem Peiniger,
Dankt Marsyas der Geschund'ne;
Da thut's vernünft'ge Red' nicht mehr,
Dazu braucht man gebund'ne.
Der Kampf ging los, schön machten sie's,
Die Dankesakrobaten.
Der Preis, wie sich wohl denken ließ,
Ward einem Literaten.
    An ihren **Feinden** rächt sich Deutschlands **Presse**
    Durch Singen einer **Lob- und Dankes-Messe!**

Als der amerikanische Präsident Johnson das Vicepräsidium übernahm, war er betrunken, legte aber nachher das Gelübde ab, nie mehr Spirituosen zu sich zu nehmen.

Ueber den ersten Paragraph der Constitution von Madagascar, welcher bestimmt, daß die Königin keinen Schnaps trinken darf, hat man seiner Zeit viel gelacht und gespottet. Man sieht aber, daß es selbst größeren und intelligenteren Staaten nicht schaden würde, wenn solche Fälle im Gesetz vorgesehen und **Staatsober-Haupträusche** schon von vornherein verboten wären.

Statistischen Nachweisen zufolge ist die Sterblichkeit in der französischen Armee geringer, als bei der bürgerlichen Bevölkerung.

Natürlich: das **Unsterblichste** an den Franzosen war von jeher ihre Armee.

In norddeutschen Blättern spuckt schon wieder eine neue Krankheit, oder wenigstens ein neuer Krankheitsname, nämlich: Kopfkolik! Also Grimmen im Kopfe! Es fehlt jetzt nur noch eine Bauchmigräne!

———

Avis.

Unterzeichnete beehrt sich einem hohen Erdball und verehrlichen Europa anzuzeigen, daß sie eine

Gensdarmerie=Organisirungs=Fabrik
nebst
Gensdarmen=Lieferungs=Anstalt

errichtet und Sicherheitsorgane aller Art in größter Anzahl und verschiedenartigster, zum Theil sehr eleganter Ausstaffirung vorräthig hat.

Wir haben bereits Sr. Majestät dem Kaiser von Mexico die nöthige Anzahl von Gensdarmen angeschafft und an Ort und Stelle aufgestellt, zur größten Zufriedenheit Allerhöchstdesselben, worüber Zeugnisse vorliegen, sowie auch bereits eine bedeutende Anzahl nachverlangt wurde.

Unser Reisender Hr. v. Persigny verweilt gegenwärtig in Rom und gibt sich der Hoffnung hin, auch dort eine bedeutende Bestellung, auf wenigstens 5000 Stück zu bekommen.

Allen größeren und kleineren, älteren wie neueren Staaten, welche ihre äußere und innere Sicherheit mit dauerhaften Garantien zu versichern wünschen, empfehlen wir unser Etablissement. Wir können unsern verehrlichen Kunden sowohl junge als alte, bereits gediente Mannschaft liefern, bemerken jedoch, daß sich eine Mischung bisher als das Beste bewährt hat. Einzelne nicht entsprechende Individuen bitten wir, wenn sie nicht zu stark benützt sind, uns wieder zur Verfügung zu stellen.

Allgemeine europäische Ordnungs=Fabrik
und
Gegensätze=Versöhnungs=Manufaktur

von **Onkels sel. Erben in Paris.**

In der vormaligen Ziegelei des Herrn Louis Philipp.

Kiel muß gewonnen werden, sagte Herr v. Bismark.

Wenn Zwei ein Spielchen mit einander machen, und der Eine sagt, er müße gewinnen und er weiß es auch gewiß, daß er gewinnt, was soll man da denken?

Daß eben dieser Eine — **falsch spielt**.

Privat-Kabel des Punsch.

Warschau. Das Gebot wegen des nächtlichen Laternen-Tragens hat aufgehört. Johanniskäfer können ihre Lichter beibehalten, haben aber keine Verpflichtung dazu.

Athen. Der junge Dosios veröffentlicht einen Aufruf zur Unterzeichnung einer Adresse, worin über die Mordanschläge in Washington der öffentliche Abscheu ausgesprochen wird.

Frankfurt. Es fand schon längere Zeit keine Bundestags-Sitzung mehr statt, was auch sehr erklärlich ist. Jeder Gesandte hat letzthin seine „vertrauensvolle Erwartung" mit nach Hause genommen und lebt jetzt damit fort. Diese Pflicht scheint nicht sehr anstrengend, und doch wäre es nicht Jedem möglich, sie zu erfüllen.

Folgen des „ungewöhnlichen Maaßes".

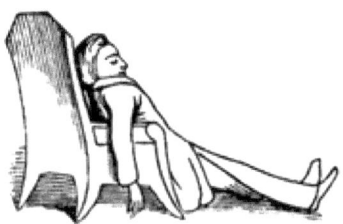

Hans v. Bülow nach Dirigirung einer Probe von „Tristan und Isolde".

Pimplhuber. In Amerika erscheint ein Blatt mit dem sonderbaren Titel: **Index**.

Tatschler. Welcher Tendenz? Wahrscheinlich zu Gunsten der Sclaverei?

Pimplhuber. Na natürlich. Ein **Inder** kann doch nicht im Interesse der **Freiheit** bestehen?

———

Ein offiziöser, beziehungsweise wagneriöser Correspondent der Allg. Zeitung nennt „Tristan und Isolde" eine Oper, die weit über das gewöhnliche Maaß hinausgeht.

Was heißt: „gewöhnliches Maaß?" Sind Don Juan, Fidelio, Barbier u. s. w. gewöhnliches Maaß?

In diesem Fall möchte ich Wagnern lieber herein rufen.

Pimplhuber,
kgl. Einwohner von München, also übrigens durchaus kein Feind der „Zukunft".

Kleine Frühstücksplaudereien.

Vor etwa 2 Jahren veröffentlichten die Zeitungen einen Brief des Präsidenten Abraham Lincoln, datirt aus dem „weißen Hause" (Executive Mansion) an einen Schauspieler, worin er letzterem für sein Gastspiel in Washington Dank und Beifall ausdrückt und ihn besonders wegen seiner Darstellung des Macbeth beglückwünscht. Der Name des Schauspielers ist uns entfallen, aber es wäre ein krasser Zufall, wenn er Booth geheißen hätte! Keinenfalls ahnte damals Lincoln, daß er selbst zum Duncan werden und ein südlicher Macbeth, angefeuert von der blutdürstigen Megäre Rebellion, ihn zum ewigen Schlaf befördern würde.

. . . . . „Auch
Trug dieser Duncan (Lincoln) seine Macht so sanft,
Und war so rein in seinem großen Amt,
Daß seine Tugenden wie Engel mit
Posaunenzungen für ihn zeugen werden:
Wie tief verrucht war, wer ihn weggeräumt!"

Ueberhaupt erinnert manches Grause, was in der Nacht vom 14. auf den 15. April vorging, an die Macbeth-Tragödie. Auch in letzterer stehen zwei Seward (Vater und Sohn) auf der Seite des guten Princips, der junge Seward fällt und der Alte sagt bei seiner Leiche:

Er starb ja gut, sein Kerbholz, es ist leer!

Das Stadtgespräch bildet die Anekdote von einem Opernproben=
Dirigenten, der auf die Bemerkung, daß durch Beseitigung einer Sperr=
sitzreihe dreißig Plätze verloren gehen, gesagt haben soll: Nun, dann
sind 30 Schweinehunde weniger herinnen. Es kann hier wirklich
zur Entschuldigung angeführt werden, daß dieses Wort dem Berliner
Jargon angehört und nicht injuriös gemeint zu sein braucht. Sagt
man ja auch bei uns oft im Scherz: Der Spitzbube, der Kerl u. s. w.
und in „Adrienne Lecouvreur" lacht das Publikum jedesmal, wenn der
Regisseur zu rufen hat: „Ihr Tröpfe, applaudirt doch!" Schweinehund
ist ein zärtlicher Berliner Ausdruck, den man auch auf Befreundete
anwendet und es sollte uns gar nicht wundern, wenn derselbe nächstens
sogar im politischen Verkehr Eingang findet.

Eine fast durch alle Zeitungen, groß und klein, wandernde Notiz
gibt Zeugniß von der Oberflächlichkeit vieler Journalisten. „In der Pic=
cardie, heißt es, gibt es heuer so massenhaft viel Maikäfer, daß die Leute
besorgt sind, um so mehr, da die Schwalben, die heftigsten Feinde der=
selben, sich nur spärlich eingefunden haben." Frage: Hat schon Jemand
gesehen, daß eine Schwalbe einen Maikäfer frißt? Spatzen und Hüh=
ner lesen sie wohl auf und Fische springen darnach, nicht aber die zarte,
flüchtige Schwalbe, die ihre Nahrung nur in der Luft erhascht und mei=
stens schon schläft, wenn die Maikäfer schwärmen. Auf dem Speisezettel
einer Schwalbenfamilie stehen Mücken, Schnacken, vielleicht höchstens ein
Bienchen. Maikäfer sind ihnen ein zu schweres Essen.

Friedrich Rückert (75 Jahre alt) ist von seiner Geburtsstadt
Schweinfurt zum Ehrenbürger ernannt worden. Man muß gestehen, die
Herren Schweinfurter haben lange genug gewartet und der berühmte
Dichter hätte die Auszeichnung leicht nicht mehr erleben können. Rückert
ist groß als Reimkünstler, aber einen Reim auf Schweinfurt dürfte
selbst der neue Ehrenbürger nicht ausfindig machen.

Nicht nur Fortschritt und Gewerbszwang, sondern sogar Genitiv
und Dativ wissen in Niederbayern einige Leute zu vereinigen. So schreibt
der „Niederb. Kurier" aus München: „Gestern fand die Beerdigung eines
Bürgers statt, dessem Sarg eine große Zahl Leidtragender folgte u. s. w."
Die Ausrede, daß es ein Druckfehler sei, wird nicht acceptirt, denn dieser
Beweis von der Ausbildungsfähigkeit der deutschen Sprache ist zu er=
freulich!

Die Dresdener Schneidergesellen haben die von ihren Leipziger
„Collegen" gestellten Forderungen als maßgebend erklärt. Der
moderne Schneidergehilfe (eigentlich Kleiderverfertigungs=Assessor) ist also
nicht nur Maaß nehmend sondern unter Umständen auch maaßgebend.
Und wenn in Leipzig drei Schneidergesellen beisammen sitzen und arbei=
ten, was machen sie? Hosen? Röcke? — Ein Collegium machen sie.

Schon wieder ein günstiges Zeichen für die östreichisch-preußische Allianz: Herr v. Hülsen erhielt das Commandeurkreuz des östreichischen Leopoldordens. Indessen wäre es vielleicht doch pessimistisch, anzunehmen: daß man von allen Berliner Comödien in Wien durch und durch entzückt sei.

Da Herr Hans v. Bülow es nicht lassen kann, beim Dirigiren der Probe von „Tristan und Isolde" zu stampfen, so wurde ihm ein Strohteller untergelegt, theils um die beleidigende Heftigkeit des Schalles zu mindern, theils um einer Prellung seines Fußes vorzubeugen.

Die Erfindung eines „Kaiserreichs Mexiko" hat für Oestreich mehrfache Vortheile, u. A. auch einen vermehrten Absatz von Wiener Flügeln. Aus der Bösendorfer'schen Fabrik gehen wöchentlich zwei Instrumente nach Mexiko. Oestreichische Claviere und französische Gensdarmes, wenn die Zwei zusammenhelfen, muß es ja vorwärts gehen mit der Civilisation.

Das Mainzer Journal schreibt: „In Bayern fängt nachgerade der Fortschritt an, zur vollen Blüthe zu kommen. An allen Ecken und Enden bricht er hervor. Selbst das seit dem Jahr 1849 dürr dastehende Fortschrittsgesträuch schlägt aus. Ganz alte, kahlscheinende Stämme werden wieder grün". — Wenn jetzt erst ein warmer Regen käme!

Die Schützenhalle in Frankfurt wurde s. Z. vom Winde beschädigt, die Sängerhalle in Dresden unlängst unter Wasser gesetzt und der Gabentempel zum eidgenössischen Schützenfeste neuestens durch Feuer zerstört. Glücklicherweise findet das nächste Bundesschießen in Bremen statt, wo doch nicht so leicht ein Erdbeben zu befürchten steht, denn das Element fehlt noch.

Emil Devrient hat vom Herzog von Coburg, der ihm schon früher einen Orden verlieh, nun auch den Titel: Oekonomierath erhalten, wornach sich zu richten. Wenn sich nur nicht einmal ein Gretchen verspricht und statt: „Heinrich mir graut vor Dir," zum ewigen Liebhaber sagt: „Herr Oekonomierath, mir graut vor Ihnen!"

Mit der sibirischen Pest ist es vorläufig Nichts. Hingegen kommt aus Sibirien selbst die Nachricht,, daß diejenigen Deportirten welche sich in die Lage schicken wollen, großen Verdienst und Gelegenheit finden, in kurzer Zeit reich zu werden. Aerzte, Maler, Mechaniker erwerben fabelhafte Summen und dazu ist das Klima angenehm und gesund, so daß sich eine Masse von Polen ganz glücklich fühlt. Also eine neue Gattung von Epidemie: das „sibirische Wohlbefinden"!

Münchener PUNSCH.

Ein humoristisches Originalblatt von M. E. Schleich.
Achtzehnter Band.

Nro. 20. Halbjähriger Abonnementspreis: in Bayern 1 fl. Im Ausland erfolgen die üblichen Postaufschläge. 14. Mai 1865.

Marl. Merkwürdig, dieser Lincoln war in früheren Jahren Holzhacker!

Sepperl. Was D' net sagst! — Wenn man dagegen unsere Holzhacker anschaut!

Marl. Da wett' ich, daß kein Einziger Präsident wird.

Marl. Sag mir, was ist benn eigentlich der Hans v. Bülow?

Sepperl. Ein Pianist.

Marl. So? Na, wenn das Wort Schweinehund zum piano gehört, da möcht' ich den einmal forte sprechen hören.

Marl. Was hört man denn von der Bahn nach Ingolstadt, geht noch nichts vorwärts?

Sepperl. O mein, sind ja zu viel Terrainschwierigkeiten.

Marl. Hör' auf.

Sepperl. Freilich, eine Menge Tunnels! Bis die herg'stellt sind.

Marl. Is ja gar kein Berg da?

Sepperl. Eben deßhalb! Da müssen Löcher in die Natur gebohrt werden, und das ist noch viel schwieriger. Ein Glück, daß wir im „Genie" so weit voran sind.

Herr v. Liebig hat ein vollkommen genügendes Surrogat für Muttermilch erfunden. Dasselbe soll sich bereits vielfach bewährt haben und ist nicht mehr daran zu zweifeln, daß es namentlich in Norddeutschland zur Anwendung kommt, so daß man künftig sagen wird:

„Die Preußen haben die Ueberzeugung von ihrem Beruf zur deutschen Führerschaft schon mit dem Liebig'schen K i n d e r e r n ä h r u n g s = P r ä p a r a t e i n g e s o g e n."

Bülow hat die deutsche Sprache um eine schöne Wendung bereichert. Statt Jemanden einen sogenannten Schweinehund zu machen, sagt man künftig ganz manierlich: Sie scheinen mir auch 'n M ü n c h e n e r H o f = t h e a t e r = G a s t zu sein? Wie?

Herzog Friedrich soll im Privatgespräch von Herrn v. Bismark nur mehr als „mein Abd=el=Kader" erwähnt werden. Er will die Frage ganz à la Napoleon lösen, die Küsten und Häfen gänzlich behalten, das Innere des Landes als eine Art Vasallen-Staat constituiren und den schleswig=holsteinischen Stämmen sagen: Ich habe Euch Euren Emir genommen, ich habe ihn Euch wieder gegeben — mein Name sei gepriesen!

Pimpfhuber. Wie steht's denn jetzt eigentlich mit Bülow's Angelegenheit?

Tatschler. Ach Gott, das ist eine Dummheit. Man hat das Wort „Schweinehund" aus dem Z u s a m m e n h a n g herausgerissen und nachher ausgebeutet.

Pimpfhuber. So? Nun, das muß ein hübscher Zusammenhang gewesen sein.

In seinem Bericht über das Conservatorium sagt Richard Wagner: „Kein einziger unserer Schauspieler versteht es, einen Göthe'schen Vers ordentlich zu citiren".

Ganz richtig. Wie herrlich klingt z. B. die Zeile aus „Faust":

Der große Hans — ach wie so klein!

Kein einziger Schauspieler könnte vielleicht im Augenblick diese Worte so sprechen, daß man dabei nicht an Hans Bülow dächte.

Pimpfhuber. Sehen Sie her, was ist das?

Tafchler. Das sind aufeinander geschichtete Ziegelsteine.

Pimpfhuber. Gott bewahre, das ist ein k. k. Staatsdienst-Aspirant! Nächstens soll nämlich im neuen Regierungsgebäude der Staatsconcurs stattfinden. Da man sich jedoch vergewissern wollte, ob der betreffende Saal auch im Stande sei, die gemeldete Zahl von Candidaten zu tragen, so wurde eine Beschwerungs-Probe angestellt und man hat beiläufig ausgerechnet, wie viel Backsteine dazu gehören, um einen Staatsdienst-Aspiranten vorzustellen.

Privat-Kabel des Punsch.

Berlin. Um einem dringenden Bedürfniß abzuhelfen, wird im Juli schon wieder eine Siegesfeier stattfinden und zwar zum Andenken an die Erstürmung des napoleonischen Düppel bei Waterloo.

Leipzig. Eine Anzahl von Gymnasiasten und Lateinschülern, welche größere Ferien verlangen, machen eine Arbeits-Einstellung. Sie wollen die Schulen nicht eher wieder besuchen, als bis die verlangte Vacanz eingetreten ist.

China. Allen europäischen Zeitungslesern zur Beruhigung, daß der Prinz Kong seine Aemter wieder übernommen hat. Der Kaiser hatte ihm bereits ein Schwertmesser geschickt und der Herr Minister schickte sich schon an, davon den landesüblichen Gebrauch zu machen, als er ein Handbillet erhielt, folgenden Inhalts: „Mein lieber Kong! Für den Fall, daß Sie sich den Bauch noch nicht aufgeschnitten haben, wünsche ich, daß Sie es vorläufig auch nicht thun, sondern Ihr Portefeuille wieder übernehmen und heute Mittag bei mir speisen." Prinz Kong legte das Messer bei Seite und verlangte sein Galakleid. So endigen chinesische Ministerkrisen.

Washington. Um dem Präsidenten künftig mehr Sicherheit zu verschaffen, soll die Absicht bestehen, Hartschiere einzuführen, zu welchem Behuf aus Europa bereits Reglements und Costüm-Bilder verschrieben wurden.

Brüssel. Der König ist wieder so weit, daß er unter Tags aufstehen und einige kleine Schiedsrichtereien vornehmen kann.

Madrid. Die Königin von Spanien leidet seit einiger Zeit an einem bedeutenden „innern Düppel". Niemand soll den Muth haben, denselben durch eine kühne Operation zu beseitigen.

München. Jener Nuntiatursekretär, welcher die berühmte Bart=Bulle in Anregung brachte, weßhalb er auch beim „niedern Klerus" der Barthansl genannt wurde, ist wieder in eines jener Jesuitenklöster zurückgekehrt, wie sie von jenem Bayern durch jene Verfassung ferngehalten sind. Von jenem Msgr. Gonella sagt man gar, daß er sich lieber in jenes Piemont als Bischof versetzen lassen, als noch länger in jenem München neben jenem Koch leben wolle.

Seelenwanderung bei lebendigem Leibe

oder

Ein paar Bülow'sche Sperrsitzreihen.

Meyerbeer's „Afrikanerin" hat in Paris dem Kaiser Napoleon sehr gefallen.

In Algier wirft man bereits die Frage auf: Muß eine Afrikanerin gerade von Meyerbeer sein, wenn sie dem Kaiser gefallen soll?

Die Reichsräthe haben entdeckt, daß mit dem Wunsche: es möchten auch mit England, Italien, Rußland u. s. w. Handelsverträge abgeschlossen werden, eigentlich nur eine indirekte Anerkennung Italiens eingeschmuggelt werden wollte.

Es wäre dann jedenfalls ein origineller Gedanke, mit der Inaugurirung eines Handelsvertrags auch schon gleich Schmuggelversuche zu verbinden.

In Algier sprach der Kaiser von einem seiner Vorgänger, der auf afrikanischem Boden das Kreuz aufsteckte.

Ja, ja, das Kreuz geht nicht aus, und sonst dürfte wohl auch Louis Napoleon in Algier nichts aufstecken.

Wer viele Zeitungen liest, dem bieten die wandernden Notizen so manches Amüsante. In der ersten Hälfte des April, obwohl er schon sehr warm war, las man in einem südbayerischen Blatte: „Der Wallersee bei Salzburg ist noch immer fest zugefroren." Die Notiz fing sogleich zu wandern an und ging von einem Feuilleton in's andere über; neuestens lesen wir in den „Dresdener Nachrichten" vom 10. Mai: „Der Wallersee bei Salzburg ist noch immer fest zugefroren!" Auf dem Papier wird dieser See auch heuer nicht mehr aufthauen! Bis die Notiz ihre Wanderung vollendet hat, wird's Spätherbst und dann macht vielleicht ein aufmerksamer Rothstift die weisliche Redaktionsänderung: „Der Wallersee ist bereits zugefroren."

Der Wagnergenosse Dr. Nohl nannte das Münchener Hoftheater in der Bayr. Ztg. einen Stall. Bülow classificirt die Zuhörer — das Gemälde vervollständigt sich immer mehr.

In Algier sagte Kaiser Napoleon: Wir müßen die Herren sein, weil wir **gesitteter** sind, als **sie** — (die Araber nämlich).

Ein alter Scheich, der dieß hörte, strich sich den Bart und sprach: „Beim Propheten, der Vorwurf ist kränkend für uns; wir müßen sehen, daß wir uns auch einen **Demi-Monde anschaffen**, um der französischen Gesittung etwas näher zu kommen.

Der schon vorhin genannte arabische Scheich soll zum Kaiser Napoleon, als dieser ihn fragte: „Nun, was sagst Du dazu, daß Ich Selbst komme?" gesagt haben: „Was hilft's, wenn Du Dich an Ort und Stelle davon überzeugst, daß das **Kameel bucklig ist**?"

Kriegsminister Roon in Berlin sagte von einem liberalen Redner, seine Rede trage den Stempel der Ueberhebung, der Unverschämtheit u. s. w.

Wozu die vielen Worte? Warum nannte er ihn nicht gleich einen Schweinehund? Das Wort ist salonfähig und hat sogar einen musikalischen Klang.

Kleine Frühstücksplaudereien.

Der **König von Bayern** ließ seinem Vorspieler Hans v. Bülow über das von ihm ausgeführte Vorspiel zu „Tristan und Isolde" allerhöchstes Mißfallen mittheilen. Auf die Esplendidität, womit der König Wagner's musikalisch-dramatisches Experiment unterstützt, übt der Vorfall erfreulicher Weise **keinen Einfluß**. Die Frage: kann ein solches Kunstproduct aufgeführt werden und welches ist seine Wirkung? wird erledigt und lautet die Antwort Ja oder Nein, in der modernen **Kunstgeschichte** ist damit jedenfalls ein ersehnter **Abschnitt** herbeigeführt.

In dem Bericht über das Münchener Conservatorium wird nicht nur das ganze bisherige Opern-, Schauspiel- und Concertwesen zum alten Eisen geworfen — Richard Wagner will auch in Bezug auf Poesie, Philosophie und menschliche Denk- und Ausdrucksweise überhaupt das Signal zur Umwälzung geben. Denkt man hiebei an die „Verse" in „Tristan und Isolde", so müßten sich solche Prätensionen im Glanze der höchsten Komik darstellen, wenn sie nicht Beweise wären für den krankhaften Zustand eines genialen Mannes.

Hans v. Bülow veröffentlicht eine Erklärung, die seine Angelegenheit, soferne das möglich, noch verschlechtert. Nicht das Münchener Publikum war gemeint, sondern jene „böswilligen" Theaterbesucher, welche verdächtig(!) sind, in Wort und Schrift gegen den Meister „intriguirt" zu haben. Ein hübsches Rechtsverfahren, nach welchem schon auf bloßen Verdacht hin bestraft wird. Und was ist ein „böswilliger" Theaterbesucher? Ein solcher, der das Werk nicht schon im Voraus bewundert, der nicht mit tiefgesenkter Stirne und die Hände kreuzweise auf die Brust gelegt das Wagner'sche Heiligthum betritt? Nein, wenn der hitzige Hans entschuldigt sein und Nachsicht wirklich verdienen wollte, mußte er unsers Bedünkens Folgendes zum Abdruck kommen lassen.

Ein von mir nach einer Probe zu „Tristan und Isolde" gebrauchter und in hiesigen Blättern weidlich gegen mich ausgebeuteter Ausdruck kann von mir leider nicht in Abrede gestellt werden. Vielleicht aber ist erlaubt, darauf hinzuweisen, daß sich auf der Bühne Darsteller, betheiligte Dichter und Musiker u. s. w. in einem Aufregungsstadium befinden, an welches den gewöhnlichen Maaßstab anzulegen eine Ungerechtigkeit wäre. Hinterm Vorhang oder hinter den Coulissen gefallene Worte sind daher, seit es Theater gibt, niemals auf die Goldwage gelegt worden. Man wird das Künstlerprivilegium, welches in der Annahme mildernder Umstände besteht, doch gerade mir nicht entziehen wollen. Gleichwohl sehe ich das Unschickliche meiner Expektoration vollkommen ein und ersuche, dieselbe vergeben und vergessen zu wollen. Sollten sich Einzelne so gekränkt fühlen, daß ihnen diese Genugthuung noch nicht ausreicht, so wollen mich dieselben besuchen, in welchem Fall ich mich Solchen gegenüber speciell entschuldigen werde.

Hans v. Bülow.

Wir glauben, daß eine derartige Erklärung Vieles wieder gut gemacht hätte. Aber die Dedication auf einen kleineren Theil des Publicums zu reduciren und zu sagen: Nur die böswilligen und übelwollenden Zuschauer sind Schweinehunde, dieß war nicht der geringste Fehler in diesem merkwürdigen Episödchen der deutschen Kunstgeschichte.

Das östreichische Kriegsschiff „Erzherzog Friedrich" ist im Kieler Hafen eingelaufen. Wenn die Schiffsleute Humor haben, dann übertheeren sie auf dem Namen die Sylbe Erz, dann heißt das Fahrzeug eines schönen Morgens: „Herzog Friedrich".

Franz Liszt hat in Rom „einige Weihen genommen". Dieß liest sich in den Zeitungen, wie wenn Einer einige Moorbäder nimmt. Der berühmte Klavierspieler, der bereits als „Abbé Liszt" unterzeichnet, arbeitete in den letzten Jahren auch in Zukunftsmusik und da darf man sich wohl über Nichts wundern! Wenn die Epoche der Hysterie nicht mehr Opfer fordert, als bisher, kann man immer noch zufrieden sein.

Druck der Dr. Wild'schen Buchdruckerei (Parcus).

Münchener PUNSCH.

Ein humoristisches Originalblatt von M. E. Schleich.
Achtzehnter Band.

Nro. 21. Halbjähriger Abonnementspreis: in Bayern 1 fl. Im Ausland erfolgen die üblichen Postaufschläge. 21. Mai 1865.

Marl. Hast du das Unglück schon g'hört?
Sepperl. Nein, was benn?
Marl. In Cassel sind so viel Menschenleben zu beklagen!
Sepperl. So? warum denn?
Marl. Weil s' halt eben in Cassel sind!
Sepperl. Ja so.

Marl. Also der Zukunftsmusiker Liszt hat in Rom einige „niedere Weihen" erhalten?
Sepperl. Ja.
Marl. Worin b'stehen benn die?
Sepperl. Kann's net sagen. Ich weiß nur soviel: Die niederste Weihe, die man hergeben kann, is unlängst dem Münchener Publikum ertheilt worden.

Marl. Na, was sag'st benn du zu der Freigebung der Biertax'?
Sepperl. Da kann ja gar kein Segen babei sein.
Marl. Warum?
Sepperl. Der Erzbischof hat sich ausdrücklich dagegen erhoben.

Deutsche Industrie-Ausstellung in Stettin.

Neuerfundenes Billardo-Piano zur Doppelunterhaltung im Salon.

Mannhart wie wird Dir?

Stockuhr, auch im Großen als Monument auszuführen, welches jedem öffentlichen Platz zur Zierde gereichen müßte.

Algier, sagt Napoleon, ist gewissermaßen ein neues Frankreich.

Also sind die Araber so zu sagen: Franzosen zweiter Klasse.

Die Deutschen aber werden von den Pariser Blättern aufgefordert, nach Algerien auszuwandern, und sich dort anzusiedeln.

Die Deutschen würden dann auf diese Art zu Arabern erster Klasse befördert.

☞ **Der meint's gut mit uns!**

Deutschland, sagt der Berliner Kriegsminister v. Roon, muß sich von Preußen beschützen lassen, es mag's brauchen oder nicht, es mag wollen oder nicht.

☞ **Der meint's auch nicht übel.**

Pimplhuber. Napoleon citirt in seiner Proklamation an die Araber die „Sure von der Kuh". Kommt denn Kuhfleisch auch in die Sur'? Ich hab' geglaubt, das sei nur beim Schweinefleisch der Fall?

Tatschler. Schweinefleisch ist ja bei den Muhamedanern verboten.

Pimplhuber. Ah so! Ja, so was muß man halt wissen.

Tatschler. Da lese ich eben eine originelle Finanzmaßregel, die in der Türkei vorgenommen wird. Die Beamten, denen der Staat noch Gehaltsrückstände schuldet, müssen den Betrag derselben für's neue Anlehen zeichnen.

Pimplhuber. Nun, ob sie sich's an die Waden schreiben, oder ob sie's für's Anlehen zeichnen, die Mühe bleibt sich ziemlich gleich.

Wenn i Minister war', was mi Alles reu'n that.

Altbayrisch,
mit und ohne Guitarre zu singen, es bleibt immer wahr.

Mir bau'n an Eisenboh', a Boh' nach Ingolstod,
Dös hot koa Schwierigkeit — der Weg is kurz und grob.
Der Kini und a 's Landl ko, wenn je a Krieg ausbricht,
Sei' Gerstl nunterthoa', damit eahm g'wiß nir g'schiecht.
Ja, ja, dös hat an Sinn, dös billigt jeder Mo;
Worum, fragt aber All's, fangt's denn net's Bauen o?
Der Thürmoar selber hat drinn in der Kammer g'fragt!
Ja: 's Wetter war so schlecht, hot der Minister g'sagt!
    Dös muß i sog'n: i ko koa' schlechti Ausred' leid'n,
    Wenn i Minister war', a solche that mi reu'n!

Was Nützlich's und was Schön's is 's um an Landwehrmo',
Zwoa, drei Mal ruckt er aus — die Feldzüg' kennt ma scho.
Der Hauptmann stürmt voran, und ruft: Jetzt folgt mir nach.
Und folgt ihm Oaner net, na dös is dem sei' Sach.
A Reluent, der zahlt sich g'nua bis an' sein' Tod,
Wohin dös Geld All's kommt, dös woaß der liebe Gott.
Kurz, wer nur Wehrmann is, und hot koan' höher'n Grod,
Der moant: um's Institut, wie's jetz' is, war koa Schod.
    Da kummt's Rescript, und will die ganz' Debatt' abschneid'n,
    Wenn i Minister war — dös Schreib'n that mi reu'n!

Seit Anno achtavierz'g san über sechzehn Johr,
Dö damals hitzi war'n, krieg'n jetz' scho grabi Hoor.
Und was hab'n f' woll'n, und was hab'n f' tho? Net Viel!
Geg'n dös, was jetz' oft g'schiecht — mein Gott: a Kinderspiel.
Wer dort dabei war, den hat's Schicksal eh' scho g'haßt,
D'rum is 's a Schand, wenn man's net endli aus sein laßt.
A schöni Amnestie hot Jedermann erwart't,
Was f' aber einbracht hab'n, dös iß ja doch koa Art!
    A solche Fretterei, die ko koan' Menschen freu'n —
    Wenn i Minister war — dös that mi schändli' reu'n!

In einer Soirée sagte ein preußischer Deputirter zu Herrn v. Bismark: Bei einer etwaigen Neuwahl würde sich die conservative Fraktion jedenfalls um ein paar Dutzend Köpfe verstärken.

Worauf der politische Vorspieler des Königs von Preußen erwiderte: Ob dreissig Fortschreiter mehr oder weniger herinnen sind, das ist ganz egal!

Die Verantwortung für die Wahrheit dieser Anekdote wird jedem überlassen, der dazu Lust hat.

Die Augsb. Abendztg. schreibt: Die Wagner'sche Oper ist bereits Gegenstand großer Geldspekulation geworden.

Die Unterzeichnete kann ein solcher Vorwurf gewiß nicht treffen!

Münchener Hoftheater-Kasse.

Privat-Kabel des Punsch.

Belgien. Jener Nuntiatursekretär (genannt der Barthansl) aus jenem München ist glücklich hier angekommen. Die Rasirmesser steigen bereits im Preise.

Frankfurt. Unter den mittelstaatlichen Bundestagsgesandten herrscht noch immer die „vertrauensvolle Erwartung". Im Uebrigen ist der Gesundheitszustand der Stadt nicht ungünstig.

Ingolstadt. Die wegen der großen Kälte verschobenen Vorarbeiten zur Bahn nach München konnten wegen der großen Hitze noch nicht aufgenommen werden.

Paris—Berlin. Dekorirst du meinen Minister, dekorir ich deinen Minister, sonst hat's weiter keinen Zweck.

In Kiel haben die Tischler die Arbeit eingestellt.

Der daraus entstehende Nachtheil kann nicht sehr groß sein. Die Herzogthümer sind ungetheilt verbunden, und was Gott selbst verbunden hat, das braucht der Tischler nicht mehr zu leimen.

———

Die bayerischen Staatsbürger haben nach dem Gesetze das Recht, sich friedlich und ohne Waffen zu versammeln.

Bei Landwehrleuten sollte man sogar die letztere Bedingung fallen lassen, denn wenn sie bewaffnet fortgehen, sind sie erst recht friedlich, friedlicher als den ganzen Tag über. Wenigstens wollen dieß schon verschiedene Lehrjungen an ihren Meistern beobachtet haben.

———

Das Münchener Lokal-Kabel.

Sie, Herr Polizeibot', wo laufen S' denn so schnell hin?

— Auf die Regierung! Wir haben vor einer Stund' was hintelegraphirt, und da muß ich jetzt die Antwort holen.

———

Tristan und Isolde.

(Textproben.)

Was wir dachten,
was uns däuchte,
all' Gedenken,
all' Gemahnen,
heil'ger Dämm'rung
hehres Ahnen
löscht des Wähnens Graus
Welt=erlösend aus.

•

Liebe=heiligstes Leben,
Wonne=hehrstes Weben,
Nie=Wieder=Erwachens
   wahnlos
holdbewußter Wunsch.

Unterzeichneter wohnt noch immer in seiner bekannten Anstalt auf den „Ramersdorfer Lüften" und ist täglich von 11 bis 12 Uhr und in dringenden Fällen auch außer diesen Stunden in Prosa und Versen zu sprechen. Verehrlichen Kurgästen stehen auf Verlangen sehr comfortable Zimmer mit Instrumenten, Aussicht in's Gebirge u. dgl. zur Verfügung.

          Prof. Dr. Solbrig,
    k. Hofrath und Menschenfreund, ohne Rücksicht
        auf Stand und Geschmacksrichtung.

Kleine Frühstücksplaudereien.

Vorige Woche konnte man im Theatergebäude vernehmen, daß zur Aufführung von „Tristan und Isolde" sogar aus Californien Billetbestellungen einliefen. Ein hier anwesender Kaufmann hat sich nämlich als N. N. aus San Francisco vormerken lassen. Aehnlich verhält es sich wohl auch mit den Bestellungen „aus Constantinopel".

Da der sowohl als Occidentalist wie als Orientalist gleich berühmte Gelehrte Dr. Louis Napoleon nun auch den Koran in die Politik eingeführt hat, so bemerken wir jenen Lesern, welche das türkische Evangelium nicht kennen, daß dasselbe in 115 Suren oder Abschnitte getheilt ist, wovon jeder einen bestimmten Namen hat. Die „Sure von der Kuh" wird deßhalb so geheissen, weil darin von der Opferkuh die Rede ist, deren Asche bei den Kindern Israel zu Sprengwasser benützt wurde, um damit Unreine zu reinigen. Der Prophet hat die Geschichte dem vierten Buche Mosis entlehnt. Es gibt verschiedene Suren, vom Kameel, von der Spinne u. s. w. Nur eine Sure vom Schweinehund ist unbekannt.

Für Niederbayern wird nun in Deggendorf eine Kreis-Irrenanstalt errichtet und zwar für alle Bekenntnisse: Juden, Katholiken, Protestanten und „einfache Christen."

In Washington organisirt sich bereits eine Sammlung zur Errichtung eines Nationaldenkmals. Hoffentlich nehmen sich die Nordamerikaner kein Vorbild an Bayern, sonst bekommen sie eine verunglückte Stiftung und vielleicht ein schlechtes Denkmal.

Der sel. König Maximilian hat von den Rittern seiner Tafelrunde, von den Geschichtscommissionen und andern Schöpfungen seiner Großmuth bekanntlich nicht immer den besten Dank erlebt. Einen hübschen Beitrag zur Geschichte der Pietät gegen sog. zweite Vaterländer lieferte unlängst der nunmehr badische Staatsrath Bluntschli, welcher in einer Sitzung der dortigen ersten Kammer darauf hinwies, daß Bayern seine Bestandtheile aus verschiedener Herren Ländern auch nicht immer auf legitimem Weg erworben, also auf deutsch eigentlich zusammengestohlen habe. Es ist nur sonderbar, daß sich die Herren v. Sybel, Bluntschli u. A. daran nicht gestoßen haben, so lange sie noch in Bayern waren und auch zu bleiben vorhatten? — Legitimistische Scrupel sind heut zu Tage allerdings lächerlich, am allerübelsten aber wären sie jedenfalls in Baden angebracht.

Briefranzen.

Etwas vom „niedern Klerus". In welch' eigenthümliche Situationen mancher Mann durch manche Beförderungen manchmal gebracht wird, zeigt eine unlängst erfolgte Pfarreibesetzung; der Pfarrer ist 37 Jahre alt und zählt 12 Dienstjahre, der 60jährige erste Kaplan 33 Dienstjahre, der zweite 50jährige 26 Dienstjahre und der dritte 46jährige 25. (Nun, das gibt wenigstens eine Tarokpartie; hoffentlich wird der junge Herr Pfarrer seinen alten Caplänen nicht auch die Soli wegnehmen.)

Münchener PUNSCH.

Ein humoristisches Originalblatt von M. E. Schleich.

Achtzehnter Band.

Nro. 22. Halbjähriger Abonnementspreis: in Bayern 1 fl. Im Ausland erfolgen die üblichen Postaufschläge. 28. Mai 1865.

Marl und Sepperl, Schusterbuben.

Marl. Hast du's schon g'hört von Nürnberg?

Sepperl. Was denn?

Marl. Alle unruhigen Schneiberg'sell'n werd'n ausg'wiesen.

Sepperl. Aber wo nimmt man denn dann künftig Urwähler genug her?

Marl. Na, woaßt: bis zur nächsten Wahl kommen schon wieder frische Kräfte.

Sepperl. No ja.

Marl. Aber lachen müßt' i.

Sepperl. Worüber denn?

Marl. Wenn Italien vom Pabst eher anerkennt werden thät', als von Bayern.

Sepperl. Warum anerkennen wir's denn net?

Marl. Aus sittlichen Motiven, wie Pforbten sagt.

Sepperl. Nun, so unsittlich wie der alte hl. Vater mit seinem Fußleiden ist, dürfen wir, ohne unserm Ruf zu schaden, wohl auch sein.

Marl. Du, für die Tristan- und Isolden-Plag' bekommt jeder Hofmusikus fünfzig Gulden.

Sepperl. So? — „Wonne-hehrstes Beben!"

Marl. Aber sie haben's noch nicht.

Sepperl. Haben's noch nicht? — „Wahnlos holdbewußter Wunsch"!

Rußland's Kronprinz ist gestorben, der italienische Kronprinz soll auch sehr leidend sein — es gibt nur **Einen**, von dem man sagen kann:

Das ist einmal ein **gesunder** Kronprinz! —

Nämlich Beefsteak von Wales, Ehrendoktor von zwei Universitäten, Inhaber verschiedener Pferde- und Hunde-Medaillen, Mitglied der Londoner Schneider-Innung, freiwilliger Feuerwehrmann, Fischhändler-Zunftgenosse, Kloaken-Eröffner und Besitzer vieler anderer geistanstrengender Aufgaben.

―――

Da die Pläne zu dem neu zu erbauenden Polytechnikum wohl nächstens in Angriff genommen werden — wäre es da nicht gut, wenn vielleicht einige Herren Polytechniker vorher genau **gewogen** würden, um von diesen jungen Männern ein Durchschnittsgewicht zu constatiren, so daß man beiläufig wüßte, auf welche **Last** die Fußböden einzurichten wären und man die Tragbalken schon von vorne herein darnach aussuchen könnte, und nicht hinterher noch die umständlichen Ziegelsteinproben nothwendig würden?

Einer, der's nicht versteht,
übrigens auch kein Architekt.

―――

Neuestens ist es Mode, daß sich die Parteien der Kammer nach den Wirthshäusern benennen, wo sie sich versammeln. Wir haben nun eine Rechte, die bei **Achatz** kneipt.

Am Ende entsteht auch noch eine „**Fraktion Haarpyderwaberl**", eine „**Blaue Bock-Partei**" und ein „**Buttermelcher-Club**".

Nur beim „**Lachenden**" dürfte, obwohl der Tisch dort sehr gut ist, in Anbetracht der traurigen Kammerzustände, nicht leicht eine Fraktion einzukehren wagen.

―――

Deutsche sollen nach **Algier**, dieß ist der Wunsch französischer Blätter.

Und **Turcos** nach Deutschland — darauf käme es den Vorkämpfern der Civilisation wohl auch nicht an!

Die äußerst beschränkten Lokalitäten des gegenwärtigen Münchener Schuldgefängnisses bildeten in der Kammer einen Gegenstand großer Klage.

In der That soll sich im ganzen Neuthurm nicht ein einziges Zimmer befinden, in welchem man auch ein Clavier placiren könnte, und es ist doch der Fall denkbar, daß Gefangene hineinkommen, denen Musik ein Bedürfniß ist.

Am nächsten 1. Januar ist die Verpflichtung der östreichischen Bank zur Umwechslung der alten Banknoten erloschen. Die Hoffnung auf einstige Aufnahme der Baarzahlung leuchtet aber noch fort.

Privat=Kabel des Punsch.

Petersburg. Der Czaar schlug den Marschall Canrobert auf ein Mal zum Ritter seiner sämmtlichen Orden. Das war eine förmliche Ehrenbezeugungsknute.

Mexiko. Der französische General Castagny findet die Lage bedrohlich. Der Kaiser Napoleon wird an Mittel denken müssen, um seinen Castagny aus dem Feuer zu holen.

Nordamerika. Jefferson Davis stellt sich — als ob er von der Ermordung Lincoln's vorher keine Ahnung gehabt hätte.

Ingolstadt. Wegen Heiserkeit einiger Ingenieure können die Vorarbeiten zur München=Ingolstädter Bahn noch nicht beginnen.

Frankfurt. Die unter den bundestäglichen Diplomaten herrschende „vertrauensvolle Erwartung" ist die Fiducia cerebrospinalis. Auſſer den Genannten befällt sie nur noch Kinder und schwache Greise. Eigentliche Männer haben solche Anwandlungen nicht zu fürchten.

Kiel. Der „betreffende Prätendent" befindet sich wohl.

Textverbesserung zu Tristan und Isolde.

Anstatt:
    Nie=Wieder=Erwachens
    wahnlos
    Holdbewußter Wunsch

wäre es vielleicht besser zu sagen:
    Nie=wieder=Wünschens
    wahnhold
    Erwachte Bewußtlosigkeit.

In den New=Yorker Nachrichten lesen wir folgende
Anzeige und Empfehlung.

Bei Beendigung des gegenwärtigen Krieges beehrt sich der ergebenst Unterzeichnete bekannt zu geben, daß er sein früher innegehabtes

Lohgerber=Geschäft

wieder eröffnet und alle Bestellungen auf stärkere Ledersorten prompt und zu billigen Preisen effektuirt. Besonders empfehle ich mich den Herren Schuhmachermeistern in Sohl= und Ober=leder bestens und bitte meine früheren Kundschaften, mir ihr geehrtes Vertrauen auf's Neue schenken zu wollen, da ich auch in der Zwischenzeit nicht versäumt habe, alle auf rasches und gründliches Gerben bezüglichen Erfahrungen zu sammeln.

    Mathias Grant,
    Feldmarschall außer Dienst und bürgerlicher
    Rothgerbermeister. *)

Tatschler. Ich bin nur neugierig, ob bei den Erbarbeiten zur München=Ingolstädter Bahn nicht Alterthümer gefunden werden.

Pimpflhuber. Wenn sie so fortgraben, wie bisher, nachher finden s' schon was!

---

*) Warum geht der Mann nicht nach München? Da könnte er es wenigstens noch zum Landwehr=Hauptmann bringen!
    Anm. des Setzers.

Die Amnestie

wie sie wohl vom König gemeint war,

wie sie aber aus der bureaukratischen Anschauung hervorging.

Isoldens Unpäßlichkeits-Arie,

sehr sangbarer Text.

O vergeh,
Geschwoll'ner Backen,
Reissen im Nacken,
Zahnendes Weh,
Hexenschuß,
Ohrenfluß!
Mir war's im Rückgrat
Wie unter einem Stück Rad.
   Wie's mich riß,
   Die Seele zerspliß —
   Bei fis und gis,
   Ich nie vergiß.
Die Münchener Kränke,
Sagt ich immer, ich denke
Ich erwisch's!
Des Schmerzensgemisch's
Längeres Dauern
Inner den Mauern,
Kaum ich's ertrag,
Obwohl ich mich pflag.
   Thut Freund und Feind kund
   Meine Peinstund'!
   Ist der Einbund
   Bloßer Scheingrund,
   Kommt herein und
   Macht mir Schweinhund.
Aber leider ist es wahre —
Und ich werde sicher
Immer unbäßlicher.
Wonne-hehrstes Beben
Schmerzens-hinstes Leben!
   Doch bei Osiris,
   Wenn's besser mir is,
   Ich sing', bei der Isis,
   Am Samstag, wenn's g'wiß is.
   Am Samstag? Mir wird bang,
   Und bänger und bängstens!
   Nun, wenn nicht am Samstag,
   Am Montag dann längstens.

Du hauptneigende Lust,
Komm' an meine Brust —
Weißt, was das heißt,
Wenn's Ein' so reißt?
    Horch — wer schreit so starke?
    Beschütze mich, Tristan,
    Es ist König Marke,
    Man meint schon, er frißt an'.
Acher, schon wieder,
Das zieht auf und nieder.
    Ja, 's beginnt
    Und ich rette
    Ungeminnt
    Mich in's Bette.

Kleine Frühstücksplaudereien.

Im Kunstverein hat Hautmann eine Büste des Tenor-Recken Schnorr v. Karolsfeld ausgestellt, die aller Blicke auf sich zieht. Es ist wirklich ein prächtiger jugendlicher Kopf, dem man die Kraft, die Parthie des Tristan auswendig zu lernen, zwei Dutzend Mal zu probiren und endlich einige Male zu recitiren wohl zutrauen kann.

Was doch die Deutschen für gute Narren sind! In Dresden hat ein patriotischer Drechsler „Sänger-Cigarrenpfeifchen" von Ahornholz verfertigt, mit der Abbildung der Sängerfesthalle am Kopfe, und empfiehlt seine Waare den Sängergästen. Der gute Mann will damit übrigens nicht etwa seinen deutschen Brüdern den Mund stopfen, er rechnet nur darauf, daß sie in den Augenblicken, wo sie nicht singen, sprechen oder trinken, wenigstens rauchen, denn etwas müssen deutsche Mäuler immer zu thun haben.

Die Reklamen des Nationalvereins haben insofern eine Verbesserung erfahren, als in der Ankündigung der Versammlungen auch immer mitgetheilt wird, welche fremde Redner auftreten werden. In Leipzig gastirte neuestens Herr Franz Dunker, von der Volkszeitung in Berlin; er trug eine Rede über „Preußen's Stellung zu Schleswig-Holstein" mit schönem Organ, technischem Geschick und tiefer Empfindung vor, und erntete reichen Applaus.

Das Augsburger „Anzeigeblatt" veröffentlicht eine Reihe von Leitartikeln unter dem Titel „Bayern's trostlose Lage". Herrn Bürgermeister Fischer soll übrigens die Trostlosigkeit seines gegenwärtigen Aufenthaltes nicht übel anschlagen.

Die bayrische Regierung verzichtet auf das Recht, die Fleischtare festzusetzen. Das bayrische Regierungsorgan jedoch wird die Tarirung des Geistes nicht aus der Hand geben und daher fortdauernde Theater- und Bücherrecensionen veröffentlichen.

In einem Blatt, welches für Abgebrannte Materialien und Geld sammelt, figurirt auch: „eine Hose, von einem ungenannt sein Wollenden." Man hat zwar nicht leicht gehört, daß in ähnlichen Fällen der Geber von ein Paar Hosen seinen Namen abdrucken läßt, aber andererseits scheint doch die ausdrückliche Verwahrung auf die Gabe selbst keinen allzu günstigen Schluß zu gestatten.

Auf seiner afrikanischen Reise hielt der Kaiser Napoleon auch an einem Punkt, genannt die Affenquelle. Bei uns in Europa heißt's: „An der Quelle saß der Knabe", in Neufrankreich sitzen die Affen an der Quelle, jedes Land hat seine eigenen Reize.

Wir wissen nicht, ob Herr Hans v. Bülow, der ein Musikalienhändlerssohn sein soll, zu dem alten Geschlecht der Grafen und Freiherren v. Bülow verwandt ist. Komisch ist's jedenfalls, daß (laut Gothaer Adelskalender) das Geschlecht derer v. Bülow folgende Devise führt:

„Die Tugend und die Höflichkeit
Adelt den Menschen alle Zeit."

Briefranzen.

In einer schönen Donaustadt, mit einem Thurm, an welchem die Straubinger alle Fünfe „g'rad' sein lassen", ist ein Kloster, und in dem Kloster ein Seminar, in dem Seminar Studenten und in den Studenten ein gesunder Appetit, wie aus Folgendem erhellt. An einem der letzten Freitage erhielten die Herren Jünglinge Kuchen mit Zwetschkensauce. Einer derselben, der eben eine schöne fette Zwetschke in den Mund zu führen meinte, bekam beim Daraufbeißen plötzlich ein eigenthümliches haariges Gefühl, er führte den Bissen wieder heraus und siehe da: welche Bereicherung der pomologischen Wissenschaft! Eine Zwetschke mit Schnauze und Ohren und zwei allerliebsten Füßchen, mit einem Wort: keine ganze wohl aber eine halbe Maus. Die einen fahndeten in der Schüssel auf die andere Maushälfte, andere Jünglinge aber secirten das gefundene Geschöpf, das, wie sich aus der Beschaffenheit des Fleisches zeigte, nicht den süßen Tod in der Zwetschkensauce gefunden hatte, sondern schon als Leichnam mitgekocht worden war. Uebrigens wurde das übrige Compote mit „Putz und Stingel" aufgezehrt, was für den Gesundheitszustand der Seminarjünglinge jedenfalls ein gutes Zeugniß ablegt. Der Frater Koch aber soll nur deßhalb verstimmt sein, weil er an einem Freitag das Fastengebot brach,

Denn ein Mäuslein
Ist kein Fasten-Speislein.

Münchener PUNSCH.

Ein humoristisches Originalblatt von M. E. Schleich.

Achtzehnter Band.

Nro. 23. Halbjähriger Abonnementspreis: in Bayern 1 fl. Im Ausland erfolgen die üblichen Postaufschläge. **4. Juni 1865.**

Da werden die Orleans eine Freude haben!
oder:
Der Pigmäen=Zwist.

Ich habe in Afrika mit Halbwilden zu Nacht gegessen, habe Straußeneier, Hyänenfilets und kalten Leopardenbraten ohne Gefahr genossen, so wie mich überhaupt nicht leicht etwas beschwert, was ich einmal zu mir genommen. Aber Ihr Discours von Ajaccio ist selbst für meinen Magen zu viel! Wenn Sie wieder eine Rede halten wollen, so schweigen Sie. Wenn Sie sich vielleicht etwas darauf einbilden, daß Sie dem alten Napoleon gleich sehen, so sage ich Ihnen: Sie haben dem ungeachtet ein dummes Gesicht. Wenn Ich nicht wäre, säßen Sie vielleicht noch in Stuttgardt und gebrauchten irgend eine Kur. Gehen Sie, Sie Schafskopf und treten Sie eine wissenschaftliche Reise an, damit Sie mir aus den Augen kommen.

Der Fürst der Moldo-Wallachen hat ein auf den Namen Alexander getauftes Kind adoptirt.

Frage: Von wem ist dieses Kind? Von ihm selbst? Oder wer ist sein Vater? Oder ist's ein Findelkind? Oder zeigt dieser Fall vielleicht gar, daß es auch d i p l o m a t i s c h e   K i n d s = a u s s e t z u n g e n   gibt? — War es schon früher, und z u f ä l l i g auf den Namen Alexander getauft? Oder erst auf Bestellung? Wer ist der Taufpathe?

Was sagen die Moldo-Wallachen zu der Bescherung? Wenn Alexander der Kleine einst die Regierung antritt, von welchem Tisch nimmt d e r seine Krone? Oder ist nicht zu fürchten, daß er vielmehr selbst u n t e r den Tisch kommt? Was geschieht gar im Fall eines vorzeitig schnellen Todes des Fürsten Cusa? Wenn der Fuchs stirbt, g i l t   d a n n   a u c h   d i e s e r   B a l g ?

Die neuesten Wölkchen, die am Horizont der orientalischen Frage hängen, sind die Windeln des improvisirten moldo-wallachischen Thronfolgers.

Schweinehund ist ein unparlamentarischer Ausdruck, sagt Bülow.

Doch nicht so ganz! In Serbien ist es Sitte, daß nach dem Schluß der Session jedes Mitglied der Volksvertretung auf Staatskosten mit einem Ferkel beschenkt wird.

Also hängen wenigstens die jungen Schweinchen mit dem Constitutionalismus einiger Maßen zusammen.

Und wir sind von Serbien nicht so sehr weit entfernt, besonders seit es Eisenbahnen gibt.

Zwanzigtausend Unionisten wandern unter Leitung des Generals Rosenkranz nach Merico aus. In Washington wird der Zweck dieser Auswanderung als ein rein friedlicher bezeichnet.

Wir begreifen auch nicht, wie man in die friedliche Tendenz dieser Auswanderer einen Zweifel setzen kann, da sie doch mit dem Rosenkranz einherziehen wollen.

Marl. Na, bei der Nürnberger Volksversammlung muß's aber lustig g'wesen sein.

Sepperl. Warum?

Marl. Nun, waren ja lauter Lacher beisammen: der Erlacher, der Baierlacher.

Sepperl. Is schon wahr. Ich bin nur neugierig, wo in Deutschland einmal der Zuletzt=Lacher sein wird.

Marl. Na was sagst denn zum Ruland seinem Benehmen?

Sepperl. Er is halt ein rechter Popularitätshascher!

Marl. Ja, das ist wahr, den Fehler hat er. Im übrigen ein ganz liberal denkender, angenehmer Mann — aber wo er der Galerie eine Freud' machen kann, thut er's g'wiß.

Marl. Also für Nichtdeutsche gibt's keine Amnestie?

Sepperl. Nein.

Marl. Also darf der Mieroslawski keine Traubenkur gebrauchen in der Pfalz.

Sepperl. Mein Gott, ich glaub', dem liegt an der Traubenkur nichts, der is schon bei der Schnapskur angekommen.

Marl. Was macht denn mein Namensvetter in Mexico, der Kaiser Marl?

Sepperl. Mein Gott, mit dem steht's halt nicht am besten.

Marl. Aber er scheint doch wenigstens ein praktischer Mann zu sein.

Sepperl. Das schon. Doctrinär is er Keiner. Am wenigsten glaub' ich, is 's die Monroe=Doktrin, der er huldigt.

In der Berliner Kammer sprach der Abgeordnete Twesten schwere Worte über die gründliche Corruption des preußischen Richterstandes und citirte dabei das anwendbare Wort jenes hannöver'schen Beamten, der gesagt hat: „Wir billigen Alles; denn Hunde sind wir ja doch!"

Also — **färbt Euch!**

Zur Wagner'schen Text-Erklärung.

Mayer. Sagen S' mir nur, Herr Huber, was heißt denn das eigentlich:

„Wonne-hehrstes-Beben"?

Huber. Die Isolde ist doch seine Wonne, nicht wahr? Jetzt fragt er sie:

Wonne, hörst D' es beben?

Mayer. Ah so, ja jetzt laß ich mir's g'fallen.

In Paris werden 600 Stadtsergeanten zu Pferd errichtet, also eine Polizei=Cavallerie, eine ganz neue Polizeimacht, wie sie nur noch in Berlin besteht.

Wenn es so fortgeht, so werden sich die europäischen Musterstaaten nach dieser Richtung hin immer mehr vervollkommnen. Die französische Gendarmerie erhält nächstens ohne Zweifel auch Geschütze, wenigstens leichterer Gattung, also Polizei=Artillerie. Für den Fall, daß der Kaiser in ein Seebad geht und häufig in Kähnen größere Meeres-Promenaden ausführt, dürften bald auch schwimmende Sicherheits=Organe, eine Art Polizei=Marine entstehen. Da der Kaiser beim Baden wohl öfter unterzutauchen beliebt, so dürfte zur Beseitigung jeder Gefahr auch zuerst der Meeresgrund inspicirt und vielleicht einige sub=marine Mouchards aufgestellt werden. Kurz eine große Nation braucht Polizei von jeder Waffengattung und es wäre gut, wenn sogar von den Höchststehenden Einige zum polizeilichen Genie gehören.

Marine-Sub-Ingenieur Bauer hat sich vom preußischen Ministerium all' seine Pläne und Zeichnungen zurückgeben lassen und ist nach Bayern zurückgekehrt.

Wie wäre es, wenn Herr Bauer sein Talent dazu anwenden würde, um die seit sechs Wochen untergegangenen Triftscheiter wieder an's Licht empor zu bringen? Er könnte mit dem Aerar Moitié machen und dürften beide dabei nicht schlecht fahren.

In Frankfurt haben die Schuhmacher die Arbeit eingestellt.

Diejenigen jedoch, welche daselbst schon seit Jahren die politischen Verhältnisse Deutschlands verschustern, sind von ihrer gewohnten Thätigkeit um keinen Preis abzubringen.

Eigenthümlicher Gegensatz. Die „Gothaische Zeitung" vom 26. Mai schreibt: „In Langensalza sollen drei Menschen durch zwei Soldaten getödtet worden sein."

Privat-Kabel des Punsch.

Madagascar. Der Premierminister, welcher zugleich der Gemahl der Königin ist, hat gestern spät Abends Ihrer Majestät seine Entlassung angeboten. Dieselbe wurde jedoch nicht angenommen.

Mexico. Der Kaiser schickte zum Staatskassier um Gehaltsvorschuß für den nächsten Monat. Der Staatskassier erklärte, bei einem nicht definitiv Angestellten und besonders unter den heutigen Verhältnissen die Bitte nicht gewähren zu können.

Madrid. Man glaubt, daß bis nächsten Donnerstag eine Revolution losbricht. Die Amnestie wird bereits im Justiz-Ministerium berathen.

Frankfurt. Der Bundestag geht in die Pfingstferien. Sollte ihm während dieser Zeit der heilige Geist gesendet werden, so kommt er in den Einlauf.

Aus Amerika wird telegraphirt: „Die Auswanderungswuth nach Mexico ist im Abnehmen."

Bei uns hat sie von vornherein gar nicht geherrscht!

Gott, um wie viel ist also Europa gescheidter als Amerika!

Pimplhuber,
königl. Europäer aus München,
gewöhnlich erste Sperrsitzreihe.

Jemand, der ein gewisses, epochemachendes Operntertbuch gelesen hatte, schrieb auf die Rückseite:

Der Sinn ist ganz confus, die Verse äußerst holprig,
Das End' von solchem Lied ist ein Quartier beim —
Schimon nicht!

Jefferson Davis zog bei seiner Flucht geschwind ein Kleid von seiner Frau an, aber die Stiefel, die hervorsahen, verriethen ihn.

Madame Davis scheint also die europäische Mode der langen Schleppkleider noch nicht angenommen zu haben, bei denen es unmöglich ist, die Gattung der darunter befindlichen Gangwerkzeuge und deren Bekleidung zu erkennen.

Constitution des Kaiserthums Mexico.

Erster und einziger Artikel:
Es gibt vorläufig keine mericanische Constitution.

Kleine Frühstücksplaudereien.

Die Mode des Hundefärbens tritt nun auch in Würzburg auf. Für den Fall, daß sich diese Mode nach Augsburg verpflanzt, ist man neugierig, welche Unterschiede dann zwischen katholischen und protestantischen Hundebesitzern hervortreten werden.

Die bayerischen Bautechniker sind nun auch zu einem Verein zusammengetreten. Einer der Zwecke ist laut Programm: Festigung des Bewußtseins der Zusammengehörigkeit. Möchte sich diese Festigung der Zusammengehörigkeit bis auf die Backsteine, namentlich bei officiellen Bauten, ausdehnen!

Manche edle Thaten finden doch auch schon hier ihren Lohn! Der Magistrat Landshut hat auf Antrag des Bürgermeisters selbst beschlossen, einem gewissen Soldaten, der ein scheu gewordenes Gespann mit Gefahr für eigenes Leben zum Stehen brachte, die Anerkennung der Stadt auszusprechen und ihm aus dem Reservefond eine Belohnung von zwei Gulden zufließen zu lassen. Der Name des Kühnen, der sein Leben einsetzte und den die Gewinnung eines niederbayrischen Nationalbankes hoffentlich nicht übermüthig machen wird, heißt Barth. Glücklicher Weise haben wir das neue Gesetz von der Aushändigung des Vermögens an Unterofficiere und Soldaten, und erhielt somit der Glückliche die Summe zur freien Verfügung.

Richard Wagner, obwohl selbstverständlich Fortschrittsmann, scheint doch kein Freund des Lichtes; er nennt es eine „scheuchende Zünde" und Tristan und Isolde sind auf Tag und Tagesanbruch übel zu sprechen. Auch in dem projektirten Zukunftsopernhaus soll die bisherige Beleuchtungsart wegfallen und die Bühne in einem wohlthuenderen Lichte erscheinen. Wir meinen, wenn das Auditorium „scheuch" wird — die „Zünde" dürfte die wenigste Schuld tragen.

In Dresden, hören Sie, na da haben sie ja alle Hände voll zu thun mit den Vorbereitungen für's Sängerfest. Der König, Herr von Beust und noch einige hervorragende Sachsen haben sich zur Tragung süßer Quartierlast erboten. Die Lokalblätter bringen begeisterte Aufrufe zur Erweckung der, wie es scheint noch etwas schlummernden Gastfreundschaft. Denn die Sangesbrüder werden von allen Gegenden kommen —
   So weit die deutsche Zunge klingt
   Und Gott im Himmel Lieder singt.
Sie singt noch immer Lieder!! — Gott im Himmel!

Die Aschaffenburger Ztg. schreibt, es sei daselbst eine Naturseltenheit aufgegriffen worden, nämlich ein Maikäfer mit drei Augen. Gutem Vernehmen nach fand man unlängst in der Nähe von München einen Roßkäfer mit einem Bruch, und wurde derselbe von Dr. Lavedan aus Paris auf galvanischem Wege schnellstens geheilt.

Zum Dresdener Sängerfest sind auch Sangesgenossen aus Australien angemeldet. Was ist des Deutschen Vaterland —
       Ist's wo man früh sich tätowirt,
       Und Menschenfleisch die Speiskart' ziert?
O nein — sein Vaterland muß größer sein.

Musikalische Leibeigenschaft. Hr. Offenbach hat sich gerichtlich verbindlich gemacht, alle Opern, die er künftig von sich gibt, Hrn. Dir. Wallner und sonst keinem anderen Berliner Theater zu überlassen. Nur was Wallner nicht mag, darf er anderwärts verwerthen. Die Summe, um welche Hr. Wallner die Katze im Sack d. h. die Melodien in Offenbach's Kopfe gekauft hat, beträgt jährlich 4000 Frcs., die üblichen Tantièmen sind dabei nicht inbegriffen.

Die bekannte Soubrette und humoristische Charakterspielerin Ottilie Genée hat sich, wie die „Dresdener Nachrichten" melden, daselbst mit dem bayr. Oberlieutnant v. Fritsch vermählt.

Es geht nichts über Menschenfreundlichkeit und Nächstenliebe. Die Ausübung dieser Christenpflicht bietet aber ein ganz besonderes rührendes Schauspiel, wenn die schöne Handlung von einer Wittwe ausgeht, die dabei auch noch von einem Advokaten unterstützt wird. Frau Theobald, Besitzerin des „Hotel Trapp" bei Frankfurt, wo Gutzkow das unglückliche Attentat auf sich selbst machte, verlangt für Restaurirung des Zimmers 375 fl. Dielen, Anstrich, Tapeten — Alles muß, sagt sie, neu werden, eben so das ganze Mobiliar! Die alten Möbel nimmt die Frau um 135 fl. daran, so daß sie vom armen Gutzkow nur noch 240 fl. nebst Zinsen und außerdem 54 fl. Entschädigung für Nichtbenützung des Zimmers in den ersten Tagen nach dem Vorfall verlangt. Herr Advokat Dr. Trapp, Verwandter des Hauses, schämt sich nicht, diese Forderungen klagbar zu vertreten. Der Bauverständige Reumann tarirte den wirklich angerichteten Schaden auf fünf Gulden. Das fatalste an der Sache ist, daß es Madame Theobald gelang, sich einer Brieftasche Gutzkow's zu bemächtigen, in welcher 700 fl. enthalten waren, welche das holdselige Wesen nicht eher aus den Klauen ließ, als bis gleichsam zu ihrer Deckung 270 fl. davon beim Creditverein deponirt waren. So ehren die deutschen Wirths-Frauen die großen aber unglücklichen Dichter ihrer Nation. Hoffentlich wird es einem Collegen Gutzkow's gelingen, die Figuren der Frau Theobald und ihres Advokaten Trapp in irgend einer Weise zu verewigen.

Druck der Dr. Wild'schen Buchdruckerei (Parcus).

Münchener PUNSCH.

Ein humoristisches Originalblatt von M. E. Schleich.
Achtzehnter Band.

Nro. 24. Halbjähriger Abonnementspreis: in Bayern 1 fl. Im Ausland erfolgen die üblichen Postaufschläge. 11. Juni 1865.

Wer den Besten seiner Zeit genug gethan,
Der hat genug gethan für alle Zeiten.

Herr v. Bismark muß mir also zuerst beweisen, daß er wirklich zu den Besten seiner Zeit gehört, in welchem Fall ich nicht anstehe ihm genug zu thun.

v. Birchow,
zoologischer Kenner seiner Gegner.

Erlaube mir zu Obigem zu bemerken, daß, wenn Bismark wirklich zu den Besten seiner Zeit, die ja auch meine Zeit ist, gehören würde, ich unser Aller Zeit als eine total verlorne bereuen müßte.

Pimpfhuber,
k. Einwohner von München, erste Sperrsitzreihe.

"Kein Kiel, kein Geld" sollten die preußischen Abgeordneten nach der Meinung des Herrn v. Bismark sagen.

Die Phrase machte wenig Eindruck. Herr v. Bismark hat dadurch in der liberalen preußischen Presse auch nicht einen Freund mehr gewonnen. Wenn er in Blättern gelobt sein will, muß er die Schreiber dafür bezahlen. Die Oeffentlichkeit entgegnet ihm: Kein Geld — keinen Kiel!

Der Weinstock gehört nun auch zur Fortschrittspartei. Wenigstens meldet man aus den fränkischen Gegenden übereinstimmend: Noch in keinem Jahr habe der Weinstock so früh solchen Fortschritt gezeigt, wie heuer.

Muster-Mißtrauensvotums-Begründung
gegen das
gegenwärtige k. b. Ministerium.

Leitfaden für Volksversammlungen sowohl im Freien, als auch in gedeckten Lokalen.

———

Meine Herren, weil schon lange nichts mehr los war und das Interesse an den politischen Angelegenheiten bei der gegenwärtigen warmen Witterung einschlafen könnte, so haben wir beschlossen, die Bewohner der moralischen Hauptstadt Bayerns zu einer großen Volksversammlung einzuberufen. Die Unternehmer befinden sich dabei in einer eigenthümlichen Lage: wenn es regnet, kommen ohnehin nur wenige; ist es schön, so wird das Wetter zu Ausflügen benützt. Wir versammeln uns also bei günstiger und zugleich ungünstiger Witterung. Ist es ja doch eigentlich heute unsere Aufgabe, zu beweisen, daß das herrschende schöne Wetter eigentlich ein schlechtes und miserables Wetter ist! (Heiterkeit.) Ja wohl, meine Herren, wir werden Ihnen das beweisen.

Es handelt sich zunächst darum, einen Vorsitzenden zu wählen, der die Debatte leitet.

(Zuruf: Sie selbst!)

Ich danke Ihnen für dieses überraschende Zutrauen und bitte um Ihre Nachsicht. Wie schon angedeutet, rechneten wir auf ungefähr 6000 Köpfe, aber wenn ich die Versammlung überblicke, so fehlen mir wenigstens 5500. Indessen bin ich überzeugt, daß auch wenige Köpfe oft sehr schwer wiegen. Und dann muß ich sagen, daß ich gerade in der Abwesenheit so vieler Leute eine imponirende stillschweigende Zustimmung zu unsern Beschlüssen erblicke.

Meine Herren! Zunächst handelt es sich um das bekannte Neumayer'sche Landwehr-Rescript. Wenn ich die hier Versammelten überblicke, so scheint mir die Mehrzahl derselben von der Verpflichtung, in die Landwehr einzutreten, ohnehin nicht berührt zu werden. Aber desto unpartheiischer dürfte ihr Urtheil sein. In der Beantwortung der Völk'schen Interpellation sagt ja der Minister selbst, daß sich die Landwehrmänner nur nicht als solche versammeln, daß sie aber sonst in öffentlichen Versammlungen, die also zum größten Theil aus Nichtlandwehrmännern bestehen, dagegen agitiren dürfen. Indirekt ist also damit ausgesprochen, daß gerade diejenigen, welche niemals bei der Landwehr waren und nie dazu kommen, das meiste Recht haben, die Aufhebung derselben zu verlangen. Uebrigens brauche ich wohl kaum zu erwähnen, daß die ministerielle Einlenkung lediglich durch den Druck erfolgte, den schon die bloße Ankündigung unserer Volksversammlung ausübte. Meine Herren, Sie sehen, welch' enorme Macht in Ihren Händen liegt! (Beifall.)

Aber es handelt sich nicht nur um die Landwehrfrage, sondern darum, dem gegenwärtigen bayerischen Ministerium überhaupt ein öffentliches Mißtrauensvotum auszusprechen. Oder ist Jemand hier, der diesem Ministerium noch Vertrauen schenkt? Wenn Einer da ist, so trete er vor! Niemand meldet sich, also ist das Mißtrauen einstimmig angenommen.

Also Sie mißtrauen, meine Herren, und daran thun Sie recht. Einige von Ihnen könnten vielleicht die Gründe dazu nicht präcis angeben, es ist mehr ein politischer Instinkt, der Sie dazu treibt. Wir werden dieses unbestimmte Gefühl zum richtigen Ausdruck bringen, ich will Ihnen vorläufig außer der Landwehrfrage, Amnestieverkümmerung und andern Cardinal-Anklagepunkten noch einige Gründe, warum wir mißtrauen dürfen und müssen, anführen.

1) Die Nichteinberufung des Landtags, obwohl die öffentliche Meinung, die wir vertreten, es verlangte. Wir haben zwar jetzt Landtag, aber wir hätten ihn schon früher haben sollen und demungeachtet jetzt auch wieder. Ich bin überzeugt, in Schleswig-Holstein wäre es anders gegangen — wenn es nicht so gegangen wäre.

2) Abneigung gegen die Umgestaltung der Reichskammer. Dieselbe scheint mir zwar eigentlich hauptsächlich bei den Reichsräthen selbst zu liegen, aber wenn bei den Ministern eine Neigung zu verspüren wäre, würde sich auch jene Abneigung vermindern.

3) Besonders scharfe Betonung der Kronrechte. Die Stärke des Tones, in welchem Kronrechte angeschlagen werden sollen, ist zwar musikalisch nicht festgestellt, aber so viel sagt uns unser parlamentarisches Gehör, daß der in München von den Herren Pfeuffer und v. d. Pforten beliebte zu sehr in's Forte geht.

4) Die **dreijährigen Finanzperioden**, die von den Ministern zwar nicht beantragt wurden, die ihnen aber, wie man gewiß weiß, **lieber** gewesen wären.

5) **Wahrscheinliche Halbheit** in den Reformen, wie sie uns die neue sociale Gesetzgebung bringen soll. Dieselbe liegt zwar noch nicht vor, aber man kann sich jetzt schon denken, wie sie ausfällt.

6) Die Behandlung der Polen, die man zuerst ausgewiesen und dann wieder hereingelassen hat. Man hätte sie zuerst hereinlassen sollen und dann ausweisen.

7) Die Verbreitung des Kopfgenickkrampfes. Es ist zwar nicht hergestellt, daß dieses neueste Uebel durch unser gegenwärtiges Ministerium entsteht, aber andererseits weiß man überhaupt noch nicht, **woher** eigentlich der Kopfgenickkrampf kommt und eben deßhalb muß in dieser offenen Frage Jedem seine Meinung gelassen werden und man kann daher ganz gut annehmen, daß die Meningitis in der gegenwärtig vorherrschenden **reaktionären Strömung**, die aus gewissen Regierungskreisen kommt, ihren Ursprung hat.

Von dem langen Widerstand gegen den Handelsvertrag, von der Nichtanerkennung Italiens, von der Dissidenten=Frage mit angeblicher Mormonenfurcht und andern Dingen will ich schweigen, um zu dem einzig zeitgemäßen Rufe zu gelangen: Ein **anderes Ministerium!** Meine Herren, seien Sie einträchtig. Niemand störe die **Harmonie** des **Mißtrauens** durch einen Mißton des **Vertrauens**!

Glaube man auch ja nicht: die jetzigen Minister könnten sich etwa dadurch retten, daß sie gegen unsere Forderungen nachgiebig sind, wie sie es ja in der Amnestiefrage waren. Jede Concession würde nur beweisen, daß sie kein Programm haben oder zu haben **wagen**, daß sie hin und her schwanken und auf keinem festen Boden stehen. Gegen ein solches Ministerium würde ich nicht nur einfaches, sondern doppeltes, ich möchte sagen das **Quadrat** des **Mißtrauens** beantragen.

(Allgemeiner Beifall.)

Ich habe gesprochen, und werde wahrscheinlich noch öfter sprechen.

Böll hat einmal gesagt: Um Deutschland einig zu machen, würde er sich selbst eine „vorübergehende Säbelherrschaft" gefallen lassen.

Neuestens sagt er: Wenn Deutschland nur dadurch zur Einheit gelangen könnte, daß es sich bismarkisiren ließe, so würde er dieß perhoresciren.

O, wie hat es die Natur so weise eingerichtet, daß Alles, sogar ein Bismark, auch wieder seinen Nutzen stiftet!

Der faule Fischhändler von Berlin.

Nicht wahr, das ist Thierquälerei? Ich soll dich entweder abschlagen, oder dir dein natürliches Element einräumen. Aber nein! Zu Tode sollst du dich zappeln!

Nach der „Kreuzzeitung" ist der Großherzog von Oldenburg nicht so eigentlich direkt nach Berlin gegangen, sondern hat Berlin auf der Reise nach seinen schlesischen Gütern so zu sagen nur berührt.

Es kommt eben nur darauf an und wäre interessant zu wissen: ob sich Berlin durch seine Ankunft angenehm oder unangenehm berührt gefühlt hat.

Ein Frankfurter Blatt schreibt: „Die in den letzten drei Tagen des Mai zu Frankfurt stattgefundene Mastvieh-Ausstellung war bedeutend; was die Hauptgattung, die Ochsen betrifft, so sah man davon prachtvolle Exemplare und war so ziemlich ganz Deutschland vertreten."

Also doch endlich einmal eine Art von gesammtdeutscher Vertretung in Frankfurt am Main.

Marl und Sepperl, Schusterbuben.

Marl. Wenn dieser Bismark Jeden fordern wollte, der ihm keine Wahrheitsliebe zutraut —

Sepperl. Nun, was wär 's dann? Dann würde er nur seiner Politik gemäß handeln und — ganz Deutschland fordern!

Privat-Kabel des Punsch.

Washington. Jefferson Davis soll den Wunsch ausgesprochen haben, dem Verein zur Abschaffung der Todesstrafe beizutreten.

Florenz. Die bisher mit Rom erzielten Resultate sind ganz ausgezeichnet. Es ist nur Schade, daß man nichts davon sagen darf.

Kleine Frühstücksplaudereien.

Eduard Ille hat die Tanhäusersage in einem großen, aus drei Abtheilungen bestehenden Aquarell zur Darstellung gebracht. Demselben liegt jedoch nicht das bekannte Opernsujet zu Grunde, sondern das alte Volkslied, dessen erste Strophe gar naiv lautet:

Tanhäuser war ein Ritter fein
Und wollte Wunder schauen
D'rum ging er in den Berg hinein
Zu Venus und den Frauen.

Das Bild, welches sich so zu sagen in dramatischer Weise vor uns aufbaut, zeigt, wie tief der Meister in das Wesen altdeutscher Kunst und Dichtung eingedrungen ist und erfordert eine genaue, dem Geist der Sache sich hingebende Betrachtung. Von den zahllosen Figuren und Arabesken hat jede ihre sinnige Bedeutung. Die schöne Schöpfung ist Eigenthum Sr. Maj. des Königs und dürfte wohl mit der Zeit, vielleicht auf dem Wege der Photographie, auch Gemeingut werden.

Um dem Mangel an Festlichkeiten einigermaßen abzuhelfen, wird heuer in Darmstadt ein „mittelrheinisches Turnfest" gehalten, wozu die Vorbereitungen bereits im Gange sind. Die Herausgabe eines eigenen Festivitäten-Kalenders von und für Deutschland wird bald Bedürfniß werden. Rechnet man zu den vielen volksthümlichen auch noch die politisch-dynastischen und gar die katholisch-kirchlichen Festtage, so wird das ganze deutsche Leben zu einem einzigen großen Feierabend.

Die Jagd nach der Meningitis. Es ist schon öfter gesagt worden, daß die Münchener an dem schlechten Ruf, den die Gesundheitsverhältnisse der Stadt außen genießen, zum großen Theil selber Schuld sind. Mit einem eigenthümlichen Eifer werden alle vorgekommenen Krankheiten jeden Monat eindringlich beschrieben und die Lokalblätter verfehlen nicht, auch die geringste Ueberschreitung des gewöhnlichen Sterbefälle-Budgets mit tragischer Miene zu verkünden und Fremden und Einheimischen bange zu machen. Es ist nur zu verwundern, daß der Magistrat noch nicht angegangen wurde, den vor Alters im Sendlingerthorthurm placirten Pest-Raucher wieder einzuführen. Die Meningitis cerebro-spinalis war nun für unsere Stadt-Melancholiker ein gefundenes Fressen, die Gegenden, in denen sie spuckte, wurden förmlich beneidet — was Andere haben, das können wir auch haben und zwei oder drei Mal las man die Meldung, endlich ist auch in unserer Stadt ein Kopfgenickkrampf vorgekommen! Die nähere Untersuchung ergab jedoch, daß es immer noch nicht die ächte Meningitis sei und selbst über ein paar neuestens zugegebene Fälle sind die Ansichten objectiv urtheilender Aerzte noch getheilt. Menschenkenner behaupten, eine solche Freude an düstern und unheimlichen Nachrichten sei ein Zeichen von — Geistesbeschränktheit.

Da über Hrn. Hans von Bülow noch nicht viel geschrieben wurde, so freut es uns Anlaß zu haben auf denselben noch einmal zurückzukommen. Er wendet sich in einem artigen Briefchen vom 4. Juni an die Redaction des Punsch mit der Mittheilung, daß verläßige genealogische Notizen über seinen Stammbaum in dem „Familienbuch derer von Bülow" zu finden seien, welches ein Oberst dieses Namens vor einigen Jahren in der Berliner Hofbuchhandlung von A. Dunker erscheinen ließ. Der Großvater des Hrn. Vorspielers starb in Dresden als kgl. sächsischer Major, ebendaselbst lebte auch sein Vater, Eduard v. Bülow, als Schriftsteller und Freund Ludwig Tiek's bekannt; Hans ist gleichfalls in der schönen Elbestadt geboren und zwar am 30. Januar 1830, also noch nicht 40 Jahre alt. Eduard v. Bülow, anhalt. Kammerherr, preuß. Johanniterritter, vermählte sich später in zweiter Ehe mit der Tochter des Grafen v. Bülow-Dennewitz und starb auf seinem Gute Oetlishausen im Canton Thurgau im Jahre 1853. Die Devise unserer Linie, schreibt Hans v. Bülow, lautet: „Alle Bülow'n ehrlich."*) Herr v. Bülow ist also durchaus edlen Geblüts und die Sage, die uns zu Ohren kam: sein Vater sei Buch- und Musikalienhändler gewesen, irrthümlich, vielleicht nur aus der schöngeistigen Beschäftigung Hrn. Eduard v. Bülow's entstanden. Schließlich nimmt der Briefschreiber auch seinen Schwager, den bekannten französischen Deputirten Ollivier in Schutz und erklärt das Gerücht, derselbe habe sich mit einer Tochter Meyerbeer's vermählt, für Klatsch und erlogen. Letzteres Wort ist ihm schon wieder in der Hitze entfahren, denn zur Lüge gehört die Absicht zu täuschen und zu einer solchen ist im gegebenen Falle kein Grund denkbar. „Die Anklage politischer Apostasie," schreibt Hr. Hans v. Bülow, „kann am besten durch Kenntnißnahme seiner Reden im gesetzgebenden Körper entkräftet werden, welch' letztere ich gerne erbötig bin, Interessenten nutzzutheilen." Um über die parlamentarische Thätigkeit des Herrn Ollivier Nachrichten einzuholen, dazu braucht man nicht Hans v. Bülow aufzusuchen; dieselben sind u. A. auch in allen Zeitungen zu finden. Uebrigens gratuliren wir Hrn. v. Bülow zu seiner schönen Familiendevise. Niemand zweifelt daran, daß auch er ehrlich ist; wie lange er (dahier) währen wird, steht wohl zunächst bei ihm selber.

*) Das Bülow'sche Motto von der Höflichkeit steht im „genealogischen Taschenbuch" der freiherrlichen Häuser, Jahrgang 1864. Nach demselben sind die Bülowen von altem wendischen Geblüt und zählten ihre Vorfahren sogar zu den Dynastengeschlechtern des Obotritenvolkes; später verbreiteten sie sich über mehrere deutsche Länder. Zwischen der Zeit, wo der älteste Bülow in Meklenburg hauste und derjenigen, wo einer der jüngsten einen Clavierauszug aus „Tristan und Isolde" fertigte, liegt ein Zeitraum von 600 Jahren.

Mit dem nächsten Monat beginnt die zweite Hälfte des achtzehnten Jahrganges.

Alle Postanstalten Deutschlands, welches größer sein sollte, und Bayerns, welches in keinem Fall mehr kleiner werden darf, erledigen halbjährige Bestellungen.

Münchener PUNSCH.

Ein humoristisches Originalblatt von K. E. Schleich.
Achtzehnter Band.

Nro. 25. — Halbjähriger Abonnementspreis: in Bayern 1 fl. Im Ausland erfolgen die üblichen Postaufschläge. — 18. Juni 1865.

Zu Anfang des Semesters effektuiren alle
Postanstalten
des amnestirten In- und Auslandes
halbjährige Bestellungen.

Marl. Was gibt's kirchlich Neues, wenn man fragen darf?

Sepperl. Der Papst hat in die Unterdrückung einiger Diözesen gewilligt.

Marl. Mein Gott, es wird doch nicht die von Passau darunter sein?

Sepperl. Ach, das bezieht sich ja nur auf Italien.

Marl. Na, nachher bin ich schon beruhigt.

Marl. Schimpft man immer über den Großherzog von Oldenburg, und doch hat er zum deutschen Schützenfest 3000 Betten hergegeben.

Sepperl. Ja, dasjenige was die Deutschen zum Schlafen bringen kann, das wird von Fürsten seines Gleichen immer mit Vergnügen gewährt.

Marl. Der Napoleon is wieder glücklich z'rück?

Sepperl. Ja. In Algier wär's ihm bald schlecht gegangen. Da haben ihn die Flittah's plötzlich umrungen und mit geschwungenem Säbel um Amnestie gebeten.

Marl. Na, da wenn er net nach'geben hätt'!

Sepperl. Da hätt' er 9 Jahr nach der Hochzeit und fern von seiner Eugenie vielleicht noch einige Flittah=Wochen in Algier zu verleben 'kriegt.

Marl. Kerl, du machst altbayrisch=arabische Wortspiele.

Marl. Wie steht's denn mit den öftreichischen Finanzen?

Sepperl. Recht gut, die haben heuer gar kein Deficit.

Marl. Kein Deficit? Was benn?

Sepperl. Ein Superdeficit.

Marl. Da möcht' man schon bald ein „wonnehehrstes Beben" empfinden.

Marl. Also Schutzmänner bekommen wir keine?

Sepperl. Scheint nicht. Aber die Gensdarmerie wird man ordentlich vermehren.

Marl. Is auch nothwendig.

Sepperl. Ja, besonders wenn die andern großen Wagner=Opern auch noch aufg'führt werden.

Marl. Hast du's g'lesen: im vorigen Quartal hat der Peters=Pfennig in der Münchener Diözese wieder gegen 5000 fl. eingetragen.

Sepperl. Ja, ja, stark is 's schon. Aber der Bier=Pfennig wär' mir halt doch noch lieber.

Kaiser Napoleon hat in Algier die Deputationen mehrerer fremden Stämme zum Frühstück geladen.

So oft überhaupt ein Napoleon einen fremden Volksstamm sieht, denkt er sich: Den möcht' ich wieder zum Frühstück!

Virchow will Hrn. v. Bismark eine Ehrenerklärung geben, wenn letzterer erklärt, daß er die Commission durch den Ausdruck „Hannibal Fischer" nicht habe beleidigen wollen.

Am Ende läuft der ganze Skandal darauf hinaus, daß der völlig unschuldige, harmlos in München privatisirende, ehemalige großherzoglich oldenburgische Staatsrath Hannibal Fischer von beiden Partheien als **Ableiter** benützt wird, um das Virchow-Bismark'sche Duellfeuer ohne Schaden in den Erdboden zu leiten.

<blockquote>
Wenn zwei Grobe sich genugsam stritten,
Dann schimpfen sie meistens einen Dritten.
</blockquote>

Einer der reizendst gelegenen Bahnhöfe.

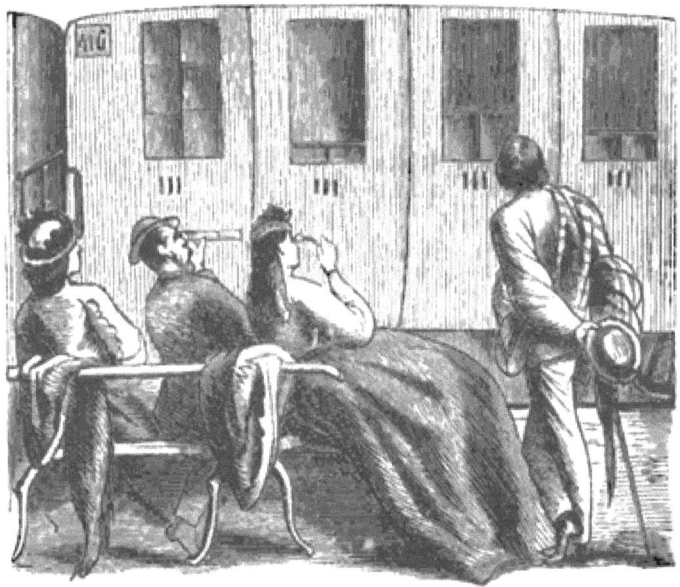

Touristen benützen das letzte halbe Stündchen, um sich vom Starnberger Bahnhof aus noch einmal den See und die Gebirgskette zu betrachten.

Unter anderm Tadel, welchen Herr v. Bismark an dem Bericht der Marinecommission des Abgeordnetenhauses auszusetzen hatte, befand sich auch der, daß der Bericht eine indirecte Vertheidigung Hannibal Fischers enthalte.

Nun, und wenn auch — was braucht sich ein Bismark daran zu stoßen? Fischer hat nur einen punischen Vornamen, Herr v. Bismark aber gar eine punische Politik.

In München soll ein großes See-Aquarium nebst Reptilien-Salon errichtet werden und der Neue Bayr. Kourier schreibt, daß dieses Institut in der Auswahl der Thiere als ein der Königstadt würdiges bezeichnet werden könne. Wir möchten nun fragen: Welches sind die einer Königsstadt würdigen Reptilien?

Vom Kaiser Maximilian von Meriko erzählt man sich wieder folgenden trefflichen Charakterzug. Mehrere Familien aus den conföderirten Südstaaten, deren Vermögensverhältnisse sehr geschwächt waren, baten ihn, nach Meriko übersiedeln zu dürfen. Maximilian aber erwiderte ihnen: Geschwächte Vermögens-Verhältnisse hab' ich selber!"

Pälzische Blutrach',

auf Grund einer Idee des Herrn Ruland.

Die Blutrach' is e schrecklich Ding,
Do muß's im Mensche förmlich koche;
Und 's Lebe gilt en Pifferling,
Mer rächt alsfort, un werd' geroche.

Uf Korsika, do is 's so Mod',
Do hot mer derzu eig'ne Messer;
E poor Familje sin gleich todt,
Un werde 's noch mehr, um so besser.

Nu sächt der Ruland: Um le Hoor
Werd's in der Palz gelinder g'numme,
Wenn die, die wo vor sechzeh' Johr
Beim Ufstand ware, widder kumme.

Der Een' hot sich e Perdche g'holt,
Der Anner e Poor Säck' erbroche,
Der Dritt' em Mädche was gewollt,
Der Viert' gor Een' in d' Rippe g'stoche.

Die soll mer kriege, amneschtirt,
Die Staats- und Eigethumsumwälzer?
Wenn do net gleich e Rach' passirt,
Meent Ruland, dann kenn' ich ke Pälzer.

E bische Blutrach' wär' schon gut,
Die derf'n m'r, glab' ich, uns erlaube;
Nor nehme mer ke Menscheblut,
Mer nehme des vun unf're Traube.

Em Kerl, der uns nicht gefällt,
Blüht e Genuß, e rechter dummer:
Dem werd' e Schöppche vorgestellt
Vun dem Gewächs — vum vor'ge Summer.

Doch kummt e gute deutsche Seel',
Die glabt hot: 's braucht nor Perorire,
Mit Blättcher, Fähncher un Krakehl
Ließ' Deutschland sich vun Grund kurire —

No, der is wohl nicht mehr der Thor,
Dem wolle mir ach jetzt vergebe.
Dem setzt m'r Neunefufz'ger vor,
Un loßt 'n derbei recht oft lebe.

Un hot's 'n unner'n Tisch gesetzt,
So geht m'r, gibt ihm noch 'n Klopper:
Herr, in der Palz herrscht Blutrach' jetzt,
Un Sie sin eens vun ihre Opper!

Meyer. Nun, was hat denn der Ausfall des Herrn Böll für einen Eindruck gemacht in der Diözese Passau?

Huber. Weiß nicht. Im Geldpunkt sind die Meinungen zwischen dem Herrn Bischof und seinem Klerus jedenfalls getheilt.

Meyer. Thut nichts, wenn nur 's Geld auch getheilt bleibt! Aus Meinungen, glaube ich, macht sich der Herr Bischof nicht viel.

Privat=Kabel des Punsch.

Rom. Es heißt nun ganz bestimmt, daß Columbus heilig gesprochen wird. Das Gerücht, daß dieselbe Ehre auch den Herren Galilei, Gutenberg, Newton, Keppler, Galvani u. A. zu Theil werden soll, scheint jedoch grundlos zu sein.

Bucharest. Fürst Cusa zeigt an, daß er seine Frau mit einem gesunden Adoptivsöhnchen beschenkt hat. Die künstliche Wöchnerin, sowie das angenommene Kind befinden sich den Umständen gemäß wohl.

Algier. Der Kaiser dankt der afrikanischen Armee für ihre Strapazen. Wenn es auf die Armee ankäme, würde sie gleichfalls danken.

Athen. Zur Abwechslung waren in Griechenland wieder einmal Wahlen. Das, was man daselbst öffentliche Ruhe nennt, erlitt keine Störung.

Pesth. Bei der Anwesenheit des Kaisers waren die Eljens manchmal sehr stürmisch, man hörte Beifall donnern, auch regnete es stellenweise Bouquets. Demungeachtet zweifelt Niemand an der Beständigkeit der bisherigen ungarischen Witterung.

Hornberg. Die bekannte Hornberger Schützengesellschaft beschloß, die Herren v. Bismark und Virchow zu Ehrenmitgliedern zu ernennen.

In Algier äußerte der Kaiser den Wunsch, die Araber möchten es dahin bringen, daß sie **alle Aemter** bekleiden können, wie die Franzosen. Man denke sich z. B. einen **Haremsbesitzer** als Pariser **Cultus- und Unterrichtsminister!**

Es wäre neu, aber nicht ohne!

———

Für den Fall, daß Herr **Metz** von Darmstadt beim Bremer-Schützenfest wieder erscheinen und auch heuer mehrere **Schmerzenskinder** aus der Taufe heben sollte, ersuchen wir ihn, doch ja nicht der armen **Deutsch-Preußen** zu vergessen! Es ist kaum zu fürchten, daß ihm ein pommer'scher Wildauer entgegentritt.

Mehrere **Deutsch-Oestreicher**,
denen die Frankfurter Theilnahme noch wohl thut.

———

Land, Landeswohl, Landeszweck, Monarch, Anhänglichkeit — diese und ähnliche Worte findet man in den officiellen **Pesther** Reden und Ansprachen zu Dutzenden. Aber ich habe nirgend gelesen, daß die Ungarn erklärt hätten: Wir sind **auch Oestreicher!** — noch daß der Kaiser gesagt hätte: ich bin der constitutionelle König von **Ungarn**.

So enge Hosen und so weit gehaltene Phrasen, das gefällt mir nicht recht an diesem Ofen-Pesthlichen Versöhnungsfest.

Pimplhuber,
ein Schwab', der 's freilich eigentlich nicht versteht.

Kleine Frühstücksplaudereien.

Nicht nur das **Fortschreiten**, sondern selbst das **Fortrennen** soll bei uns künftig nur auf gesetzlichem Wege geschehen. Der Rennverein wird das bezügliche Statut aufstellen und ist bereits ein Renngesetzgebungs-Ausschuß gewählt. Die Elemente, welche bei uns das Zweikammer-System begründen, machen sich auch bei der Rennerei geltend; wir haben das **volksthümliche** Rennen, das sich hauptsächlich beim Oktoberfest entfaltet, und den adeligen **Jokey-Club**, gleichsam die cavalleristische Reichskammer, die auch vorwärts trachtet, aber mit Hindernissen.

Italienischen Blättern zufolge wollte Franz Liszt, Hans v. Bülow's Schwiegervater, in Rom am Pfingstsonntag seine erste Messe lesen. Man weiß da wirklich nicht mehr, was man von Liszt oder von der Messe denken soll. In Deutschland hat der Jüngling Lateinschule, Gymnasium, Philosophie und Theologie gründlich zu absolviren und sich erst noch in einem Priesterseminar ein paar Jahre lang vorzubereiten, bis er zu den Weihen gelangt. Franz Liszt, Weltmann erster Klasse und noch vor einem halben Jahre ausschließlich Virtuose, soll sich jetzt schon in ein Individuum verwandelt haben, das andern Leuten „ihre Sünden hinwegsegnen" kann. Wenn obige Berichte wahr sind, dann nimmt man entweder in Rom gewisse Dinge zu leichtsinnig oder in Deutschland zu — ernsthaft.

In Betreff des **Staatsbaudienstes** bringt der Nürnb. Corr. eine „Warnung an Eltern". Beim ersten Anblick glaubt man, die Eltern würden gewarnt, Kinder nicht in die neuerrichteten Staatsbauten hineinlaufen zu lassen, da dieselben mitunter gefährlich sind; es ist aber nur eine Abmahnung, die Jungen für das Baufach zu bestimmen, wo sich ein äußerst langsames Avancement mit möglichst schlechter Besoldung verbindet. Zu einem Klenze bringt's in 50 Jahren kaum Einer und neue Straßen- und Phantasiebauten werden auch nicht in jedem Jahrzehend unternommen.

„Tristan und Isolde, (was?) von Richard Wagner" ist gegeben worden. Wenn das dramatische oder musikalische Produkt eines Deutschen nur mit dem Aufwand fürstlicher Mittel in Scene zu setzen ist und der Urheber eine solche Aufführung dennoch erlebt, so kann er wahrhaftig von Glück sagen. Diese That unsers jungen Königs wird in der Kunstgeschichte vielleicht für immer einzig dastehen, sie verdiente, daß sich eine wirkliche neue Epoche daran knüpfte. Leider ist aber ein so barocker Text in Verbindung mit einer solchen Martermusik kaum im Stande, das allerdings empfundene Bedürfniß nach neuen und höheren Kunstformen zu befriedigen. Von Gefallen oder Nichtgefallen kann im vorliegenden Falle, wo es um Erfüllung eines noblen Versprechens handelte, keine Rede sein. Den Erfolg des Abends nannte ja der Componist in seinem Sendschreiben an die Wiener „Presse" selbst ein Hazardspiel und er wird also auf das Hervorrufen seiner Person, das sich bei beiden Vorstellungen wiederholte, keinen besonderen Werth legen. Ein Antheil an dem Applaus gebührt wohl auch Hansen v. Bülow, der sich um das Werk seines Freundes mit einer wirklich anerkennenswerthen Hingebung annimmt. Schon öfter haben Freunde für einander gestritten und geblutet, aber so hat noch keiner für den andern — geschwitzt! Wenn man nicht das leidige Textbuch zur Hand nimmt, sondern lediglich Situation und Musik auf sich wirken läßt, so hat der erste und der dritte Akt auch für den Laien manches Anregende; entsetzlich lang ist jedoch der zweite, wo Tristan und Isolde über eine Stunde neben einander liegen, singen und schlafen, bis König Marke, der eigentlich die gehörnte Kopfbedeckung des Kurwenal tragen sollte, einen traurigen aber willkommenen Abschluß herbeiführt. Herr und Frau Schnorr bewährten sich als eminente Gesangskräfte; die letztere ist auch eine sehr **geistreiche Darstellerin**. Was von ungeheucheltem Interesse im Publikum rege wurde, ist weitaus zum größten Theil diesem Künstlerpaar zu verdanken.

Münchener PUNSCH.

(Ein humoristisches Originalblatt von M. E. Schleich.

Achtzehnter Band.

Nro. 26. Halbjähriger Abonnementspreis: in Bayern 1 fl. Im Ausland erfolgen die üblichen Postaufschläge. 25. Juni 1865.

☞ **Halbjährig** bei allen **Postämtern.**

Von wessen Gnaden ist dieses Geschöpf?

Der König von Preußen und der Kaiser von Oestreich (Plural) sind

Herzog von Schleswig=Holstein (Singular).

Ist das keine Mißgeburt? Und eine solche Monstrosität in stylistischer und physischer Beziehung soll eine, wenn auch nur provisorische Lebensfähigkeit besitzen?

Die auf den 15. Jun d. J. bestimmte Bundestagssitzung fiel wegen des Fronleichnams aus.

Natürlich: Der Fronleichnam und der Bundestag — zwei so hohe Leichname an einem Tag, das wäre gar zu ergreifend gewesen.

Für den eben so einfachen als klaren Begriff

Schuldenmachen

gebrauchte der östreichische Finanzminister in einer der letzten Reichsraths-sitzungen folgende Umschreibungen:

    Staatsgüter-Schuldenraten-Bedeckung.
    Bankschuld-Tilgungs-Credit.
    Staatsbedürfnisse-Befriedigungsoperation.
    Partial-Hypothekar-Anweisungs-Vermittlung.
    Kassabestand-Aufrechthaltung.
    Münzscheine-Einziehungs-Vervollständigung.
    1864ger Einnahmen-Abgang-Deckung.
    Staatseinnahmen-Abgängebedeckungs-Abschlag.
    Contraktliche Zahlungs-Bestreitungen an verschiedene Bahnen.

Aus dieser außerordentlichen Mannigfaltigkeit von Bezeichnungen für ein und dieselbe Sache, aus diesem unerschöpflichen Vorrath von Worten und Titeln sieht man neuerdings, wie reich die deutsche Sprache ist und daß selbst ein österreichischer Finanzminister in Bezug auf Namen-Herbeischaffung niemals bankerott werden wird.

Und sie geht doch in die Taube!

Die Auffindung irgend eines Modus vivendi, wonach zwischen Italien und dem Zollverein Handelsbeziehungen ohne Anerkennung des ersteren geschaffen werden könnten, wird von Italien heftig zurückgewiesen. Das erst kürzlich wiedergeborne Italien steht in den Flegeljahren und will von irgend welcher Lebensart — modus vivendi — nichts wissen.

Italien, sagt man in Florenz, braucht die deutschen Produkte durchaus nicht, es kann dieselben auch anderswo kaufen. Und wozu braucht Deutschland Italien? Ist auf der Münchener Hochebene nicht genug Platz, um die schönsten Pomeranzenwälder anzulegen? Wenn die erzielten Früchte vielleicht auch etwas sauer schmecken würden, so wäre doch der legitimistische Standpunkt gewahrt. Seide bauen wir selber und was wir nicht fertig bringen, das machen dann die Chinesen. Was endlich die vulkanischen Produkte Italiens betrifft, so sind die Deutschen schon im Stande, sich einander selbst etwas vorzuschwefeln.

Weit über all' diese Gründe, die vielleicht nicht ganz stichhaltig sind, geht die schuldige Rücksicht auf Oestreich. Oestreich hat zwar den griechischen Georgios anerkannt, und das war nicht schön, aber **ein** Unrecht, sagt die Moralphilosophie, kann durch ein zweites nicht aufgewogen werden. Oestreich hat seine alten Verträge mit Sardinien, es wird also herüber und hinüber gehandelt, wo die Waaren weiter hingehen, das kümmert die k. k. „Sectionen" zu Wien nicht im Geringsten; Bayern aber hat die hohe und ehrenvolle Mission, dem legitimistischen Princip, das Oestreich nur theoretisch wahrt, auch **praktisch** seine Opfer zu bringen. Bayerns Politik wird nicht nur von commerciellen, sondern auch von sittlichen Motiven geleitet — unser Ministerium des Aeußern steht **groß** da unter den Ministerien der Neuzeit und um so größer, als gegenwärtig sogar noch ein drittes Stockwerk aufgesetzt wird. Sonderbarer Weise hat gerade diesen Bau ein italienischer Meister übernommen und wer um die Mittagsstunde vorübergeht, der sieht die braunen Kinder des Südens in der Sonne liegen. Es sieht manchmal aus, als ob sie melancholisch darüber wären, daß gerade der Staatsmann, dem sie einen so schönen Bau aufführen, von dem Aufbau Italien's Nichts wissen will.

Doch wir werden, wenn es nicht mehr anders geht und wenn wir keinen Dank mehr dafür zu erwarten haben, auch Italien anerkennen. Bayern ist wie das Mädchen, von dem Nestroy schreibt: „Sie sagt immer, es schickt sich nicht, und sie geht doch in die Laube!" Unsere Regierung ging in die Finanzperioden-Abkürzungs-Laube, in die Amnestie-Laube, in die Handelsvertrags-Laube — sie wird schließlich ebenso in die italienische Anerkennungs-Laube gehen, wenn sich's auch vom legitimistischen Standpunkte „nicht schickt". Das ist die Macht der **Verhältnisse** — daß eben die Verhältnisse **Alles machen.**

Wenn der Bundestag die ganze Zeit Nichts thut, wie macht er es dann, wenn er doch eine dreiwöchige Geschäftsunterbrechung vornehmen will? Die Mittheilung dieses Geheimnisses wäre für jeden Pflastertreter, dessen einziges Uebel in der Langweile besteht, von hohem Werthe.

———

Welches Ansehen der deutsche Bund im Auslande genießt, geht u. A. auch daraus hervor, daß ihm der Tod des russischen Thronfolgers jetzt schon angezeigt wurde.

Gutem Vernehmen nach soll nächstens auch ein Gesandter der hohen Pforte erscheinen, um den Bundestag in Kenntniß zu setzen, daß die Stelle eines Kalifen von Bagdad eingezogen und mit dem Sultanat in Constantinopel vereinigt worden sei. Auch einer Anzeige aus Aegypten, den Tod der alten Pharaonen betreffend, sieht man in Frankfurt stündlich entgegen.

———

Bismark sagt in seinem Landtags-Abschied: „Die Regierung hat nur ein Ziel vor Augen: die Wahrung der Rechte des Königs und des Landes."

Das sind aber zwei Ziele! — Die etwaige Einrede, daß die Rechte des Königs und des Landes Eins seien, wird durch den Nachsatz: „Wie sie neben einander bestehen können und müssen" widerlegt.

Also preußisch mag dieser Satz sein, deutsch ist er aber nicht.

———

Particulier Richard Wagner — (so steht er im Adreßbuch) — hieß einen Augsburger Bahnhofsbeamten, der kein großes Gepäck im Waggon dulden wollte, einen dummen Menschen und behauptete hinterher, er habe seinen Bedienten gemeint.

Die Entschuldigung ist vortrefflich! Warum hat Herr von Bülow nicht auch einige Bediente in die Tristan-Probe mitgenommen und dieselben etwa in der ersten Sperrsitzreihe Platz nehmen lassen?

Der Gegenstand, welchen der Richard Wagner'sche Bediente seinem Herrn in Augsburg in den Waggon bringen wollte, war, wie man vernimmt, ungeheuer lang, außerordentlich breit, ohne bestimmte Gestaltung, aber sehr schwierig zu fassen, so daß man nicht wußte, was man daraus machen soll.

Es war also wahrscheinlich eine Arie oder ein Duett aus „Tristan und Isolde" oder gar aus dem Nibelungenring.

Ein Schwede aus Ingolstadt.

Ein k. b. Einwohner dieser Stadt, der zu seinem Vergnügen nach Wien gereist war und daselbst den Entschluß gefaßt hatte, auch Florenz, Rom u. s. w. zu besuchen, begab sich zur Einholung eines Passes zur k. bayer. Gesandtschaft, erhielt auch einen solchen, jedoch mit dem Bemerken, daß im Königreich Italien, welches Bayern aus den schon vom Frhrn. v. d. Pfordten kurz angedeuteten Gründen nicht anerkennt, auch ein k. bayer. Paß keine Gültigkeit haben werde, weßhalb sich an den — schwedischen Gesandten zu wenden sei, damit dieser den k. bayer. Paß visire und so zu sagen landläufig mache!

Obwohl man sich fragen möchte, ob und in wie ferne unter solchen Umständen ein bayerischer Gesandter seine Aufgabe nach allen Richtungen erfüllen und den für ihn eingesetzten Budget-Ansatz so zu sagen verdienen kann, hat doch die oben angeführte Thatsache auch wieder etwas Erhebendes! Man sieht: die Zeiten des 30jährigen Krieges sind längst hinter uns, der Haß, der sich in vielen Gegenden Bayerns an das Andenken der Schweden knüpft, existirt nicht mehr, kann und darf nicht mehr existiren, denn Schweden ist es, das uns mit internationaler Giltigkeit versieht, unsere Bürger im Ausland mit der Heiligkeit seines Wappens deckt, uns so zu sagen jenseits der Alpen durch's Leben hilft! Gustav Adolf hat uns bekämpft, um uns von Rom abwendig zu machen, der Gesandte des jetzigen Schwedenkönigs bietet denen freundlich die Hand, die gerne nach Rom kommen möchten!

Merkwürdige Wendung der Geschichte, wunderbarer Humor des Schicksals, ungeheuer traurige Gestalt deutscher Staatskünstler! Mögen dafür alle Schweden, Norweger und Lappen in Bayern als Landsleute und Brüder aufgenommen und behandelt werden.

Neueste Volksversammlung in Nürnberg.
Gegenwärtig 466 Personen.

Ein Herr mit einer Kunst-Nase besteigt den Präsidentenstuhl.

Herr.

Meine Herren, ich glaube eine gewisse Berechtigung zu haben, hier den Vorsitz —

Mehrere Stimmen.

Deutlicher!

Herr.

Deutlicher kann ich nicht —

Stimmen.

Herunter! (Er zieht sich zurück.)

Ein Redeluftiger betritt die Bühne.

Silentium! Die sanitätsstatistischen Enthüllungen, die der Herr v. Neumaier in der bayerischen Kammer gemacht hat, erfüllen gewiß Jeden von uns mit der größten Entrüstung. — (Zustimmung.) — Wie kann man eine respektable Anzahl von Einwohnern wegen einer secundären Sache so vor den Kopf stoßen! Das ist eine indiscrete Verletzung der persönlichen Freiheit. Ein constitutioneller Hauptgrundsatz lautet: Habeas corpus, was für einen du willst! Ueberhaupt liebt es dieser Minister, mit dem Höllenstein seiner Ironie auch die zartesten Seiten des staatlichen und bürgerlichen Lebens zu verletzen. Deßhalb beantrage ich folgenden Beschluß: „Die 466 von Nürnberg geben ihm ein entschiedenes Mißtrauensvotum."

Allgemeiner Beifall. Redner gleitet herab.

Zweiter Redner.

Obwohl ich auf die Ehre, in dieser Versammlung zu sprechen, nur geringe Ansprüche habe, erlaube ich mir doch, das Wort zu ergreifen. Vor vier Jahren wären wir, wie der Minister selbst constatirt, nur 277 gewesen, heute sind wir 466. Man sieht also, wie das Mißtrauen im Wachsen begriffen ist! — (Sensation und Beifall.) — Sprechen wir uns offen aus; unser Mißtrauen muß so zu sagen ansteckend wirken. Was man auch in München vorbringen mag, wir sind doch die moralische Hauptstadt.

(Minutenlanger Applaus.)

Der Redner von vorhin.

Daß die 622 Collegen in München sich unserm Votum anschließen, ist nicht wohl zu erwarten. Diese Leute wissen gegebene Verhältnisse nicht höher aufzufassen, sondern fühlen nur Sehnsucht nach der Bierbank.

Eine Stimme.

Wir auch!

Redner.

Möchten sich doch bald die Betheiligten von ganz Deutschland zusammenfinden und mit einander tagen! Möchten sie, wie üblich, einen Verein gründen und eine Zeitschrift zur Besprechung gemeinsamer Angelegenheiten. Für heute beschränke ich mich auf den Antrag, den 622 Münchenern einen telegraphischen Gruß zu schicken.

(Zustimmung. Man trennt sich unter gegenseitiger Achtung.)

Privat=Kabel des Punsch.

Wien. Das Verbot des Schauspiels „Lincoln" soll wirklich nur deßhalb erfolgt sein, weil republikanische Staatseinrichtungen auf der Bühne nicht lächerlich oder verächtlich gemacht werden sollen.

Schleswig. Herr v. Halbhuber läßt sich durchaus keine Halbheiten zu Schulden kommen, im Gegentheil soll die östreichische Regierung damit umgehen, ihn als Anerkennung seiner Energie zum Grafen von Doppelhuber zu ernennen.

Gesuch.

Man sucht einen Bedienten, der auch mit Zukunftsmusikern umzugehen weiß und mit auf Reisen geht. Auch hat er alle „dummen Menschen", die seinem Herrn unterwegs entfahren, auf sich zu nehmen. — Näheres bei Particulier R. W.

Kleine Frühstücksplaudereien.

In einem größeren Stuttgarder Lokale wurde eine Trauerfeierlichkeit für Lincoln abgehalten, bestehend in Gesängen und einigen Reden. Was wollen Deutsche auch anders thun? Ein Schelm gibt mehr als er hat. Der Jahrestag der Schlacht von Waterloo, in welcher kein einziger Bayer in Feindeshand fiel, ging dießmal an den Münchener Sommerkellern spurlos vorüber. Hingegen wurde der Tag in Lindau bei erhebenden Reden, frischem Bier und warmer Begeisterung gefeiert. Ueberdieß sind gegenwärtig in Deutschland zwölf bis fünfzehn großartige Feste in Vorbereitung.

———

Kunst-Fortschritt. Ein Cafehausbesitzer in Bockenheim bei Frankfurt hat ein Balletcorps engagirt, das sich unter Begleitung von Militärmusik jeden Nachmittag und Abend producirt und von Seiten der Herren Frankfurter großen Zulauf findet. Bockenheim wird seinen Namen bald mit Recht tragen.

———

Zu der Nachricht, daß der Renegat Omer Pascha vom Pabst empfangen worden sei, schüttelte der Münchener Volksbote ungläubig den Kopf. Nun erfährt man aber, daß der zum Islam abgefallene Er-Christ dem Pabst den Petersspfennig der Maroniten überreichte. Im Vatican scheint also auch die gute alte Hausregel zu gelten: Wer Geld bringt, den soll man unter keinen Umständen abweisen.

———

Es cirkuliren falsche „preußische Thaler" mit der Umschrift „Gott segne Sachsen". Ein Preuße, der Gottes Segen auf Sachsen herabruft, muß ja falsch sein!

———

In Paris wird diesen Sommer eine Insekten-Ausstellung veranstaltet, wobei nicht nur die producirenden (Seidenwürmer, Bienen u. s. w.) sondern auch die schädlichen Gattungen, sowie die Parasiten der Thiere und Menschen in ihren verschiedenen Arten zur Anschauung kommen sollen. Vielleicht lesen wir dann über's Jahr folgende Anzeige: „In der X.-Gasse, beim Bäcker Zipfel, dessen Schwaben auf der Pariser Insektenausstellung mit der silbernen Medaille ausgezeichnet wurden, ist eine hübsche Wohnung zu vermiethen."

———

Preis in Bayern 1 fl. Auswärts erfolgt der übliche Postzuschlag.

Münchener PUNSCH.

Ein humoristisches Originalblatt von M. E. Schleich.

Achtzehnter Band.

Nro. 27. Halbjähriger Abonnementspreis: in Bayern 1 fl. Im Ausland erfolgen die üblichen Postaufschläge. **2. Juli 1865.**

☞ Siehe die Anzeige auf der letzten Seite.

Themis im Waffenrock.

Militärgerichtliches Genrebild nach einer unwahren Begebenheit.

Präsident.
(Commandirt.) Auf Eure Plätze Marsch! — Akten in die Ruh'! — Angeklagter vor.
(Der Angeklagte wird vorgeführt.)

Präsident.
Herr Staatsanwalt!

Staatsanwalt.
(In Postur.) Befehlen, Herr Präsident?

Präsident.
Legen Sie Ihre Anklage aus.

Staatsanwalt.
Gehorsamst zu melden, daß Mathias Würsching, Gemeiner bei der 1. Compagnie des Regiments Bortenberg, sich eines Diebstahlsvergehens schuldig gemacht hat, und —

Präsident.
(Zum Angeklagten.) Unter 6 Monaten kommst du mir nicht weg —

Staatsanwalt.
Erlaube mir gehorsamst beizufügen —

Präsident.

Schweigen! — Tachtung! — Ich beantrage 6 Monate und werde abstimmen lassen. Richt't Euch!

Angeklagter.

Bitt' g'horsamst, so schnell geht's net! Es is gar nicht wahr, ich brauch kein' Hosenträger, und hab' nie ein' g'habt!

Präsident.

Hosenträger? Wie so? Erklären Sie mir Herr Staatsanwalt.

Staatsanwalt.

Das ist es ja, was ich mir vorhin beizufügen erlauben wollte: daß es ein Hosenträger ist, den Angeklagter gestohlen haben soll.

Präsident.

Gestohlen hat!

Staatsanwalt.

Vom Standpunkt der Anklage wohl, aber Herr Lieutenant Schnepf wird dieß als Vertheidiger in Abrede stellen, weßhalb bis zur Festsetzung des Urtheils ein unbestimmter Ausdruck am Platz sein dürfte.

Präsident.

Herr Lieutenant, wie kommen Sie dazu, einen solchen Menschen zu vertheidigen?

Lieutenant-Vertheidiger.

Erstens bin ich commandirt, zweitens —

Präsident.

Stellen Sie sich ordentlich her; man setzt den Daumen nicht auf den Tisch und noch weniger den rechten Fuß vor den linken. Auch haben Sie eine Menge Bücher und Papiere vor sich liegen, stellen Sie dieselben in Pyramidenform. Marschiren Sie zwei Schritte mit Beibehaltung der Fronte zurück und machen Sie dann fertig.

Lieutenant.

Ich habe die Handgriffe der Vertheidigung zwar nicht los, bin aber demungeachtet von der Unschuld meines Clienten überzeugt.

Präsident.

Herr Kamerad, Sie setzen sich zu Ihrem Vorgesetzten in einen Widerspruch, der kein gutes Ende nimmt. (Zum Staatsanwalt.) Wie viel haben wir Zeugen?

Staatsanwalt.

Einen einzigen und zwar den Beschädigten.

Präsident.

Derselbe soll in Sektionen aufmarschiren und rechts abbrechen. (Zum Staatsanwalt.) Hängen Sie doch Ihren Säbel in den Haken an der Kuppel, wie können Sie denn sonst eine Anklage richtig durchführen!

(Der Zeuge erscheint.)

Präsident.

(Zum Vertheidiger.) Nun, was wollen Sie jetzt?

Lieutenant.

Der Herr Staatsanwalt trete seinen Beweis an.

Präsident.

(Auffahrend.) Wie können Sie sich als Lieutenant unterfangen, einem im Hauptmannsrang Stehenden zu befehlen, anzutreten? Sie haben 5tägigen Kasernarrest.

Staatsanwalt.

Der Herr Vertheidiger wünschte nur, daß ich den Zeugen examinire. (Zum Zeugen.) Ist Ihnen ein Hosenträger gestohlen worden?

Zeuge.

So wahr mir Gott helfe.

Lieutenant.

(Einen Hosenträger vorzeigend.) Ist's der da?

Zeuge.

Ja wohl.

Präsident.

Zeuge scheint mir ein Mensch von gutem Abschied. Zur Abstimmung fertig.

Lieutenant.

Zufällig ist das mein Hosenträger! Sie sehen, wie man sich auf die Aussagen dieses Damnifikaten verlassen kann.

Präsident.

Diese Art von Beweisentkräftung ist ganz gegen alle Subordination. Sie haben 3 Wochen Arrest. Ich werde Sie als Vertheidiger ablösen lassen. Die Verhandlung ist bis morgen vertagt. Papiere in's Cahier! — Federn in's Penal! — Tachtung! Auseinander!

Die neue Epoche,
oder:

Nicht nur Text und Musik, sondern auch Text, Musik und Dirigent müssen in einander verschmelzen.

Wer wagt, mich zu höhnen?

Herr Tristan trete nah.

Heil'ger Dämm'rung
Hehres Ahnen
Löscht des Wähnens Graus
Welt=erlösend aus.

---

*) Um diese in photographischer Abbildung dahier erschienenen höchst gelungenen Humoresken auch unsern auswärtigen Lesern zur Anschauung zu bringen und ihnen von der Mühsal einer solchen Opern= aufführung einen Begriff zu geben, haben wir vom Künstler das Recht der xylographischen Nachbildung erworben. D. Red.

Mund an Mund
Eines Athems
einiger Bund.

Mir — dieß —
Dieß — Tristan — mir?
Dir — dieß —
Dieß — Marke — Dir!

In der Duft-Wellen
tönendem Schall,
in des Welt-Athems
wehendem All —

Ertrinken —
versinken —
unbewußt —
höchste Lust —

Frage und Antwort.

Herrn Kolb's sonst so vernünftige "Neue Frankfurter Zeitung" bringt eine glühende Apostrophe an das preußische Abgeordnetenhaus, weil es der bismark'schen Versuchung widerstanden und um äußerer Machtvergrößerung willen nicht das Recht Preis gegeben habe. Zuletzt wird gar das Lied „Heil Dir im Siegeskranz", angestimmt.

Wissen die Chorknaben des Nationalvereins nicht, daß man nur Herrn v. Bismark den Ruhm der Reichsmehrung nicht gönnt, daß aber in Preußen so ziemlich Jedermann mit der Annexion einverstanden wäre und daß die Berliner Volkszeitung, weil sie das Recht des Augustenburgers verfochten, über 10,000 Abonnenten eingebüßt hat?

Das preußische Parlament hat einen sauren Sieg über sich selbst errungen, aber nicht Liebe zum Recht der Schleswig-Holsteiner sondern Haß gegen die eigene Regierung gab die Kraft dazu. Den ihm dafür gebotenen Kranz, als Preis angeblicher Enthaltsamkeit, wirft es den Gebern vor die Füße.

Ha, welches Glück, Soldat zu sein,
oder vielmehr:
Veteran zu werden!

Erster Veteran.

Bei Abensberg hab' ich gefochten;
Graf Waldkirch war mein Commandant.
Kaum daß wir noch ein Süppchen kochten,
Ward auch schon Regensburg berannt.
Dann ging's zu den Tiroler Schluchten,
Noch heut' thut die Erinn'rung weh':
Wie wir uns hinzuschleppen suchten
Von Mittenwald zum Wallersee.

Doch nun belohnt sich jenes Dulden,
Ich kriege monatlich vier Gulden!

Zweiter Veteran.

Ich überschritt der Düna Wogen,
Da waren Kampf und Wetter heiß;
Doch wehe, als wir heimwärts zogen,
Begrub es uns in Schnee und Eis.
Ich drückte manchem Kameraden
Die starre, blaue Todeshand;
Mit Noth und Jammer überladen
Schleppt' ich mich heim in's Vaterland.

  Heissah! Mein Jubel ist erklärlich —
  Jetzt krieg' ich dreißig Gulden jährlich.

Dritter Veteran.

Ich habe Rußland nicht betreten,
Jedoch in Frankreich zog ich ein,
Und noch, wenn klingen Schlachttrompeten,
Glaub' ich bei Bar-sur-Aube zu sein.
Ich half ihn aus dem Wege schaffen
Europa's großen Störenfried,
Und stand nachher noch lang' in Waffen,
Und dient' noch lang' in Reih' und Glied.

  Heil mir, mein Loos wird jetzt erträglich —
  Vier Kreuzer hab' ich, und zwar täglich!

Alle Drei.

D'rum Kinder, werdet nur Soldaten,
Das ist der schönste Lebensplan,
Nach wenig oder vielen Thaten
Wird man ein edler Veteran.
Ein Kreuz von Kupfer oder Eisen
Und drei, vier Gulden Monatgeld —
Wer wird sich da nicht glücklich preisen,
Und war er auch der größte Held.

  D'rum Heil dem Stand der Veteranen,
  Man denkt doch auch an Unser Anen!

Max von Meriko schickte einen Oberst Schaffer nach Oestreich, um noch 2,000 Oestreicher anwerben zu lassen.

Wenn der Herr Oberst im Stande ist, dieselben wirklich herbei zu schaffen, dann trägt er seinen Namen mit Recht und man möchte nur fragen: Hat Herr S ch a f f e r nicht auch einen Bruder, der sich vielleicht dem F i n a n z fach gewidmet hat?

————

In Frankreich discutiren die Freimaurer bereits über die Frage: ob nicht unser Herrgott abzuschaffen sei.

Bei uns in Bayern will Herr Dr. Völk doch vorerst nur die Regierungspräsidenten abgeschafft sehen.

Um nun zu wissen, wie weit wir uns hinter Frankreich zurück befinden, müßte man fragen: Wie viel Schritte sind von unserm Herrgott bis zu einem Regierungspräsidenten?

Briefranzen.

Aus einer bayrischen Gymnasialstadt wurde uns ein recht gutes Gedichtchen eingesendet, das in der nächsten Nummer zum Abdruck kommen soll.

———

Mit der nächsten Nummer beginnt die zweite Hälfte unseres achtzehnten Jahrgangs.

Alle Postanstalten Bayerns, sowie des deutschen und des wirklichen Auslandes erledigen **halbjährige Bestellungen**.

Man erlaubt sich den „wahnlos holdbewußten Wunsch" auszusprechen, die Titl. Abonnenten möchten ihre Bestellungen rechtzeitig erneuern.

Der Preis des Blattes beträgt in Bayern halbjährig **1 fl.**, außerhalb des Königreichs erfolgt ein geringer Post-Aufschlag.

Münchener PUNSCH.

Ein humoristisches Originalblatt von M. E. Schleich.

Achtzehnter Band.

Nro. 28. Halbjähriger Abonnementspreis: in Bayern 1 fl. Im Ausland erfolgen die üblichen Postaufschläge. 9. Juli 1865.

☞ **Halbjährig** bei allen **Postämtern.**

Der Minister auf Erholung
oder:
Endlich ist's aus!

Euch hör' ich immer noch lieber brüllen, als den Völk!

Im vaticanischen Cabinet.

Bureaudiener (tritt ein). Eminenz, der Herr Omer Pascha ist draußen und wünschte gern vorgelassen zu werden.

Eminenz (auffahrend). Was? Der Abtrünnige? Der Renegat? Den soll ich empfangen? Auf der Stelle scheer' er sich zum — Propheten.

Omer Pascha (durch die halbgeöffnete Thüre herein guckend). Eminenz, ich bring' ja den syrischen Peterspfennig!

Eminenz. Den — Peterspfennig? (Steht auf und geht ihm entgegen.) Ja Pascha, das ist was Anderes!

Da haben sie in Bayern gar einen Staatsgüter-Kaufschillings-Fonds! Bei uns in Oestreich sind auf Verlangen mehrere Arten von Schillingen zu haben, aber einen solchen Schilling kennen wir nicht.

Hans Jörgel von Gumpoldskirchen.

Zur Maulurbeiter-Frage.

Warum soll in einem Jahrgang, wo alle Saaten schön stehen, nicht auch der Unsinn blühen? Man überschickt uns das Berliner Arbeiterorgan, den „Social-Demokrat", mit dem Beisatz: „Wissen Sie denn nicht, was in Ihrer Nähe vorgeht?" Mit einem kleinen Schreck durchflogen wir die so gefährlich betitelte Zeitung, fanden aber nichts weiter als Berichte über die Stiftungsfeier einer „Gemeinde" des allg. deutschen Arbeiter-Vereins in — nun wo? in Nürnberg? Wäre auch möglich, aber das schöne Fest, um das es sich dießmal handelt, fand in Augsburg statt. Die „Rede des Arbeiters Friedrich Dürr in Augsburg" führt des Nähern aus, daß das Sprüchwort: „Wer arbeitet soll auch essen" sich heut' zu Tage nicht mehr recht behauptet, indem mancher Mensch, den das Schicksal zum Arbeiter bestimmte, sich nicht immer satt essen darf. Der arme Herr Dürr! Ein Fest mitmachen, eine zwei Foliospalten lange Rede halten und nicht einmal satt werden! Interessant ist das Programm, das genannter Herr Redner für seinen Verein aufstellt. „Wir wollen, sagt er, das Kapital mit der Arbeit vereinen, wir wollen die vorhandenen **Klassengegensätze**, welche zwischen **Arm** und **Reich** bestehen (ah so!) **aufheben** (!), wir wollen einen **Durchschnittswohlstand** bilden." Nun, das sind keine üblen Aussichten. Man denke sich die Augsburger Verhältnisse, wenn Herr Dürr sein Programm verwirklicht hat. Das Kapital, resp. Geld ist mit der Arbeit, resp. mit den Arbeitern „vereinigt", Klassengegensätze gibt's nicht mehr. — Baron Beck läßt sich von Herrn Dürr im Arbeiterverein als Mitglied vorschlagen, den großen Banquiers in der Maximilians=Straße sind die Sorgen um ihre Millionen abgenommen, sie athmen noch einmal so leicht unter den Segnungen des **Durchschnittswohlstandes**.

Nicht uninteressant ist der Umstand, daß, während die Lassallianer sonst auf die Fortschrittsparthei bitter zu sprechen sind, die Augsburger „Gemeinde" Hoffnungen auf dieselbe setzt. So heißt es in der „Rede" des Tuchscheerergesellen Johann Wahl: „Wir haben der Fortschrittsparthei Vieles zu verdanken, es gibt ehrenwerthe Persönlichkeiten darunter, die wirklich Gerechtigkeitssinn für allgemeines Wohl bethätigen." Am Ende ist Hr. Völk noch so „gerecht", den Satz aufzustellen, daß kein Advokat mehr Geld anhäufen darf, als zum „Durchschnitts=Wohlstand" gehört! „Wenn wir einmal Macht erlangt haben, fährt der Tuchscheerergeselle fort, da gibt es manches außer der Arbeiterfrage zu regeln, wo Talent und Bildung hergehören". Man sieht: der Redner ist nicht ohne praktischen Blick, er hat aber auch Dichter im Leibe; „sagt Schiller" — „sagt Uhland" — „sagt Ortlepp" kann man jeden Augenblick von ihm hören. Zum Schluß ergeht sich der rhetorische Wollkratzer in einer etwas confusen Abschweifung indem er ruft: „Was aber das weibliche Geschlecht unseres, des vierten Standes, betrifft, so besehen Sie sich die Hunderttausende und Millionen — (Dienstmädchen?) — denen im Vergleiche mit uns noch ein härteres Loos zu Theil wurde: die vollendetste Sklaverei von der Wiege bis zum Grabe. An unsere Frauen und Mädchen verweise ich Sie in dieser Beziehung, dieselben können viele Steine, ja mitunter sehr große zu unserm erhabenen **Felsenbaue** beitragen!" — Hört es, ihr sog. Herrschaften, ihr von den Anmaßungen Eurer Köchinnen und Mägde gepeinigten Hausfrauen, Eure Klagen beruhen auf Bosheit, ihr seid Tyrannen und die armen Dienstboten sind Sklavinnen. Aber — sie tragen Steine und mitunter sehr große!

Preußen hat den Handelsvertrag mit der Schweiz abgelehnt und zwar besonders deßhalb, weil der Eingangszoll auf Kirschengeist so nieder gestellt ist.

Einer Regierung wie der preußischen kann man's freilich nicht übel nehmen, wenn sie jeden aus der Schweiz kommenden Geist von ihren Grenzen fern zu halten sucht.

Wenn die Ostbahngesellschaft nicht gebaut hätte, sagte Herr Föderer, so dürften die Bewohner Niederbayerns wohl heute noch per Eilwagen oder Pestomnibus nach München fahren. Und wie sähe es dann mit dem Geschichtsstudium aus! Im Eisenbahnwaggon läßt sich, wie Herr Föderer selbst beweist, immer noch ein annehmbarer Historiker heranbilden, aber im Omnibus! Da schweigt die Geschichte ohnehin.

Nach der Behauptung des Dr. Ruland haben in Kitzingen die confessionellen Streitigkeiten aufgehört, seit die Eisenbahn hingeht.

Was doch in Folge der modernen Erfindungen für Heilmittel aufkommen! Heiserkeit heilt man mit Gas, Brüche mit Elektrizität und Confessionshader mit Dampf.

Die Ungarn erhalten jetzt einen Landvogt, der nächstens seine Herrschaft antreten wird. Nun, das wird schöne Auftritte geben, denkt der Leser, da empört sich ja gleich Alles! — Ei, es handelt sich ja nur um den Schauspieler Herrn Landvogt, der die Direktion des deutschen Theaters in Pesth übernimmt.

Zum 6. Juli.

Herr v. Bismark soll gesagt haben: Das Beste, was der Erbprinz von Augustenburg an seinem Geburtstag thun kann, wäre: um Verzeihung bitten, daß er auf der Welt ist.

Unterschied.

In Alexandrien herrscht die Cholera und die Auswanderung ist im Zunehmen.

In Mecklenburg nimmt die Auswanderung auch zu, nur daß statt der Cholera das bekannte System herrscht.

Privat=Kabel des Punsch.

Rom. Die Unterhandlungen sind gescheitert. Begezzi ist in seinem Wrack nach Florenz zurückgefahren.

Frankfurt. Der Bundestag hat beschlossen, heuer gar keine Ferien anzutreten, sondern im Gegentheil seine Geschäftsunterbrechungen ununterbrochen fortzusetzen.

Caprera. Garibaldi ist ganz wohl und tritt nächstens wieder auf mit dem Rufe: Rom oder Kopfgenickkrampf!

Frankfurt. Ausfallen muß jede Bundestagssitzung; entweder fällt sie schlecht aus, oder sie fällt ganz aus. Für die Stellung Deutschlands ist dieß ein empfindlicher Ausfall.

Süditalien. Ein Bandenchef Namens Tristany macht viel von sich reden. Ob er auch eine Isolde bei sich hat, wird nicht gemeldet. Jedenfalls wäre er dann bei einer Liebesscene leicht zu fangen, da eine solche unter anderthalb Stunden nicht abläuft.

Officiöse französische Blätter geben die trostreiche Versicherung, daß bis zum Herbst von der mericanischen Armee wieder einige Tausend Mann abberufen sein werden.

Ob nach Frankreich oder in eine bessere Welt — darüber bleibt der Leser im Unklaren.

Kleine Frühstücksplaudereien.

Der „Münchener Bote" bringt die große Kunde, daß sich Herr und Frau Schnorr in Begleitung des aus altwendischem Dynastenblut entsprossenen Hans v. Bülow dieser Tage im „Hotel Orlando" — früher „Blunzen" — eingefunden und in gemüthlicher Weise gekneipt haben. Die löbliche Hofbräuhausverwaltung kann sich also dazu gratuliren, eine Art Brangäne geworden zu sein. Ob sich nach dem ersten Schluck des von ihr gebrauten Saftes Tristan und Isolde wohl auch so lange und ausdrucksvoll anblickten? Uebrigens ist das Hofbräuhausbier gewissermaßen auch ein Zukunfts=Trank, insoferne es nämlich häufig viel zu jung verzapft werden muß, während man es erst einige Zeit später trinken sollte.

In Nürnberg, wo bereits ein Nationalverein, ein Verein der Fortschrittspartei, ein Arbeiterverein, eine freie Gemeinde, ein Volksverein und wahrscheinlich noch einige ähnliche Gesellschaften zum politischen Vergnügen bestehen, hat sich nun, um einem bringenden Bedürfniß abzuhelfen, auch ein „Verein für Humanität und geistige Bildung" constituirt. Man möchte da freilich fragen, welche Zwecke denn nachher die vorhin genannten Vereine verfolgen? Die Anwesenheit des Dr. Louis Büchner, Verfassers des „volksthümlichen", resp. seichten Buches: „Kraft und Stoff," gab Gelegenheit, die Verbreitung „aufklärender Schriften" als nothwendig zu erkennen. Das ist in Zukunft ein schlechter Schuster oder Schneider, der nicht zugleich auch als Philosoph und Naturforscher auftreten kann. Die geistige Bildung muß so hoch steigen, daß Jedem die innigste Ueberzeugung innewohnt: Wir stammen von Affen ab!

Dr. Hans v. Bülow kündigte bei seinen Concertabenden mit großen Buchstaben an, daß er sich eines Berliner Flügels bedienen werde. Natürlich, ein Berliner Flügel hebt Alles. Nun hat aber die Biber'sche Pianofortefabrik auf der Stettiner Ausstellung mit ihren Instrumenten den ersten Preis errungen. Münchener Flügel scheinen also auch nicht von Blei zu sein. Auch dürfte das Stettiner Schiedsgericht mindestens so unpartheiisch gewesen sein, wie ein Kronsyndicus.

Submarineingenieur Bauer will nächstens im Bodensee unterseeische Schießübungen veranstalten. Es kommt schon noch dahin, daß wir unterseeische Schützenfeste bekommen.

Uebertriebener Styl. Aus Nürnberg schreibt man: Was die Freigabe der Fleischtare betrifft, so fürchtet man, daß das Publikum wehrlos in die Hände der Metzger geliefert wird.

Durch die bayrischen Blätter geht eine Nachricht, daß sich in Würzburg ein Soldat erschossen habe, nachdem er in einem Wirthshause zuvor mehrere schwarzgesiegelte Briefe geschrieben. Es wäre interessant zu wissen, wie man das anstellt.

———

Der auch in München bekannte Tenorist Grimminger, zuletzt in Leipzig engagirt, hat vom dortigen Publikum wieder Abschied genommen. Die Theaterzeitungen erzählen, er habe sich, unwillig über die geringe Sympathie, die er gefunden, hinter den Coulissen zu einer Aeußerung im Geiste Hans v. Bülow's hinreißen lassen, die dann von guten Freunden, deren ja hienieden jeder Mensch besitzt, sofort weiter getragen wurde. Na hären Se, so was lassen sich die Laibziger nich gefallen — und Grimminger „verließ sie zur selben Stunde".

———

Wohltemperirter Kunstsinn. In Pfarrkirchen fand zu Gunsten Moosburgs eine Theatervorstellung statt. Da jedoch, wie der „Kurier für Niederbayern" schreibt, auch eine Hauscollecte für die Abgebrannten in Aussicht stand, so war der Besuch nicht so zahlreich, als es die Vorstellung verdient hätte!

———

Originelle Staffage. Ein Ingolstädter Notar schreibt in den hiesigen N. N. eine Versteigerung verschiedener Gegenstände aus, darunter ein großes Oelgemälde, eine Landschaft mit Thürstücken darstellend.

———

Mit der angekündigten Primiz des Herrn Franz Liszt in Rom ist's, wie vorauszusehen, Nichts. Der berühmte Clavierheld erhielt nur die Tonsur und am Ende kömmt's darauf heraus, daß sich Liszt lediglich zur Abwechslung einmal die Haare schneiden ließ.

———

Vor vier Wochen war im humoristischen Theile des Punsch zu lesen: der Kaiser Napoleon habe einen alten Araberhäuptling um den Eindruck seines Besuches gefragt und die Antwort erhalten: „Was hilft's, wenn du dich an Ort und Stelle davon überzeugst, daß das Kameel buckelig ist?" Dieses natürlich erfundene Bonmot taucht nun neuerdings als Nachricht auf, datirt aus Algier, und wird von größeren Blättern, z. B. der Augsburger Abendzeitung, sogar in den politischen Theil gewiesen, wahrscheinlich als bezeichnendes Symptom der Art und Weise, wie die Kaiserreise von den intelligenten Eingebornen Algeriens beurtheilt wird. Wir hörten das angebliche Diktum des Scheichs mehrfach als sehr witzig und ächt orientalisch bezeichnen und freuen uns wirklich, zum Ruhme der Herren Muselmänner auch etwas beigetragen zu haben.

Briefranzen.

Die Theilung des Budgets.
(Frei nach Schiller.)

„Nehmt hin das Geld! so riefen die Minister,
Was Ihr nothwendig habt, soll Euer sein!
Voll stehen der Erübrigung Register;
Doch — theilt Euch brüderlich darein!"

Da eilt was Hände hat sich einzurichten,
Es regte sich geschäftig jung und alt;
Voran das Militär, denn bessen Dichten
War ja schon längst auf höheren Gehalt.

Die Geistlichkeit des Land's, die nicht vermählte,
Der „Jenes Hundert" längst schon machte Qual,
Sie naht' — und kaum sie ihre Noth erzählte,
Ging sie beschenkt auch aus dem hohen Saal.

Auch die Gensd'armes, die isolirt Gelehrten,
Und was noch sonst im großen Staat amtirt,
Bekam sein' Theil; selbst den Gestütepferden
Ward groß ein Stall in München decretirt.

Ganz spät, nachdem die Theilung längst geschehen,
Naht vom Gymnasium die Lehrerschaar:
Ach! da war überall nichts mehr zu sehen,
Vergriffen Alles! Traurig, aber wahr!

„Wo war't ihr denn, als wir das Geld vertheilten?" —
„Ach, Herr! wir rechneten die Noten aus,
Beim Dritteln all' der Drittel wir verweilten,
Wir schunden, Herr, um ihren Balg die Laus."

Was thun, spricht Koch und kratzt sich in den Haaren,
Man hat verfügt, kein Heller ist mehr mein!
Doch wißt Ihr was; kommt wieder in drei Jahren,
Da kann wohl abermals was übrig sein.

Halbjähriger Preis in ganz Bayern 1 fl.

Außerhalb Bayerns erfolgt ein geringer Post=Zuschlag, oder auch Aufschlag oder selbst Beischlag, wie man ihn nennen will.

Druck der Dr. Wild'schen Buchdruckerei (Pössel).

Münchener PUNSCH.

Ein humoristisches Originalblatt von M. E. Schleich.

Achtzehnter Band.

Nro. 29. Halbjähriger Abonnementspreiß: In Bayern 1 fl. Im Ausland erfolgen die üblichen Postaufschläge. **16. Juli 1865.**

Erinnerung an die Session 1865.

Der Ministertisch bei der Amnestiedebatte
in der Reichsrathskammer
oder:
6 Augen und kein Mund.

Wer nicht arbeitet, soll auch nicht essen, wer aber ißt, der wird doch auch reden dürfen?

——

Mit welchem Recht behauptete aber Herr Ranke beim Diner der Linken: in München habe der Liberalismus einen gar schwachen, d. h. gar keinen Boden? Wagt es Herr Ranke, aus den Ergebnissen seiner Versitzgruben = Forschungen Schlüsse auf den politischen Boden zu ziehen? Warum ist München nicht liberal? Oeffentlichkeit und Mündlichkeit, Preß=, Versammlungs= und Redefreiheit — stehen sie dahier nicht in voller Blüthe? Möchten wir die politischen Processe den Geschwornen entziehen lassen? Hat dahier Jemand Anlaß gehabt, die Justiz ein betrügerisches Marktweib zu nennen, wie es in Preußen geschehen? Wo hat sich in der schleswig=holsteinischen Sache mehr deutsche Gesinnung geoffenbart, in München oder in Berlin? Welches war im März 1848 die Stadt der Initiative? Ist es dem Publikum dieser Stadt nicht wiederholt gelungen, ein verhaßtes System durch den Druck seiner Willensmeinung zu stürzen? Eine Stadt, welche liberale Thaten aufzuweisen hat, braucht sich vor einem liberalen Festesser nicht zu schämen. Oder beschränkt sich der Begriff des Liberalismus vielleicht auf die Brater'sche Theorie vom Bundesstaat unter preußischer Führung? Dagegen ist der Münchener Boden durch jene „Nichts durchlassende Mergelschicht" allerdings gesichert und für solche Doktrinen können ihn alle „Berieselungen" aus preußischen Abzugskanälen nicht empfänglich machen. Liberal sein heißt aber den Bedürfnissen der Zeit Rechnung tragen und in politischer wie socialer Beziehung Jedem sein Recht zuerkennen. Wie blöde und von welch' selbstsüchtiger Coterie müßte ein Publikum unterdrückt sein, das in seiner Gesammtheit sich diesem Geist der Zeit, d. h. dem Geist des Rechtes für Alle feindlich zeigte, d. h. dem Liberalismus keinen oder nur schlechten Boden böte! Mit welchem Recht stellt uns nun Herr Ranke so niedrig, förmlich unter die Türken, die nach übereinstimmenden Nachrichten sehr liberal sein sollen?

Doch der junge Professor hat das nicht so böse gemeint. Wenn man ein Schimon'sches Mittagessen und Jordan'sche Weinproben im Leibe hat, meint man Nichts böse. Herr Ranke hat das trockene Kiesgerölle mit den Denkorganen der Münchener und das Wasser mit dem Liberalismus verwechselt.

Er hätte sagen sollen: Für einen reinen und aufgeklärten Brunnen findet sich in München noch kein rechter Boden, aber den Fortschritt der Thalkirchner Quellenleitung kann Nichts mehr aufhalten. Noch steht die Maschine, die frischere Elemente in die Stadt vertreiben soll, stille, noch ist sie vielleicht gar nicht zusammengesetzt. Aber einmal wird sie sich „doch bewegen" und dann wird Niemand so reaktionär sein, um sich den früheren Zustand zurückzuwünschen!

Bei der schönen Gelegenheit, wo sich die Linke vereinigte, um recht zu essen, gedachte Herr Jöckerer der leidenden Brüder in Schleswig-Holstein. Wirklich ein schöner Zug von ihm, der an der Eider wohlthätig empfunden werden muß. Warum gedachte aber das geschichtskundige Mitglied nicht auch seiner Realrechtbesitzenden Brüder in Niederbayern, die sogar bereit wären, auf ihre Rechte zu verzichten, wenn nur eine kleine Entschädigung heraus spränge?

Ein Wähler,
der übrigens stolz ist, beim Essen
so vertreten zu werden, wie es durch
Herrn Jöckerer geschah.

Präsident von Schenk-Stauffenberg sagte in seiner Abschieds-Rede: „Die bayerische Reichsrathskammer handle ganz unbekümmert um den Beifall der Menge."

Der Herr Präsident ereifert sich da umsonst. Der Vorwurf ist der Reichskammer noch nie gemacht worden, daß sie sich um Etwas kümmert, was gar nicht vorhanden ist.

Und Unterzeichnete kann sich nicht erinnern, für die Reichsräthe jemals Beifall gehabt zu haben.

Die „Menge",
die aber nach einem alten kaufmännischen
Grundsatz doch „was ausmacht".

Die wichtigste Spannung, die gegenwärtig in Berlin besteht ist nicht die zwischen König und Volk, nicht die zwischen Preußen und Oesterreich, sondern die Seilspannung des Herrn Blondin.

Wodurch Blondin gerade in Berlin so ungeheueres Aufsehen macht, das ist der Umstand, daß ihm jede Spur von Schwindel ganz und gar abgeht. Total schwindelfrei — eine solche Existenz hielt man an der Spree bisher für unmöglich.

In Lyon haben die Schönfärber ihre Arbeit eingestellt, während die Pariser Schönfärber, wie man aus den zahlreichen officiösen Blättern ersieht, fleißiger als je arbeiten.

Am Geburtstag des Herzogs Friedrich war in ganz Schleswig-Holstein das Blasen an öffentlichen Plätzen, von Thürmen u. dgl. streng verboten.

Nur das Blasen vor Hitze wurde auf besondere Bitte nachträglich gestattet.

Der König von Bayern kehrte auf dem Peißenberge ein und der Wirth weigerte sich, dafür eine Bezahlung anzunehmen.

Wie sich auch die deutschen Angelegenheiten noch entwickeln, was auch die sogenannten Vormächte schließlich mit einander abmachen, und endlich die Club- und Partheiführer ratificiren mögen — hier zu Land gibt es noch eine schöne Anzahl von Leuten, die gleich jenem Wirth niemals zugeben werden, daß der König von Bayern die Zeche bezahlt. Dieß den zahlreichen Bellern von einem

Peissenberger.

Zur Darnachachtung.

Als die Preußen Friedrichsort besetzten, rief ein Officier: „Den Ortsfriedrich werden wir auch schon noch kriegen."

War in Merico soll zu einem Italiener gesagt haben.: Il Nunzio si chiama M e g l i a. Quando parte, dico: M e g l i o!

(Der Nuntius heißt Meglia. Wenn er geht, so sage ich Meglio, d. h. Besser!)

In Wien ist das Gerücht verbreitet, daß ein Herr v. Helferts zum Unterrichtsminister berufen wird.

Allerdings hörte unlängst Jemand in der Nähe der Wiener Regierungsgebäude einen Ruf, der klang wie: H e l f e t ' s, h e l f e t ' s! Man glaubte, der Rufende sei der F i n a n z m i n i s t e r. Nun scheint sich aber herauszustellen, daß damit der künftige Unterrichts= Minister gemeint war.

Pimpshuber. Hören Sie 'mal zu: Zuerst h o c h steigen, gesucht sein und in Ansehen und Geltung stehen, dann plötzlich schmählich f a l l e n, mit Mißtrauen betrachtet werden und Alles über sich ergehen lassen müßen —

Tatschler. Das ist das Loos des Schönen auf der Erde —

Pimpshuber. Verzeihen Sie, das ist das Esterhazy=Loos auf der Erde!

Oestreichs neu designirter Minister Graf Belcredi ist nach Carlsbad zur Brunnenkur abgereist.

Sonderbar! Das n e u e Ministerium geht zum Brunnen und das a l t e — b r i c h t.

Auf Grund des p r e u ß i s c h e n V e r s a m m l u n g s = R e c h t e s wird die Versammlung in Köln verboten.

Jeder Preuße hat also ein Recht auf kein Recht.

Was hilft der liberalste B o d e n, wenn er sich zum Daraufstehen nicht eignet? Da ist ja doch das Münchener Kiesgerölle noch besser, das wird selbst der große Bodenkritiker Ranke zugestehen müßen.

Unser ist die Zukunft, sagt die k. b. vereinigte Linke.

Wagner und Bülow, gleichfalls vereinigt, rufen: Die Zukunft gehört uns.

Entweder haben wir nun zwei Zukünfte zu erwarten, was für ein so kleines Land wie Bayern fast zu viel wäre, oder Wagner und die Linke müßen sich in die eine theilen, so daß also auf Jeden eine halbe Zukunft trifft.

Marl und Sepperl, Schusterbuben.

Marl. Wer baut denn jetzt 's neue Polytechnikum?

Sepperl. Mein Gott, man erfährt's ja nicht.

Marl. So. Wird wieder recht luxuriös ausfallen.

Sepperl. Na ja, 's Geld is ja da. Semper florens!

———

Marl. Etwas find' ich komisch.

Sepperl. Was denn?

Marl. Daß der Präsident der Reichskammer den hohen Herren seinen Dank ausdrückte für ihre bewiesene Thätigkeit.

Sepperl. Na, das geht noch an. Aber der Präsidialgesandte in Frankfurt wenn einmal dem Bundestag für seine aufopfernde Thätigkeit danken würde, das wär' ein Spott, der sich g'waschen hat.

———

Marl. Hast d' g'hört, was der Ranke über München g'sagt hat?

Sepperl. Na ja, daß die Abtritte —

Marl. Ach Gott, beim Diner der vereinigten Linken —

Sepperl. Was denn?

Marl. Daß nach Galilei das liberale Prinzip dahier doch noch siegen wird.

Sepperl. Ich möcht' wissen, wie sich manche Toastausbringer helfen würden, wenn der Galilei nicht g'sagt hätt': „Und sie bewegt sich doch!"

Marl. Und sie würden doch einen Toast ausbringen.

Gelegentliche Bemerkung.

Wenn man unsern Minister des Innern hört, so meint man München stehe in sittlicher und sanitätlicher Beziehung noch hinter Paris zurück, welch' letztere Stadt, wie in der Adresse des französischen Senats hervorgehoben wurde, von Rom aus der Spiegel der Christenheit genannt wurde.

Also Respekt vor dem großen und tugendhaften Christenspiegel an der Seine.

Jedenfalls verbraucht derselbe mehr Quecksilber, als München.

Der Sultan hatte neulich einen großen Blutandrang zum Gehirn.

Ein Subscribentenandrang zum neuen Anlehen wäre freilich gesünder.

Kleine Frühstücksplaudereien.

Vom alten Pokorny erzählt man, daß er das Engagement eines Schauspielers Namens Meyer verweigert habe, mit dem Bemerken: Hab' ich schon zwei Meyer. Neuestens liest man in einem Wiener Blatt: Die k. k. Postdirektion habe ein gut befürwortetes Anstellungsgesuch zurückgewiesen, weil der Petent Kallab hieß, gleich dem berühmten Briefmarder. Und weil mehrere Kreisrichter liberal sind und zur Opposition gehören, so stellte der König von Preußen das Axiom auf: „Ich will keinen Kreisrichter sehen!" Wenn Archimedes, der eigentlich auch ein Kreisrichter war, heute nach Berlin käme, er würde nicht vorgelassen.

In einem badischen Orte verfügte sich einer von den neuen Ortsschulräthen in die Schulstube, ließ sich neben der Tafel nieder, schlief aber alsbald ein. Durch das Gelächter der Jungen aufgeweckt, stieß er mit dem Kopf gegen die Tafel, die ihrerseits auch aus dem Gleichgewicht kam und über den Herrn Ortsschulrath herfiel. Die Tafel war schwarz und wo ein badischer Schulrath mit etwas Schwarzem in Berührung kommt, da gibt's einen Zusammenstoß.

Die „Indépendance Belge" bringt auch einen Bericht über „Tristan und Isolde". Wenn derselbe nicht etwa einem „Wagner'schen Preßbureau" entstammt, so hat der Componist wieder einen Bewunderer mehr. „Niemand, sagt dieser Correspondent, hat solche Accente gefunden, es ist Weber, es ist Beethoven, es ist mehr als all' das! Die Künstler sehen sich in der That neue Pfade geöffnet u. s. w." Unserer Ansicht nach muß die Oper vor Allem an einem andern Ort gegeben werden, wo kein so allgemein geliebter Protektor seine Hand darüber hält und keine Loyalitäts- und andere Triebe in Zuhörern und Beurtheilern lebendig sind. Richtig bleibt jedenfalls, was auch das belgische Journal erwähnt, daß die That des Bayernkönigs in der Kunstgeschichte fortleben wird.

Endlich hat sich in Augsburg ein Gebiet eröffnet, auf welchem kein Confessionshader stattfindet. Dortige Blätter berichten über die Magistratssitzung vom 8. Juli: „Zur Verlesung kam eine Regierungsentschließung bezüglich der Unterbringung syphilitisch und scabiös Kranker in einer confessionell nicht getrennten Abtheilung." Nun, es hat doch Alles in der Natur auch wieder sein Gutes! Was nach Ruland für Kitzingen der Dampf gethan, das thun für Augsburg Scabies u. dgl. Die Augsburger Syphilitischen können übrigens stolz auf andere Patienten herabblicken und sagen: Bei uns hören die Unterschiede auf, wir stehen auf der Höhe der Zeit, es lebe die Gleichheit, jeder werde nach seiner Façon — selig oder was.

Briefranzen.

Gedenkspruch in's Tarifbüchl.

Droschkenkutscher geh' abseits,
Denn jetz' kommen s' mit'n Kreuz.
Holzhacker, Fuhr- und Militleut'
Lob'n den Herren allezeit.
Wennst 'n Hut net runterthuest,
Ein Loch im Schädel haben muezt.

☛ **Halbjährig** bei allen **Postämtern.**

Preis in ganz Bayern
1 fl.

Druck der Dr. Wild'schen Buchdruckerei (Parcus).

Münchener PUNSCH.

Ein humoristisches Originalblatt von M. E. Schleich.
Achtzehnter Band.

Nro. 30. Halbjähriger Abonnementspreis: In Bayern 1 fl. Im Ausland erfolgen die üblichen Postaufschläge. 23. Juli 1865.

Preuße. He da, Bruder, wohin so eilig?

Oestreicher. Ich trag' nur meinen Schwerpunkt nach Ofen.

Preuße. Bravo, das wollte ich ja immer.

Oestreicher. Ja wart' nur, ich komm schon wieder, und dann hab' ich die Hände frei!

Zum preußischen Abgeordnetenfest.

Sie wollen Euch nicht lassen zum Fest nach Rolandseck
's Ist ein gar sonnenwarmer, ein himmlisch schöner Fleck.

Wohl liegt die Burg zerfallen und Moos umzieht den Stein,
Froh seiner ew'gen Jugend rauscht unten fort der Rhein.

Kein Speer wird mehr gesehen, kein Wächterhorn gehört,
Kein Roland schlürft die Töne vom Chor zu Nonnenwörth.

Vorbei ist sie auf ewig die schöne Ritterzeit,
Romantik, Abenteuer und Bauernhörigkeit.

Doch deutsche Freiheitsliebe und Sinn für hohes Recht,
Das zieht an den Ruinen vorüber ungeschwächt.

Das rauscht mit Rheines Kräften, trägt Lasten und ergrimmt,
Das ist's was uns zur Dauer, zu Kampf und Freude stimmt.

Bismark der eble Ritter verbietet's d'rum ganz keck,
Daß Preußen's Volksvertreter sich seh'n auf Rolandseck.

Zum Ueberfluß gen'über liegt's Drachenfelser Schloß,
Wo einst das Blut des Drachen bergab in Strömen floß.

Der Siegfried hatt' geschwungen sein benedeites Schwert,
Der Drache hat's empfunden, was ihm der Held bescheert.

Und wem's im Drachenblute zu baden nicht gegraut,
Der wurde unverwundbar und hörnen seine Haut.

Da fühlt nun Ritter Bismark so eine kleine Scheu:
Der Born des Drachenblutes könnt' sich eröffnen neu,

Und all' die schlimmen Leute vom edlen Fortschrittsfach,
Sie zögen aus die Hosen und sprängen in den Bach.

Verletzung wär's der Rechte, auf die der Staat gebaut,
Denn ihm allein in Preußen ziemt eine dicke Haut.

Den Siegfried, spricht Herr Bismark, den spiele ich allein,
Und soll's ein Blutbad geben — will ich der Badgast sein.

Maxl und Sepperl, Schusterbuben.

Maxl. Also Oestreich und Preußen kommen in Salzburg z'samm'?

Sepperl. Man sagt's.

Maxl. Aber es wird nicht viel 'rauskommen, denn Oestreich will von der Wasserpolackei nichts wissen.

Sepperl. Allerdings. Wenn ihm nur nicht am End' eine Aussicht auf die Bierpolakei besser g'fallt.

Maxl. Wer fragt was nach 'm G'fallen.

———————

Maxl. Wie g'fallt dir denn die G'schicht' mit 'n Hofmann und 'm Ruf?

Sepperl. Ich sag' halt, einem Menschen und besonders einem Künstler thut nichts so wohl, als eine freundliche Behandlung.

Maxl. Was ich aber nicht glauben kann, das ist: daß ein Gebildeter, der zufällig dazu kommt, in den Ton einstimmt.

Sepperl. Da kann sich der Ruf getäuscht haben. Wenn Einer den Kopf voll solcher Grobheiten 'kriegt, so geht's ihm, wie wenn er eine recht lärmende Musik g'hört hat; da darf gleich ein Mozart b'rauskommen, es thut ihm immer noch weh.

Maxl. Ja ja.

———————

Ein Bestellungsauftrag von
einem General,
einem Hauptmann,
einem Lieutenant,
einem Jäger,
einem Lakai
ist Wisch.

Nach Windischgrätz fängt der Mensch erst beim Baron an. Nun möchte ich wissen, wo dann nach Hofmann der Besteller anfängt?

Ein Künstler,
der aber nicht hingeht.

Nach den in der Ruf-Hofmann'schen Sache veröffentlichten Erklärungen ist es noch zweifelhaft, ob und von wem ein Tafelaufsatz bestellt wurde.

Am allerinteressantesten wäre es, zu wissen: wer denn eigentlich den Aufsatz des Herrn Ruf in den „Neuesten Nachrichten" bestellt hat?

———

Manche Leute sind besser als ihr Ruf. So gut wie der Bildhauer Ruf kann aber nicht leicht Einer sein. Hofrath Hofmann macht ihm die angenehme Mittheilung, er sei ein einfältiger, dummer Mensch und weist ihm die Thüre. In der „Voraussicht" — warum nicht lieber gleich gar in der Hoffnung? — abermals mit Invektiven überschüttet zu werden, geht er am andern Tag wieder hin. Und wer überschüttet wurde, war richtig Herr Ruf. Bei der Hitze vielleicht gar nicht so unangenehm.

———

Herr v. Beust stieg während seines Aufenthalts in Leipzig in der „Stadt Rom" ab.

Beim Weggehen äußerte sich der berühmte Staatsmann höchst anerkennend über den dermaligen Besitzer der Stadt Rom und glaubte, die dortige Wirthschaft nicht genug rühmen zu können.

Aus diesem Lobe wollen Einige schließen, daß Herr v. Beust zur Anerkennung Italiens noch keine Geneigtheit besitze.

———

Die Preisfrage der natur-historischen Facultät geht auf eine Beschreibung der im Grundwasser Münchens lebenden Thiere und die etwaige Möglichkeit einer Fortpflanzung derselben im Tageslicht. Man könnte die Preisfrage auch noch dahin ausdehnen: Welche ultramontanen Merkmale lassen sich an diesen Infusorien nachweisen und in wiefern sind sie geeignet, den Boden Münchens für das liberale Princip, nach Ranke, ungeeignet zu machen? Welches Grundwasser haben andererseits notorisch liberale Städte, worin unterscheiden sich die darin lebenden Thierchen von denen in München? Ist vielleicht bei ihnen der Associations- und Versammlungstrieb entwickelter, können sie das Licht eher vertragen?

Privat-Kabel des Punsch.

Frankfurt. Man erwartet demnächst eine persische Gesandtschaft, welche dem hohen Bundestag das höchst bedauerliche Ableben Sr. Maj. des Königs Xerxes notificiren soll. /

München. Amerikanisches Duell zwischen Hofrath Hofmann und Bildhauer Ruf. Herr Ruf bringt sich um — fernere Bestellungen.

Augsburg. Auf der Durchreise nach Passau begriffen, kam der Bischof von Speier hier an. Hr. Dr. Völk erwartete ihn am Bahnhof und gab ihm viele Grüße an seinen Freund Heinrich mit auf die Reise.

Das Hofmann'sche Wisch-Register bricht mitten drinnen ab. Es könnte noch viel vollständiger sein, und etwa so lauten: „Die Bestellung mag von einem

General,
Hauptmann,
Lieutenant,
Jäger,
Lakai,
Postillon,
Reitknecht,
Fuhrknecht,
Heumeister,
Heubinder,
Heizer,
Zimmerputzer,
Holzträger,
Straßenspritzer,
Hausknecht,

Taglöhner oder irgend einem funktionirenden Gehilfen sein, sie ist ein Wisch u. s. w." Wenn man einmal eine Litanei von oben anfängt, soll man ganz 'runtergehen. Um zu beweisen, wer Herrn Hofmann gegenüber noch Alles wischfähig ist, könnte man sogar das Hof- und Staatshandbuch zu Hilfe nehmen.

Ein Freund von forcirten Gesprächen.

Was aus kleinen Anfängen alles entstehen kann. Am 13. Juli 1840 fand in Nördlingen das erste Gesangsfest in Bayern statt. Und etliche zwanzig Jahre später hatte die Stadt die Freude, ihren Namen mit dem des ersten süddeutschen Fortschrittmanns verbunden zu sehen — „Brater aus Nördlingen".

Melodramatischer Beschrieb eines Wallfahrer-Zuges.

Dieses Volk ehret mich nur mit den Lippen — (Bums!) — aber ihr Herz — (Bums! Bums!) — ist weit von mir — (Bums! Bums! Bums!) —.

Der Betreffende hat seine Löcher im Kopf.

Tatschler. Aber der Pabst wird jetzt sparsam.

Pimplhuber. Wie so?

Tatschler. Er wird nächstens ein Concil ausschreiben und da ist eigens beigefügt, daß es ein oekonomisches sein soll.

Pimplhuber. Ach Gott, es heißt ja: ein oekumenisches.

Der Bundestag.
Im Wagner-Styl geschildert.

Vormacht-hehrstes Beben
Ausschuß-reinstes Leben
Nie-wieder-was-Bedeutens
Wahnlos hold bewußter Wunsch.

Kleine Frühstücksplaudereien.

Aufsehen erregte die Herausforderung, die ein pens. Lieutenant einem General auf dem noch ungewöhnlichen Weg der Oeffentlichkeit zugehen ließ. Aufsehen erregte die Beschlagnahme zweier Blätter. Aufsehen erregte der Angriff des Herrn Ruf auf Hofrath Hofmann. Aufsehen erregt die Erklärung des Herrn v. Sprunner — kurz durch das ewige Aufsehen möchte man den Genickkrampf bekommen.

An Skandälchen und Skandalen hat es die letzten Wochen her in der hiesigen Presse nicht gefehlt. Einem Bildhauer, Herrn Ruf, der in „Tristan und Isolde" macht, wurde von einem Hofmann gezeigt, wo der Zimmermann das Loch gemacht hat. Nach ungefähr drei Wochen beschloß Herr Ruf die Sache vor das Forum der Oeffentlichkeit zu bringen, Fürstenfeldergasse Nr. 13. Wenn Herr Ruf nicht à la Bismark den Inhalt des Gespräches sofort aufgezeichnet hat, so muß man sein Gedächtniß bewundern. Uebrigens wird seinem verspäteten Berichte, was Hrn. Hofmann betrifft, allerwärts die größte Wahrscheinlichkeit zugesprochen. Man erinnert sich dabei unwillkührlich des Umstandes, daß, als König Maximilian aufgebahrt und mit dem großen Schwerte des Hubertusordens umgürtet werden sollte, diese auf etwa 150 fl. tarirte Waffe für zu kostspielig befunden und bei einem Gürtler ein anderes Schwert, wie es in „Robert" und ähnlichen Opern paradirt, für den Preis von 11 fl. 30 kr gekauft wurde! In hundert Römer- und Germanengräbern findet man goldene und silberne Kronen, Spangen und Schwertgriffe, Beweise der Liebe und Hochachtung, die man den Todten in's Grab gegeben. Aber wenn man nach zwei Tausend Jahren in Bayern die Königsgräber öffnet, so werden sich die Geschichtsforscher jener Zeit über die Ursache einer solchen Dürftigkeit die Köpfe zerbrechen. Nach gewisser Richtung hin hat also die Fehdeerklärung des Hrn. Ruf Beifall gefunden. Schaden mußte er sich wiederum durch die Art, wie er den Staatsrath v. Pfistermeister in die Sache zog. Einen klassisch und politisch gebildeten Mann, den langjährigen Vertrauten eines Königs Max, dem man, auch wenn man sein Feind ist, doch wenigstens diplomatische Umgangsformen zutrauen muß, mit den hofmann'schen Expektorationen in „brüderlichen" Zusammenhang zu bringen, ist leidenschaftliche Uebertreibung. Eine komische Wirkung macht es, wenn Herr Ruf den Staatsrath v. Pfistermeister beim Publikum denuncirt, daß er gesagt habe: „Wir haben schon viele Tafelaufsätze." Welcher Beamte oder Professor hat nicht schon von „unserer" Einrichtung, von „unsern" Sammlungen u. dgl. gesprochen. Daß sich v. Pfistermeister als Miteigenthümer des königlichen Silberzeuges betrachtet, ist ein jedenfalls neuer und wirklich glücklicher Anhaltspunkt, der sich gegen den Cabinetsgenius, der nun schon wenigstens sechs Wochen Ruhe gehabt hat, geltend machen läßt. Wenn man vielleicht fragt, welches Interesse wir daran haben, Herrn v. Pfistermeister zu vertheidigen, so können wir wohl sagen: Nicht das geringste! Wir stehen diesem Mann und seinen Kämpfen durchaus ferne. Es gilt hier lediglich der Spruch des Mephisto: „Hab' ich doch meine Freude dran."

Berliner Blätter rühmen sich der Thatsache, daß auf dem Wallnertheater nun schon drei Offenbach'sche Opern durchgefallen seien. Das ist aber noch lange nichts. Da müssen erst so ein paar Wagner'sche Werke gefallen haben, dann kann man von Geschmacksaufbesserung reden.

Der bekannte Frankfurter Literat und Recensent Dr. Zirndorfer, der sich bereits im vorigen Jahr einen russischen Orden zuzog, wurde nun auch von der französischen Ehrenlegion befallen. Ursache unbekannt. Man fürchtet, er werde auf der Brust noch einen ganzen Ausschlag von Orden bekommen.

Die Festhalle in Bremen scheint wirklich ein wahrer Musterbau zu sein. Nicht nur daß Tafel, Küche, Orchester und Zuschauer hinreichenden und bequemen Raum finden und Ventilation, Zugänge u. dgl. Nichts zu wünschen übrig lassen, das Gebäude ist auch noch so eingerichtet, daß man — keinen einzigen Festredner versteht. In Folge dieses unschätzbaren Vorzuges ist denn auch das Fest bisher in heiterster und schönster Eintracht verlaufen und wäre allen ähnlichen deutschen Gelegenheitsbauten eine ähnliche Construktion zu wünschen.

Sangesmeister Conr. Max Kunz hat ein Broschürchen erscheinen lassen, worin er das moderne Liedertafelwesen und nebenbei auch ganz vortrefflich den Schwindel von der „unendlichen Melodie" durchgeißelt. Man bedauert nur, daß der Verfasser so kurz abbricht. Er hätte uns noch fernere Schicksale und Abenteuer der „Moosgrillia" vorführen, zwischen Mitgliedern und Vorständen Dissidien ausbrechen und einen Concurrenz-Gesangsverein, etwa eine Kibitzia entstehen lassen und so die alte deutsche Tugend der Uneinigkeit und gegenseitigen Benergelung des Ausführlichen schildern können. Eine Erzählung mit musikalischen Unterbrechungen, so daß der Leser, der nur einigen Begriff von Noten hat, sich die Worte förmlich vorsummen kann, ist zudem etwas Neues und liegt darin eine ebenso originelle als wirksame Verstärkung des komischen Effekts.

Aus dem „Hansjörgel" ist zu ersehen, daß man den verstorbenen Maler Rahl in Wien den östreichischen Kaulbach nannte. Ein übermäßiges Kunstverständniß liegt in dieser Namensverleihung eben nicht.

Interessant für Blumenfreunde. Im Erlanger Tagblatt empfiehlt ein Herr Eiffländer Deckelpapier, Leim und Firniß als das „Beste zum Pflanzenziehen".

Im Coburg-Gothaischen Landtag ist ein Preßgesetzentwurf eingebracht worden, welcher verlangt, daß der Redakteur eines in Coburg oder Gotha erscheinenden Blattes Staatsbürger von Coburg oder Gotha sein müsse! Wie verhältnißmäßig eng ist der Kreis derjenigen, welche von der Natur das Glück haben, Coburg-Gothaische Staatsbürger zu sein. Und wenn es sich einmal treffen sollte, daß unter all' diesen Berufenen kein einziger Auserwählter, d. h. kein zum Zeitungsschreiber geeigenschaftetes Individuum zu finden ist, dann hat die Coburg-Gothaische öffentliche Meinung kein Organ! Und dazu ist Herzog Ernst der Erfinder des deutschen Schützenbundes, des einzigen, was noch, wie er sagt, eine gesammtdeutsche Tendenz repräsentirt, ja man rühmt ihm sogar eine gewisse Theilnahme an der Schöpfung des Nationalvereins nach.

Münchener PUNSCH.

Ein humoristisches Originalblatt von M. E. Schleich.

Achtzehnter Band.

Nro. 31. — Halbjähriger Abonnementspreis: in Bayern 1 fl. Im Ausland erfolgen die üblichen Postaufschläge. — 30. Juli 1865.

Tagsbefehl an die Rhein-Armee.

Soldaten! Ernste Tage liegen hinter uns, der Feind im Innern ist abermals geschlagen. Im Gürzenich war es, wo man sagen konnte, daß die Demokratie sich auf einem Terrain befand, wo Alles gehörig gedeckt war. Ihr habt sie vertrieben. In Deuz war es, wo sie euch mit Messern und Gabeln und in befestigten Servietten gegenüberstanden. Alles zeigte sich höchst frappirt, besonders der Champagner.

Ihr kamt in den zoologischen Garten. Man sagte, daß Ihr ungesetzlich eindränget und das Recht sei auf Seite Eurer Gegner. Aber Ihr wußtet: im zoologischen Garten kann man leicht einen Bären aufgebunden bekommen. Verschiedene Leute mutheten Euch eben daselbst zu, mit den Wölfen zu heulen; Ihr habt Widerstand geleistet und zuletzt das Feld behauptet. Die Eigenthümer wollen klagbar auftreten, weil wir ohne Eintrittsgeld eingedrungen seien. Wie frech und lächerlich! Erstens besaßen wir den Garten kraft des Eroberungsrechtes und dann haben wir ihn von einer aufgeregten, krawall- und zerstörungssüchtigen Menge befreit. Die dort befindlichen Thiere haben zur Räumung nicht das Geringste beigetragen. Mit beispielloser Schnelligkeit wurde ferner auf den Dampfschiffen der Widerstand der Kellner gebrochen und die Demonstrations-Flotte am Auslaufen verhindert. Soldaten, ich danke Euch für diesen neuen Erfolg, für dieses erstürmte demokratische Festschmausbüppel. Zwar ist in diesem Kampfe Niemand kalt geworden, als der Braten. Aber wenn Einer einst erzählt, er sei dabei gewesen, so wird es heißen: Siehe da ein Räumer von Köln! oder ein Tapferer vom zoologischen Garten.

Der Generalcommandant.

Wie? als Particulier steht Wagner im Adreßbuch? Sollte es nicht vielleicht heißen **Partiturculier?**

Ein Freund von Fremdwörtern
wenn sie richtig sind.

———

Als die Kölner Festgenossen in Lahnstein einzogen, sagte Einer: Ihr seid gewiß im zoologischen Garten gewesen? — Ja, warum? — Ich kenne das an den **Affen**, die Ihr mitbringt.

———

Im Gürzenich.

Man fürchtete sicher: **Blut werde fließen.**
Statt dessen ist nur **Bratensauce — gestockt.**

———

Gott bewahre uns vor unsern u. s. w.

Social-demokratischer Arbeiterverein (zu den Abgeordneten der Fortschrittspartei). Jetzt ist der Zeitpunkt da, fassen Sie Muth, **wir stehen hinter Ihnen!**

Fortschritts-Abgeordneter (bläst von sich). Herrgott, welche Hitze! (zu den Social-Demokraten). So stehen Sie doch nicht immer **so hinter uns!**

———

Privat-Kabel des Punsch.

Paris. Abd-el-Kader, der mit zwei Abd-el-Käzinnen an den Pariser Mauern herumstrich, wird, da der Herbst naht, bald wieder zu seinen heimathlichen Dächern zurückkehren.

———

München. Ringelhard und Bommann, Hardringel und Mannbom, Bomringel und Mannhard, Ringelmann und Bomhard — das ist die schönste Abwechslung, die man im Justizministerium noch erlebt hat.

———

Marl. Was ist benn eigentlich der Gürzenich in Köln?

Sepperl. Das ist ein altes Kaufhaus.

Marl. Und was haben die Deputirten gethan in dem Kaufhaus?

Sepperl. Na, zuletzt haben sie's halt doch wohlfeil geben müßen.

Marl. Wie kommt denn der Bismark dazu, daß er g'rad in Regensburg so ein wichtiges Ministerconseil z'samm'ruft?

Sepperl. Durch die Wahl von Regensburg wollte er der Welt zeigen, daß ihm alles Wurst ist.

Zeitgemäßes Sprüchwort.

„So neugewaschen wie eine preußische Reformbankett-Serviette."

Neugriechisches.

Gensdarm. Herr Minister, hier liefere ich Ihnen den Räuber Lumpoides ein und bitte um die 2000 Drachmen, die auf ihn gesetzt sind.

Minister. Lieber Freund, die Kasse ist in diesem Augenblick wirklich ganz entblößt. Wissen Sie was: Lassen Sie ihn einstweilen wieder aus; der Kerl wächst in's Geld; in 3 Wochen stehen auf den wenigstens 5000 Drachmen, bis dahin haben wir auch wieder Geld, dann bringen Sie ihn.

Die erste Erklärung des Herrn v. Sprunner hat mir so gefallen, daß sie unwillkürlich das Bedürfniß nach einer zweiten wachrief. Und die zweite war so, daß man darauf mit wahrem Vergnügen wieder zur ersten zurückkehrte. Dieser Kreislauf von Erklärungen gehört zu den schönsten Abenden meines Lebens.

Pimpfhuber,

Freund von solchen und andern Sachen.

In der persischen Stadt Kerman ist der Reisende Merheim eingetroffen und mußte bis Sonnenuntergang auf einer Terasse bleiben, um sich vom Publikum begassen zu lassen! Herr Merheim, fügt die Allgem. Ztg. bei, ist der erste Deutsche, der nach Kerman kam.

Nun ist die Neugier der Perser erklärlich! Einen Deutschen zu sehen, von dessen Nationalität man so viel gehört hat, und noch dazu einen Deutschen der einig ist, einen Deutschen der keinen Gesangsverein bildet, einen Deutschen der kein Comité-Abzeichen trägt, einen Deutschen der nicht mit einem andern streitet, — einen solchen Deutschen kriegen die Einwohner von Kerman, wenn einmal mehrere Deutsche dort sind, nicht mehr zu sehen.

Theater in Köln.

Vorher:

„Gott sei Dank, der Tisch ist gedeckt!"

Hierauf:

„Er muß auf's Land,"

Lustspiel für Herrn Classen-Kappelmann eigens bearbeitet.

Zum Beschlusse:

Wer ißt mit?

Hinter den Coulissen rieth der Herr Bürgermeister mehreren Abgeordneten zur Aufführung des Schauspiels: „Ich esse bei meiner Mutter."

Harmlose Bilder.

Kindliche Auffassung des monarchischen Princips.

Nicht wahr, Papa, der König ißt nur lauter Kron=Fleisch?

Bauern-Logik.

Madame. Sie haben mir zu wenig gegeben: der Eintritt kostet 12 kr. und für Kinder die Hälfte, macht 18 kr.
Bauer. Ja für Kinder! Der Bub' da is aber ein Kinds=Kind, zahlt also nur ein' Groschen.

Ein Norddeutscher soll unlängst Folgendes nach Hause geschrieben haben: Es ist wirklich colossal, was diesem Cabinets-Chef v. Fistermeister für Befugnisse und Privilegien eingeräumt sind! So besitzt er u. A. eine große Back-Anstalt und sämmtliche Hofbeamte und Bedienstete sind verpflichtet, ihr Brod von ihm zu kaufen. Ich habe diese Fabrik selbst gesehen, sie hat einen Schild mit der Aufschrift: „Königliche Hof-Fistermeisterei".

Schwemmke. Na unsere Redner hätten sich ausgezeichnet, wenn sie durften, im Gürzenich.

Lemmke. Im Gürzenich schon, aber durch Gürze nich.

Von L. Napoleons „Cäsar" haben wir nächstens den zweiten Band zu erwarten.

Sonst lautete das Sprichwort: Aut Caesar aut Nihil.

Seit dem Erscheinen des obigen Buches aber hört man Gelehrte häufig sagen: Caesar — nihil.

Nun habe ich wenigstens schon zwanzig Spalten über das Kölner Abgeordnetenfest gelesen und weiß noch immer nicht: warum eigentlich Herr Claffen-Kappelmann nach Verviers geflüchtet ist?

Pimplhuber.

Kleine Frühstücksplaudereien.

Vereinsthaler hört man häufig „Preußische" nennen, auch wenn der Avers einen noch so gern gesehenen Kopf zeigt. Einen Talisman gegen solche Verwechselung besitzt die dahier neuausgegebene Serie, welche die alte „Patrona Bavariae", unsere „liebe Frau" mit dem Kindlein auf dem Revers, ein Porträt des Königs aber auf dem Avers hat. Der Graveur scheint sich nun die Züge und charakteristischen Merkmale unseres jugendlichen Landesvaters etwas besser eigen gemacht zu haben.

In verschiedenen aus dem Wagner'schen Preßbureau gekommenen Brochüren, Sendschreiben und Abhandlungen wurde dargethan, daß das Publikum für das „Höchste in der Kunst" erst herangebildet werden müße. Dieß mag sein, aber die Abonnenten des hiesigen Hoftheaters wünschten für ihr Geld auch hie und da eine Erholung, und da jetzt ohnehin die Ferien sind, so tritt auch in der zukunftsmusikalischen Erziehung eine Pause ein und hat die Intendanz den berühmten Maschinisten Mühldorfer verschrieben, daß er Lortzing's Oper „Undine" inscenire. Herr Mühldorfer hat zu diesem Zweck zwei oder drei große Verwandlungsdekorationen hergestellt und werden wir die Wunder der Geister- und Feeenwelt nun in exakter Weise vor sich gehen sehen, was in unserer ungläubigen und skeptischen Zeit nur von Nutzen sein kann. Die für diese Oper — sie geht Sonntag den 30. Juli in Scene — vorbereiteten Comparserien sollen in der That zu dem Großartigsten gehören, was sich auf diesem Felde bieten läßt. Herr Mühldorfer besitzt bei Coburg eine große Fabrik für Theatereinrichtungen und Maschinerien; man kann bei ihm jederzeit Sturm und Donnerwetter, Wolken und Mondschein nach Belieben bestellen. Dem Münchener Publikum wird dieses „Gastspiel", wenn man es so nennen darf, eine angenehme und wohlthuende Abwechslung verschaffen. Zudem befinden sich die Hauptrollen in den Händen des Herrn Kindermann und des Frln. Stehle.

Aus Schwaben kommen Klagen über Mangel an Obst, Stroh, Klee und Advokaten. Es soll bei Burgau einen Flächenraum von 20 Quadratmeilen geben, auf welchem nicht ein einziger Anwalt angesiedelt ist; wer wissen will, wie ein Prozeß aussieht, der muß eine Reise machen. Nachdem die Fortschrittsparthei die Freigebung der ärztlichen Praxis auf ihre Fahne geschrieben, glaubte man, sie werde auch für die Advokatengewerbefreiheit eintreten.

Der Münchener Volksbote veröffentlicht die Liste der zur Heimzahlung — (spr. Heimzahlung!) — kommenden päbstlichen Schuldverschreibungen. Man rühmte Pius IX. immer die Gabe der feinen Ironie nach; Größeres kann jedoch auf dem Gebiete der Ironie nicht mehr geleistet werden, als wenn der fast auf Nichts reducirte und staatlich längst aufgegebene Pabst der Einzige wäre, der seine Schulden zahlt. Die Zinsen wurden schon früher angewiesen, auch für den auf die verlornen Provinzen treffenden Theil; auf jeden Coupons sollte gedruckt sein: Possumus! Das ist einmal eine schöne Art, seine Feinde zu ärgern!

Es werden immer mehr alte Sprüchwörter zu Schanden. Ehedem hieß es: „Was fragen die von Köln darnach, wenn die von Deuz kein Brod haben?" Neuestens ging es aber den Kölnern sehr zu Herzen, als die Festgäste in Deuz Nichts zu essen bekamen. Reisende, die von dort kommen, sprechen von einer ungeheuren Aufregung, die am Rhein herrscht. Zu Mehr bringen sie's aber nicht und Aufregung ohne nachfolgenden Schlag verzehrt nur die Kraft, was übrigens Herrn v. Bismark ganz recht ist.

Preußischer Spott ist grausam. Man erinnert sich, daß bei Behandlung der Schleswig-holsteinischen Frage der **Bundestag von Berlin aus vor Ueberstürzung** gewarnt wurde. Neuestens sprechen die Bismark'schen Organe von einem **ausgelassenen Uebermuth des Augustenburgers**! Es fehlt nur noch, daß es in einer nächsten Depesche heißt: Es gehörte die volle **Uneigennützigkeit Preußens** und die ganze consequente Gewissenhaftigkeit seines Herrschers dazu, um auf so Manches zu verzichten, was wir uns doch mit unserm Blut verdient hatten.

————

Wieviel gibt es denn in Bremen eigentlich „erste Familien?" Dem Bannerträger des Schützenzuges, einem Allgäuer in Tyroler Tracht, wurden von 216 „Damen aus ersten Familien" Karten zugeschickt! Es wäre interressant zu wissen, was dann Damen aus **zweiten Familien** thun!

————

Zwischen Oestreich und Preußen geht nichts Rechtes mehr zusammen; die Wiener Hofschauspieler mußten ihr begonnenes Gesammtgastspiel in Berlin abbrechen; die Liebhaberin Frln. Mathes starb und Herr Lewinski, der Intrikant, wurde krank. Wenn nun die **Liebe tobt und die Intrigue ohnmächtig ist** — Etwas aber doch geschehen muß, was bleibt da anderes, als der Kampf? — Der Fallmeister von Bronzell will am Grabe des berühmten Schimmels wieder einigen Spuk bemerkt haben.

————

An dem ersten Tage, der zum Beginn des großen **deutschen Sängerfestes** in Dresden festgesetzt wurde, wurde der **erste deutsche Sänger der Gegenwart** — man konnte den Tenoristen Schnorr von Carolsfeld wohl so nennen — ebendaselbst begraben. Viele erwarteten, wenn nicht einen Aufschub des Festes, so doch eine Modification im Programm des ersten Tages, aber siehe da: ein Wiener Gesangsverein war das einzige Geleit, das dem todten Sängerheros zur Gruft folgte, der man ihn am letzten Sonntag in aller Frühe übergab, damit Niemand durch ein so unliebes Geschäft von den Wonnen des Tages fern gehalten sein möchte. Dresden war in das Meer der Festfreude so versunken, daß ihm der plötzliche Verlust seines größten Künstlers kaum einen Eindruck machte. **Nur nicht stören lassen!** das ist in der That eine schöne philosophische Regel. Auch die Lokalblätter, die sonst über gestürzte Droschkengäule Leitartikel bringen, machten die Sache kurz ab mit den Worten: „Gestern starb dahier der Herr N. N. u. s. w." Desto mehr Raum behaupteten alle mit dem Tagesjubel zusammenhängenden Anzeigen von „Sängerbändern", „Sängerseife," „Sänger-Schlipsen," „Sängerpfeifen und Cigarrenspitzen," „Sänger-Schnäpsen und Festliqueuren" u. s. w. Wenn die Nachwelt dem Mimen ohnehin keine Kränze flicht, so bitte nur jeder, daß ihn der Herr nicht während eines solchen allgemeinen Taumels abruft.

Münchener PUNSCH.

Ein humoristisches Originalblatt von M. E. Schleich.

Achtzehnter Band.

Nro. 32. Halbjähriger Abonnementspreis: in Bayern 1 fl. Im Ausland erfolgen die üblichen Postaufschläge. 6. Aug. 1865.

„M'r weiß's schon!"

Liberale Preßorgane, denen die Idee der preußischen Spitze, wenn auch zurückgedrängt, doch noch im tiefen Busen schlummert, fällen, wenn von gewissen Schändlichkeiten die Rede ist, ein Verdammungsurtheil über das „officielle Preußen", gleichsam im Gegensatz zu einem volksthümlichen, das von dem ersteren nur vorübergehend unterdrückt, und an Allem, was jetzt das „übrige Deutschland" empört, unschuldig sei. In Bezug auf die innere Politik mag eine solche Unterscheidung Platz greifen, der schleswig-holsteinischen und deutschen Frage gegenüber gibt es jedoch nur ein Preußen! Es wird wenig Bürger dieses Staates geben, die zugestehen, daß sie sich nicht zur deutschen Führerschaft mitberufen fühlen. Die Berliner Volkszeitung, welche den schüchternen Versuch machte: Freiheit, resp. Selbstbestimmungsrecht höher zu stellen als das Großpreußenthum, also die Einsackungspolitik zu bekämpfen, gerieth in Gefahr, ihre sämmtlichen Abonnenten zu verlieren.

☞ Nach aussen, d. h. uns gegenüber sind sie alle Bismarkel

Wenn es Hrn. Classen-Kappelmann gelänge, mit dem Polizei-Direktor von Köln fertig zu werden, so wäre er ein ebenso eifriger Annerionist, wie die Andern auch. Auf Herzog Friedrich und das gute Recht der Schleswig-Holsteiner hätte man im Gürzenich gewiß keinen Toast gehört, wenn es die preußischen Herren nur erst so weit gebracht hätten, daß sie sich zu Tische setzen dürfen, wo sie wollen! Es ist daher ein kleiner

☞ nationalvereinlicher Jesuitismus

den Klang von einem „officiellen" und „nichtofficiellen" Preußen um die Ohren streichen zu lassen, wenn von den Missethaten in Holstein und Schleswig die Rede ist!

Oder soll man an das größte und hervorragendste Organ des preußischen Liberalismus erinnern, an die **Berliner Nationalzeitung**? Dieselbe hat die — Schamlosigkeit, den Schleswig-Holsteinern vorzuwerfen: sie hätten zu ihrer Befreiung selbst nicht eine Hand gerührt, während die demokratische Vorkämpferin doch **weiß**, daß den Herzogthümern eben durch Preußen, unter Oestreichs Assistenz, die Hände **gebunden** wurden! Der Oberflächlichkeit oder gar Unwissenheit kann man solche Schandphrasen nicht zuschreiben, denn die Nationalzeitung ist ein geistreiches und berühmtes Blatt. Um aber einen unglücklichen deutschen Volksstamm lediglich zu **höhnen**, dazu ist sie vielleicht nicht schlecht genug. Das Wort ist ihr also lediglich in einem Anfall specifisch **preußischer Annexionswuth** entfahren.

Die „Berliner Nationalzeitung" aber gehört unseres Wissens **nicht** zum „officiellen Preußen!"

Die Münchener „Neuesten Nachrichten" haben in ihrer sehr verdienstvollen Kanalverbesserungs-Agitation bewiesen, daß sie Aufrichtigkeit in Allem für das Beste halten, weßhalb sie es dem städtischen Bauamt sehr übel vermerkten, wenn in dem Bericht an die Berliner **verschwiegen** wurde, daß es unserm an sich so schönen Kanalsystem eben an der Durchspülung fehlt.

Ja, ja — der alte Kunstgriff der Reservatio mentalis, dessen Erfindung oder praktische Einführung von Einigen den Jesuiten zugeschrieben wird, ist noch immer im Schwung! Solche Vorbehalte geschehen, wie eben im Münchener Kanalbericht, manchmal aus Schamgefühl, manchmal aber auch — aus hochpolitischen Rücksichten.

Also wolle man uns durch die Bezeichnung „officielles Preußen" nicht glauben machen, es existire auch ein nichtofficielles, das seinen Schwerpunkt nach Frankfurt verlegen und unterm Schatten der deutschen Fahne gemeinsamen Zwecken mit gleichen Opfern dienen wolle.

Vielleicht läßt die nächste Generation eher mit sich reden.

Das Unglück für die heutigen nichtofficiellen Preußen besteht darin, daß Herr v. Bismark nicht liberal ist, d. h. daß vermöge des in Preußen jetzt und allezeit maßgebenden Junkerthums ein liberaler Minister sich niemals träumen lassen dürfte, bestimmenden Einfluß zu üben.

Im Uebrigen concentrirte ein preußischer Festgenosse in Köln die Wahrheit durch ein treffendes, auch von den Neuesten Nachrichten mitgetheiltes Bonmot, indem er sagte:

Herr Bürgermeister von Longerich,
Wir sind Alle — hongerig!

Ja, das ist wahr, hungrig sind sie Alle, Alle, Alle!

Marl. Na, also jetzt scheint der Bismark mit „Blut und Eisen" Ernst machen zu wollen?

Sepperl. Wohl möglich.

Marl. Und was thun wir in Bayern?

Sepperl. Na, wir legen uns auch frisches Eisen zu.

Marl. Wie so?

Sepperl. Hast du's denn nicht g'lesen, das Leibregiment erhielt 25 eiserne — Bettstellen.

———

Marl. Was hört man denn vom neuen östreichischen Ministerium?

Sepperl. Der Finanzminister hat schon was geleistet.

Marl. So, das freut mich. Was denn?

Sepperl. Seinen Amtseid.

Marl. Ah so.

———

Marl. Wo ist denn eigentlich der berühmte Bildhauer Ruf zu Hause?

Sepperl. Wo er zu Hause ist, weiß ich gerade nicht. Aber daß er in der Orthographie nicht zu Hause ist, scheint mir sicher.

Tatschler. Was hört man denn in Betreff Salzburgs?

Pimpschuber. Man hat Aussicht.

Tatschler. So? Also kommen die Monarchen dort zusammen?

Pimpschuber. Davon weiß ich nichts. Ich sage nur: man hat Aussicht. Und warum soll man denn in Salzburg keine Aussicht haben? Da müßte das Wetter doch verdammt trübe werden.

Um was es sich handelt! — Sehen Sie, erzählte ein in die Heimath zurückgekehrter Kölner Festgenosse, ich hatte auf meinem Teller ein Stückchen Gansbraten, ein sogenanntes Pfaffenschnitzel und mein Nachbar ein Schlegelchen, in Saft und Farbe gerade recht. Da kam ein Soldat, hielt das Bajonnet zwischen uns beide, und hieß uns augenblicklich aufstehen. Ach, seufzte mein Nachbar, wenn ich nur den Schlegel da noch essen dürfte. Ich aber rief ihm laut zu: Es handelt sich hier nicht um ein Pfaffenschnitl, nicht um einen einzelnen Gansschlegel, **sondern um den Kampf des Feudalismus gegen den Liberalismus**!

Der Verleger eines liberalen Münchener Blattes hat gegen den k. preußischen Fiscus Klage erhoben, weil er durch Militärgewalt aus dem zoologischen Garten in Köln vertrieben, also an der Ausnützung der bezahlten Eintrittskarte verhindert worden sei.

Gutem Vernehmen nach soll sich der preußische Fiskus bereits mit Hrn. Benedikt in's Benehmen gesetzt haben, daß dieser dem Kläger zur Entschädigung 3 Eintrittskarten in den Münchener zoologischen Garten zur Verfügung stelle und zwar soll sich Kläger auch noch solche Abende heraussuchen dürfen, wo **Musik** ist.

Generöser kann der k. preußische Fiskus nicht handeln. Wird sein Ausgleichsvorschlag zurückgewiesen, so muß lediglich schlechter Wille auf Seite des Klägers angenommen werden, dem es dann offenbar eigentlich gar nicht darum zu thun ist, sich in Naturgeschichte und Zoologie zu vervollkommnen.

Niemand hat was g'hört.
Eine höchst merkwürdige Geschichte.

Zimmertrotteur (begegnet einem Hofheizer). Haben Sie 's gehört, wie der Herr von Hofmann den Ruf einen bummen, einfältigen Menschen g'heissen hat?

Heizer. Ich hab' Nichts g'hört.

Trotteur. Ich auch nicht!

Hartschier (begegnet einem Gendarm). Brigadier, haben Sie vielleicht zufällig gehört, wie Herr von Hofmann zu Herrn Ruf gesagt hat: Sie dummer einfältiger Mensch?

Gendarm. Ich? Kein Wort!

Hartschier. Dann möcht' ich nur wissen, wer 's gehört hat.

Lakai (zu einem Bureaudiener). Sagen Sie einmal aufrichtig: hat er'n einen bummen Menschen geheissen?

Bureaudiener. Ich hab' nichts g'hört und hör' überhaupt Nichts.

Lakai. Wenn man so was nur zuvor wüßt', dann könnt' man aufmerken! Ich hab' halt auch Nichts g'hört.

Marl. Hast Du's g'hört: der Ruf sei ein bummer einfältiger Mensch?

Sepperl. Ja, ich hab's g'hört —

Marl. Jetzt haben wir einmal einen, der 's g'hört hat. Du mußt ein' Zeugen abgeben.

Sepperl. Ja, bezeug'n kann ich's net, ich kenn' ja den Ruf gar net.

Marl. Aber g'hört hast Du, wie's der Hofmann g'sagt hat!

Sepperl. Warum net gar! Ich kenn' ja den Hofmann auch net, und weiß auch nicht, was das für ein Mensch is.

Marl. Na, warum red'st denn nachher, wenust Nir weißt?

Sepperl. So sei nur nicht so hofmännisch mit mir!

Das Colossalste, was aus Frankfurt noch gemeldet wurde, ist unstreitig Folgendes:

Mit den Ferien des Bundestags ist es wieder stille geworden.

Der Bundestag ist an und für sich schon das Stillste, was sich denken läßt.

Wie stille muß er nun erst sein, wenn er Ferien hat.

Und nun wird's mit den Ferien selbst auch noch stille!

In östreichisch Schlesien ließ ein gräflicher Gutsbesitzer die Wohnung seines Kutschers erweitern und fand man bei dieser Gelegenheit zwei Kisten mit ungefähr einer halben Million baaren Geldes. Auf diese Nachricht hin sollen bereits auch einige bayerische Adelige die Zimmer ihrer resp. Kutscher besichtigt, zu eng gefunden, und eine sofortige Erweiterung derselben angeordnet haben.

Wie sich der Gymnasiast Robert Kirschkuchen den Herrn Classen-Kappelmann vorstellt.

Metamorphosen.

Erste Woche.

Nahezu allgemeine Freude über das Ruf'sche Inserat. Herr v. Hofmann gilt überall als Cabinetstyrann und Kassendrache.

Zweite Woche.

Eingezogenen Erkundigungen zufolge ist Herr Ruf Confusions=Rath. Er soll kaum einen Satz schreiben können und die Erklärung gar nicht selbst gemacht haben.

Dritte Woche.

Herr Ruf wird verurtheilt. Es hat sich herausgestellt, daß bei den fabelhaften Zumuthungen, die fortwährend an die Cabinetskasse gestellt werden, die größte Vorsicht nöthig ist und daß Herr v. Hofmann eben deßhalb die nöthigen Formen gewissenhaft einhält. Bei seiner Geschäftsüberhäufung ist zeitweise Aufregung erklärlich.

Vierte Woche.

Ein Maurermeister erklärt, gegenüber verläumberischen Angaben, daß er bei der Cabinetskasse stets die bereitwilligste Berücksichtigung gefunden und gerade Herrn v. Hofmann sehr viel zu verdanken habe.

Fünfte Woche.

Herr v. Hofmann gilt allgemein als **Wohlthäter der Menschheit**. Man beabsichtigt, ihm einen Fackelzug zu bringen. Die Geschichte von dem Theaterschwert und dem billigen Manchester=Ornat ist zwar richtig, soll jedoch ihm nicht zur Last fallen. Es ist erstaunlich, wie einem Mann oft Unrecht geschehen kann.

Sechste Woche.

Herr v. Hofmann wird **populär**. Wer mit ihm in Berührung kommt, rühmt seine herzgewinnende Güte. Jedem, der bei der Cabinetskasse Etwas zu holen hat, legt er aus eigener Tasche noch eine Kleinigkeit zu. Sein Edelmuth geht so weit, daß er sich selbst bei Herrn Ruf für 1500 fl. Statuetten bestellt. Im äußersten Fall erklärt er, den bekannten Tafelaufsatz **auch** noch nehmen zu wollen!.

Siebente Woche.

Wenn Herr v. Hofmann so fortmacht, stirbt er als Verschwender.

Das Festmahl bei Enthüllung des Arndt=Denkmales wäre aufgehoben worden, wenn Herr Claſſen=Kappelmann daran Theil genommen hätte!

Es kommt am Ende noch so weit, daß Herr Claſſen=Kappelmann überhaupt n i r g e n d mehr e i n g e l a d e n werden darf, sondern für sich allein essen muß. Es wäre dieß eine Verurtheilung zur E i n z e l = S p e i s u n g, gewissermaßen ein p e n n s y l v a n i s c h e s D i n e r s y s t e m.

Ob es dazu dienen wird, Herrn Claſſen=Kappelmann zu bessern, ist freilich eine andere Frage.

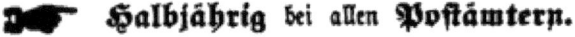

Wenn ich so viel Geld hätte, als Kunstsinn, so würde ich bei Bildhauer Ruf nicht nur Heinrich den Schreiber, sondern auch sämmtliche Heinriche von Reuß, jüngerer und älterer Linie bestellen. Derselben gab es bisher nicht weniger als 230; für jeden 250 fl., macht dann die artige Summe von 57,500 fl. Wenn ich das ausbezahle, so wette ich, daß Herr Ruf seinen Hut nicht eher aufsetzt, als bis er zum Zimmer draussen ist.

Pimplhuber,
Freund von Statuetten.

Kleine Frühstücksplaudereien.

„Von München aus wurde Herrn Claſſen=Kapelmann ein Blumenbouquet überschickt." — „D a m e n M ü n c h e n s überschickten Hrn. Claſſen=Kappelmann ein Bouquet." — „Einige — mehrere Damen" überschickten es. — „Die Damen Münchens überschickten Hrn. Claſſen=Kappelmann ein herrliches Bouquet" — das ist die neueste Phase, in welche die Nachricht getreten ist. Nicht einige oder mehrere, sondern d i e D a m e n M ü n c h e n s demonstrirten. Wenn sich von Bismark jetzt noch nicht schämt, dann hat er es verlernt.—Auch die sog. Zeitungs=Burgel soll ihr bekanntes Hutbouquet abgenommen und Herrn Claſſen=Kappelmann geschickt haben.

☛ **Halbjährig** bei allen **Postämtern.**

Druck der Dr. Bild'schen Buchdruckerei (Parcus).

Münchener PUNSCH.

Ein humoristisches Originalblatt von M. E. Schleich.

Achtzehnter Band.

Nro. 33. Halbjähriger Abonnementspreis: in Bayern 1 fl. Im Ausland erfolgen die üblichen Postaufschläge. 13. Aug. 1865.

Noch ein Leitartikelchen.

In der letzten Nummer war von einem „Jesuitismus" die Rede, dessen sich liberale Organe schuldig machen, wenn sie das Gebahren Preußens in der deutschen Frage lediglich auf die Rechnung des Herrn v. Bismark setzen.

Heute haben wir es mit einigen östreichischen Auslassungen zu thun. Die Mittelstaaten, vorweg Bayern, heißt es, seien unschlüssig, Oestreich könne sich bei einer Aktion nicht auf sie verlassen, sie ziehen nicht, wenn es gilt, Preußen wirklich auf die Pfoten zu hauen. So steht's in der Wiener „Presse".

Man erinnere sich an die Haltung Oesterreichs, als es galt, das Londoner Protokoll abzuschwören, an das burschikos-bismarkische Benehmen des Präsidial-Freiherrn v. Kübeck bei den Abstimmungen über Occupation oder Execution, man denke daran, wie Oestreich mit verschränkten Armen zusah, als der Prinz Carl von Preußen sich zum Herrn v. Rendsburg machte, man erwäge, wie Oestreich seit einem Jahr alle Anläufe von Seite des Bundes hintan zu halten suchte und durch die Erklärung seiner Nichtzustimmung auch wirklich vereitelt hat! Und diesem nämlichen Oestreich soll jetzt auf einmal Bayern nicht energisch genug sein —! Wenn die „Presse" diese Vorwürfe im Ernst erhebt, so braucht man sie nicht einmal „verflucht gescheidt" zu nennen, man kann gleich sagen: sie sind herzlich dumm.

Aber auch liberale bayrische Blätter, preußenfreundliche, nationalvereinliche Blätter, Münchener „Neueste Nachrichten" drucken das nach! Die sonst so gering taxirten Mittelstaaten sollen mit dem sonst so gehaßten Oestreich augenblicklich gemeinsame Sache machen, und den Bismark so erschrecken, daß er Herrn Classen-Kappelmann die Erlaubniß gibt, zu speisen, wo und mit wem er will.

So schnell schießen auch die Bayern nicht! Den Preußen soll bei ihrer Gottähnlichkeit noch etwas banger werden und Oestreich mag von dem Süppchen, das es einbrocken half, immerhin einige Löffel ausessen. Es stehen sich ja „Vormächte" gegenüber und schon die Bescheidenheit hält uns vorerst in geziemender Entfernung.

Wenn es wahr ist, daß Herr v. b. Pfordten nicht gleich auf den ersten gereizten Wink Oestreichs bereit war, mit dem Kopf an die Wand zu rennen, sondern sich eine kleine Bedenkzeit ausgebeten hat, so müssen wir sagen: er hat staatsmännisch gehandelt.

Lassen wir der Sache vorerst ihren Lauf; im Uebrigen gilt das berühmte Diktum des Abgeordneten. Neuffer: „Wir sind ja immer noch da!" —

Die Nachricht von der Zusammenkunft der Monarchen von Oestreich, Preußen, Bayern und Sachsen war von der Weimarer Ztg. ausgegangen. Da es nun mit der Richtigkeit derselben immer schlechter steht, so sucht sich das officiöse Blatt dadurch hinauszubeissen, daß es sagt: „Wir haben Tag und Stunde, wann diese Zusammenkunft stattfinden soll, keineswegs angegeben und auch nicht angeben können." — Ah so! Das Wahre an der Sache besteht also eigentlich in Folgendem: Die obengenannten Monarchen werden wahrscheinlich zusammentreffen, wenn nicht hier, so doch jedenfalls einmal in der andern Welt.

Von einem befreundeten Diplomaten geht uns in Sachen May's soeben folgender Vermittlungsvorschlag zu:

Das Condominium, resp. das Bestehen zweier gleichberechtigter Herren kann nicht nur gewahrt, sondern gerade an Herrn May recht deutlich veranschaulicht werden, wenn man ihn täglich, wie Preußen will, 12 Stunden lang einsperrt, und die übrigen 12 Stunden, wie Oestreich will, frei läßt. Er fühlt sich dann die Hälfte der Zeit unter preußischer, die Hälfte unter östreichischer Gewalt und beiden Mitbesitzern ist ihr Wille gethan.

An die **Holzkirchner** soll Herr **Classen-Kappelmann** folgendes Danksagungsschreiben gerichtet haben:

Meine Herren! Ihr Telegramm, welches mein Verhalten bei den letzten hiesigen Vorgängen anerkennt, hat mich nicht nur herzlich gefreut, es diente mir auch zur Erweiterung meiner geographischen Kenntnisse. Ich hatte bisher von der Existenz Ihres schönen Ortes noch nichts gehört. Nun aber erfahre ich, daß Holzkirchen so zu sagen am Fuße des Gebirges liegt und meine Phantasie malt es mir als einen reizenden Aufenthalt. Unter den Bewohnern denke ich mir jenen kräftigen und edlen Menschenschlag, der in der Regel eine Zierde der Hochländer bildet. Es sollte mich sehr freuen, wenn ich einmal ein paar Holzkirchner bei mir sehen und Ihnen die Hände drücken könnte. Auch soll sich nicht weit davon der höchst anmuthige und malerisch gelegene Ort Sauerlach befinden. Es muß eine herrliche Gegend sein, in der ich wohl vor dem Schluß meines vielbewegten Lebens noch einmal ein paar Monate in idyllischer Ruhe verträumen möchte. Grüßen Sie mir, von Oberbaching angefangen bis zum Teufelsgraben alle Braven, die sich für die Schicksale und Kämpfe der preußischen Fortschrittspartei so sehr zu interessiren scheinen. Bewahren Sie uns auch ferner Ihre deutsch-brüderliche Sympathie und Ihr Mitleid. In unserer Situation begreift man, daß es Verhältnisse geben kann, unter denen selbst der anständigste Mensch zum Haberfeldtreiber werden möchte. Meine Herren Holzkirchner! Sollten Sie vielleicht hören, daß mir aus irgend einem andern Gebirgsort etwa noch ein Strauß von Edelweiß und Alpenrosen bestimmt ist, so bitte ich Sie, den Leuten zu sagen, daß ich damit hinreichend versehen bin und daß mir die Uebersendung von ein paar ächt bayerischen Joppen lieber wäre. Entschuldigen Sie meine Aufrichtigkeit und genehmigen Sie die Versicherung meiner dankbarsten Hochachtung.

Classen-Kappelmann,
Kaufmann und Tagesheld ausser Dienst.

Warum tadelt denn dieser Hr. Krämer das Verhalten der preußischen Abgeordneten in Köln? Es war ja ein Kampf bis zum Messer — aber von Messer und Gabel konnten die Tischgenossen eben den üblichen Gebrauch nicht mehr machen.

Die Cholera ist in Aegypten — der Vicekönig reist nach Constantinopel.

Die Cholera ist in Constantinopel — der Vicekönig reist nach Aegypten.

Wenn der Mensch nur weiß, wo er hingehört!

———

Ein in früher Jugend aus Kurhessen nach Amerika Ausgewanderter und neuestens in die Heimath Zurückgekehrter wurde verhaftet, weil er seiner Militärpflicht nicht genügt habe.

So widerlich sich diese Maßregel ansieht, kann sie doch gewissermaßen auch als ein erfreuliches Symptom betrachtet werden; die Regierung wollte vielleicht beweisen, daß **Nordamerika** nicht mehr der Platz ist, wo **kurhessische Landeskinder** ihre **militärischen Dienstjahre** zu verbringen haben!

———

Zur Beruhigung für Herrn Dr. Trettenbacher.

Bei dem gegenwärtig hervortretenden östreichisch=preußischen Bruch wird Herr Lavedan nicht zu Rathe gezogen, darauf können Sie sich verlassen.

———

Die beiden in Niederbayern zum Landaufenthalt eingetroffenen Zuchthausmitglieder sind, nach einer amtlichen Berichtigung, keineswegs Raubmörder; sie haben nur bei Nacht, im Complot und bewaffnet und unter lebensgefährlicher Bedrohung der Hinzugekommenen einen „Diebstahl" versucht, nichts weiter. Am Ende begrüßt man in den Herren lediglich Schüler eines gewissen modernen Politikers, der erklärt hat: er nehme das Geld, wo er es finde.

———

Sehr sonderbar

finde ich es, daß gerade in einer Zeit, wo sich die Mittelstaaten so schwach fühlen, in Bayern der Mayer'sche Brust-Syrup verboten wird.

———

Dominus vobiscum,

das ist wohl ein Segensspruch. Aber

Cumdominus vobis —

das ist der größte Fluch, den man einem Volke anthun kann.

Mehrere unter'm östreichisch-preußischen
Condominat Seufzende.

Man vereinigt sich an verschiedenen Orten, um dem **Vorgehen** des Herrn Classen-Kappelmann Beifall zu zollen.

Ist denn das nicht ein Druckfehler und soll es nicht heißen: dem **Fortgehen**?

Vor'm Isarthor,
oder
Wir werden ja doch auch wissen, wozu wir eine Armee haben!

Fremder (aus preußischem Gefolge). Herrje, hier herrscht ja schon 'n scheuslich kriegerisches Leben? Sagen Sie 'mal, Lieber, warum stehen Sie denn eigentlich hier Posten?

Bayer. Damit daß kein Stabsoffizier übersehn wird.

Marl. Die Herren v. Beuſt und v. d. Pfordten ſollen ja beſchloſſen haben, den Bund unter dem Namen „Vereinigte Staaten von Deutſchland" zu reconſtruiren?

Sepperl. Hör' einmal, das wär' wirklich nicht übel. Nur wäre dann in den deutſchen United-States die Sclaverei im Norden zu Hauſe und im Süden die Freiheit.

Marl. Ganz richtig. Und lange dürft's noch hergehen, bis ſich Jefferſon Bismark genöthigt ſieht, in Damenkleidern zu entfliehen.

Sepperl. Na, wenn er nur dann zuletzt ge —

Marl (unterbrechend). Schon gut.

Marl. Aber die Gaſteiner Heilquelle, das muß ſchon ein Univerſalheilmittel ſein.

Sepperl. Warum?

Marl. Na ſieh nur: Der Bismark geht hin, und der Beuſt geht auch hin, und das iſt doch klar, daß dem Beuſt was ganz anderes fehlt, als 'm Bismark!

Sepperl. Ja, ja, das iſt wahr.

Privat=Kabel des Punſch.

Wien. Da die Verhandlungen über den Beſuch des Kaiſers in Gaſtein geſcheitert ſind, ſo beabſichtigt man ein zufälliges Zuſammentreffen der Monarchen. — Wenn Preußen nicht nachgibt, ſo droht Oeſtreich, die Bundestagsausſchüſſe loszulaſſen.

München. Bayern wird vorläufig keinen Krieg erklären. Wenn „die" Damen Münchens etwas thun wollen, vielleicht ein Bouquet für den Auguſtenburger, bleibt es ihnen unbenommen.

Classische Cappelmanniana.

Frau Claſſen-Kappelmann erklärt, daß ſie ſich fernere Zuſendungen von Bouquets an Herrn Claſſen-Kappelmann verbitte und daß Damen, welche ihren Mann noch ferner mit derlei behelligen, es mit ihr zu thun haben ſollen. Im Uebrigen verzichtet Frau Claſſen darauf, ſowohl für die „wahre" Bürgermeiſterin von Köln, wie auch für die deutſche „Muſterbürgerin" angeſehen zu werden.

Laut einer Ausſchreibung des Herrn Dr. Franz Huber in München, einer mir im Uebrigen ganz unbekannten Größe, ſoll ich am Tage des Abgeordnetenfeſtes dahier den Gewaltſtreichen entgegengetreten ſein. Um nicht die falſche Meinung aufkommen zu laſſen, als ob ich unverdiente Lobſprüche hinnehmen wollte, erkläre ich, daß Herr Dr. Franz Huber, der ſonſt ein gelehrter Mann ſein mag, in dieſem Fall mangelhaft unterrichtet iſt. Ich bin keineswegs irgendwelchen Gewaltſtreichen entgegengetreten, ſondern wie Dr. Kolb der Reaction aus dem Wege gegangen.

Claſſen-Kappelmann.

Mehrere rheiniſche Hotelbeſitzer wenden ſich an den Polizei-Präſidenten Geiger mit der Anfrage, ob eine Table d'hôte, an welcher Herr Claſſen-Kappelmann Theil nimmt, aufgelöſt würde? Da der genannte Herr als Geſchäftsmann viel reiſt, ſo hat die Frage ſowohl für ihn, wie für die Wirthe praktiſche Bedeutung. Im Fall der Bejahung müßte er eben den Reſt ſeines Lebens à la Carte zubringen.

Die Kölner Feſtgenoſſen hätten ſich das Stückchen Weg nicht gereuen laſſen, ſondern auf kurheſſiſches Gebiet flüchten ſollen. Schlimmer als in Naſſau hätte es Ihnen auch nicht gehen können, und wir hätten doch zur Abwechslung auch einmal einen kleinen Freiheits-Spaß gehabt.

Mehrere Caſſel-Lappenmänner.

Theater in Vilshofen.

Mit hoher obrigkeitlicher Bewilligung.
Unter allgemeinem Erstaunen zum ersten Male:
Die Räuber in Urlaub,
oder
Arme Sünder brauchen auch Sommerfrische.

Eigenthümliches Schauspiel
in einem Humanitäts-Akt sonder Gleichen.

Anm. Fanghunde mitzunehmen ist den resp. Zuschauern nicht nur erlaubt, sondern wird sogar als zweckmäßig bezeichnet.

Kleine Frühstücksplaudereien.

Die Inscenirung der Oper „Undine" durch den Maschinisten Mühldorfer hat für die Meisterschaft dieses Mannes eine große Bewunderung wach gerufen. Uebrigens hat Undine die Hitze verscheucht; so lange sie auf dem Repertoire stand, hatten wir feuchte Witterung. Hr. Mühldorfer ist wieder nach Coburg zurückgereist und Hr. Penkmayer wird ersucht, seine für „Fiesko" angefertigte Sonne für den Nothfall bereit zu halten, wir brauchen sie sehr nothwendig.

Vom Verfasser der Statuette Heinrich des Schreibers, Ruf dem Nichtschreiber, ist gegen das polizeigerichtliche Urtheil Berufung ergriffen worden, so daß Herr v. Hofmann diese cause-célèbre-Affection noch einmal durchmachen muß. Wer's übrigens gehört hat, wie er seinen Gegner einen dummen einfältigen Menschen geheissen, der möge sich bei Herrn Dr. Gotthelf melden, der Hrn. Ruf vertheidigen wird. Wenn ihm der Gotthelf nicht hilft, dann kann ihm Gott auch nicht helfen.

Bei Ausgrabungen in Ostia stieß man wieder auf mehrere Sarkophage, welche goldene Lorbeerkronen und andere Schmuckgegenstände aus edlen Metallen enthielten. Ein Königsgrab mit Theaterschwert, Messingkette und billigem Manchesterornat ist freilich eine Seltenheit, die einem kommenden Jahrtausend zu überliefern unserm Jahrhundert vorbehalten blieb.

Von Berlin aus geht dieser Tage ein Vergnügungszug nach Düppel und Alsen. Die Herren Berliner wollen die Schauplätze ihrer neuesten Siege in Augenschein nehmen und das Gefühl der preußischen Gloire an Ort und Stelle schlürfen. Man glaubt förmlich einen Ladenjungen von der Friedrichsstraße zu sehen, wie er, den Zwicker im Auge, auf der Höhe steht und Land und Meer firirend ausruft: „Na nu, das versteht sich, daß det Allens annexirt wird!"

Münchener PUNSCH.

Ein humoristisches Originalblatt von K. E. Schleich.

Achtzehnter Band.

Nro. 34.   Halbjähriger Abonnementspreis: in Bayern 1 fl. Im Ausland erfolgen die üblichen Postaufschläge.   20. Aug. 1865.

Privat=Kabel des Punsch.

Wien. Das schon im Jahre 1859 durch Handbillet abgeschaffte und unbegreiflicher Weise dennoch wieder zum Vorschein gekommene Deficit wird nun durch allerhöchsten Befehl abermals und zum allerletzten Mal für beseitigt erklärt und sind Zuwiderhandelnde sogleich anzuzeigen. Auch wird ein eigener Deficit=Nichtmehr=Aufkommenlassungs=Ausschuß niedergesetzt.

Vilshofen. Die zwei zum Landaufenthalt in hiesiger Gegend eingetroffenen Räuber à la suite befinden sich den Umständen gemäß wohl. Da der Eine etwas brustleidend ist, so hofft man, daß das Justizministerium in seiner bekannten Humanität ihm vielleicht die Mittel gewähren wird, den nächsten Winter in Nizza zuzubringen.

Schlesien. Glogau wird nun auch armirt. Eine neu errichtete Schanze erhält den Namen: die Ofenklappe. Lieutenant v. Krause soll zum Commandanten derselben bestimmt sein. Damen, welche das Werk zu besichtigen wünschen, werden mit Ungarwein regalirt.

Frankfurt. Keine Ferien und doch auch keine Sitzungen! Keine Vacanz, aber auch keine Arbeit. Der alte Görres hat gesagt: Zwischen Seyn und Nichtseyn gibt es ein Mittelding: die Möglichkeit. Man betrachte nun den Bundestag! Ist das die Möglichkeit!

Marl. Du, haſt g'hört: wir Zwei müßten für unſere Köpfe einen Zoll zahlen, wenn wir über die ruſſiſche Gränze wollten.

Sepperl. Wie ſo denn?

Marl. Nach dem neueſtens veröffentlichten Tarif hat nur unbearbeitetes Menſchenhaar freien Eingang. Daß aber ein Schuſterbub an dieſer Stelle noch nie bearbeitet worden ſein ſoll, das glaubt man nicht einmal in Rußland.

———

Marl. Du, die griechiſchen Finanzen können doch nicht ſo ganz ſchlecht ſtehen.

Sepperl. Warum?

Marl. Ich hab's geſtern g'leſen: die Regierung des Königs Georgios beſitzt noch was.

Sepperl. Was denn?

Marl. Die Majorität in der Kammer.

Sepperl. Au weh, das iſt eine ſchlechte Bonität.

———

Sepperl. Alſo die Baukommiſſion hat jetzt wirklich die Entfernung der Naſenſchilder anbefohlen?

Marl. Ja. Mein Gott, es wär' viel g'ſcheibter, die Baucommiſſion thät' ſich um unſere Naſen kümmern, ſtatt um die Naſenſchild'.

———

Marl. Obwohl die Cholera noch nicht in Preußen iſt, wurden in Berlin doch ſchon Lazarethe hergerichtet.

Sepperl. Sind halt vorſichtige Leut'! So wurden ja auch in Rendsburg, Kiel und anderen Orten bereits preußiſche Etabliſſements errichtet, obwohl die Cholera — wollt' ich ſagen der Bismark in Schleswig-Holſtein eigentlich doch noch nicht herrſcht.

———

Marl. Du, aber in Spanien wird jetzt dem Mönchswesen zu
Leib gestiegen.

Sepperl. Wie so?

Marl. No, gestern les ich, daß die Regierung den Dominika:
nern förmlich den Krieg erklärt hat.

Sepperl. Ach Gott, das geht ja nicht auf den Dominikanerorden,
sondern auf die Einwohner von St. Domingo.

Herr Classen=Kappelmann wurde von der preußischen
Polizei für seine Person als politischer Verein erklärt.

In einem solchen Fall bleibt dem Menschen offenbar nichts
anderes übrig, als seinen Austritt aus sich selbst zu
erklären, resp. aus der Haut zu fahren.

Im nichtpreußischen, besonders im südlichen Deutschland ist aus
guten Gründen von der preußischen Spitze lange nicht mehr die Rede
gewesen. Um nicht ganz müßig zu sein, begnügten sich deren Anhänger
damit, da ihnen die reaktionäre Pickelhaube selber zuwider ist,
einstweilen der liberalen Kappelmannschaft huldigen zu lassen.
Nur der Nationalverein in Oldenburg fühlte das zeitgemäße Bedürfniß,
in das heilige Feuer seines Prinzips wieder einmal ein ordentliches Scheit
zu werfen und zwar durch die Erklärung: die oldenburgische Wehrkraft
habe sich der preußischen als integrirender Theil anzuschließen. Jeder
deutsche Volksstamm müsse dahin streben, daß sein Heer im Kriegsfall
von Preußen „in Mitbenützung" genommen werde. Es müßte in
der That ein erhebendes Gefühl sein, als k. preußisch mitbenützter Krieger
zu leben und zu sterben. Unter den Motiven, welche die Oldenburger
für ihren staatsmännischen Beschluß anführen, befindet sich auch die Be=
seitigung des Partikularismus und der Volkswohlstand in Oldenburg
und Preußen! Es sieht aus, als ob die Bürger= und Bauernschaft links
der Weser darnach dürstete an den preußischen Steuerlasten und ähnli=
chen Volksrechten Theil zu nehmen. Uebrigens sollen, seit Bekanntwerden
dieses nationalvereinlichen Beschlusses, die Lebensversicherungsprämien für
Hausknechte und Köche erhöht worden sein. Auch auf einen Theil der
zarteren Einwohnerschaft soll die Aussicht auf preußische „Mitbenützung"
einen deprimirenden Eindruck hervorgerufen haben.

In einem Salzburger Blatt soll folgende, Gruseln erregende Nachricht gestanden haben: „Wenn der Kaiser und der König und v. Bismark und Graf Mensdorff morgen hier zusammenkommen, so herrscht die allgemeine Ueberzeugung, daß bis übermorgen Alles geschlachtet ist."

P. S. Druckfehler. Soll heißen: geschlichtet.

———

Preußens officiöse Blätter erklärten unlängst feierlich: Preußen werde von seinem Mitbesitz oder Besitz niemals Etwas an irgend einen Dritten übertragen.

Gutem Vernehmen nach soll sich der französische Gesandte im Auftrag Kaiser Napoleon des Dritten erkundigt haben, ob diese Aeußerungen als Demonstration aufzufassen seien. Graf v. d. Golz beeilte sich, zu erklären, daß der Ausdruck „Dritter" lediglich auf deutschem Sprachgebrauch beruhe, und „sonst keinen Zweck" habe.

———

Römische Journale verkünden uns mit großer Genugthuung, daß im Kirchenstaat noch kein Cholerafall vorgekommen sei. Da sieht man, daß es doch zu Etwas gut war, wenn einige Provinzen verloren gingen. Gehörte Ancona noch zum Kirchenstaat, so hätten sie das Uebel schon.

———

Man hört häufig die Klage, daß unser offizielles Organ über den Stand des preußisch-deutschen Konflikts so wenig Aufklärung gibt. Der Vorwurf ist nicht ganz gerechtfertigt. So lasen wir erst unlängst im „Morgenblatt", daß in Berlin wenigstens 6000 Menschen leben, die Schulz oder Schulze heissen, theils mit z, theils mit tz; darunter sind allein 62 Schuster und 71 Schneider. Ueberdieß haben Hunderte von Schulzen auch noch denselben Vornamen; es ist Niemand unglücklicher, als wer in der Metropole der Intelligenz einen Wilhelm Schulze oder Friedrich Schulze zu suchen hat! — So weit das offizielle bayerische Blatt. Wer nicht im Stande ist, hieraus seine Schlüsse zu ziehen, der soll die Conjecturalpolitik überhaupt aufgeben.

———

Blondin ist der Bismark unter den Seiltänzern. Wenn sich die Leute mit Grausen von seinen Kunststücken abwenden, so schmeichelt dieß seiner Eitelkeit. Je verdrehter der Weg ist, auf dem er wandelt, desto leichter thut er sich. Und dazu hat er noch die Gewissenlosigkeit, einen Mann, der viel höher und gewichtiger ist, als er selbst, auf die Schultern zu nehmen und mit sich fortzutragen! Nun, wenn der Mann so — stumpf ist, um dieses Spiel mit sich treiben zu lassen, so hat er sich die Folgen selbst zuzuschreiben.

Ein spanischer Bischof sendete seinen Peterspfennig mit der Bemerkung ein: „Danken wir Gott, daß wir in Spanien keine Diöcese haben, in der es arme Leute gibt".

Da nun aber das ganze Land in Diöcesen eingetheilt ist, so gibt es eigentlich in Spanien gar keine armen Leute.

Wenn man also in Madrid einen Bettler begegnet, so muß Einem derselbe ganz „spanisch", oder vielmehr „unspanisch" vorkommen.

Maxi und Mini,
eine Liebesgeschichte.

Optimistischen Berichten zufolge sollen die beiden deutschen Großmächte nun dahin gekommen sein, daß Preußen das, was es früher als das **Mini**mum seiner Forderungen aufstellte, jetzt als deren **Maxi**mum gelten läßt, während Oestreich nicht abgeneigt ist, das **Maxi**mum, was ihm früher an Zugeständnissen möglich schien, jetzt als **Mini**mum, d. i. als Ausgangspunkt zu weiter Gehendem zu betrachten. Wenn Preußens Maxi und Oestreichs Mini, und Oestreichs Maxi und Preußens Mini auf diese Art anfangen, sich, wenn auch Anfangs schüchtern, doch immer mehr zu nähern und endlich ganz zu vereinigen, so können sich für Deutschlands Zukunft schöne Hoffnungen daran knüpfen.

Claſſen-Kappelmann iſt ein Pechvogel. In Bonn hätte er beinahe miteſſen dürfen und von München aus hätte er faſt ein Album bekommen.

Herr Dr. Franz Huber, der bekannte Volksſammler, brachte übrigens in der Centralhalle einſchließlich der Kellner nur mehr 50 Perſonen zuſammen. Zuletzt wird er, wie Herr Claſſen als politiſcher Verein, für ſich allein als Volksverſammlung gelten müßen.

———

Der unlängſt in München geweſene Präſident des Stuttgardter Rumpfparlaments heißt Löwe von Calbe.

Welcher Name iſt jetzt als der bezeichnende zu nehmen? Ging die vorige Revolution als Löwe oder als Kalb aus der Welt? Daß man doch in Deutſchland nie weiß, welchem Eindruck man ſich hingeben ſoll!

———

(Zurück)-gezogene Kanonen.

Sachſen wäre zur That bereit geweſen,
aber es hat ſeinen Antrag zurückgezogen, bevor er noch geſtellt wurde.

———

Beim atlantischen Kabel hat die Isolirung an den Verflechtungsstellen aufgehört.

Das Kabel ist also gerade das Gegentheil zur preußischen Politik. Bei dieser fängt bei Verwicklungen die Isolirung erst recht an.

Pimplhuber. Sonderbar, derselbe Professor Hofmann, der so leidenschaftlich gegen den Münchener Kanalgestank loszieht, befand sich unter den Hausbesitzern, die dem Verbot zuwider ihren Abtrittinhalt in den Abzugskanal geleitet haben.

Tatschler. Wirklich sonderbar. Bei dem heißt's eben auch: Kehret Euch an meine Worte und nicht an meine — Werke.

Pimplhuber. Und ich glaube, der Herr Professor hat's geflissentlich gethan, um die Nothwendigkeit einer energischen Durchspülung erst recht einleuchtend zu machen.

Tatschler. Na, jetzt geschieht ja auch schon was. Gestern Nachmittag sagt meine Frau: Ich weiß nicht, was hier so unangenehm riecht, wir müssen die Fenster schließen. Abends erkundige ich mich und höre richtig, daß man angefangen hat, die Canäle mit einer Dampfmaschine zu bearbeiten.

Pimplhuber. Ich habe zu Hause auch so eine kleine Vorrichtung zum Pfeifenputzen, die werde ich dem Magistrat zur Verfügung stellen.

Tatschler. Ach ja, thun Sie das. Nur einmüthiges Zusammenwirken kann heut' zu Tage ein Resultat erzielen.

Kleine Frühstücksplaudereien.

Dresdener Blätter melden, daß außer den Festmedaillen von den Sängern und Gästen nur wenig gekauft worden und das Geschäft flau gegangen sei; den besten Schnitt bei dem nationalen Unternehmen hätten eigentlich die Bier- und Speisewirthe gemacht. Für den Finanz-Ausschuß beginnt nun erst die eigentliche und keineswegs angenehmste Arbeit. Es ist ein großes Glück für eine Stadt, wenn in ihren Mauern ein solcher Jubel begangen wird, aber — Alles hat zwei Seiten. Uebrigens braucht ja das verehrliche Comité nur zu beschließen: „Das Deficit ist abgeschafft." In Wien macht man's öfter so.

———

Von Berlin aus ist die Literatur noch in diesem Jahre durch eine erfreuliche Erscheinung bereichert worden. Das Werk heißt: „Wilhelm der Erste, König von Preußen, allen königstreuen Preußen gewidmet von Bruno Weißhun, Premierlieutenant im königl. preußischen 2. pommerschen Grenadierregiment, Ritter u. s. w." Der Autor schickt den Prospekt seines Werkes an alle Garnisonen mit der „gehorsamsten Bitte", die Circulation der Subscriptionsliste „befehlen zu wollen." Es geht doch nichts über Regsamkeit auf geistigem Gebiet.

———

So was kann nur einem deutschen Sänger passiren! Die Dresdener Nachrichten erzählen folgende merkwürdige Geschichte. Drei Sängergäste machten eine Partie in die sächsische Schweiz. Durch die Heftigkeit der Sonnenstrahlen entzündete sich nun die Weste des Einen und brannte an einer Stelle bis auf die Haut durch. — Jemand bemerkte, es sei ein wahres Glück, daß solche Brandunglücke in der Regel doch nicht bei Nacht entstehen!

———

In den „Dresdener Nachrichten" wird München eine päbstliche Filiale genannt. Na, hören Sie, mein lutester Herr Sachse, da haben Sie boch schon was scheißlich Dummes gesacht!

———

Wie Steuer- und Polizeifurcht so recht in Fleisch und Blut eines Unterthanen übergehen können, davon erzählt der Wiener „Hansjörgel" ein wirklich ergötzliches Beispiel. Einige Naturfreunde brachten in ein reizend gelegenes Wirthshaus in Steyermark ein neues Fremdenbuch mit der Bitte, der Wirth möge es auflegen, damit die Touristen ihre verschiedenen Herzensergießungen einschreiben können. Der Wirth nahm das Buch verschmitzt lächelnd zur Hand, blätterte es durch, schüttelte seinen dicken Kopf und sagte, das Geschenk zurückstellend: I merk's schon! Die Blätter sein nit g'stempelt, und wenn's aufkommt, that ich g'straft werden, und ös — (auf die Geber deutend) — ös krieget's die ausg'setzte Belohnung für's Anzeigen — na, na, i geh Enk net ein! — Gewiß charakteristisch für den Horizont eines kaiserl. kgl. Staatsbürgers.

Münchener PUNSCH.

Ein humoristisches Originalblatt von M. E. Schleich.

Achtzehnter Band.

Nro. 35. Halbjähriger Abonnementspreis: in Bayern 1 fl. Im Ausland erfolgen die üblichen Postaufschläge. 27. Aug. 1865.

Marl. Was schreibt f' benn, unser „Bayrische"?

Sepperl. Du, die wird grob! Politischer Charlatanismus, Leichtsinn, böser Wille — das fließt ihr nur so raus.

Marl. Was? So grob traut sie sich gegen den Bismark zu sein?

Sepperl. Ach Gott, gegen den Bismark nicht, was fällt Dir ein, das thut so eine alte Decenter-in-Modistin nicht. Sie meint damit nur die Blattln, die das G'spräch zwischen Pfordten und Bismark gebracht haben.

Marl. Na, is 's wahr oder net?

Sepperl. Die Bayrische b'haupt't: es wär' nicht richtig.

Marl. Mit wem?

Sepperl. Du bist ein Schöps, der eigentlich gar nicht politisiren soll.

Marl. Weißt D' nicht, ist der König von Preußen auf dem Ball, den er in Salzburg b'sucht hat, auch zum Tanzen gekommen? Und vielleicht der Bismark auch?

Sepperl. Ob die zwei zum Tanzen kommen, weiß ich nicht, aber daß der May sitzen bleibt, scheint gewiß.

Marl. Du, was heißt denn das eigentlich: der Kaiser Napoleon und seine Frau sind incognito gereist?

Sepperl. Es hat s' halt kein Mensch kennt.

Marl. Ah so, darum sind s' überall mit so allgemeinem Enthusiasmus empfangen worden.

Marl. Also der Mensdorff und der Bismark haben sich in Salzburg schon wieder **begegnet**.

Sepperl. Ja.

Marl. Die begegnen sich aber oft!

Sepperl. So **oft** können sich die Zwei gar nicht begegnen, als sie sich schon **verfehlt** haben!

Privat=Kabel des Punsch.

Constantinopel. Der Großwessir hat nach Wien geschrieben, um sich Herrn v. Halbhuber auszubitten, falls derselbe disponibel wird. Er soll nach Stambul kommen und gegen die Cholera einen seiner berühmten **Proteste** erheben, deren Wirkungen bekanntlich ganz außerordentlich sind.

Biarritz. Herr v. Bismark kommt nächstens hieher, um mit Napoleon Ränke gegen die Mittelstaaten zu spinnen. Herr v. Wendland wird dieselben von Bernried aus zu durchkreuzen suchen.

München. Da die Witterung ungünstig ist und der Friede gesichert erscheint, so dürften die Vorarbeiten auf der München=Ingolstädter Bahn heuer schwerlich mehr in Angriff genommen werden.

Suez. Am Suezkanal sind die Schleußen geöffnet. Die Londoner „Times" hat sich auf die erste Ente abonnirt, die durchschwimmt.

Frankfurt. In Anbetracht des immer dichteren Wachsthums der Stadt soll beantragt sein, für die Bundesversammlung eine eigene Sommerlokalität herzustellen, etwa mit Garten und Kegelbahn. Der Präsidial= sowie der preußische Gesandte nahmen den Vorschlag sehr gut auf, und meinte namentlich Letzterer: „Wir haben ja genug Kleine zum Aufsetzen!"

Der deutsche Bürgerkrieg in Bismark'scher Auffassung.

Die Drei am Tische. Ja zum Donnerwetter — was soll denn das bedeuten?

v. Bismark. Nur ruhig, bleiben Sie ganz neutral! Wir schießen lauter localisirte Kugeln!

Bisdorff und Mensmark, die Helden von Salzburg, machten einen Spaziergang in die Berge und der Preuße rief plötzlich in der Unterhaltung sehr laut: „Aber sagen Sie mir nur gefälligst, wie wir ihn noch friedlich lösen können,. unsern Conflikt?"

Und das in jener Gegend sehr scharfe und hörbare Echo antwortete deutlich:

Flickt!

Und Dorfmark und Bismens folgten dem echoistischen Rathe.

Daß sich die Staatskünstler gerade in Salzburg am Besten ange= regt fühlten, das Mitbesitzthum zu verlängern und auszubilden ist ganz erklärlich. Die Stadt Salzburg ist so zu sagen der klassische Boden des Condominats=Prinzips. Es gibt daselbst nicht nur viele Häuser, sondern sogar Stockwerke, welche zwei und mitunter noch mehr Besitzer haben. Vergleiche Bädeker pag. 63.

Herr von Bismark als Lateiner.

Als Herr von Bismark in Salzburg durch das in' Felsen gehauene Neuthor spaziert war, rief er bei seiner Rückkehr aus: „Ne, det is doch zu viel, daß man meinetwegen sogar über den Thoren noch Aufschriften anbringt." Auf die Frage, wo dieß geschehen sei, erwiderte er: „Na, da haben sie angeschrieben: Te saxa loquuntur — von Dir wissen die Sachsen zu erzählen!" —

Wer die in Salzburg eröffneten Aussichten so schön und heiter findet, daß er sich in eine behagliche Stimmung versetzt fühlt, der muß seinen Standpunkt rein auf dem Schafberg genommen haben.

Dieß ist die Meinung eines alten Touristen, der aber Niemand be= leidigen will.

In einer Gesellschaft war die Rede von der Katastrophe am Matterhorn. Eine Dame forderte einen anwesenden Journalisten auf, doch einen recht eindringlichen Artikel zu schreiben gegen solch' muthwillige und gefährliche Bravourstücke.

Der Vertreter der öffentlichen Meinung aber winkte mit der Hand ab und sagte leise: „Man kann ja nicht wissen, ob der Bismark nicht im Sinn hat, diesen Herbst noch einen Gletscher zu besteigen — und wer wird denn einem solchen Mann die Freude verderben?" Schweigender Beifall folgte dieser Antwort.

———

Der unlängst in Wien verstorbene Maler Rahl vermachte ein Oel= gemälde, vorstellend die „Stärke" an das Museum in Kiel. Die Holsteiner müssen an dem Bild Freude haben, denn sie sahen schon lange keine andere Stärke, als die der preußischen Arroganz.

———

Warum hat Kaiser Franz Joseph seinen Gast, den König von Preußen, nicht auch nach Hellabrunn geführt, zu den dortigen Wasserwerken? Da hätte er ihm doch zeigen können, daß Oestreich nöthigenfalls auch noch was springen lassen kann.

———

In Strießen (Königreich Sachsen) ist eine merkwürdige Naturerschein= ung zu Tage gekommen, nämlich ein Sperlings=Zwillingspaar mit zu= sammengewachsenen Leibern und zwei Köpfen! Also ein Doppelspatz, als Concurrent eines Doppeladlers, der neuestens auch anfängt, mehr hungrig als fürchterlich zu werden.

———

In Gastein gerieth ein preußischer Junker in Streit. „Na, hören Sie 'mal, rief er zuletzt, ich bin Baron und nach der Theorie Ihres eigenen Windischgrätz fängt bei mir erst der Mensch an."

„Ja ja, erwiderte ein Oestreicher: der Mensch kann bei Ihnen schon anfangen, dafür hört aber auch bei Ihnen alles Andere auf."

———

Zur Sprachkunde.

Sohn. Was heißt Sitzung auf italienisch?

Vater. Das weiß ich im Augenblicke nicht; aber wenn eine Bundestagssitzung damit gemeint ist, so würde ich's mit Siesta übersetzen.

Ein Berliner Techniker hat es jetzt erfunden, wie man es machen muß, um ohne Geschütz zu schießen. Das Projektil wird einfach hingelegt und nach dem gewünschten Gegenstand gerichtet; die dahinter angebrachte Sprengmasse treibt es an den betreffenden Ort. Wenn sich die Erfindung bewährt, dann wird der Junker-Großmacht Nichts mehr widerstehen können. Für uns Preußen, soll ein Berliner gesagt haben, ist dann die ganze Natur nur ein Kanonenloch, vor dem es kein Entfliehen gibt.

Gewerbspolizei.

Gegen die Herren Politiker Dr. F. Huber, Billing u. s. w. soll eine gewerbspolizeiliche Einschreitung bevorstehen, weil dieselben unlängst auf dem Franziskanerkeller einige warme Worte an die Versammelten richteten. Es ist aber verboten, auf Bierkellern etwas Warmes zu verabreichen.

Oestreichische und preußische Blätter verdächtigen den König von Bayern als einen angeblichen Anhänger der „dritten Gruppe".

Ich glaube, daß er seit der Affaire mit dem Bildhauer Ruf nicht einmal mehr von einer zweiten Gruppe was wissen will.

Pimplhuber.

Nachträglich fällt mir noch Folgendes ein:

Ein Gugelmann ist eigentlich weiter nichts, als ein über's Gesicht herabgezogener Kappelmann.

Der Obige.

Kleine Frühstücksplaudereien.

Von Dr. Heinrich Noë's „Bairischem Seebuch" ist eben das dritte und Schluß-Heft erschienen. Der Verfasser hat nun Berg und Thal, Land und Wasser, Menschen und Sitten das ganze bayrische Hochgebirg entlang charakterisirt, ist fast in alle Thäler und Ritzen, Dörfer und Hütten eingedrungen und sein Buch gehört jedenfalls zu dem Besten, was die Literatur in dieser Richtung noch zu Tage gefördert. Seine positiven Kenntnisse, sein poetischer Geist und sein Humor lassen im Leser keine Ermüdung aufkommen. Es ist frische, mitunter allerdings scharfe Bergluft, die uns aus diesem Werke entgegenweht, neben dem sich so manch anderer serieuser oder lustig sein sollender Beschrieb ledern genug ausnimmt.

Wie die Allg. Zeitg. in einem (vielleicht nur vorgreifenden?) Lobartikel darlegt, hat auch der jetzige König von Bayern der „historischen Commission", einer Schöpfung des Hrn. v. Sybel, auf 15 Jahre je 15,000 fl. bewilligt. Nun, tausend Mal das Quadrat von 15 macht eine artige Summe, die jedoch nicht zu groß ist, wenn für Haus und Land des hohen Gebers irgend ein Nutzen herausssieht, worüber freilich einige Namen Zweifel erregen. Als Vorstand fungirt der berühmte preußische Historiograph Ranke, oder vielmehr Herr von Ranke, denn er wurde erst unlängst, unter dem Ministerium Bismark, in den preußischen Adelsstand erhoben, welche Auszeichnung in neuerer Zeit freilich nicht für deutsche Gesinnung und Bundestreue verliehen zu werden pflegt. Wenn Ludwig II. als Beschützer der Wissenschaft in die Fußstapfen seines Vaters tritt, so muß man sich darüber sowohl freuen als auch wünschen, daß ihn dabei das Glück etwas mehr begünstigen möge, als Max II. Der staatsmännische Entwicklungsgang eines Hrn. von Dönniges, die aus dem bekannten „Herzschlag" entsprungenen Glaubensbekenntnisse eines Hrn. von Sybel, die Aeußerung eines Bluntschli in der badischen ersten Kammer, daß der Souverän von Bayern seine Länder auch nicht alle auf rechtmäßige Weise erworben habe — diese und andere Erfahrungen sind gewiß gerade keine erfreulichen Früchte königlich bayerischer Freigebigkeit.

Dr. Onno Klopp hat sich zur Aufgabe gemacht, die fast in Vergessenheit gerathenden Werke des großen Leibnitz der Nation so zu sagen auf's Neue vorzuführen. Die Beilage zur Allgemeinen Zeitung brachte über dieses Thema unlängst ein paar sehr interessante und Genuß bietende Artikel. Onno Klopp verdanken wir bekanntlich auch eine unpartheiische Geschichte und Charakterisirung Friedrich des Zweiten, dessen „Größe" da zur Abwechslung einmal beim Schein der politischen Moralität untersucht wird. Freilich ist Onno Klopp weder preußischer Historiograph, noch auch k. bayerischer „Geschichtscommissär."

Am 21. bs. hielten in Augsburg die Bräuknechte ihr „Tänzelfest", und zwar die katholischen in Göggingen, die protestantischen auf der Tafelwirthschaft im Katzenstadel. So melden Augsburger Blätter. Es ist nur gut, daß die Bräuknechte noch auf confessionelle Dinge etwas halten! Vom Bier wird ohnehin behauptet, daß es meistens gar keine Religion mehr habe.

Die „Chemnitzer Nachrichten" schreiben: Ein bayrischer Hopfenhändler ließ in einem Waggon 5000 Thaler in Gold liegen; ein redlicher Mann, Namens Albrecht, fand und gab sie zurück. Was thut der bayrische Hopfenhändler? Er gibt dem Mann einen ganzen Thaler! Nicht einen Kreuzer weniger! — Zwischen Bayern und Sachsen herrscht das innigste Einverständniß, daß dieser Hopfenhändler, er mag einer Religion oder Philosophie angehören, welcher er wolle, ein abscheulicher Schmutzhammel ist.

Auf einem Pariser Volkstheater blüht ein Drama: „Noah, oder: die Sündfluth". Der Regen wird durch Messingdrähte, die Fluth durch bewegliche Glascylinder dargestellt, doch ist dieß alles nur der Schlußeffect. Das Stück selbst veranschaulicht das sündhafte Treiben, wodurch die Menschheit eben jene Katastrophe heraufbeschwor und wobei natürlich das Ballet eine Hauptrolle spielt. Die Pariser sehen dabei mehr auf gute Gruppirung, als auf viel Costüm! Der Charakter des Vaters Noah, der als Sittenprediger dazwischen tritt und dann immer wieder an seiner Arche fortzimmert, wobei eine Art Cancan nach dem Takt seiner Artschläge getanzt wird, trägt einen komischen Anstrich. Die biblische Auffassung macht bei den Franzosen Fortschritte!

Briefranzen.

Aus Triest erhalten wir ein neues Schleswig-Holsteinlied, nach der alten Rheinmelodie: „Sie sollen ihn nicht haben," wovon, da das Product bis vom adriatischen Meere her kommt, die letzte Strophe hier folgt:

Sie sollen dich nicht haben
Frei Schleswig und Holstein,
Bis Bayern, Sachsen, Schwaben
Und Oestreich preußisch sein.

Tatschler. Warum hat denn eigentlich der Bismark in den vier Jahreszeiten kein Quartier mehr kriegt?

Pimplhuber. Logirt ja schon der Blondin dort.

Tatschler. Ja so —

Pimplhuber. St!

Münchener PUNSCH.

Ein humoristisches Originalblatt von M. E. Schleich.

Achtzehnter Band.

Nro. 36. Halbjähriger Abonnementspreis: in Bayern 1 fl. Im Ausland erfolgen die üblichen Postaufschläge. 3. Sept. 1865.

Politische Ehr-Wägung.

Ist Olmütz aufgewogen? Ist's wirklich aufgewogen? Ich getraue mich kaum, die Hand wegzuthun.

Man heißt's

Gasteiner Vertrag. Vormächte schlagen sich — Vormächte vertragen sich.

Gasteiner Abkommen, denn die bisherigen Begriffe von Recht und politischer Moral kommen auf diese Art am schnellsten ab.

Gasteiner Abmachung — die Vormächte machen, zum übrigen Deutschland heißt's „ab"!

Gasteiner Uebereinkommen; diejenigen, welche die Macht in Händen haben, werden noch über Ein'n kommen, und wär's der Herzog von Augustenburg.

Gasteiner Convention, denn die Starken beschließen, was ihnen convenirt.

Gasteiner Provisorium, dasjenige: was nur Vorsichtshalber einstweilen hergestellt ist, eine Art Nothdach. Wenn Oestreich mithilft, muß immer etwas von Noth dabei sein.

―――

In Berlin ist das erste Exemplar eines Wörterbuchs der hawaiischen Sprache angekommen.

Es wäre nicht uninteressant zu wissen, was heißt: Annexion, Arroganz, Eskamotage, Kronsyndikus, Schwindel, Unverschämtheit u. s. w. auf Hawaiisch? Oder sind die Sandwichsinsulaner in der Civilisation und Intelligenz noch so weit zurück, daß sie für diese Bedürfnisse modernen Staatslebens keine Bezeichnungen haben? Und doch soll der König der Sandwichsinseln aufrichtiger constitutionell sein, als mancher europäische Monarch. — Hawai geschrieen!

―――

Der Schleswig-Holsteinische Verein in Freising, unter Vorstandschaft des Herrn Datterer, gehört zu den wenigen Vereinen, welche energisch genug waren, gegen die Vergewaltigung der Herzogthümer zu protestiren.

Wenn nun ein Verein, der doch den Datterer hat, schon so kühn angreift, wie werden erst die andern auftreten!

―――

Kasseler Bulletins.

24. Aug. Dem Churfürsten ist nicht wohl, es ist, als ob ihm ein preußischer Feldjäger durch die Glieder flöge. Er sieht selbst ein, daß eine längere Stockung der nothwendigsten Geschäfte für jeden Organismus schädlich ist.

25. Aug. Der Churfürst las gestern ein liberales Blatt, ohne ein einziges Mal zu stampfen, ein Beweis, daß ihm der Fuß weh thut. Auch im Rücken haben sich Schmerzen gemeldet. Patient befiehlt, sie nicht vorzulassen.

27. Aug. Es gibt eine Art von Freiheit, die der Churfürst aufrichtig wünscht, und das wäre die Freiheit von Podagraschmerzen. Im Uebrigen sind alle Zustände unverändert.

28. Aug. Der Churfürst glaubt sich leichter zu fühlen. Dem Lande kommt er vor wie sonst. Der Leibarzt behauptet, der Eintritt der Reaktion sei heilsam, wodurch der hohe Patient seine alten Ueberzeugungen neu bestätigt findet.

29. Aug. Die vergangene Nacht war so ruhig wie ein Bundestag. Auch unter Tags versichert die Umgebung, der Churfürst sei besser — als zwei solche.

30. Aug. Serenissimus ertheilte so eben einen Fußtritt. Das frühere Leben kehrt in die Glieder zurück.

Kaufgesuch.

Unterzeichnete kauft Länder und Unterthanen, sowie auch alte Erbrechte und gut erhaltene Ansprüche fortwährend zu annehmbaren Preisen.

Auch werden Donaufürstenthümer und türkische Provinzen in Tausch gegeben. Ebendaselbst sind auch auf Verlangen Militär-Conventionen und Besatzungstruppen jederzeit zu haben.

Berlin im Sept. 1865.

Kgl. pr. Länder- und Völkerhandlung und Arrondirungsgeschäft von Fritzen's sel. Erben.

v. Bismark, Procuraträger.

Auf allgemeines Verlangen:

Claſſen=Kappelmann noch ein Mal!

Dr. Franz Huber ſtrömte vorige Woche zum Kapplerbräu, um die Skizze zum Gedenkblatt für den deutſchen Muſterbürger vorzulegen.

Ueber dem Gipfel einer Eiche ſchwebt Germania. Arme Germania kannſt du denn gar nie feſten Boden gewinnen? Doch „über allen Gipfeln" iſt Ruh' und durch das germaniſche Schweben wird dieſer Zuſtand nicht im Mindeſten geſtört. Unten am Stamme der Eiche befindet ſich die Juſtitia. Wirklich eine ſinnige Andeutung, wie ſehr in Deutſchland die Gerechtigkeit in den Schatten geſtellt wird. In der Rechten hat ſie ein Schwert, mit der Inſchrift: „Oeffentliche Meinung". Dieſes Schwert muß ſehr ſcharf und hart ſein, denn ſo lange und ſo viel wie bei uns iſt auf die öffentliche Meinung noch nirgends geklopft worden. In der Linken hält ſie einen Schild, mit den Worten: „Recht muß doch Recht bleiben". Ja, in Preußen wird darum ein harter Kampf gefochten und man fürchtet, daß das Recht bleibt. Unter den Füßen der Gerechtigkeit krümmen ſich, wie die Neueſten Nachrichten verſichern, Lüge und Verrath. Wenn ſich Lüge und Verrath jetzt ſchon krümmen, was müſſen ſie erſt thun, wenn ſie einmal ordentlich getreten werden? Doch einſtweilen krümmt ſich die Lüge nur beim Kappler, und wenn ſie ſich vielleicht damit entſchuldigt, daß das Bier nicht gut geweſen ſei, ſo iſt es eben die Lüge, die das ſagt. Das „Gedenkblatt" für Herrn Claſſen=Kappelmann aber erhält einen Lederumſchlag mit dem deutſchen Reichsadler und die preußiſche Regierung wird über dieſe lederne Demonſtration nicht erſchrecken.

Wenn ich nach des Dichters Vorſchrift ausrufe:

„Und die Jüdin hat das Geld genommen!"

ſo meine ich damit keineswegs etwa unſere Diplomatie, ſondern meine Geliebte Deborah.

Joſeph, Bauersſohn aus Steyermark,
im bekannten Schauſpiel von Moſenthal.

Bekanntmachung.

Unterzeichneter gibt hiemit bekannt, daß ihm von den hohen Gasteiner Vertragsmächten eine Stellwagen=Concession durch ganz Holstein verliehen worden ist. Mit Hülfe meiner Knechte und im Vertrauen auf die gute holsteinische Roßnatur hoffe ich, trotz mehrfacher Schwierigkeiten, immerhin an's Ziel zu kommen. Ein schlechter Weg genirt mich bekanntlich niemals.

v. **Bismark**,

Besitzer verschiedener Fuhrwerke und Behikel.

Marl. Muß ich doch wieder fragen: wie steht's denn mit der München=Ingolstädter Bahn?

Sepperl. Gut. Die Schienen sind schon alle gelegt.

Marl. Ei so lüg! Wo denn?

Sepperl. In Ingolstadt; da sind sie aus dem Eisenwerk angekommen, und weil man sie nicht stellen kann, hat man sie einstweilen hingelegt.

Marl. Na Du, der Bismark soll sich ja überall, wo er durchgekommen is, so einfach gegeben haben?

Sepperl. Ja, in München hat er sogar seine Kleider selber getragen.

Marl. Ach hör' auf!

Sepperl. No ja, die Kleider, die er ang'habt hat.

Allerneueste Diplomatie.

Hirsch Wiener. Na, was geben Sie mir für Lauenburg?

Wolf Berliner. Was thu' ich damit? Sie wissen, ich kauf' nicht gern Restchen.

Hirsch Wiener. Wie haißt Restchen? Es ist bei Gott ä schönes Stück Land.

Wolf Berliner. Werd' ich Sie geben 2 Million Thaler.

Hirsch Wiener. Waih geschrien, das ist zu wenig. Sind wenigstens 50,000 Menschen drein.

Wolf Berliner. Gott, wenn ich abzieh' Weiber, Kinder, Invaliden, Bettler, Juden — bleiben höchstens 10,000, wo man sagen kann, es sind ordentliche Lauenburger. Und auch unter die kann noch kommen die Cholera, was bleibt m'r dann? Vielleicht ä Poor Tausend Unterthanen — na, ich mog nit e Mol um 2 Millionen.

Hirsch Wiener. Wie haißt Cholera? Kann die Cholera nicht auch kommen nach Berlin? Müßten Sie Berlin auch hergeben. Und dann 60,000 Morgen Waldung! Gott, was ä gewaltige Masse Holz. Werd' ich Ihnen sagen: Weil Sie's sind, geb' ich Ihnen Lauenburg für 3 Millionen Thaler. Es is werth zehne unter Brüdern, unter deutschen Brüdern.

Wolf Berliner. Wiener, Sie werden wissen: ich brauch'

für mein' langen Leib selbst sehr viel. Machen Sie einen billigen Preis. Bedenken Sie, daß wir noch öfter werden machen Geschäfte.

Hirsch Wiener. Na, hab' ich nicht gesagt 3 Millionen? Könn' ich sein billiger? Ich könn's nicht sein!

Wolf Berliner. Geb' ich Ihnen zwei.

Hirsch Wiener. Wie haißt zwei? Sind zwei auch ein Preis? Und für die Schand' krieg' ich Nichts!

Wolf Berliner. Gott, was soll das heissen? Kriegt m'r heut' zu Tag Nix für die Ehr', was soll m'r kriegen für die Schand'? — Ich sag' Ihnen, ich geb' drittehalb Millionen. Thun Sie's, oder ich geh' — weiter!

Hirsch Wiener. Drittehalb Millionen, — baar — na, weil Sie's sind, Berliner, ich thu's. Was frag' ich nach die Leut'?

Bei der Gasteiner Uebereinkunft ist, zum Unterschied von andern großen Staatsverträgen, die Eingangsformel: „Im Namen der Allerheiligsten Dreieinigkeit" weggelassen.

Für diese zarte und schonungsvolle Rücksicht dankt den Betheiligten

der heilige Geist.

Jagd-Kalender.

Die Eröffnung der Hühnerjagd ist in Bayern auf den 22. August angesetzt.

In Schleswig-Holstein hat die Patrioten-Jagd längst begonnen. Indessen: die Augustenburgisch Gesinnten „halten noch aus".

Ferner haben in Köln und auf nassauischem Grunde bereits Kesseltreibe auf die Fortschrittspartei stattgefunden.

In Lauenburg geht Preußen vorläufig nur seine Gränzen ab; ein ordentliches Treiben kann sich wegen einiger Enklaven noch nicht entwickeln, und auf den Anstand gibt der neue Eigenthümer nicht viel.

Privat-Kabel des Punsch.

Frankfurt. Die Bundesversammlung berieth über Herstellung von Heu- und Strohlagern in Ulm. Es gibt so viel mittelstaatliches Heu und so viel Bundesstroh, daß man es kaum mehr unterzubringen weiß.

Kleine Frühstücksplaudereien.

Wie ein Münchener Blatt meldet, fände man in Berlin gegenwärtig Unterhaltung daran, die hohenzollern'schen Ansprüche auf Ansbach, Bayreuth und Nürnberg zu prüfen. Wenn die Kronsyndici Nichts herausbringen, vielleicht findet sich irgend eine „historische Commission", die ihr zu Hülfe kommt.

Man hat es seiner Zeit als Verstoß gerügt, daß kurz nach dem Tode des Königs Max der „Bazar" auf einem Probeblatt die Königin Marie in Ball-Coiffüre abbildete, mit der Unterschrift: Königin wittwe. Einen Beweis von noch größerer Rohheit aber gibt dermalen die Buchhandlung von Otto Humburg in Berlin; dieselbe verschickt den Prospektus eines in ihrem Verlage erscheinenden Romans, betitelt: „Wollust und Verbrechen auf dem Throne." Als Prämie erhalten die Subscribenten in Oestreich die Bildnisse des Kaisers und der Kaiserin, die bayrischen Abnehmer aber das Porträt des Königs Ludwig II.!! Es scheint nachgerade, daß in Berlin alles Scham- und Schicklichkeitsgefühl abhanden kommt. Die Berliner Preßpolizei möchten wir nimmermehr anrufen; daß aber ihr sonst so reiches Arsenal gegen solche freundnachbarliche Gemeinheiten keine Waffe besitzt, ist jedenfalls charakteristisch.

Obwohl heut zu Tage der politische Schwindel auf alles Mögliche übertragen wird, glaubte man doch noch an einige neutrale Gebiete, auf welchen sich gute Bestrebungen ohne Parteispaltung vereinigen könnten, und dazu gehörte das Feuerwehrwesen. Wer zum Löschen und Klettern Kraft und Geschick besitzt, der gibt einen guten Feuerwehrmann; wenn das Horn ertönt, fragt man nicht: brennt's bei einem Groß- oder Kleindeutschen und behufs der Lebensrettung läßt sich auch der Liberalste von einem Ultramontanen in den Sack stecken. Zu Leipzig hingegen, wo um einem dringenden Bedürfniß abzuhelfen, ein deutscher Feuerwehrtag tagte, fand sich ein Herr Moriz Lorenz veranlaßt, bei seinem Toast auf die Minister in Darmstadt und Dresden loszuschlagen! Die Angriffe fanden großen Beifall. Ist es dann ein Wunder, wenn die Herren Dalwigk und v. Beust künftig mit dem Licht noch viel vorsichtiger umgehen und nichts mehr fürchten, als eine Feuersbrunst? Wenn sich bei einem Brande nicht Liberale und Conservative die Hände reichen, wird der Kübel nicht an seinen Platz kommen.

Münchener PUNSCH.

Ein humoristisches Originalblatt von M. E. Schleich.
Achtzehnter Band.

Nro. 37. Halbjähriger Abonnementspreis: in Bayern 1 fl. Im Ausland erfolgen die üblichen Postaufschläge. 16. Sept. 1865.

Es kommt erst nachträglich.

Ich weiß nicht, warum's mich im Gesicht so brennt und mir der Backen so aufläuft. Hab' ich am End' doch irgendwo eine Ohrfeige bekommen?

Erinnerung an Compiègne
oder:
Das symbolische Hundefressen.

Gelungen ist die Jagd,
Der Hirsch hat schon verendet.
Wie sich beim Hörnerschall
Der Zug nach Hause wendet!

Zum Schloß von Compiègne
Geht's nun in raschem Ritte,
Das liegt gar stolz und reich
In eines Waldes Mitte.

Unendlich läßt der Forst
Mit keinem Dill sich sperren;
Compendium, so hieß
Er bei den Klosterherren.

Der Jäger braucht sich nicht
Mit Füchsen abzuquälen,
Dort steh'n noch Hirsche, die
An zwanzig Enden zählen.

Der Preußenfürst ward vom
Besitzer eingeladen;
Er ging auch hin, wenn's ihm
Nichts nützt, was kann's ihm schaden?

Im Hofe hält der Zug,
Im Halbkreis steh'n die Leute.
Inmitten liegt der Hirsch
Und an der Lein' die Meute.

Die Messer sind gewetzt,
Die Jagdgenossen flüstern;
Den Hunden steigt's wie Dampf
Von Blut schon in die Nüstern.

Man bricht den Hirschen auf,
Heraus muß das Geschlinge,
Da liegen sie zu Hauf'
Die delicat'sten Dinge.

Wann kommt die Meute los,
Wer sättigt sich am ersten?
Den armen Hunden droht
Das treue Herz zu bersten.

Der Kaiser aber schielt
Zum Königsgast hinüber;
Der fleht mit einem Blick:
O laß sie, laß sie d'rüber!

Denn furchtbar ist die Qual,
Zu schnoppern und zu lungern,
Den Fraß vor sich zu seh'n
Und angeschnürt zu hungern!

Der Kaiser lächelt arg,
Will er denn noch nicht nicken?
Er nickt! Sie stürzen drauf
Und fressen zum Ersticken.

Der Kaiser aber spricht
Nun leis zu seinem Gaste:
„Mein Gott, ich will ja nicht,
Daß wer zu Tod sich faste.

Nur hüte sich ein Jeder,
Zu stillen solche Triebe,
Eh' ich das Zeichen gab!
Sonst hat er seine Hiebe.

Curée heißt man dieß Spiel;
Magst Du den Sinn verstehen,
Wirst Du mit viel Profit
In Deine Heimath gehen."

Wenn die bei Jagel, Veile und Oeverſee kämpfenden Oeſtreicher gewußt hätten, daß es eigentlich „ſonſt gar keinen Zweck hat", als dem Finanzminiſter dritthalb Millionen Thaler zuzuſchanzen, ſo hätten ſie den Tod für's Vaterland wahrſcheinlich nicht ſo ſüß, vielleicht ſogar **unzeitig** gefunden.

Um wie viel iſt doch die Diplomatie der Natur voraus! — Schiller ſagt:

„Es raſt der See und will ſein Opfer haben."

Ich raſ'te durchaus nicht und habe mein Opfer doch.

v. Bismark.

Die Miniſter in Preußen laſſen die Leute nicht **eſſen**, wo ſie wollen, und die Junker ſtechen die **Köche** todt, iſt es da noch ein Wunder, wenn die Preußen „**hungerig**" ſind?

Der Churfürſt von Heſſen hat ſich wieder gemacht, der Erherzog von Braunſchweig iſt geneſen, Andere werden von vorne herein nicht krank — Gott verläßt die Seinen nicht.

Ein frommer Deutſcher.

Pimpfhuber. Alſo die ſchleswig-holſteiniſche Frage iſt in Ordnung.

Tatſchler. Wie denn? Laſſen Sie hören.

Pimpfhuber. Nun, Preußen ruinirt Holſtein und Oeſtreich ruinirt Schleswig, bis die Zukunft Beider entſchieden iſt.

Tatſchler. „Ruinirt" meinen Sie? Sie wollten wohl ſagen: **regiert**.

Pimpfhuber. Hab' ich geſagt ruinirt? Das iſt unwillkürlich geſchehen.

Stoßseufzer eines alten Schleswigers.

Mit dem „Up ewig ungedeelt",
Da ist 's bei Gott schon lang gefehlt.
Die Preußen kommen, Trupp an Trupp,
Da geb' das „ungedeelt" ich up.
Gedeelt sind wir, vielleicht up ewig —
Ich deutscher Hiob, was erleb' ich!

Wenn es Herrn v. Bismark gelungen wäre, die gewaltsame Entfernung des Herzogs Friedrich durchzusetzen, so könnte man auf ihn jene Stelle aus Schiller anwenden:

„Du hast's erreicht, Octavio!"

Nun hat's aber Herr v. Bismark nicht erreicht und noch weniger heißt er Octavio. Da sieht man, daß Schiller'sche Gedanken auch nicht überall passen.

Neuester k. preuß. Strafcodex.

Wenn man einen Menschen mordet, wie Graf Eulenburg, bekommt man 5 Tage Stubenarrest.

Wenn man eine majestätbeleidigende Rede hält, wie Jakoby, bekommt man 6 Monate Festungshaft.

Wenn man aber gar Nichts thut, wie Dr. May, erhält man Kerkerstrafe auf unbestimmte Zeit.

Approbirt und gebilligt vom
Kronsyndikat.

Komiker Ascher, zur Arreststrafe verurtheilt, weil er, durch die Gestalt seiner Nase verführt, den Minister Schmerling copirte, wurde nun von dessen Nachfolger Grafen Belcredi zu einer Geldstrafe begnadigt, jedoch mit dem Bedeuten, von nun an könne eine zweite Auflage von Schmerling in Oestreich nicht mehr geduldet werden.

Marl. Hast du die wichtige telegraphische Depesch' g'lesen: in Portugal ist der Graf Castro Finanzminister 'worden.

Sepperl. So, so, der!

Marl. Ja wohl, und der Visconde Praga Marineminister.

Sepperl. Was du sagst! Ich hätt' immer g'meint, der Castro wird Marineminister. Aber ich seh's jetzt selbst ein, daß der Visconde Praga besser ist.

Marl. Ich kenn' kein'n.

Sepperl. Ich auch nicht. Aber g'freut hat's mich, daß das telegraphirt worden is.

―――

Die Blätter rechnen immer aus, wie viele Ruthen das Herzogthum Lauenburg hat.

Das ist ganz gleichgültig. Die Hauptsache ist, daß es jetzt die preußische Ruthe bekommt.

―――

Ein Abonnent der Allgemeinen, Bayrischen und anderer Zeitungen sucht einen

Mitleser,

nämlich einen solchen, der für ihn die Artikel aus und über Schleswig-Holstein liest, da seine Gesundheitsverhältnisse nicht derart sind, daß er diese Eindrücke täglich aushalten könnte.

―――

Deutscher Festgedenkspruch.

Sänger ohne Stimmen,
Turner, die nicht klimmen,
Schützen ohne Dreier
Sind — die ärgsten Schreier.

Der König von Preußen ist **nicht** eigens nach Possenhofen gereist, um den König von Sachsen zu begrüßen.

Wenn es sich darum handelt, mittelstaatlichen Regenten preußische Complimente zu machen, da ist **jeder Ort ein Possenhofen**.

Originelle Inserate. „25 fl. Belohnung demjenigen, der mir ein Darlehen von 10 fl. verschafft." — „Unterzeichneter, welcher an völligem Kahlkopf litt, gebrauchte die Kölnische Kräuteressenz und von diesem Augenblick an sind ihm **keine Haare mehr ausgefallen**." — „Ein Mädchen mit **langen Zeugnissen** sucht einen Platz."

Zum eifersüchtigen Preußen sage ich in Bezug auf Oestreich nichts weiter, als:

„Thu' Geld in deinen Beutel!"

Jago,
schlechter Kerl aus „Othello".

Privat=Kabel des Punsch.

Frankfurt. Der Bundestag macht 6 Wochen Ferien. Die Bayer. Zeitung erklärt, daß Bayern **nun erst recht** in der schleswig=holsteinischen Sache auftreten werde.

Paris. Der preußische Gesandte war bei einem Eisenbahnunfall, erhielt jedoch keine Verletzung. Wer so, wie Graf v. d. Goltz, es wagt, „immerdar auf das Wohlwollen des Kaisers Napoleon zu vertrauen", dem kann Nichts passiren.

Mecklenburg. Die Regierung trifft Vorkehrungen gegen die **Einschleppung** des Nationalvereins. Die Grenzbehörden vigiliren auf alle inficirten Schriften. Wer im Verdacht steht, von den Ideen dieser Parthei angesteckt zu sein, der soll abgesperrt und im Nothfall **haslingerpathisch** behandelt werden. In der Hauptstadt kamen unter den gebildeten Ständen einige Oppositionsfälle vor, jedoch war es nur „Liberalismus nostras".

Kleine Frühstücksplaudereien.

Die „Bayrische Zeitung" hat den Münchnern die Zähne schon wässerig gemacht nach dem höchst merkwürdigen Schauspiel einer Nadar'schen Luftschifffahrt, die als Ersatz Blondin's im Oktober dahier stattfinden sollte. Nun fährt aber Nadar in Amsterdam auf und wir sind ohne Ersatz für Blondin. Die Diplomatenzusammenkünfte in München sind zu ungefährlicher Natur, als daß sie interessiren könnten, und ein kühnerer Schritt auf den gespannten Verhältnissen wird nicht gewagt.

Der berühmte Cancan-Componist Offenbach macht nun auch in Kirchenmusik! Eine Messe für 3 Stimmen mit Orgelbegleitung ist das Produkt seiner weihevollen Stunden und wurde in einer Kirche bei Paris aufgeführt. Im französischen Babel, wo die Grisetten bereits eine berechtigte Stellung einnehmen, kommt's schon so weit, daß, etwa um die Mittagsstunde, eigene Demi-Monde-Andachten abgehalten werden und dazu ist dann Herr Offenbach der rechte Palestrina. Vive le Fortschritt!

Ottilie Genée, deren Vermählung mit einem bayrischen Kammerherrn und Lieutenant unlängst gemeldet wurde, gastirt gegenwärtig in Hamburg in den „Schusterbuben von Lyon" und macht in der Titelrolle Furore. Officierin, Kammerherrin und Schusterbube, wie reimt sich das zusammen?

Es hat sich jetzt gejährt, daß der bekannte und jedenfalls hochbegabte Agitator Lassalle von einem wallachischen Faullenzer erschossen und dadurch die Thätigkeit eines höchst originellen und fruchtbaren Geistes vorzeitig abgeschlossen wurde. Der Gegenstand, zu dessen Gunsten der naive Lassalle auf den Kampfplatz trat, ist bekanntlich die Tochter eines nicht ganz gelungenen bayrischen, oder wenigstens bayrisch bezahlten Staatsmannes. Vor einiger Zeit ging durch die Zeitungen die Nachricht, die Dame habe sich mit dem siegreichen Wallachen vermählt, der Berliner „Social-Demokrat" aber berichtet, daß die ganze Partie rückgängig geworden, beziehungsweise niemals ernstlich gemeint gewesen sei. Die Tegernseer werden also schwerlich mehr das Vergnügen haben, den Herrn Baron von der untern Donau bewundern zu können. Herr von Dönniges soll noch immer überzeugt sein, daß die bayrische Diplomatie, seit er ihr nicht mehr angehört, ihres schönsten Schmuckes entbehrt.

Zu Anfang des IV. Quartals — (Oktober bis Januar) — erledigen die Postanstalten auch vierteljährige Bestellungen.

Münchener
PUNSCH.

Ein humoristisches Originalblatt von M. E. Schleich.

Achtzehnter Band.

Nro. 38. Halbjähriger Abonnementspreis: in Bayern 1 fl. 17. Sept. 1865.
Im Ausland erfolgen die üblichen Postaufschläge.

Zu Frankfurt

im zoologischen Garten an der Eschenheimergasse befindet sich ein schreckliches und doch harmloses, jedenfalls aber unersättliches Ungeheuer, welches dem deutschen Bunde gehört und dessen Verköstigung z. B. Bayern allein jährlich auf 20,000 fl. kommt! Dieses Reptil heißt: der schleswig-holsteinische Ausschuß.

Aphorismen über Aphorismen.

Die Morgenblätter der „Bayerischen Zeitung" brachten vor Kurzem fortgesetzte Aphorismen, über deren Styl wir Nichts sagen wollen, denn der Styl ist der Mensch und was kann der Mensch für seine Hinneigung zum Schlechten? Der Inhalt derselben ist es, der unsere Aufmerksamkeit und nähere Betrachtung anregt.

Erster Aphorismus: „Menschen beobachten heißt im Sinne der Meisten, die es thun: ihre Schwächen auszuspioniren und dann zu glauben, man kenne sie . . . . nur der höchsten Menschenliebe ist die höchste Menschenkenntniß vorbehalten".

Wie wahr! Dieser Bismark hat die an den Spitzen der Mittelstaaten stehenden Menschen beobachtet, d. h. er hat ihre Schwächen ausspionirt und glaubt nun, er kenne sie! Bedauernswerther Irrthum; wir sind vielleicht noch viel — schwächer, als er glaubt. Er liebt uns nicht und darum wird er uns auch nie kennen lernen. Es geschieht ihm gerade recht.

Anderer Aphorismus: „Auch der beste und trefflichste Mensch reservirt in sich ein Stück Esel, das in irgend einer Lage des Lebens zu Tage kommt".

Abermals wie wahr, und zugleich wie schön gesagt! Wenn die Bayer. Zeitung — und als officiöses Organ kann sie leicht in die Lage kommen — uns wieder irgend einen Mann als trefflich anpreist, so werden wir ein Recht haben, zu fragen: „Wo ist sein Stück Esel?"

Der Esel besteht aber, wie jeder Mensch weiß und jeder Esel fühlt, nicht aus einem, sondern aus mehreren Stücken und es dürfte nun darauf ankommen, ob Einer vielleicht nur den geduldigen Rücken, das schmackhafte Fleisch, den genügsamen Gaumen, die zähe Haut, den sichern Fuß des Esels besitzt? Oder ist der treffliche Aphoristiker darauf versessen, daß es gerade die langen Ohren sein müssen?

Wenn sich die Esel rächen und auch Aphorismen schreiben und darin behaupten wollten: „Jeder Esel reservirt in sich ein Stück Mensch, das in gewissen Lagen des Lebens hervortritt", wo würde dieß als größere Beleidigung empfunden, bei den Menschen oder bei den Eseln?

Ein dritter Aphorismus: „Wer eine provocirte Ohrfeige nicht richtig ausbezahlt, der muß sie sich selber geben".

Ein sehr bemerkenswerther Satz in dem officiösen Organ des größten Mittelstaates! Die Occupation Schleswigs gegen die Willensmeinung des Bundes, die Hinauswerfung seiner Truppen aus Holstein, die Verhaftung May's, die Octroyirung der neuesten Ferien — das sind lauter Thatsachen, die, sollte man meinen, den Bund provociren mußten, eine Ohrfeige zu ertheilen. Er bezahlte sie aber nicht aus, also muß er „sie sich selber geben"! Nun, auf die Art bekommt der Bund Ohrfeigen genug zusammen!

Vierter Aphorismus: „Mit gut geschmierten Wasserstiefeln kann man durch manchen Sumpf waten, ohne einen Schnupfen zu besorgen. — Auch mit gemeinen Naturen kann man eine Zeit lang verkehren und sogar einen Genuß haben, wenn man mit dem Leder der Indifferenz gepanzert ist, eingerieben mit dem Oel der Humanität".

Also die Indifferenz ist ein Leder. Gut. Der Zustand tritt ohnehin meist bei denjenigen ein, die vom Schicksal schon etwas gegerbt wurden, und in einer Gesellschaft, deren Mitglieder sich zu einander indifferent verhalten, geht es immerhin ledern genug her. Auch daß die Humanität ein Oel ist, lassen wir gelten und bedauern nur, daß so Viele ihr humanes Oel nicht nur zur Linderung fremder Schmerzen, sondern auch zum Brennen verwenden, um ihre Verdienste leuchten zu lassen. Daß aber der Aphoristiker die Humanität zu jenen Oelen rechnet, mit denen man Wasserstiefel schmiert, das ist etwas unhuman!

Fünfter Aphorismus: „Mann und Weib sind — gegen das Kind verglichen — immer eine Uebertreibung; jedes der beiden Geschlechter ist ein Extrem der reinen Menschen-Gattung".

Hier spricht der Verfasser mehr confus, als officiös. Mann und Weib sind — gegen das Kind verglichen — eine Uebertreibung. Also sind die Kinder die eigentlichen Normalmenschen. Je kindischer, desto näher der Vollkommenheit! Vielleicht wollte damit den Deutschen ein Compliment gemacht werden. Aber nun der Nachsatz: Jedes der beiden Geschlechter ist ein Extrem der reinen Menschengattung. Die richtige reine Menschengattung wäre also geschlechtslos. Wenn sie existirte, hätten wir zwar Engel, aber doch keinen Himmel auf Erden.

Aber unserm Aphoristiker ist es nur um einen Witz zu thun: „Les extrêmes se touchent — deßhalb wird geheirathet".

Nun, ein schmucker Lieutenant ist freilich ein herrliches Extrem der reinen Menschengattung. Aber er darf nicht heirathen und muß in diesem extremen Zustand verbleiben, bis er 30 Jahre alt ist und dann muß sein zu touchirendes Extrem auch noch Caution stellen.

Schnell einen andern Aphorismus! „Die Menschen sind eigentlich nur Aggregate ihrer Empfindungen, große Haufen von Eindrücken, Anschwemmungen von Erfahrungen, auf denen er (wer?) festen Fuß faßt".

Also der Mensch ist eine Anschwemmung, auf der er Fuß faßt. Die Kunst, auf sich selbst Fuß zu fassen, war bisher den Kautschukmännern vorbehalten; nun müssen wir sie Alle versuchen, wenn wir unsere Bestimmung erfüllen wollen. So Mancher erleidet nur eine Anschwemmung trauriger Erfahrungen; daher die Trunksucht, um sie wieder wegzuschwemmen. — Die Menschen sind auch „große Haufen von Eindrücken". Man denke nun an die Sängerfeste u. dgl. Da muß ja der Mensch jedesmal als ein noch größerer Haufen zurückkehren!

Wenn die officiöse Zeitung und ihr Beiblatt recht populär wären, so daß Alles, was darin steht, vom Volk sogleich acceptirt würde, dann könnten wir auf diese Aphorismen hin einen neuen Briefstyl erleben: z. B. Hochzuverehrendes Aggregat! — Innigst geliebte Anschwemmung! — Theuerster Haufen! u. s. w. Und der Mann müßte zur Frau sagen: O du holde „Uebertreibung!"

Noch einen Aphorismus! „Beim Tod von Freunden und Bekannten hat man das Gefühl, als halte der große Train des Lebens fünf Minuten lang still. Die Leichen steigen aus, so zu sagen, und der Zug des Lebens braust weiter".

Aussteigende Leichen — ein schönes Bild! Portefeuilles, Geldtaschen u. s. w. werden dann natürlich, wenn der Zug weiter braust, von den lachenden Mitreisenden ausgeleert. Bei denen, die in des Lebens letzter Klasse fahren, macht man wohl nicht viel Umstände; da wird nicht lange ausgestiegen, der Conducteur Tod schmeißt sie einfach hinaus, denn die vornehmen Passagiere werden nicht warten, bis so eine gekrümmte Proletarierleiche abgesetzt ist. — Glücklich derjenige, dem es gelingt, sich in eine Ecke zu drücken und die ihm ursprünglich bestimmte Station zu **verschlafen**. Dazu gehört aber ein ruhiges, unbekümmertes Temperament. Auch die Lektüre von Aphorismen wäre zu empfehlen.

Marl. Jetzt fangt ja gar der Vesuv auch wieder an, **auszuspeien?**

Sepperl. Ja, ich hab's g'lesen.

Marl. Möcht' wissen, **warum?** — Salzburg und Gastein sind ihm doch weit entfernt!

In Kopenhagen werden die Militärmusikchöre reducirt und besonders die **deutschen Spielleute** verabschiedet.

König Christian soll gesagt haben: „Wenn ich nur solche Deutsche haben kann, die mir **flöten gehen**, so will ich lieber gar keine".

Die britthalb Millionen Thaler, welche Oestreich für Lauenburg erhält, wird König Wilhelm aus seiner Privatkassa bezahlen.

Es soll überhaupt am preußischen Hofe eingeführt werden, daß schon die Kronprinzen kleine Sparbüchsen anlegen, um, wenn zufällig ein hübsches Ländchen oder Völkchen einsteht, sich selbes kaufen zu können.

Herr v. Beust hat seine Badekur **abgekürzt**, um wieder in München einzutreffen.

Herr v. Bismark soll darüber ungehalten sein, denn Preußen will, daß die Mittelstaaten **Alles ausbaden.**

Ein Berliner äußerte unlängst in Gesellschaft: „Wie kleinstädtisch dieses München ist, sieht man schon aus dem ungeheuren Aufsehen, das Omer Pascha gemacht haben soll. Bei uns in Berlin würde so ein Kerl gar nicht angesehen." — „Glaub's schon, erwiderte ein anwesender Süddeutscher, in Preußen wirthschaften selbst so viele Pascha's, daß man eher wegsehen möchte, wenn sich ein neuer zeigt."

Was bleibt noch ungetheilt?

Einige gemeinsame Dinge werden Schleswig-Holstein auch in der Stunde der Trennung beibehalten. Die Punkte, in denen sich die Herzogthümer wieder finden, sind sehr sinnig ausgewählt. Es ist nämlich eine gemeinschaftliche
Irrenanstalt!
Sowohl die Schleswiger als die Holsteiner, welche mit der **fixen Idee** eines **Selbstbestimmungsrechts** oder gar mit der wahnsinnigen Hoffnung auf Hülfe von Seite Deutschlands behaftet sind, haben den Trost, von ihrer Geistes- und Gemüthskrankheit auf gemeinsame Art geheilt zu werden. Auch das
Taubstummeninstitut
ist für die Herzogthümer dasselbe. Herein mit Allen, welche sich den Vernunft- und Rechtsgründen der preußischen Annexionisten gegenüber **taub** erweisen. Für die Verstummenden dürfte die Anstalt ohnehin kaum groß genug sein, denn die Schleswig-Holsteiner theilen sich nächstens in Solche, die nichts mehr sagen **können**, in Solche, die nichts reden **dürfen** und in Solche, die nichts reden **wollen**. Dazu kommen noch die Freunde aus Bayern, Sachsen u. s. w., die nichts zu reden haben, so daß Herr v. Bismark außer Gefahr ist, von irgend Jemanden überschrieen zu werden. Ein dritter Einigungspunkt bleibt noch im
Zuchthaus
für diesseits und jenseits der Eider. Diejenigen, welche die Freiheit verwirkt haben, läßt die Convention beisammen, diejenigen, welche sie verdienen, werden getrennt. Man verspricht sich von den neuen Zuchthausdirektoren eine humane Behandlung der Sträflinge, denn für **solche** gefallene Schleswig-Holsteiner darf auch ein preußischer Beamter Gefühl haben, ohne sich zu compromittiren.

Die zu cultivirenden
Schleswig'schen Haiden.

Sah ein Preuß' ein Röslein steh'n
Röslein auf der Haiden.
Dich zu haben wär' so schön,
Wie? Na nu, ich will 'mal seh'n,
Mach' mir Annexionsfreuden,
Röslein, Röslein, blauweißroth,
Röslein auf der Haiden.

Preuße sprach: ich breche dich
Röslein auf der Haiden.
Röslein sprach, ich steche dich,
Daß du ewig denkst an mich,
Und ich will's nicht leiden.
Röslein rc. rc.

Und der wilde Preuße brach
's Röslein auf der Haiden.
Presse wehrte sich und stach,
Und dem Bunde half kein Ach —
Mußt' es eben leiden.
Röslein — u. s. w.

Belauschtes Gespräch.

v. Varnbühler (zu Bismark): Exzellenz haben ganz Recht. Wenn man am Barren steht, muß man fressen.

v. Bismark: Das ist eben der Unterschied zwischen uns. Sie sind Varnbühler und ich bin Barr'nfühler.

Privat-Kabel des Punsch.

Frankfurt. In Abwesenheit der vormächtlichen Gesandten geht der Vorsitz an Frhrn. v. Schrenk über. Bayern präsidirt dem in die Ferien gegangenen Bundestag!

Ingolstadt. Die Bahnarbeiten schreiten rasch vorwärts. Es sind bereits 200 Conducteur-Pfeifchen angekommen und wird nächstens eine Commission von München dahier eintreffen, um sie alle zu probiren, was eine große Menschenmenge anziehen dürfte.

Kleine Frühstücksplaudereien.

Was heut zu Tag nicht alles in die Zeitung kommt! Dem „Kurier v. Niederbayern" wird aus München geschrieben: „Beim König sei ein ehemaliger Unteroffizier als Leiblakai aufgenommen und demselben zur Bedingung gemacht worden, daß er Unterricht im Frisiren nehme." — Gutem Vernehmen nach soll ein anderer Lakai angewiesen sein, sich in der Schneiderkunst so weit umzusehen, daß er nötigenfalls einen Knopf einnähen kann. Auch sind dieser Tage, wie versichert wird, einige neue Kleiderbürsten, sowie ein Dutzend Schachteln Patentwichse an das Hoflager abgegangen. Hoffentlich wird der Correspondent dieß nachträglich berichten, denn das Volk muß wissen, wie es in der Umgebung seines Königs zugeht.

Die „Dreßdener Nachrichten" erzählen von einem jungen Preußen, der auf der Bastei durch höchst beleidigende Redensarten die Spaziergänger provocirte; er nannte Sachsen ein Bettel-Land u. dgl. Endlich wurde er von einigen Leuten, die ihr Töpfchen Bier in mittelstaatlicher Ruhe leeren wollten, gefaßt und in ein Zimmer gesperrt. Nun verzichtete der kleine Bismark auf alle Annexionsphrasen, stellte sich als einen in Pirna conditionirenden Schneidergesellen vor und bat die Sachsen um Gottes willen, ihn doch wieder zum „Herrn seiner selbst" zu machen. Endlich erbarmte man sich seiner und er schlug sich seitwärts in's Gebüsche, wahrscheinlich mit dem Vorsatz, in der Machtsphäre des Herrn v. Beust seiner deutschen Mission etwas behutsamer obzuliegen.

Für das letzte Quartal auch
vierteljährige Bestellungen
bei allen Postämtern.

Preis von jetzt bis Januar — (eine schöne Zeit, innerhalb deren im Bund und am Bund Viel geschehen kann) — **30 Kreuzer.**

Münchener PUNSCH.

Ein humoristisches Originalblatt von M. E. Schleich.

Achtzehnter Band.

Nro. 39. — Halbjähriger Abonnementspreis: in Bayern 1 fl. Im Ausland erfolgen die üblichen Postaufschläge. — 24. Sept. 1865.

Preußen und Lauenburger, sagte Herr v. Arnim bei der Huldigung, sind nunmehr Landeskinder e i n e s Landesvaters.

Dieser Ausdruck ist unrichtig. Der Landesvater ist der V a t e r des Landes. Die Landeskinder sind die K i n d e r des Landes. Der Landesvater ist also eigentlich der Großvater der Landeskinder.

Doch — Preußen b r a u c h t neue Kinder und verzichtet dabei großmüthigst auf alle Ursprungszeugnisse.

———

John Bright, das bekannte englische Parlamentsmitglied, soll gesagt haben: „Ich habe gegen den Lauenburger Handel Nichts einzuwenden, und erkläre dies sowohl als Friedensmann, wie als — F r e i h ä n d l e r."

———

Frage.

Warum hat man sich beim Lauenburger Handel gerade der dänischen „Rigsdaler" bedient?

Antwort.

Wahrscheinlich weil man fürchtete: ehrliche deutsche Münzen, selbst preußische Thaler nicht ausgenommen, könnten beim Aus= zahlen r o t h werden.

———

Der Münchener schleswig-holsteinische **Hilfsverein** — (wer hilft? was hilft?) — hat einstimmig beschlossen, eine Urwähler-Versammlung zu berufen und einstimmig seine Freude darüber ausgedrückt, daß die Aufforderung dazu an ihn ergangen ist. Ebenso hat auch die Versammlung einstimmig ihr noch ausstehendes Verdammungs-Urtheil über den Gasteiner Vertrag abgegeben und die einstimmige Ueberzeugung ausgesprochen, daß nur die **Macht des deutschen Volkes** die Ehre und das Recht Deutschlands noch zu retten vermögen. Die „Macht des deutschen Volkes", deren Aufenthalt gegenwärtig unbekannt ist, wird daher dringend ersucht, sich bei irgend einem der bestehenden Vereine zu melden, am besten Abends von 8 bis 11 Uhr, um weitere Mittheilungen entgegen zu nehmen.

Die Bayrische Zeitung, an die ich glaube, sagte unlängst in ihren Aphorismen: „Jeder, auch der trefflichste Mensch bewahrt in sich ein Stück Esel."

Da nun Herr von Bismark jeden Tag für seine Schlauheit neue Belege bringt, so möchte ich fragen: wann wird endlich sein „Stück Esel" hervortreten? — Widrigenfalls müßte ich glauben, er sei kein trefflicher Mensch!

Pimpfhuber,
geneigt, von jedem vorläufig das Bessere anzunehmen.

Also Eibbruch be**schmutzt**, wie General Manteuffel an der deutschen Tricolore nachgewiesen hat. Da aber doch Flaggen existiren, die zum Theil ganz blendende Schneefarben aufweisen, so muß es auch **reinliche Eibbrüche** geben, und es wäre wünschenswerth zu wissen, ob dieß lediglich auf der Achtsamkeit und Geschicklichkeit der mit dem Eibbrechen Beschäftigten, oder aber vielleicht auf einem besonderen chemischen Verfahren beruht? Man bittet Sachverständige um Auskunft.

Mehrere Techniker.

Privat=Kabel des Punsch.

Frankfurt. Die Besucher der Ledermesse klagten über Mangel an Waare. Nicht einmal der Bundestag, das Ledernste, was Frankfurt hat, war beisammen.

Mexico. Die Republikaner sind geschlagen und haben ihre ganze Artillerie verloren. Es bleibt ihnen nur mehr das G e n i e einiger Führer.

Westafrika. Gutem Vernehmen nach will der Minister des Königs von D a h o m e y nun a u c h ein Rundschreiben erlassen, worin er den Gasteiner Vertrag verdammt und seine Mißbilligung über den modernen M e n s c h e n h a n d e l ausspricht.

Paris. Thiers' Geschichte Napoleons und des Kaiserreichs erscheint demnächst in neuer Auflage, unter dem Titel: Histoire de „l'âge le plus funeste de l'histoire".

London. Lord John Russel sagte in seiner Amtswohnung: Gott, wie ist mein Unterleib so l e i c h t! Ich bin wieder einmal g r o b gewesen!

Florenz. Die königlich italienische Regierung, welche bisher immer nur selbst geborgt, war nun auch einmal in der erfreulichen Lage, ein P f a n d entgegen zu nehmen. — Der neue spanische Gesandte ist nämlich, wie der König sagte, das Pfand für hergestellte gute Beziehungen zur Königin Isabella. Wer gibt auf so was viel?

Washington. Der Vertreter des merikanischen Kaiserthums begegnete neulich dem Präsidenten und wünschte ihm guten Appetit. Johnson wies diesen Wunsch zurück, da er einen Kaiser v. Mexiko nicht anerkenne und als er nachher bei Tische saß, erklärte er ausdrücklich, sein Appetit sei nicht der von dem kaiserlichen Agenten ihm gewünschte.

Wenn ich die Stäbe alle hätte, die über den Gasteiner Vertrag schon gebrochen worden sind, dann brauchte ich den Holz=Verein nicht zu belästigen und könnte den ganzen Winter hin=durch ein paar Stuben heizen.

Hufschmeier, Proletarier.

———

Das wunderbar gespreizte Votum Babens in Sachen Bundestags=ferien spricht von einer „grundsatzvollen Opferwilligkeit" des „bestlegi=timirten Prätendenten".

Man kannte bisher verschiedene Gattungen von Völlerei; es konnte Einer sein: biervoll, weinvoll, sternenvoll u. s. w. Aber grundsatz=voll, das ist eine neue Gattung von Rausch wie er übrigens selten vorkommen und gerade bei den badischen Staatsmännern am wenigsten zu beobachten sein dürfte!

———

In Frankfurt fand neuestens ein Jugendwehrtag statt. Die Knaben exercirten und hatten sogar auch Artillerie.

Am Ende waren die Kanonen gezogener, als die Artilleristen!

———

Das officiöse „Dresdener Journal" dementirt die Nachricht der Köln. Ztg. als ob König Johann einen demüthigen Brief an den König von Preußen geschrieben hätte; die Nachricht sei rein erfunden, indem in letzterer Zeit überhaupt gar kein Brief geschrieben worden sei.

Dieses Dementi ist doch offenbar um einige Ellen zu weit! Wie will das „Dresdener Journal" vor Deutschland die Behauptung rechtfer=tigen, daß in letzterer Zeit überhaupt gar kein Brief geschrieben wurde! Gar keiner!

Wenn auch die Fürsten schmollen, wenn alle Staatsmänner einander hassen, gibt es keine Köchinnen, welche lieben, keine Kinder welche Geld brauchen, keine Damen, welche die Zeit todt schlagen wollen?

Also Briefe sind in letzter Zeit doch geschrieben worden, in Dres=den vielleicht mehr als in München, denn je gebildeter, heißt es, ein Volk ist, desto mehr Briefe schreibt es.

———

Bisher war es Rechtspraxis, nach mehr als zehnjähriger Abwesenheit das preußische Staatsbürgerrecht als erloschen zu betrachten.

Der Gefangene Dr. May, der sich darauf berufen wollte, wurde demungeachtet für einen preußischen Unterthan erklärt.

Daraus erhellt also, daß man nicht nur zum Verlust, sondern auch zum **Besitz der preußischen Nationalcocarde verurtheilt** werden kann.

Marl und Sepperl, Schusterbuben.

Marl. Also es ist nicht wahr, daß Bayern und Sachsen an die Großmächte eine Collektiv-Depesche gerichtet haben?

Sepperl. Nein. Zwei machen ja auch noch kein Collegium, und den Dritten, scheint's, haben s' nicht mehr dazu 'bracht!

Marl. Nicht einmal den mehr!

Prophezeiung.

Am jüngsten Tag, wo sich alle Körper rühren, wird auch der München-Ingolstädter **Bahnkörper erstehen**.

Wie aus der Einsetzung einer eigenen Commission und dem Erlaß eines sehr ermunternden Ausschreibens hervorgeht, ist die bayrische Regierung lebhaft bestrebt, Bayern eine in jeder Beziehung würdige Vertretung bei der Pariser Ausstellung zu sichern.

Es fragt sich nur, ob dann die von Bayerns Industriellen erworbenen Medaillen an die so Ausgezeichneten dieses Mal auch wieder durch Packträger vertragen werden, wie es nach der letzten Londoner Industrieausstellung geschah? Man erinnert sich noch des wahrhaft erhebenden Eindruckes, den diese schöne Art von Preisevertheilung auf die Gekrönten gemacht hat! Zum ewigen Angedenken sollen Einige die bezahlte Marke sogar dem Preise beigelegt und aufgehoben haben.

Erster Versuch
oder:
Sonst.

Der Deutsche. Janos, den Cylinder mußt Du tragen, Oestreichs Völker müssen wenigstens unter einen Hut.

Magyar. Kann ich nicht! Mog ich nicht!

Deutscher. Du mußt! Dieser Hut bedeutet die Reichseinheit.

Magyar. Bassoma, es geht nicht.

Deutscher. Nun, wir können warten.

Zweiter (letzter?) Versuch

oder:

Jetzt.

Maggar. Czismen mußt Du Dir g'fallen laſſen, Schwab.

Deutſcher. Ach, das halt ich nicht aus.

Maggar. Mußt aushalten! Sollſt behandelt ſein auf nämlichen Fuß, wie Ungar.

Deutſcher. Es druckt mich. Ich mag nicht.

Maggar. Mogſt net? No wart' nur!

Kleine Frühstücksplaudereien.

Das alte, auch als Refrain zu Possen-Couplets schon verwendete Sprichwort: „Sonst hat's keinen Zweck" ist nun auch in die Diplomatensprache eingeführt worden. Beide Rundschreiben, sowohl das französische als auch das englische, schließen mit dem Satze: „Diese Mittheilung hat blos den Zweck, daß Ew. ꝛc. ꝛc. wissen, welche Sprache Sie zu führen haben, wenn der beregte Gegenstand zur Erörterung kommt u. s. w." Also — „sonst hat's keinen Zweck."

Journalistische Uebertreibungen. Als im jenseitigen Schweigertheater die letzte Vorstellung stattfand und das Personal das Lied anstimmte: „So leb' denn wohl u. s. w." war das Publicum „sichtbar von tiefer Rührung" ergriffen. Ja, rechts der Isar gibt es noch naive weichherzige Menschen! — Der Verhandlung gegen die 5 verhafteten Bürger, hieß es ferner, sieht man dahier mit „enormer Spannung" entgegen. Ein Schuster, welcher dem Magistrat Nachräumerstiefel zu verrechnen hat, schreibt um 6 fl. mehr auf, als sich gebührt, und deßhalb soll ganz München in enorme Spannung gerathen? Nein so tief sind wir noch nicht gesunken.

An dramatischen Novitäten verspricht der kommende Winter wohlhabend zu werden. Am Wiener Burgtheater sind etwa ein Dutzend solcher zur Aufnahme angenommen und in Vorbereitung. Die Direktion des Münchener Aktienvolkstheaters besitzt gar über 130 Manuscripte, die um die ausgeschriebenen Preise concurriren! Bei dramatischen Concursen galt es allezeit als eine Hauptsache, daß die Preisrichter sogleich mit der Ausschreibung bekannt gemacht wurden, um Garantien der Unpartheilichkeit zu geben und auch namhafte Literaten zur Concurrenz zu ermuntern. Das Münchener Comité wird erst hinterher bekannt machen, wer die aufgeführten Stücke preiswürdig gefunden hat. Im ungünstigen Fall wäre es vielleicht besser, die Schuldigen ganz zu verschweigen. Wenn übrigens auch von diesem Ausschreiben keine neue Aera der dramatischen Literatur datirt, ja wenn vielleicht nicht ein einziges gutes Volksstück dadurch hervorgetrieben würde — die Preisrichter, wer sie auch sein mögen, sind nicht Schuld daran. Es ist einmal gegenwärtig keine Zeit künstlerischen Schaffens und naiven Hinnehmens.

———

Mit dem 1. Oktober beginnt das letzte Quartal unseres achtzehnten Jahrganges.

Die **Postanstalten** erledigen für die Zeit von jetzt bis zum Jahresschluss auch vierteljährige Bestellungen zu

30 Kreuzern.

Nachbestellungen früherer Nummern wird möglichst genügt.

Münchener PUNSCH.

Ein humoristisches Originalblatt von M. E. Schleich.
Achtzehnter Band.

Nro. 40. Halbjähriger Abonnementspreis: in Bayern 1 fl. Im Ausland erfolgen die üblichen Postaufschläge. **1. Okt. 1865.**

Marl. No, wie vertragen sich denn eigentlich die zwei Statthalter von Schleswig und Holstein?

Sepperl. Nun, Herr v. Gablenz hat seinem Collegen in Schleswig den Strang, der ihm gebührte und den er ihm nicht vorenthalten konnte, endlich zuerkannt.

Marl. O pfui!! Du weißt, ich kann solche excessive Aeußerungen nicht leiden.

Sepperl. Ich spreche ja von dem eigenen Telegraphenstrang, den Preußen beansprüchte.

Marl. Da les' ich was Nett's. Der entlassene Bürgermeister von Schleswig ist beim Gablenz vortragender Rath geworden.

Sepperl. Ja wohl, der trägt jetzt dem Gablenz was vor.

Marl. Und dem Manteuffel wird er's wohl nachtragen!

Sepperl. Kann auch sein.

Marl. Aber das Oestreich muß in Geldverlegenheit sein, da dank' ich!

Sepperl. Warum?

Marl. Na, wenn s' sogar ihren Schwerpunkt versetzen müssen!

Sepperl. Ja, da is 's freilich weit kommen.

Ist der Baron Edelsheim, der als Minister nach Baden kommen soll, derjenige Baron Edelsheim, von dem die neue Reit-Methode herstammt, oder ein Verwandter desselben?

Jedenfalls würde ein Edelsheim manche Schwenkung ausführen können, die einem Roggenbach unmöglich wäre. Letzterer hat sich zwar auch lange genug im Sattel gehalten, aber in letzterer Zeit doch bewiesen, daß ihm die englische Methode: den Stoß aufzufangen, nicht recht geläufig ist. Und die klerikale Bewegung geht dermalen ziemlich hoch, so daß derjenige, der sich lediglich mit Schenkeln halten will, bald genug matt werden dürfte.

———⁂———

General von Manteufel ist bestrebt, mit seinem Corps einstweilen die fehlende Landesvertretung zu ersetzen.

Ganz der Standpunkt der Berliner Militärzeitung, welche bekanntlich schrieb: die preußische Armee ist die wahre und unverfälschte Volksvertretung.

Sehr zu bedauern ist es deßhalb, daß die Herren Abgeordneten Sobbe und Putzli ihr Mandat so schnell niederlegten. Auch hofft man, daß der Deputirte Eulenburg aus Bonn auch während der Untersuchung seine Diäten fortgenieße und in seiner ersprießlichen Wirksamkeit als wahrer Volksvertreter nicht gehindert werde.

———⁂———

Die einzige Frische, die der deutschen Bundesversammlung noch möglich ist, ist eine — Sommerfrische. Und die genießen sie jetzt.

———⁂———

Schleswig'sches Räthsel.

Welcher Teufel hat am wenigsten Verführerisches?

— Der Manteufel.

Holstein'sches Räthsel.

Welcher Lenz kommt, wenn der May geht?

— Der Gablenz.

———

Die Münchener Volksversammlung in Sachen Schleswig-Holsteins war von Herrn Oldenburg berufen.

Es ist doch schön, daß von Oldenburg aus auch einmal etwas zu Gunsten des Herzogs Friedrich geschieht.

In Ratzeburg huldigt dem König von Preußen u. A. auch „die Landschaft."

Das „Genre", welches die Bismark'sche Herrschaft ebenfalls begrüßt, kennt man schon. Es fehlt jetzt nur noch die Huldigung von Seite der Geschichte, dann hat der Lauenburger-Handel fast alle Fächer der Malerei für sich.

Bei München.

Droschkenführer (zum Lokomotivf.). Grüß Gott, wohin?

Lokomotivf. Nach Schleisheim. Und du?

Droschkenf. Na, nach Nymphenburg halt. Gelt, wir Zwei sind keine Concurrenten? Wir fügen uns kein' Schaden zu! Aber d'Ingolstädter Bahn wenn a Mal 'rausgeht, dös wirst g'spüren!

Lokomotivf. Ach daß sie ewig grünen bliebe,
Die schöne Zeit der Staats- und Ostbahnliebe.

Deutsch-östreichisches Volkslied.
Bekannte Melodie.

Ich weiß allerdings, was es soll bedeuten,
Daß ich so traurig bin.
Ein Märchen von constitutionellen Zeiten
Das will mir nicht mehr in den Sinn.

Die Luft ist schwüle, es dunkelt,
Wenig Einnahmen fließen rein.
Des Deficits Höh' nur erglänzet,
Alle andere Größe ist Schein.

Ein neuer Finanzminister sitzet
Wieder oben! 's ist wunderbar!
Nichts Goldnes mehr im Schatze blitzet,
Wir müßen abermals lassen die Haar'.

Man kämmt uns mit rothschildenem Kamme,
Wir singen ein Lied dabei:
Vom „Augustin" die wundersame
Gewaltige Melodei.

Uns Schiffer im östreichischen Schiffe
Ergreift's mit wildem Weh.
Wir seh'n nicht der Officiösen Pfiffe,
Wir seh'n nur des Nothstands Höh.

Am Ende verschlingen die Schulden
Die Schiffer mit sammt dem Kahn.
Das hat dann mit ihrem Schwindel
Die Groß- und Vormächtelei gethan.

Diesen Herbst treten wieder mehrere schweizerische Offiziere in fremde Armeen, um sich militärisch auszubilden.

In der freien Schweiz, obwohl dieselbe kein herrliches Kriegs=heer hat, hält man etwas auf militärische Ausbildung. In manchen anderen Ländern glaubt man, es sei schon mit der militärischen Einbildung abgethan.

Man wünscht auf der Oktoberfestwiese folgende Tafel an=gebracht zu sehen:

Vor Uhrwählern wird gewarnt.

Ein neuer östreichischer

Gaugraf,

Vorstand eines Gauverbandes, wie die deutschen Kronländer künftig zur besseren Conservirung der Freiheit und des constitutionellen Princips eingetheilt werden sollen. Der Herr Gaugraf gehört, wie dieß bei Grafen gewöhnlich der Fall ist, dem Adel an und entspricht in seinen Befugnissen ungefähr dem preußischen Landrath, doch bleibt es unentschieden, was einem lieber sein darf. Es ist das Princip der Obergespäne, nach Teutsch=Oestreich übertragen. Wenn die Sache noch nicht zieht — der Mangel an Gespanschaften ist nicht Schuld daran.

In Wien ist der Redakteur der „Neuen Freien Presse" wegen eines Artikels über die aufgehobene Februarverfassung zu 8tägigem Hausarrest verurtheilt worden.

Die Wiener Publicisten können sich daraus die Lehre ziehen, daß sie mit ihren Urtheilen über Verfassungssachen zu Hause bleiben sollen.

———

Wie aus einem Frankfurter Lokalblatt hervorgeht, ist die Kanalfrage auch dort, wenn nicht zur brennenden, so doch zur stark riechenden geworden. Aehnliche Klagen ertönen noch aus verschiedenen Städten und Städtchen, und ein Magistrat ist heut zu Tage ein geplagtes Geschöpf, alles will auf ihn geschoben werden, sogar der Kanalinhalt. Uebrigens wäre es der Mühe werth, zu untersuchen, ob sich nicht auch auf den Bundestag und dessen Ausschüsse ein Durchspülungssystem anwenden ließe. Man bedenke nur, was da Alles liegen bleibt, und wie lange! Dem Bau fehlt's an der rechten Nivellirung; Preußen ist zu hoch angelegt, die Mittelstaaten sind zu tief herunter, der ganze Bund hat kein rechtes Gefäll, oder wenigstens nichts Gefälliges.

———

Der Herzog von Coburg soll sich letzthin mit dem König von Preußen ganz gut gesprochen haben und zum nächsten Carneval nach Berlin kommen wollen.

Wenn sich Se. Hoheit den Spaß machte, einen Maskenball als politischer Charakter zu besuchen, so würde sie kein Mensch kennen.

———

Privat=Kabel des Punsch.

Wien. Es ist gar kein Geld mehr da. Aus diesem Grunde hat man endlich den Ungarn getrennte Finanzverwaltung zugestanden.

———

Frankfurt. Es verspricht ein schöner Abgeordnetentag zu werden. Nicht einmal ein Nebelthau dürfte sich einstellen.

———

Kleine Frühstücksplaudereien.

Einer Notiz in der Bayr. Ztg. zufolge wäre die Münchener Hoftheaterintendanz damit beschäftigt, einen **heimlichen Tenoristen aufzuziehen** und nächstens das Publikum damit zu überraschen. Gott segne dieses mütterliche Bemühen! Bekanntlich glückte Aehnliches schon einmal mit Frl. Stehle, die auch, ohne daß man eine Ahnung davon hatte, fix und fertig in die Arena sprang.

***

Unser Ruf im Auslande. Das „Zürcher Intelligenzblatt" vom 21. Sept. d. J. bringt einen Artikel, in welchem folgende Bezeichnung vorkommt: „Das ultramontane und auf der Kulturstufe noch um 300 Jahre zurückstehende Glücksland Bayern". Das könnte wahr sein, wenn es keine „bayrische Fortschrittsparthei" gäbe. Wir haben „**Fortschritt**" und sind doch noch „**Glücksland**"! Das ist eben die Kunst!

***

Auch in Augsburg besteht eine „Gemeinde" des großen Lassalle'schen Arbeiterbundes. Dieselbe beging den Todestag ihres Propheten mit einer Todtenfeier, wobei der „Tuchscheerergeselle" J. Wahl eine Rede hielt, die im „Socialdemokrat", der in Großquart erscheint, nahezu 8 Spalten füllt. Ein fleißiger Mann! Unter Tags scheert er Tuch und Abends krempelt er die bestehenden Zustände. Philosophische, historische und statistische Brocken, Citate aus Dichtern, Namen und Begriffe der verschiedensten Art: Rom und Athen, Christus, Newton und Moleschott, Alles versteht er in einander zu wirken und zu weben und seine Rede gleicht gewissen modernen Rockstoffen, die alle Farben und Bestandtheile in sich vereinigen, jedenfalls aber sehr widerhaarig aussehen. Einzelne Wahrheiten und gesunde Einfälle sind indeß dem „Vortrag" nicht abzusprechen. Beim neulichen Turnerfest in Augsburg wies Herr Dr. Völk auf England hin, wo es wahrhaft freie Bürger gebe und dessen Beispiel wir nachstreben müßten. Diese Völk'sche Festphrase weist nun Hr. Wahl entschieden zurück, was seiner Beurtheilungskraft und seinem Verstande zur Ehre gereicht. Es gibt in der That kaum etwas Oberflächlicheres, als unsere Zustände mit den englischen zu vergleichen, oder letztere als Muster für uns aufzustellen. In England ist die Freiheit ebenso wie die Bildung ein Privilegium der besitzenden Klasse. Diese regiert das Land und verfügt über seine Mittel. Whigs und Tories, Liberale und Conservative oder wie sie sich nennen mögen, befinden und bewegen sich **innerhalb** desselben bevorzugten Kreises. Die parlamentarischen Kämpfe mögen noch so erbittert sein, es bleibt alles „unter uns" und die verschiedenen Sorten der Privilegirten wechseln nur ab in der Regierung und Ausnutzung der etlichen zwanzig Millionen Uebrigen. Mit einem Wort: die socialen Zustände in England sind nahezu das Gegentheil von den unsrigen und darum ist die **englische** Freiheit ein Ding, das auf Bayern oder Deutschland paßt, wie die Faust auf's Auge. Ein wackerer Tuchscheerer, der das einsieht und sich durch eine fortschrittliche Redefigur nicht blenden läßt!

Komischer Druckfehler. Vor einiger Zeit trat während der Abenddämmerung ein junger **Elephant** in einen hiesigen Juwelierladen u. s. w. (Soll heissen „Elegant".)

Ein Artikel im „Fränk. Kourier" hatte den Abgeordneten Ruland als „klerikalen Kammerhanswursten", „Harlekin" u. dgl. bezeichnet. Der Schreiber hat den Dr. Ruland wohl schwerlich je gesehen; seine Reden und Abstimmungen mögen Einem noch so zuwider sein, man wird doch sagen müßen: seine Erscheinung hat von einem Harlekin so wenig, als z. B. Herr Jörcker von einem Cato. Nach der Amnestie-Debatte erklärten selbst liberale Blätter, wie die Neuesten Nachr., Dr. Ruland mache den Eindruck eines consequenten Mannes. Doch einem fränkischen Journalisten kam dieser Mann — man weiß nicht: obgleich oder weil er so consequent ist — komisch vor, und er bezeichnete ihn ausdrücklich als klerikalen Kammerhanswursten. Das Appellgericht in Eichstädt fand sich bemüßigt, den Fall vor das Schwurgericht zu verweisen, weil Dr. Ruland in seiner Eigenschaft als Abgeordneter beleidigt sei. Es sticht gegen den Usus in einigen andern deutschen Ländern stark ab, wenn Richter frei und unabhängig zum Schutz der Volksvertreter einstehen und deren Nimbus gewahrt wissen wollen. Der Angeklagte ward gleichwohl freigesprochen. Es hätte bislang sicher den widerwärtigsten Eindruck gemacht, wenn Einer z. B. einen mittelfränkischen Geschwornen als „richterlichen Hanswursten" hingestellt hätte. Aber Harlekin ist durch den Wahrspruch, wenigstens für Ansbach und Nürnberg, alles bösartigen Charakters entkleidet und sein Name kann für Niemanden mehr eine Kränkung bilden. Nun kommt aber die schlimmere Seite der Geschichte. In mehreren liberalen Blättern ist, man traut seinen Augen kaum, wörtlich zu lesen: „die Geschwornen hatten **richtig begriffen**, daß im vorliegenden Falle eine Freisprechung des Fränk. Kurier eine **Verurtheilung** mehr des gemeinschädlichen, Land und Leute verderbenden **Ultramontanismus** sei und dieser (!) Ueberzeugung gemäß ihren Wahrspruch abgegeben." — Die Geschwornen haben also nicht eidgemäß lediglich den gegebenen Fall zu prüfen, ihre Hauptaufgabe ist: den Ultramontanismus zu verurtheilen! Wer das nicht unter allen Umständen thut, hat seine Aufgabe nicht „richtig begriffen". Mit demselben Recht kann morgen der Volksbote die Verurtheilung des Liberalismus als den Zweck aller Preßprocesse proclamiren! Wenn selbst das Geschwornen-Institut in den Kreis des Parteitreibens gezogen wird, dann muß man dem unausbleiblichen **Rückschlag** mit Bedauern entgegensehen!

Für das letzte Quartal erledigen die Postanstalten Bestellungen.

Preis in Bayern 30 Kreuzer.

Druck der Dr. Wild'schen Buchdruckerei (Parcus).

Münchener PUNSCH.

Ein humoristisches Originalblatt von M. E. Schleich.

Achtzehnter Band.

Nro. 41. Halbjähriger Abonnementspreis: in Bayern 1 fl. Im Ausland erfolgen die üblichen Postaufschläge. 8. Okt. 1865.

Ein Leitartikel ohne Titel.

Bismarke sind sie Alle!

Dieß war die Quintessenz eines Leitartikels, der vor wenigen Wochen an der Spitze dieses kleinen, aber mächtig überzeugten Blattes gestanden hat. Absolutistische Pickelhaube oder liberaler Kappelmann — Deutschland gegenüber sind sie, wie ein preußischer Abgeordneter unlängst in einem zoologischen Garten so aufrichtig erklärte — Alle „hongerig"!

Wer noch aus Einfalt oder Heuchelei zwischen einem officiellen und nichtofficiellen Preußen zu unterscheiden versuchte, dem reißt der Tag in Frankfurt den Boden unter den Füßen weg. Herr Twesten, gewiß ein wahrer Vertreter seines Volkes, stimmt niemals Beschlüssen zu, welche gegen die „Macht" Preußens, auch wenn sie ein Bismark repräsentirt, gerichtet sind; er zieht jede Alternative einer Niederlage seines Staates vor. Fiat Magna-Borussia, pereat mundus! Aehnlich lassen sich Jung, Mommsen u. A. vernehmen. Brave Preußen! Plagt Euch nicht länger mit Eurem „Conflikt", gehet heim, übergebt den innern Düppel, man wird Euch gnädig aufnehmen.

Zwar — und es ist noch nicht lange her — erklärten dieselben Leute bei Ablehnung einer gewissen Anleihe: Die Politik, welche Preußen verfolge, laufe dem Recht zuwider und fordere den „wohlberechtigten Widerstand des übrigen Deutschlands heraus!" Doch was thut man heut' zu Tage mit Consequenz? Was ist das überhaupt für ein Ding? Kann man's essen, kann man's verkaufen? Man kann's höchstens aufgeben.

Herr Mommsen, der berühmte Archäologe, scheint nicht nur die längst verwischten Grabschriften der Vergangenheit, sondern auch die noch nicht fertig gemeißelten der Zukunft lesen zu können. Wenigstens sagt er in seinem Briefe: „Die Frage: ob und bis zu welchen Grenzen die formale Existenz der Einzel=Souveränetäten mit der preußischen Führung vereinbar sei, komme in Schleswig=Holstein zur Lösung". Daß das Aufwerfen der Frage in dieser Weise schon eine Verneinung in sich schließt, ist klar. Herr Theodor Mommsen ist zwar noch nicht Mitglied der bayerischen „Geschichtscommission", verdient es aber zu werden; daß seine Freunde, die Maximiliansritter v. Häußer und v. Sybel dieselbe Gesinnung theilen, ist bekannt; daß der erst kürzlich geadelte Berliner Historiograph von Ranke der „Macht" Preußens ebenfalls keine Steine in den Weg werfen wird, läßt sich vermuthen. Sämmtliche Herren dürften also zu ihrem größten Bedauern außer Stande sein, die Existenz der Mittelstaaten auch nur der Form nach zu retten. Jedenfalls wird man aber sagen müßen, daß die beiden letzten Könige von Bayern an den Henkern ihrer „Einzelsouveränetät" generös gehandelt haben.

Indessen meinte Herr Völk in Frankfurt: es sei dafür gesorgt, daß die Bäume nicht in den Himmel wachsen. Ja ja, eine große und gründliche gegenseitige Abholzung thut den Deutschen noth; bis es nicht so weit kommt, wird keine Ruhe.

Fatal und bedauernswerth erscheint bei sothaner Sachlage die Situation der „bayerischen Fortschrittspartei". Schon steht sie verblüfft stille. Mit dem Borussenthum zu gehen schämt man sich; dagegen offen und entschieden aufzutreten wagt man nicht. Ja man wagt es nicht, denn wie zahm und weinerlich klingt das, was der sonstige Allerweltsverdonnerer Völk gegen die preußischen Insolenzen vorbringt? Und mit welchem Eifer sucht man sich zu decken mit der Versicherung: eine Einmischung des Auslandes sei unter allen Umständen zurückzuweisen; d. h. ehe wir einen Rheinbund zugeben, lassen wir uns doch noch lieber fressen.

Die zum Theil lügnerischen Behauptungen der preußischen Volksvertreter — (z. B. der Bund sei zu keiner Aktion für die Befreiung Schleswig Holsteins zu bewegen gewesen!) — hätte in der That eine andere Beleuchtung verdient! Herr Völk thut fürchterlich, wenn es gilt, einen ohnehin isolirten Ultra=montanen oder einen schüchternen Ministerialcommissär zu ver=möbeln. In Frankfurt gibt er klein bei und findet nur Gründe der Schicklichkeit dafür, daß die Preußen selbst gekommen wären, um ihre Ansichten auszulegen. Es wäre also „schicklicher" gewesen, wenn sie den süddeutschen Abgeordneten die geschriebenen Grobheiten in's Gesicht gesagt hätten!

„Lieber Bismark, als Bundestag" — in dieser Devise hat die Feigheit ein gutes Deckblatt gefunden. Graf Bismark kann sich gratuliren, es gibt etwas noch Schlechteres, als ihn — zum Herrn zu haben.

Und der arme Friedrich der Achte! Wie bei der großen Mette in der Leidenswoche erlischt vor ihm ein Licht um's andere und er wird bald allein da sitzen, im durchbohrenden Gefühle seiner Bestlegitimirtheit! Wer erinnert sich nicht der großartigen Volksversammlung in München, wo nach der Begründung der vorgeschlagenen Resolutionen ein Vollblutdemokrat auf die Tribüne stürzte und die Perfidie des Comité's enthüllte, indem Herzog Friedrich auch nicht mit einem Wort erwähnt sei? Der Volksmenge ging plötzlich ein Licht auf, man sah sich getäuscht und brüllte furchtbar; kaum vermochten die stolz gesetzten Worte des Grafen Hegnenberg und die Handschuhe des Herrn Professors Ranke der Versammlung mehr zu imponiren. Den Friedrich wollte man drinnen haben und die Leidenschaft von 1848 schien wiederzukehren. Und nun? Die „Bewegung" hat seitdem Durst und müde Füße bekommen und deßhalb das tempelartige Odeon mit der Westendhalle vertauscht. Es gab bei der letzten Versammlung alle beliebten Braten, der Augustenburger aber stand nicht mehr auf dem Speisezettel. Wer erinnert sich nicht ferner des dringenden und „nahezu einstimmigen" Verlangens, die bayerische Regierung solle Friedrich VIII. als Herzog anerkennen? Baden that es und ließ ihm sogar seinen Bundesgesandten. Und nun? Ein badisches Votum degradirt ihn zum „Prätendenten". Und wenn Herr v. Schrenk ihn „anerkannt" hätte? Was hätte er jetzt davon, was hätten wir davon? Wer hätte überhaupt was davon? Wir haben „am Bund" und „mit dem Bund" schon genug Ohrfeigen bekommen, wir brauchen nicht auch noch solche „unabhängig vom Bund".

Das Schmerzlichste aber, was ein Herzog Friedrich erfahren konnte, ist die Thatsache, daß der deutsche Abgeordnetentag am 1. Oktober 1865 es nicht mehr gewagt hat, seinen Namen über die Lippen zu bringen.

Wahrlich! Der erste Oktober war der größte, war ein wirklicher Sieg des Bismarkthums. Preußen ist nicht nur phyfisch, sondern auch moralisch geknechtet, und um sich zu entschädigen und niemand mehr zu sehen, vor dem es sich zu schämen braucht, will es nun seinerseits das deutsche Volk niederwerfen.

Keine Freiheit, keine Verfassung, keine Justiz mehr — der Zustand treibt selbst Geister wie Jung und Twesten zum Wahnsinn; mit bleichen Lippen stöhnen sie jetzt nach Macht! Von einer Machterweiterung versprechen sie sich Trost, Linderung, Vergessen alles Verlornen.

Die armen Narren! Es naht ein rauher Winter und Manchem wird das Herz im Leibe wackeln, je „erweiterter" er dasteht.

Somit steht die bayerische Fortschrittspartei nach aussen, wenn sie sich nicht mit den Bismarkianern „arrangiren" will, vielleicht unter Aufopferung von 75 Procent ihrer Grundsätze, am Rande des Bankrotts. Möchte sie nach innen besser wirthschaften, obwohl es ein schlimmes Zeichen ist, wenn ihre Organe, ohne von der Parthei selbst zurecht gewiesen zu werden, bereits das Prinzip der Tendenzprocesse proklamiren. Oder hat man keinen Tendenzproceß vor sich, wenn Geschworne ihre Aufgabe lediglich darin suchen, irgend einen „ismus" zu verurtheilen? Die Leute, die so oft die „Ehre Münchens", die „Ehre Bayerns" im Munde führen, billigen sie es, daß man Ehre und Unabhängigkeitsgefühl der Bürger zu corrumpiren sucht? Wir wollen keinen Terrorismus, weder einen liberalen noch einen ultramontanen. Auch der jetzige Veitstanz wird nicht ewig dauern, und — „wir können warten".

Aus einem statistischen Nachweis geht hervor, daß in den letzten 9 Jahren unter den Buchdruckereigehilfen eine große Sterblichkeit herrschte.

Wir können dem beifügen, daß dafür anderseits auch unter den Autoren die Unsterblichkeit auffallend gering war.

Aus Rom wird geschrieben: Die Tiber ist fast eingetrocknet und nun bleibt uns der Bach auch noch fort. Wir sind bald auf dem Trockenen.

Den Mäusethurm hab' ich schon, Ratzeburg gehört jetzt auch mein, ich brauche also nur noch Fliegenberge, Froschdorf, Wanzbeck und die ganze Lausitz, dann bin ich als Herr von dem Allen meinem Vorbild Mephisto schon wieder näher.

v. Bismark, Begleiter.

In der mündlichen Unterhaltung nennt Louis Napoleon den Grafen Bismark immer: „Le premier Prussien". Heißt dieß nun der preußische Premier, oder der erste Preuße? oder trifft in diesem Mann Beides zusammen, was selbst Herr Twesten einzugestehen auf dem Wege ist?

Frankfurter Blätter vom 29. Sept. klagen über herrschenden Wassermangel.

Seitdem ist nun der Abgeordnetentag in's Land gegangen, sind die Berichte darüber erschienen und die Reden alle gedruckt worden und wird hoffentlich dieser Calamität abgeholfen sein!

Beim Jugendwehrtag sagte ein Redner: Es muß noch so weit kommen, daß die Kinder die Gewehre mit der Muttermilch einsaugen.

Man wird also künftig Annoncen, wie folgende, zu lesen bekommen: „Zu einer norddeutschen Familie wird eine Amme mit Zündnadelmilch gesucht." — Oder: „Ein kräftiger, bei ordonnanzmäßiger Podewilsstutzennahrung aufgezogener Junge wünscht einen Platz."

Da muß man vor den alten Pharisäern und selbst vor den Verräthern jener Zeit doch wieder Respekt haben! Man hat nirgends gehört oder gelesen, daß sich bei Ausbezahlung der 30 Silberlinge an Judas zwischen ihm und seinen Contrahenten über den Cours derselben irgend ein Streit entsponnen und der eine oder der andere Theil behauptet hätte, der Silberling sei um einen Pfennig mehr oder weniger werth. Das ganze Geschäft wurde so coulant und glatt abgemacht, daß sich manche spätere Vertragsmacher daran hätten ein Beispiel nehmen können.

Talschler. Also Herr v. Bismark ist Graf geworden.

Pimpelhuber. Ja.

Talschler. Was heißt denn eigentlich: Graf?

Pimpelhuber. Auf lateinisch Comes, d. h. Begleiter.

Talschler. Ah so. Graf ist also ein solcher, zu welchem der Fürst gelegentlich sagt: Komme' S'!

Pimpelhuber. Ja wohl. Das deutsche Wort selbst bedeutet so viel wie einen Verwalter.

Talschler. Ganz gut, Graf Bismark verwaltet ja nur so d'rauf los; selbst wo die Justiz Platz greifen sollte, stößt man nur auf seine Verwaltung.

Pimpelhuber. Auch Pfleger.

Talschler. Nun ja, Graf Bismark pflegt auch. Er pflegt Verfassungen nicht zu beachten, den Kammern mit Hohn zu begegnen, die Minister anderer Staaten zu verdächtigen u. s. w. Auch pflegt er seinen König nie aus den Augen zu lassen.

Pimpelhuber. Endlich heißt Graf so viel wie Vorsteher.

Talschler. Nun ja, wenn man in Preußen und Deutschland irgendwie meint, es könnte ein Hoffnungsstrahl hereindringen, so steht dieser Bismark gewiß vor.

Pimpelhuber. Man kann also sagen: Der preußische Premier trägt seine Grafenkrone mit Recht.

Abgeordneter v. Redwitz soll sein Wegbleiben vom Abgeordnetentage förmlich durch ein ärztliches Zeugniß entschuldigt haben.

Wenn wieder so ein „Tag" veranstaltet wird, ist man vielleicht gespannt, über diejenigen ein ärztliches Parere zu hören, welche hingehen.

Wenn Oestreich Geld braucht, muß eine constitutionelle Reichsvertretung dafür gut stehen. Einfach **belcreditirt** wird nichts.

Rothschild, Erlanger und Andere.

Beim Anblick des Abgeordneten-Tages.

Kein Oestreich! kein Preußen! sondern — auch kein einiges Deutschland.

Ein altdeutsches Sprüchwort sagt:
>Hätt' ich den Zoll am Rhein,
>So wär' Venedig mein!

Der Gedanke, daß Venedig zu kaufen sein müsse, ist also schon sehr alt. Ueberdieß liegt in diesem Sprüchwort der Sinn: daß der Po am Rhein vertheidigt wird, — ob vielleicht auch umgekehrt, ob man, um den Rhein halten zu können, auch Oestreich in Venetien beistehen muß, das ist eine Frage, über die heut' zu Tage selbst bei den großdeutschen Gelehrten Zwiespalt herrscht.

Ja, hätte Napoleon den Zoll am Rhein, dann wär' Venedig sein und er könnte es an Victor Emanuel überlassen. So aber wird es, um den Streit zu beendigen, am besten sein, man hebt den Rheinzoll ganz auf. Was dann mit Venedig geschieht, wird man schon sehen.

Soll einem denn Alles verdorben werden?

Auch noch einige Hindernisse, die sich der Errichtung einer Eisenbahnstation Nymphenburg entgegenstellen.

Marl. Na, was thun j' benn, unſere Regierungen in Dreßben und München und ba' rum?

Sepperl. Was werb'n ſ' thun? Sie beliberiren halt, wie einem weiteren Umſichgreifen vielleicht Einhalt gethan werden könnte.

Marl. So? Is ſ' alſo ſchon ba, die Cholera?

Sepperl. Nichts Cholera — ich mein': einem weiteren Umſichgreifen Preußens.

Marl. Ah ſo; ja, das wird auch ſchwer halten. Manche Strecken ſcheinen für Annerionsſeuche empfänglich, z. B. das nördliche Churheſſen.

Sepperl. Schlechtes Grundwaſſer von jeher!

Marl. Eine ſpaßige G'ſchicht is die G'ſchicht mit den Feniern ba, in Irland.

Sepperl. Die Engländer haben ihnen ja 200 Piken abgenommen.

Marl. Das thut nichts, die Irländer bleiben beßhalb gegen England doch piquirt.

Etwas für Arithmetiker.

Wenn der König von Griechenland auf ein Drittel derjenigen Civilliſte, die er ohnehin nicht mehr bekommen hätte, verzichtet, und wenn die Beamten in Conſtantinopel, denen die Regierung den Gehalt wenigſtens eines Vierteljahrs immer ſchuldet, den für's laufende Monat zu Gunſten der Abgebrannten hergeben, wie viel hat der Wohlthätigkeitsſinn beider geleiſtet?

Aufregung in Griechenland — Aufregung in Italien — Aufregung an der untern Donau — Aufregung in Ungarn — Aufregung in Oeſtreich — Aufregung in Schleswig-Holſtein — Aufregung in Preußen — Aufregung im übrigen Deutſchland — Aufregung in Dänemark — Aufregung in Spanien — Aufregung in Irland — wo ſoll nun Einer um Gottes willen hingehen, wenn er nicht aufgeregt ſein will? Nach München zum neuen Bier! Probatum est.

Münchener PUNSCH.

Ein humoristisches Originalblatt von M. E. Schleich.

Achtzehnter Band.

Nro. 42. Halbjähriger Abonnementspreis: in Bayern 1 fl. Im Ausland erfolgen die üblichen Postaufschläge. **15. Okt. 1865.**

☞ Gegenwärtig kann bei allen Postämtern auch vierteljährig bestellt werden.

Die wiederkehrende Steinzeit.

Erstes Exercitium der neuen bayrischen Jugendwehr.

Pimpelhuber. Nun, der Papst scheint ja jetzt doch dem Zeitgeist auch einigermassen zu huldigen?

Tatschler. Woraus schließen Sie das?

Pimpelhuber. Er erklärt ja in seiner letzten Allocution feierlich: daß er alle Constitutionen bestätigt.

Tatschler. Ach Gott, das sind ja diejenigen „Constitutionen", durch welche die Freimaurer geächtet werden.

Pimpelhuber. Na, wenn ein Volk weiter nichts hat, als eine solche Constitution, kann 's zufrieden sein.

Ueber den Münchener „schleswig=holsteinischen Verein" wird dem Nürnb. Corr. unter Anderm geschrieben: „Da bei einigen **hervorragenden Mitgliedern** das Interesse für die Sache in den Hintergrund gedrängt scheint, so **glauben die thatkräftigeren Mitglieder**, daß Cooptationen nothwendig seien. Die von einigen sehr **fortgeschrittenen Mitgliedern** ausgehenden Anträge werden auf Opposition stoßen u. s. w."

Der Münchener Verein hat also gewöhnliche, sodann hervorragende, thatkräftige und fortgeschrittene Mitglieder. Wenn einige stehen bleiben, während andere fortschreiten, so müßen natürlich jene noch um so auffallender hervorragen. Zwischen beiden scheint es eine Mittelpartei zu geben: die „Thatkräftigen". Was thun nun diese? Sie **glauben etwas!** Um heut' zu Tage noch etwas zu glauben, dazu gehört schon ein schönes Stück Kraft, wenn's auch gerade keine That ist.

Uebrigens wird man es aus Rücksicht für die Andern wohl unterlassen, die hervorragenden Mitglieder namhaft zu machen. Denn beim schleswig=holsteinischen Hilfscomité sein und auch noch den Vorwurf des Nichthervorragens hinnehmen sollen, das ist doch zu viel verlangt!

Mannheimer Zuschrift.

Da die „revolutionäre Frische" etwas Göttliches ist und folglich jede Volksbewegung einen sittlichen Grund haben muß, so sind wir sehr neugierig, die tieferen Ursachen des Münchner Aufstandes kennen zu lernen. Einstweilen schickt der Nekarschleim seinen Gruß an den Isar= und Nymphenburger Kanalschleim!

Marl. Wie steht 's denn mit der römischen Frag'?

Sepperl. Der heilige Vater hat in seiner letzten Ansprach' furchtbar über die M a u r e r losgezogen.

Marl. Ueber b' Maurer? Da hat er aber auch Recht. Aber die Zimmerleut' und die Steinmetz' san n o c h ärger. Der Pabst soll's nur einmal probiren und ein'n klein'n Neubau aufführen!

Sepperl. D'rum will er ja eben wahrscheinlich nicht b'ran.

Marl. Daß aber der Pascolini wieder a u s b r o c h e n is, das is sonderbar.

Sepperl. H'm! Er hätt 's ja nur s a g e n dürfen, dann hätt' er U r l a u b 'kriegt.

Marl. Freilich! Versteht sich! Heut' zu Tag', in unserer humanen Zeit!

Marl. Na du, das kann man sagen: Der Bismark besitzt jetzt in Deutschland die H o s e n.

Sepperl. Ja, und b' W e s t e n (Tweften) dazu!

Marl. Sehr gut.

Monolog eines Proletariers.

Was bin ich jetzt eigentlich? Ein Cuirassier hat zu mir g'sagt: Saukerl, gehst weiter! Und der Herr Regierungspräsident hat g'sagt: „M e i n e H e r r e n, so gehen Sie doch nach Hause!" Was gilt jetzt? San m'r Herr'n oder net? Auf die bloße Urwählerei pfeif' ich!

Der 8. und 9. Oktober hat bewiesen, daß man nicht nur Gewehre, sondern auch Pflastersteine mit der Muttermilch einsaugen kann.

Mehrere Jugendwehrmänner von
13 bis 15 Jahren.

Die programmlosen Münchener Haberer scheinen nicht von „Gottes Gnaden" zu sein und können wir sie daher auch nicht als ebenbürtige Collegen betrachten.

Einer bei Tölz.

Wie ist's möglich, von einem Cuirassier noch Grobheiten einzustecken, wenn man ohnehin schon alle Taschen voll Steiner hat?

Hollaho,
angehender Urwähler und geschworner
Kübelvertilger.

Der Bericht der Neuesten Nachrichten über die Bewegung vom 8. Oktober nennt den ersten Theil derselben einen ziemlich unschädlichen Tumult, erklärt jedoch gleichzeitig, daß der Gastwirth Rieß dem verfolgten Gendarm durch Verbergung desselben das Leben gerettet habe.

Wie robust muß nun heut zu Tage die Constitution eines Gendarmen sein, wenn angenommen wird, daß ihm sogar das Umbringen „ziemlich unschädlich" wäre!

Nicht nur hoch, sondern auch flach klingt das Lied vom braven Mann.

Ein „Zuschauer", dem's um die Ohren sauste.

Nur immer zu probirt!

Hab' ich den Prater schon einige Jahr', und er hat mir nie eine glückliche Stund' gezeigt. Jetzt will ich 's einmal mit der andern Uhr probiren. Aber da muß ich das deutsche Werk stehen lassen, denn wenn alle zwei zugleich geh'n, weiß ich gar nimmer, wie ich an der Zeit bin.

Suchen sich Mittelstaaten auf den Absolutismus zu stützen, so sind sie ohnehin nicht werth zu existiren. Erklären sie sich aber für das Princip der Freiheit, so heißt es: Sie betrachten die Freiheit als das beste Mittel zur Conservirung der herrschenden Zersplitterung. Sie mögen thun, was sie wollen, **recht machen sie's nie**. Ich bin froh, daß ich kein Mittelstaat bin, sondern nur Angehöriger eines solchen.

Pimplhuber,
k. Einwohner von München.

Billige Stärke zu haben. Der Ausschuß des hiesigen Schleswig-Holstein'schen Hilfsvereins verstärkt sich durch Cooptation noch mehrerer Mitglieder.

Zur Rechtfertigung.

Baden hat die Sache des Herzogs Friedrich immer mit **Aufopferung** vertreten.

Neuestens sogar mit Aufopferung des Herzogs Friedrich selbst.

Privat-Kabel des Punsch.

München. Ein Rennbub' soll arretirt werden — München geräth in Aufruhr. Preußen fängt an, zu annexiren — **München ist ruhig**.

Cassel. Der Churfürst hat sich neuestens mit dem Packträgerinstitute, das er früher nicht leiden mochte, ausgesöhnt. Der Direktor soll ihm nämlich versprochen haben, wenn in Folge von Differenzen für ein oder das andere Ministerium augenblicklich kein Uebernehmer aufzutreiben wäre, ihm verläßige Dienstmänner zur Verfügung zu stellen.

Paris. Kaiser Napoleon lenkt seine Aufmerksamkeit auf das Sanitätswesen im Orient und will vorzüglich die unsinnige Hammel-Opferung zur heissen Jahreszeit beseitigen. Jede Depesche, die von Frankreich an die hohe Pforte geht, wird deßhalb einen Schlußsatz enthalten, der mit den Worten beginnt: „Um wieder auf besagten Hammel zurückzukommen."

Eine neue Definition der Begriffe:

Schmach und Schande

liefert Herr Twesten, wenn er schreibt: „Eine Gefahr von Schmach und Schande dem Auslande gegenüber, eine Gefahr der Einmischung desselben liegt nicht vor."

Herr Twesten muß, als er dieß schrieb, von der unmittelbar bevorstehenden Reise des Grafen Bismark nach Biarritz merkwürdiger Weise noch Nichts gewußt haben! Doch wenn er es auch wußte, so machte das für ihn keinen Unterschied, denn der Mann schreibt weiter: „Eine solche Gefahr würde nur entstehen, wenn die vagen, von ferne gegen Preußen eingegebenen Gedanken eines Deutschland ohne Preußen Realität gewinnen könnten."

Ein solches Uebermaß von Perfidie und Heuchelei, wie es in diesen wenigen Worten der preußische Fortschrittsmann Twesten entwickelt, muß allenthalben billig Entrüstung und Ekel erregen, und hat es auch in Süddeutschland erregt.

Herr Dr. Völk, der Ritter mit der Flammberger Zunge, der Beschützer der Unschuld und Bekämpfer alles Schlechten, hätte gegen solche Trugbilder mit edlem Zorn gewappnet auftreten sollen, anstatt sich die eigene Brust nach particularistischen Aederchen abzusuchen. Er hat die nichtpreußische öffentliche Meinung ungenügend vertreten, wenn auch seine Anbeter schreiben: er sei der wahre Repräsentant des Volkes gewesen, dieß beweise der — Beifall, den ihm der Abgeordnetentag geschenkt.

Wenn schon der Abgeordnetentag selbst Nichts bewiesen hat, was soll nun erst der Beifall desselben beweisen?

Kleine Frühstücksplaudereien.

Die Leipziger Völkerschlacht in gemüthlicher Ausgabe ist zu sehen vor'm Karlsthor. Obwohl der Anschlag alle Deutschen auffordert, sich diesen welthistorischen Moment zu betrachten, ist doch beigefügt, daß dabei alles Gemütherregende vermieden ist und auch Damen ohne Scheu die Gelegenheit wahrnehmen können, sich einmal von einer großen Schlacht den richtigen Begriff zu verschaffen.

Gestützt auf eine Erklärung der Frau Constanze Dahn, geb. Le Gay, äußern mehrere Blätter ihre Verwunderung, daß es dieser Dame vor ihrer Pensionirung nicht vergönnt gewesen sei, sich dem Publikum in einer Abschiedsrolle noch einmal zu zeigen. Frau Constanze Dahn beherrschte lange Zeit das Repertoire und war einst eine vorzügliche tragische Liebhaberin. Da übrigens beispielsweise auch Härtinger und Pellegrini, gewiß Künstler in des Wortes eminenter Bedeutung, ohne besondere Feierlichkeit von der Arena verschwanden, so scheint das Abschiednehmen überhaupt aus der Mode gekommen zu sein und Frau Constanze Dahn kann sich ihres Theils kaum darüber beklagen. „Starb doch auch Patroklus, und war besser als du!" heißt's im „Homer".

Zur preußischen Juristerei. Der Telegraph brachte vor Kurzem die Meldung: „Die Verhandlung stellt heraus, daß May ein Preuße ist." Es ist wirklich schwer zu begreifen, wie es bei einem zurechnungsfähigen und der landesüblichen Sprache kundigen Menschen erst einer Gerichtsverhandlung bedürfen soll, um seine Landsmannschaft festzustellen. Auch wird dadurch zugestanden, daß May verhaftet ward, b e v o r man gewiß wußte, daß er ein Preuße sei! — Das Sonderbarste aber bleibt das Motiv seiner Freisprechung: „Weil nicht bewiesen ist, daß er K e n n t n i ß von dem incriminirten Artikel hatte!" Der Artikel selbst bleibt also straffällig. Sollte Herr May wirklich die Schwäche gehabt haben, die Kenntniß seiner eigenen Aufsätze zu läugnen? Oder wurde ihm diese elende Ausrede nur i m p u t i r t? Keinenfalls kann man, wie es von gewissen Seiten versucht werden möchte, den Ausgang dieses Prozesses als Zeichen der Unabhängigkeit preußischer Richter oder gar als Niederlage des Grafen Bismark anerkennen.

Was dem Einen recht, ist dem Andern billig. Unter den neuesten östreichischen Erlassen steht auf allerhöchsten Befehl auch ein gewisser Bernhard Meyer als Generalsekretär. Einige liberale Blätter suchen nun den ganzen Geist der allerneuesten kaiserlich-königlichen Aera durch den Umstand zu kennzeichnen, daß fraglicher Bernhard Meyer zu den Führern des ehemaligen schweizerischen Sonderbundes gehörte. Wir kennen Herrn Bernhard Meyer nicht, aber obiger Umstand beweist gegen ihn N i c h t s. Auch Bluntschli gehörte in der Schweiz zu den Häuptern des Sonderbundes! Und jetzt? Es scheint, daß man einen Liberalen und vollends gar einen Nationalvereinler aus j e d e m H o l z e schnitzeln kann.

Briefranzen.

Da der höchst gefährliche P a s c o l i n i ausgekommen ist und sich h e r u m t r e i b t, wäre da nicht eine ortspolizeiliche Vorschrift angezeigt: daß alle Spitzbuben an der L e i n e g e f ü h r t werden müssen?

Druck der Dr. Wild'schen Buchdruckerei (Parcus).

Münchener PUNSCH.

Ein humoristisches Originalblatt von M. E. Schleich.
Achtzehnter Band.

Nro. 43. Halbjähriger Abonnementspreis: in Bayern 1 fl. Im Ausland erfolgen die üblichen Postaufschläge. **22. Okt. 1865.**

Biarritzig.

Der Eine. Nichts zu handle? Nichts zu schachern? Schöne Streifen Landes, höchst billige Verträge —

Der Andere. Ich danke, ich kaufe keine gestohlenen Sachen.

Der Eine. Wie haißt gestohlen? Haben Sie Ihre Sachen schon auf die Welt mitgebracht? Und Sie haben doch auch schöne Sachen.

Der Andere. Kommen Sie wieder, wenn's finsterer ist!

Volksfreundlicher Artikel.

Von einem freien Maurerjungen.

Die Beschreibung des Tumults vor der Westendhalle, wie sie in einigen Blättern zu lesen ist, rührt einen fast zu Thränen. „Keine Latte ward vom Zaun gerissen, nicht eine Scheibe eingeworfen, die Respektirung des Eigenthums war eine gewissenhafte!"

Edle, ritterliche Krakehler waren das, wahre Mustertumultuanten! Nicht ein Hölzchen knicken, nicht ein Gläschen zerschlagen sie, sie wollen bloß — einen Gendarm umbringen.

Man sollte glauben: nach dem faden und geisttödtenden Oktoberfest wäre dem gelangweilten Volk — (es lebe hoch!) — so eine kleine Freude zu gönnen. Ober der Wirth hätte so viel Witz haben können, den nahezu einstimmigen Wunsch des Volkes — (abermals hoch!) — buchstäblich zu nehmen und ihm wenigstens den verlangten Kübel auszuliefern! Der ganze Groll der öffentlichen Meinung hätte sich dann in diesen entleert und die Bewegung wäre nicht nur „ziemlich", sondern wirklich unschädlich verlaufen. Mein Gott, das Volk — (zum dritten Mal hoch!) — ist ja so gut! Ein liebevolles Wort bändigt seine Riesenkraft, ein Scherz entwaffnet es.

Aber nein! Die Soldatesca muß entfaltet werden und einhauen muß sie. Eine Schwalbe macht keinen Sommer und ein paar Pflastersteine machen noch keine Republik. Auch ist ein Loch im Kopf zwar nicht der Güter höchstes, doch ebensowenig der Uebel größtes. Zu solchen Gelegenheiten gehört eine Miliz, die Alles objektiv und vom höheren Standpunkte aus beurtheilt, die Sache austoben läßt, dabei ruhig stehen bleibt und höchstens vor sich hin murmelt: Alles von dem Volk, mit dem Volk und für das Volk. Amen.

Bis die Fülle dieser Zeiten gekommen ist, möchte lieber gerathen sein, die Gendarmerie arretiren zu lassen, wen und wo sie will. Je krasser die Reaction auftritt, desto eher „wird die Saat reif".

Schwindel.	Wirklichkeit.
Es gibt keine Macht, die für Deutschland etwas wirken oder leisten könnte, als Preußen.	Das königlich preußische Bergamt hat sich verpflichtet, den Pariser Gasfabriken ihren sehr bedeutenden Kohlenbedarf zu einem geringeren Preis zu liefern, als die Consumenten im Zollverein, die eigenen deutschen Landsleute ihre Kohlen von Preußen erhalten!
Die preußischen Interessen sind deutsche Interessen.	Die Handelskammer in Saarbrücken klagt daher bereits über Mangel an Kohlen und wachsende Theurung derselben.
Eine Gefahr von Schmach und Schande dem Auslande gegenüber liegt nicht vor.	Preußen hat sich ferner vertragsmäßig verpflichtet, einen eigenen Canal zu bauen, um den Franzosen die Kohlen recht billig und bequem zuführen zu können. Deutschland wird dadurch auf Jahrhunderte das Brod der Industrie entzogen, Frankreich hingegen zugewendet, und zwar von — Preußen!
So spricht Twesten.	So sprechen Thatsachen.

Was hat Herr Völk in Augsburg wieder gesagt? Ein großer Bismark wäre vielen Leuten lieber, als ein kleiner?

Dem Manne kann geholfen werden!

Räuber Graf Karl von Moor.

Wie weit sind denn eigentlich bei der „Bewegung" vom 8. Oktober die Cuirassiere gesprengt? An dieser Stelle sollte man eine historische Tafel anbringen mit der bekannten Inschrift:

„Bis hieher und nicht weiter
Drangen die feindlichen Reiter."

Marl. Hast schon was g'hört von dem Gutachten der preußischen Kronsünder?

Sepperl. Kronsyndiker heißt man s' ja.

Marl. Das Gutachten wird jetzt gar 'druckt.

Sepperl. Wer wird sich den Schmarren kaufen?

Marl. Das Buch g'hört nur für einen beschränkten Kreis.

Sepperl. Aus wem b'steht der?

Marl. No, aus Kronjuristen, Herrenhausmitgliedern, Standespersonen —

Sepperl. Also kann man schon sagen: für einen höchst beschränkten Kreis, für einen Kreis von dessen Beschränktheit —

Marl. Sei still — du könnt'st einmal eine preußische Condition kriegen!

Sepperl. Wie g'fallt dir denn eigentlich die neue Pagen-Uniform?

Marl. Nicht übel. Ich finde darin eine unwillkürliche costumirte Anspielung auf unsere deutschen Verhältnisse.

Sepperl. Wie so?

Marl. No: Preußische Röcke und östreichische Kappen und bei besonders festlichen Gelegenheiten unter einem französischen Hut.

Sepperl. Verfluchter Kerl, du.

Marl. Der neue griechische Kriegsminister heißt ja gar Lazarethos? Das ist ein unangenehmer Name.

Sepperl. Ja, g'rab' wie wenn der Finanzminister Bankrottos heißet.

Marl. Oder der des Innern Gendarmenibes.

Sepperl. Und der Justizminister Schmieralis.

Marl. In Griechenland können s' heissen wie s' wollen, das Ganze heißt doch Nix.

Sepperl. Apropos, was sagst du denn zu dem östreichisch-preußischen Schweinehund?

Marl. Um Gotteswillen, gib doch dem Bund der Vormächte keinen so gemeinen Namen, du bringst unsere Regierung nur in Verlegenheit.

Sepperl. Ich mein' ja nicht das Bündniß, sondern die identische Note, die in Frankfurt überreicht und an einigen anderen Höfen in copia unter die Nase gerieben wurde.

Marl. Da hab' ich ja noch gar nichts g'wußt davon. So? Sind wir schon so weit? Dann b'hüt' dich Gott, Sepperl!

Das Preßbureau

in Erlangen verschickt an alle Blätter einen Artikel, worin folgender Satz steht:

Das ist der Fluch schlechter Staatseinrichtungen, daß sich über ihre ganze Wirksamkeit ohne Ausnahme und Unterschied das öffentliche Mißtrauen verbreitet.

Von wem ist die Rede, wie heißt das Land, das so unglücklich ist, **fluchwürdig schlechte** Staatseinrichtungen zu haben? Meklenburg? Churhessen? Algier? die Türkei? — Nein, man höre: **Bayern** ist dieses arme Land!

Nun weiß man doch, warum das gemeine Volk in Bayern so gerne flucht! Die Staatseinrichtungen sind Schuld!

Eine unserer schlechtesten Staatseinrichtungen ist der Gebrauch, daß sich in München die Holzhacker von jedem Klafter das größte Scheit aneignen dürfen.

Pimpelhuber,
k. Einwohner von München, mit allem sonstigen
Fluch wohl zufrieden.

In dem er-rebellischen Staat Georgien in Amerika ist die kleine Scheidemünze so selten, daß man **Hühnereier** statt derselben nimmt. Wenn einem da ein Kreuzer hinabfällt, ist es kaum mehr der Mühe werth, ihn aufzuheben. Auch dürfte sich jeder Bettler bedanken, wenn man ihm ein solches Almosen in den Hut werfen wollte.

Deutschland.

Einheit ist gegenwärtig das Feldgeschrei der Borussomanen. Der alte Satz: daß zuerst überall die Freiheit errungen und befestigt werden müße, daß nur wenn in allen deutschen Staaten ein verfassungsmäßiger Zustand hergestellt ist, aus diesem ein gemeinsames Parlament und die wahre, heilsame und unerschütterliche Einheit hervorgehen könne, das Alles wird als überwundener Standpunkt betrachtet.

Einheit — Einheit ist's, was wir brauchen, was die Chinesen schon so lange haben und worum wir sie allein beneiden dürfen! Aber eben jetzt ist wieder eine große chinesische Provinz aufgestanden, um sich von dem Reich der einheitlichen Mitte, dem Ideal der politischen Nabelbeschauer, loszureißen. Dumme Teufel, diese Chinesen! Sie **haben** die Einheit und wissen sie nicht zu schätzen. Analog geht es mit einigen Chinesen in gewissen deutschen Mittelstaaten. Sie **haben** die Freiheit, oder wenigstens ein leidliches Stück davon, wollen es aber wegwerfen, um die Einheit dafür zu bekommen.

Bacherl ist ein großer Mann, Bacherl hatte den richtigsten Gedanken, wenn er sagte: Was sie haben, das **wollen** sie nicht — was sie wollen, das **haben** sie nicht!

Um jedoch der Wahrheit die Ehre zu geben: die Vormächte trifft das nicht. Sie wissen, was sie wollen! Was Graf Bismark hat, das wollte er schon lange und was er noch will, das wird er schon kriegen. Schon treffen Copien der identischen Frankfurter Note an den „kleineren Höfen" ein.

Als auf „lebensgefährliche Bedrohungen" von Seite Preußens hin einige Mittelgroße sich eine identische Verwahrung erlaubten, tadelte der kgl. b. Geschichtscommissär Herr v. Sybel dieß als eine „massive Demonstration". Er dürfte sich kaum in der Lage fühlen, den neuesten preußisch-östreichischen Schritt als etwas Feines zu loben.

Das Schicksal schreitet schnell. In den Mittelstaaten darf künftig nichts mehr gegen Preußen gesagt werden; dieselben dürfen nur sich **selber schlecht machen**. Die nationalvereinliche Presse wird sich der ersteren Nothwendigkeit vielleicht nicht mit sehr schwerem Herzen unterziehen. Der letztgenannten Aufgabe lebt sie ohnehin mit Vergnügen.

Und somit hätten wir abermals alle Ursache gehabt, den 18. Oktober in freudig gehobener Stimmung zu begehen!

Es wäre vielleicht zeitgemäß, folgende Stelle aus Shakespeare's „Viel Lärm um Nichts", Akt III, Scene 3, in die gedruckten Gendarmerie-Instruktionen aufzunehmen:

Holzapfel. So lautet eure Vorschrift: Ihr sollt alle Vagabunden arretiren; ihr seid dazu da, daß ihr Allen und Jedem zuruft: Halt! in des Prinzen Namen.

Zweite Wache. Aber wenn nun einer nicht halten will?

Holzapfel. Nun, seht ihr, da kümmert euch nicht um ihn, laßt ihn laufen, ruft sogleich die übrige Wache zusammen und dankt Gott, daß ihr den Schelm los seid.

Der große Britte wollte hiedurch offenbar andeuten, wie solche Aufstände, wie der vom 8. und 9. Oktober, durch die Beseitigung ihrer Ursache am leichtesten vermieden werden können.

Kleine Frühstücksplaudereien.

Die Vorstellung des Schiller'schen „Tell" — ohne alle Abkürzung — hatte ein sehr großes Publikum angezogen. Von den fremden jungen Leuten, welche zu Studienzwecken hier verweilen, haben wohl nur wenige gefehlt. Die Gelegenheit eines derartigen Genusses ist aber auch selten genug.

———

Noch wenige Tage und ein nennenswerthes zweites Theater ist in München Thatsache. Mag sich dieselbe rentabel gestalten oder nicht, sie ist jedenfalls erfreulich und den Unternehmern, als deren Hauptkraft wir wohl den Kaufmann Hrn. Niederer betrachten dürfen, gebührt der Dank der Stadt. Direktor Engelken ist ein reeller und erfahrner Mann und Herman Schmid, der in der Schriftstellerwelt einen guten Namen zu verlieren hätte, wird wohl darüber wachen, daß sein Volkstheater der im Prospekt verheißenen Tendenz treu bleibt, so weit es sich eben mit der dira necessitas der Kapitalverzinsung vereinigen läßt. Schließlich wünschen wir, daß nicht allzuviele Köche den Brei verderben möchten.

———

Etwas für Herkulesse! Löbl. Münchener Stadtbauamt macht bekannt: „Die in der Müllerstraße stehenden 53 Stück Pappelbäume werden an den Meistbietenden zum Ausreissen überlassen." Der Glückliche, dem die Bäume zugeschlagen werden, macht hoffentlich bekannt, wann er sein Kraftstück ausübt.

———

Das Augsburger Anzeigeblatt droht folgender Maßen: „Die unabhängige Presse und die Kammer seiner Zeit wird die betreffenden Behörden eines Besseren belehren und strenge Rechenschaft darüber fordern, wie wegen solcher geringfügiger Bubereien die ordentlichen Gesetze aufgehoben, die Aufruhrakte verlesen und mit Waffengewalt ohne hinreichenden Grund eingeschritten werden konnte." — Ein in München erscheinendes Blatt nennt den am Kirchweihmontag erfolgten Nachttumult gar: „Die Versammlung vom 9. Oktober!" Am Ende schreiten wir noch so weit fort, daß bei Kravallen ein ordentlicher Präsident gewählt wird, natürlich durch Zuruf. Das Amt könnte nicht schwer zu versehen sein, denn je mehr Einwürfe zu gleicher Zeit erhoben werden, desto besser geht die Sache vorwärts.

Sage noch Einer, daß uns die Nürnberger nicht voraus sind! Während sich die musikalischen Philosophen in München von einer Aufführung der „Afrikanerin" noch gar nichts träumen lassen dürfen, wird diese Epoche machende Oper Mitte November in Nürnberg schon gegeben.

Also „östreichische Unterthanen" dürfen in Bayern nicht mehr hausiren, und zwar weil seit 1852 in Oestreich solches auch keinem Bayer erlaubt wird. Wirklich eine eben so gerechte, als sanitätlich zweckmäßige Maßregel, von der man sich nur wundern muß, daß sie so lange ausbleiben konnte! Bekanntlich waren es die Herren Mausfallenhändler aus dem dreieinigen Königreich, welche die schwarzen Blattern gewöhnlich in unser bayrisches Gebirge einschleppten; nicht minder waren solche Hausirer auch die Pionniere der Roßkrankheit und Rinderpest, denn alle guten Gaben kommen von den Großmächten! In Zukunft müssen wir also sehen, ob wir unseren Ratten und Mäusen nicht durch eigenes Genie eine Falle legen können; auch an Affen ist kein Mangel und Murmelthiere gibt's heraußen im Reich ohnehin nur zu viele. Leid thut es uns um die Tyroler Teppichhändler, die so manchen, der allein zu Hause war, durch ihr Klingeln aus dem Stuhle aufschreckten und beim Oeffnen der Thüre in Harnisch brachten. Es waren viel saubere Bursche darunter und von ziemlicher Aufklärung: sie schoben katholisches und protestantisches Geld mit gleicher Ruhe in ihre glaubenseinheitlichen Taschen.

Briefranzen.

In Bernek wurde der neue Bezirksamtmann Schönchen in gemüthlicher Weise installirt und machte die gegenseitige Ansprache günstigen Eindruck. Anders war es in Monheim, wo ein Magistratsrath an den scheidenden Landrichter eine Rede hielt, mit dem Schlusse: „Es kommt nichts Besseres nach!" Dieses Sprichwort, im gegebenen Falle kaum zutreffend, war um so zartergewählt, als der Nachfolger, der nunmehrige Landrichter, zugegen war.

Münchener PUNSCH.

Ein humoristisches Originalblatt von M. E. Schleich.

Achtzehnter Band.

Nro. 44. Halbjähriger Abonnementspreis: in Bayern 1 fl. Im Ausland erfolgen die üblichen Postaufschläge. **29. Okt. 1865.**

Einzige Möglichkeit!

Eine Gerichtscommission rechts der Isar hat zu untersuchen, ob der Thurmkletterer Zech nicht auch am Haidhauser Blitzableiter etwas beschädigt hat?

„Bis ein Tag die allgemeine
Und die besond're Schuld auf Einmal zahlt" —

so heißt's in Schiller's Tell. Da Dichter häufig auch etwas Prophetisches haben, so bitten wir alle Kenner und Erklärer von Schiller's Werken dringend um Mittheilung: welcher Tag wohl darunter zu verstehen sein möchte, da uns dieses wichtige Datum höchlichst interessiren würde.

Graf Tarisch,
Namens der östreichischen Regierung,
als Inhaberin verschiedener allgemeiner
und auch einiger besondern Schulden.

Herrn Crämer
bei seiner Fürther Rede.

„Bedenk es wohl, wir werden's nicht vergessen!"
Mephisto.

*

„Wer bei gewissen Dingen den Verstand nicht verliert, der hat keinen zu verlieren", sagt Lessing.

„Wem bei gewissen Dingen der gesunde Menschenverstand nicht zum Durchbruch kommt, in dem steckt überhaupt nichts, was durchbrechen könnte!" so lautet der Satz umgekehrt. — Bei Herrn Crämer ist's durchgebrochen!

Wenn Herr Crämer im Fürther Volksverein das wirklich gesagt hat, was berichtet wurde und wenn er dabei stehen bleibt, so hat die preußische Spitze in Bayern einen ihrer schätzbarsten Anhänger verloren.

Herr Brater, der ächte Gothaer und freudlose Doctrinär, hält noch fest an dem Wahngebäude der preußischen Führerschaft; Herr Völk stampft schon ungeduldig, aber die rechthaberische Advokatennatur gestattet nicht, das, was nach und nach allgemeines Gefühl wird, auch einzugestehen. Crämer hingegen folgt dem Eindruck, den er in Frankfurt empfangen hat, er ist ächter Volksmann und kann, wie das Volk selbst, nicht heucheln.

Eine recht artige Unterhaltung ist es deßhalb, das Crämer'sche Bekenntniß den Resolutionen des Berliner Nationalvereins gegen=

über zu stellen. Diese Resolutionen sind jedenfalls auf classischem Boden gewachsen, denn Nationalvereinler in Berlin, das klingt wie: Mönche in Rom, oder Juden in Jerusalem, oder Ulemas in Mekka, oder Hindu am Ganges, oder wie: Debardeurs in Paris. Gleichwohl wird ein Nationalvereinsvotum deßhalb, weil es in Berlin gefaßt wurde, in Süddeutschland keinen tieferen Eindruck machen; wohl aber dürften die Worte des Herrn Crämer, eben deßhalb, weil sie von ihm sind und in Fürth bei Nürnberg gesprochen wurden, um so mehr Bedeutung haben.

Crämer.

Der Glaube an die preußischen Abgeordneten ist in mir persönlich auf das gründlichste zerstört worden.

Mit diesen Männern ein einiges, ein freies Deutschland herzustellen, das halte ich wenigstens für unmöglich.

Je mächtiger sie werden, desto weniger werden sie daran denken, sich zu ändern.

Sie wollen ihren Fehler gut machen, indem sie in größerer Anzahl zur Generalversammlung des Nationalvereins kommen.

Wenn irgend etwas im Stande ist, jedem Süddeutschen es gründlich zu verleiden, mit dem Nationalverein noch ferner etwas zu thun zu haben, so ist es dieses!

Berliner Nationalverein.

Wenn es die Pflicht der preußischen Mitglieder des Nationalvereins, sowie des gesammten preußischen Volkes ist, durch feste Beharrlichkeit in dem innern Kampf Preußen nach außen endlich geschickt zu machen, seine ihm (Preußen) im nationalen Programm zugewiesene Aufgabe zu erfüllen, so dürfen sie nach der andern Seite erwarten, daß die deutsche Nation, und insbesondere der Nationalverein, nicht wegen vorübergehender Zustände die Gewalt historischer Thatsachen und den durch dieselben festgestellten Beruf Preußens verkennen werde.

Die Herren Berliner anerkennen also selbst, daß es außerhalb Preußens noch etwas gibt, was man Deutsche Nation nennt! Man sollte nun glauben, die preußischen Landesangehörigen müßten sich irgend einmal mit dieser deutschen Nation verschmelzen. Gott bewahre! Preußen hat im Gegentheil den Beruf, die Nation zu führen, und der Nation ist's an der Wiege gesungen, unter preußische Botmäßigkeit zu kommen. Die Deutschen sind also eine Nation mit Servitut!

Da thu' ich nicht mehr mit, sagt Herr Crämer.

Kleiner Feldzugsplan,
aus der Mappe des Grafen Bismark.

Bayern wird aufgefordert, sich den Schritten der Großmächte in Bezug auf Frankfurt anzuschließen, und zwar um so mehr, da es dort ebenfalls Truppen stehen hat.

Bayern weigert sich.

Preußen schickt einen Feldjäger über die Mainbrücke, mit der Erklärung, der preußische Commandant habe den Befehl, sich zum Herrn der Deutschhauskaserne zu machen.

Das bayerische Bataillon zieht sich zurück unter der Erklärung, es sei in genannter Kaserne wieder die ägyptische Augenkrankheit ausgebrochen.

Die Staatsmänner anderer Mittelstaaten, welche dieses lesen, wischen sich unwillkürlich ebenfalls die Augen.

Proteste von verschiedenen Seiten.

Preußen und Oestreich beantragen am Bunde: Die Weihnachtsferien der Bundesversammlung dauern künftig von Martini bis Lichtmeß.

Hannover und Mecklenburg stimmen sofort zu. Baden gelangt nach einer geistreich durchgeführten Motivirung zu einem gleichen Resultat. Die Uebrigen folgen mit mehr oder weniger Anstand.

Da Bayern für sich allein auch nichts machen kann, so übernimmt Herr v. Schrenk wieder das Präsidium über den in die Weihnachtsferien gegangenen Bundestag!

Die churhessische Kammer hat die Regierungsanträge auf Erhöhung der Hundesteuer unmuthig verworfen.

Wenn die Churhessen an einen andern Herrn kämen z. B. an Preußen, erst dann würde von den dortigen Hunden mehr Steuer gefordert, und — von den dortigen Menschen wahrscheinlich auch.

In einigen Gegenden können also die Deutschen dem Schicksal: mit den Hunden gleiche Behandlung zu erfahren, nicht entrinnen.

„Car tel est notre plaisir,"

so lautete der Wahlspruch einiger absolutistischen Könige in Frankreich.

„Car Tell est notre plaisir"

scheint ein hoffnungsvoller König in Deutschland zu denken, dessen Einzelsouveränetät freilich erst noch die Prüfung bei Herrn Prof. Mommsen zu bestehen hat.

Anderswo.

Wo der Corpsbefehl spricht,
Da schadet Vorsicht nicht.

Aelterer Officier. Jetz' müße' m'r salutire.

Jüngerer. Aber Herr Hauptmann, 's ischt ja nur a leer's Hoftwägle, des zum Reparire' kommt.

Aelterer Officier. Thuet nix, wenn auch Keiner mehr b'rinn' sitzt, es könne' die Kisse' noch warm sein! Und nachher is's au' deßwege', daß m'r net aus der Uebung kummt.

Privat-Kabel des Punsch.

Paris. Die Freunde des Grafen Bismark versichern, daß es infame Verläumdung sei, demselben die Auslieferung deutschen Gebiets zuzutrauen. Die einzige Concession, die er dem Kaiser Napoleon machte, soll das Versprechen gewesen sein: daß zur Feier des 18. Oktober bei Berlin keine — Bergfeuer angezündet werden dürften.

Pforzheim. Die berühmten „Vierhundert von Pforzheim" sind abermals gefallen, und zwar auf den Gedanken, die preußische Führerschaft auch ferner aufrecht zu erhalten. Es ist dieß indeß kein reiner Schwabenstreich, da der Pforzheimer Nationalverein auch viele Fabrikarbeiter aus Preußen zu seinen Mitgliedern zählt und den zahlreichen Berliner Handlungsreisenden auch eine Freude gemacht werden muß.

Rom. Der entlassene Herr v. Merode hatte sehr viel Schulden und soll dem hl. Vater zugemuthet haben, alle Mahnbriefe seiner Gläubiger auf den Index zu setzen. Darauf erfolgte die Ungnade.

Miesbach. Die Krisis ist glücklich ausgefallen, unser Gutsherr bleibt Minister. Muh! Muh! Muh!

Berlin. Da der bekannte Classen-Kappelmann Tricotfabrikant ist, so trägt man sich in junkerlichen Kreisen mit dem Plan, bei den Berliner Theatern die Tricots ganz abzuschaffen, um dem Geschäft des genannten Fortschrittsmannes zu schaden.

Die Nachricht, daß die Schleswig-Holsteiner von dem Eide, den sie dem Herzog Friedrich in einer erregten Stunde leisteten, demnächst entbunden werden würden, ist falsch. Hingegen ermahnte General Manteuffel die Geistlichen, die in den Gewissen der Leute steckenden Skrupel zu beseitigen. Also keine Entbindung, sondern nächster Versuch zur Eidesabtreibung!

Marl. Wie war's denn jetzt eigentlich mit der Ministerkrisis?

Sepperl. No, der Hr. v. Pechmann hätt' halt Minister des Innern werden sollen.

Marl. Des Innern? In einem Mittelstaat paßt ein Pechmann eher zum Minister des Aeußern.

Der Cuirassiermantel.

„Kennst du ihn,
Den frevenlich durchstoch'nen?"

In Franken treiben sich Sensenhändler aus Preußen herum, vor deren Waare die Landbevölkerung gewarnt wird.

Es bleibt aber immer noch die Frage, ob trotz aller Vorsicht unsere Bevölkerungen dem preußischen Sensenmann entgehen werden?

Kleine Frühstücksplaudereien.

Der Kunstverein hat seinen Ausschuß ermächtigt, den Bau eines neuen Hauses unter den allerhöchsten Orts kundgegebenen Bedingungen unverweilt in Angriff zu nehmen. Der genau zugemessene Raum und die strikte Bauvorschrift bewahrt den Verein jedenfalls vor unpraktischen Experimenten und schmerzhaften Etatsüberschreitungen.

Ein neuer Tenorist wird diesen Sonntag als Max im Freischütz die Hofbühne betreten. Da man den schon lange vor den Pforten harrenden Kunstjünger nicht länger hinhalten wollte, so wird die Oper dieses Mal noch mit den alten Dekorationen gegeben, was auch ganz in Ordnung ist. Unter den Bedürfnissen Münchens befindet sich auch das nach einer neuen Wolfsschlucht, gehört aber doch nicht zu den bringendsten.

Im freien Schweizer-Canton Uri werden Redakteure, die in ihrem Blatt gegen die katholische Religion losziehen, vom Scharfrichter mit Ruthen gestrichen, bei Wasser und Brod eingesperrt und endlich verbannt. Die Nachricht, als ob einige Münchener und Augsburger Blatt= verleger gesonnen wären, nach Uri auszuwandern, soll unbegründet sein.

———

In Oestreich sind, wie die Frankf. Postztg. melbet, gelegentlich einer Umänderung des General-Quartiermeisterstabes viele Majore weg= gefallen. Hoffentlich hat sich bei diesem unvermutheten Wegfallen Keiner erheblich beschädigt.

———

Ob sich der in Leipzig neugegründete weibliche Nationalverein auch für die preußische Spitze, oder für eine andere ausgesprochen hat, ist aus den Berichten nicht ersichtlich. Bisher huldigten die meisten Frauen dem Grundsatz: So viele Spitzen als möglich! Sollte das Vereinswesen dem schwachen Geschlecht einen bessern Geschmack bei= und z. B. die Abschaffung der Crinoline auf parlamentarischem Wege zu Stande bringen, so wäre der Tag von Leipzig nicht umsonst gewesen.

———

Thalia auf der Gant. Die Volksbühnen Wiens und Berlins wechseln in der Regel im Bankrott ab; während die eine florirt, liegen die andern im Scat. In Berlin trifft dieses Loos gegenwärtig das Friedrich-Wilhelmstädtische Theater und ist der Concurs bereits ausge= schrieben.

———

Es geht nichts über ein gutes Mittel. Zur Beseitigung der Vieh= seuche empfiehlt Lord Montague in London — alles Vieh todt zu schla= gen! Dann fällt 's freilich nicht mehr in Folge der Seuche. — Ein Ham= burger Blatt veröffentlicht Vorsichtsmaßregeln gegen die Cholera, wovon die erste lautet: „Man bekomme keine Diarrhoe!"

———

Ein artiges Reklämchen. Aus New-York wird geschrieben: Ottilie Genée, der berühmte weibliche Komiker, eine der talentvollsten Soubretten der alten Welt (!) ist in Amerika angekommen. Die Ueberfahrt war stürmisch, doch was fragt „Gustchen vom Sandkrug" nach Stürmen? Als Ottilie Land sah, sank sie freudetrunken in die Arme ihres Gemahls Hrn. v. Fritsche, und glaubte nun das Land der Freiheit und der Dollars betreten zu dürfen. Doch halt! Ein Boot erscheint, Bewaffnete füllen das Verdeck, Niemand darf vom Bord, denn sämmtliche Passagiere müssen — geimpft werden. Ottilie auch! Sie unterwarf sich der Operation heldenmüthig, denn ihre Absicht ist nicht, die Yankees mit Blattern, sondern mit Enthusiasmus anzustecken. Die hervorragendsten Passagiere beeilten sich, dem pikanten Impflinde Constituten zu überreichen.

Münchener PUNSCH.

Ein humoristisches Originalblatt von M. E. Schleich.

Achtzehnter Band.

Nro. 45. Halbjähriger Abonnementspreis: In Bayern 1 fl. Im Ausland erfolgen die üblichen Postaufschläge. 5. Nov. 1865.

Der erschrockene Hühnerhof.

Und eigentlich ist's doch merkwürdig, daß dieser Hühnerhof nicht noch viel mehr erschrickt! Er hätte Ursache dazu!

Der Berliner Witz.

Gott Lob, ein Schwabenstreich geschah!
Berlin, merk' auf, da darfst du Witze machen!
Zwar läg' das Gute dir so nah —
Jedoch man weiß, das sind so eig'ne Sachen!

Churhessen war dein täglich Brod
Nebst Nassau und der Bundestagsmisère.
Nun wird's in Schwaben gar noch Mod':
Hof-Chaisen zu begrüßen, wenn auch leere!

Da athmet auf, was lebt vom Witz;
Kein General, kein Staatsmann ist zu schonen,
Kein prinzlich Paar auf seinem Sitz,
Natürlich — wenn sie nicht in Preußen wohnen.

Ha, welche Lust, verhalt'ne Wuth
An irgend einem Blödsinn auszulassen,
Soldatenzopf und Junkermuth
Gefahrlos und beherzt beim Schopf zu fassen!

Ist Götzendienst noch an der Zeit?
Besitzen Fürsten etwa höh're Gaben?
Ein Pereat solcher Albernheit,
Natürlich nicht in Preußen — nur in Schwaben!

Daheim mag schalten Polizei,
Und Mancher sterben unter Lieutenants Händen,
Und höh're Kronjuristerei
Jedwedes Recht und alle Logik schänden —

Das sonst so witzige Berlin
Verzichtet edel auf dieß eig'ne Fressen;
Es dreht den Kopf wo anders hin
Und zeigt die Zunge Schwaben oder Hessen!

Ihr armen Tröpfe, schämt Euch doch!
Dürft ihr nicht, wie ihr wollt, so schweiget lieber.
Kein Ochse, selber unter'm Joch,
Verhöhnt den Sandgaul, der sich schleppt vorüber.

Tatschler. Also Palmerston ist todt, es lebe Gladstone!

Pimplhuber. Ein Stone oder Stein muß im englischen Ministerium immer sein, nämlich ein Stein des Anstoßes für uns Deutsche.

Tatschler. Was heißt denn eigentlich Palmer auf deutsch?

Pimplhuber. Palmer heißt einmal ein Pilger.

Tatschler. Nun ja, trotz seines Ranges: ein Pilger in diesem irdischen Jammerthal war er ja doch.

Pimplhuber. Dann bedeutet 's auch eine Ruthe.

Tatschler. Das war er für Viele.

Pimplhuber. Ferner einen Taschenspieler.

Tatschler. Trifft wieder sehr gut zu.

Pimplhuber. Und endlich eine Raupe.

Tatschler. Auch gut. Er hat bald diesem bald jenem Staat den Lebensbaum kahl gefressen.

Pimplhuber. Nun, jetzt ruhe er im Frieden.

Tatschler. Er soll nur ruhen, wenn der ruht, versteht sich der Friede von selber.

Aus München ist zu melden: Sämmtliche Maurer haben die Logen verlassen.

Man darf jedoch nicht meinen, als hätten etwa in Folge der päbstlichen Verurtheilung alle hiesigen Freimaurer ihren Austritt genommen, sondern Obiges will nur sagen: daß das neue Volkstheater vollkommen fertig ist und kein einziger Maurer in einer Loge mehr etwas zu thun hat.

„Laßt die Rechnung der Tyrannen wachsen" — diese Stelle aus Schiller's „Tell" wurde an einem mittelstaatlichen Hoftheater auffälligst applaudirt.

Die Unterzeichneten bemerken jedoch, daß sie Rechnungen nicht gerne allzu lange anstehen lassen und schon nächstens darum bitten werden, um das „übrige Deutschland" auszubezahlen zu können, wie sich's gehört.

Die bekannten beiden **Vor-Tyrannen.**

Um seine Anträge zu redigiren, arbeitete der Nationalvereins-Ausschuß bis 3 Uhr Morgens.

Man wird also wenigstens doch nicht sagen können: nach dieser Berathung hätte kein Hahn gekräht, indem Mehrere beim Nachhausegehen selbst etwas dergleichen gehört haben.

Privat-Kabel des Punsch.

Berlin. Oestreich realisirt in Berlin ein Anleihegeschäft gegen Verpfändung von Staatsdomänen. Einem Gerücht zufolge soll die Anleihe, die man Oestreich gewähren will, eine unverzinsliche und unaufkündbare sein, und dürften die dafür an Preussen zu verpfändenden Domänen am Ende gar in — Holstein liegen.

Ingolstadt. Wegen wieder eingetretener schlechter Witterung dürften die Vorarbeiten zur München-Ingolstädter Bahn nächstens wieder eingestellt werden. Einstweilen sind die Portierhüte für die Stationen eingetroffen.

Frankfurt. Der Präsidialgesandte hatte ein Zahnleiden. Dasselbe ist zwar gehoben, doch kommt Baron Kübek einem mittelstaatlichen Gesandten noch immer ziemlich geschwollen vor.

Was thut Preußen?	Was thut Oestreich?
Es läßt eine unverhältnißmäßige, offenbar nur zur Unterdrückung bestimmte Heeresmacht in den Herzogthümern.	Nichts.
Es nimmt den Hafen von Kiel.	Nichts.
Es wirft die Sachsen und Hannoveraner schmachvoll aus Rendsburg.	Nichts.
Es läßt den gesammten Bundestruppen mit dem Prügel in der Hand heimleuchten.	Nichts.
Es zwingt den Bundestag, daß er sich selbst in die Ferien schickt.	Es half mit!
Es steckt Lauenburg in die Tasche.	Es half mit!
Es unternimmt ein offenes Attentat auf die Selbstständigkeit der freien Stadt Frankfurt.	Es half mit!!
Es tritt den allgemeinen, durch drei deutsche Regierungen ausgedrückten Wunsch der Nation, daß die Volksvertretung der Herzogthümer einberufen werden möchte, mit Füßen.	Es hilft mit!!!
Es dürfte zuletzt noch Alles in den Sack stecken und Oestreich lediglich einen Tritt vor den — Schwerpunkt geben.	Es wird mitgeholfen haben!!!!

Nachschrift. Nächsten Mittwoch beim „Kappler" keine großdeutsche Versammlung.

Die strengste Sicherheits- und Fremdenpolizei ist gegenwärtig offenbar in Schleswig.

Daselbst laufen selbst die Bestlegitimirten Gefahr, verhaftet zu werden.

* * *

„Wir haben heidenmäßig viel Geld" sagte General v. Manteuffel.

Wenn der Herr General nicht mehr Geld hat, als die ergebenst Unterzeichneten, welche sich schmeicheln, Heiden zu sein, so wird er nicht weit springen.

Sokrates, Antisthenes, Diogenes.

* * *

Herrn Crämer von Doos wird es in einigen Blättern übel genommen, daß er in seiner Fürther Rede gesagt hat: „Diese Norddeutschen!"

Würde sich Herr Crämer der Sprachweise der römischen Curie bedienen, so hätte er allerdings sagen müssen: „Jene Norddeutschen."

* * *

Kleiner Beitrag zur herrschenden Confusion.

Der bekannte preußische Fortschrittsmann Virchow erklärt, er habe am Frankfurter Abgeordnetentag deßhalb nicht Theil genommen, weil er hiezu kein Mandat besitze, weil ihm die eigene Kammer Gelegenheit genug zum Reden gebe und weil er es nicht für nöthig halte, jedes Vierteljahr zu wiederholen, daß er Recht für Recht und Unrecht für Unrecht halte.

Ganz aus denselben Gründen sind auch die Münchener Abgeordneten von dem Tage in Frankfurt weggeblieben und doch wurden sie von der bayrischen Fortschrittspartei darüber grausam verdonnert.

„Wenn Zwei das Nämliche thun, ist es nicht das Nämliche". Wenn aber Zwei das Nämliche nicht thun — (z. B. nicht hingehen) — dann ist es unbegreiflich, warum es nicht doch das Nämliche sein soll.

Die Antwort des Frankfurter Senats.

„Wie sie kurz angebunden war,
Das ist nun zum Entzücken gar!"

Kleine Frühstücksplaudereien.

Wenn's nichts kostet, sind die Münchener gerne dabei. Dieß bewährte sich auch bei der im Aktien-Volkstheater veranstalteten „**Beleuchtungs- und Dekorationsprobe**". Wer einer Karte habhaft werden konnte, kam, sah und kritisirte. Und das Urtheil, wenn sich Eingeladene ein solches erlauben dürfen, fiel, besonders was die Zuschauerräume betrifft, entschieden günstig aus. Es ist ein gar lieblicher Raum, mit dem man schon längst vertraut zu sein glaubt; die Bühne erschien uns etwas schmal und hoch. Von den vorgeführten Dekorationen gefiel besonders der Kreuzgang, der Rittersaal, die gothische Stadt und die arme Stube, in der sich freilich die schwerfälligen rothen Soffiten sonderbar ausnahmen. Der Zwischenaktvorhang ist reich an Figuren, unter denen sich eine **schwarz** gekleidete Repräsentantin der Tragödie nicht eben angenehm bemerklich macht. Das Ganze war hübsch arrangirt und zeigte immerhin von einer gewissen Großmuth des Verwaltungs-Rathes, denn gar Mancher, der den Reiz der Neugierde befriedigt hat, wird jetzt „**warten**"; so sind die Münchener schon. Noch möchten wir die Gunst der heitern Musen auf die beiden Herren Kapellmeister herabwünschen; **Kurzweiligkeit** ist einer Volkstheatermusik erste Pflicht!

Crämer von Doos wird jetzt von der Gothaer Meute grimmig verfolgt, sogar als **Renegat** bezeichnet! Ein an Geist und Körper gesunder Mann soll bei einem Verein bleiben, der an Preußen die Führerschaft übertragen will unter der Bedingung, daß das preußische Volk jedes particularistische Gelüste ablege und sich dem nationalen Gedanken unterordne! Junge, du bekommst diesen Apfel unter der Bedingung, daß du künftig in der Schule ruhig bist! Und um einen solchen Beschluß zur Welt zu bringen, blieb der Nationalvereinsausschuß bis 3 Uhr Morgens beisammen! Nachtarbeit ist zwar immer schlechter, aber die neueste Frankfurter Lösung beweist, daß der Nationalverein in das Stadium der Versimpelung eingetreten ist. Es gehörte von Seite der Vormächte eine große Brutalität dazu, jemanden, der sich schon in einem **solchen Zustand** befindet, noch polizeilich zu maltraitiren.

Bei der heut' zu Tage grassirenden Vereins-Krankheit erregt es fast Ekel, von einem neu entstehenden Verein auch nur sprechen zu hören. Nun ist aber in Dresden Etwas entstanden, von dem sich vernünftiger Weise ein praktischer Nutzen hoffen ließe. Vielleicht die Mehrzahl der Töchter aus den gebildeten Ständen besitzt eigentlich nicht die Mittel, um so zu sagen ein bischen Toilette zu machen und diesem oder jenem Genuß nachzugehen. Manche wissen sich in dieser Beziehung freilich zu helfen — Damen aber, die sich in anständiger Weise ein Taschengeld verdienen wollen, bietet eben ein in Dresden neu entstandener Verein Gelegenheit. Derselbe errichtet nämlich einen ständigen **Bazar** weiblicher Handarbeiten; wer Etwas dazu geliefert hat, dieß ist Geheimniß der Vorsteherin; die Verfertigerinnen aber erhalten unter Abzug der geringen Unkosten dasjenige, was aus ihrer Arbeit wirklich gelöst wurde. Es ist hier gewisser Maßen ein **Lasalle'sches Princip** verwirklicht. Die Arbeiterin, welche bei der bisherigen Verkaufsweise einen **Arbeitslohn** erzielte, erhält hier den **Ertrag** ihrer Arbeit. Diese beiden Begriffe, von Schulze-Delitzsch oft verwechselt, sind gleichwohl ungemein verschieden. Wäre die Errichtung solcher Bazars nicht in allen größeren Städten angezeigt? Manches höhere Beamtentöchterlein schämt sich „für die Leute zu arbeiten" und wie bitter fällt es doch dem Papa, für 3 oder 4 Geschöpfe die standesmäßigen Luxusausgaben zu bestreiten: Kleider, Coiffüren, Theaterloge, wissenschaftliche (!) Vorlesungen u. s. w. Nun: hat man der Bazarmutter etwas Hübsches zu bringen, so springt immer ein artiger Beitrag heraus, und noch dazu ein in Ehren selbst verdienter. In Hamburg wird das Dresdener Unternehmen bereits nachgemacht. Sollte in München, wo selbst eine Claffen-Kappelmanniade Theilnehmerinnen fand, nicht auch für etwas Gescheidtes Unternehmungsgeist vorhanden sein? Nur halte man die Bureaukraten ferne, die sich später doch in die Haare kommen. Die Sache müßte „unter uns Mädchen" bleiben.

Wir erhalten die Salzburger Zeitung zugeschickt, in der sich ein Factum verzeichnet findet, das komisch sein könnte, wenn es nicht so ungeheuer traurig wäre. Man höre! In der Gemeinderathssitzung der Stadt Salzburg, nächst der bayrischen Gränze, kam am 23. Oktober der Antrag zur Sprache, daß an den Landtag der Entwurf eines Gemeinde-Statuts und einer Bauordnung für Salzburg eingereicht werde. Der vorsitzende Bürgermeister ist dagegen, und warum? „Weil gegenwärtig eine Uebergangsperiode in unserm (Oestreichs) verfassungsmäßigen Zuständen eingetreten sei und die Initiative zu dießfälligen Aenderungen in die Hände **Ungarns** gelegt wurde. Von diesem Standpunkte aus glaube er, daß wir, auch was die Städteordnungen anbelangt, zu unsern **Lehrmeistern, den Ungarn**, in die Schule gehen, und was sie in dieser Richtung lehren, bei uns in Nutzanwendung bringen sollen!" Also lautet der wörtliche Bericht in der Salzburger Zeitung und man möchte in der That fragen: Haben die Oestreicher nicht nur ihren Schwerpunkt, sondern auch ihren Verstand verlegt? Sind die Oberöstreicher aus den Hochsteppen Asiens hergeritten? Ist das Salzkammergut eine Puszta, waren Mozart und Haydn Zigeuner? Die Magyaren mit ihrer Stuhlrichter- und Pandurenwirthschaft, mit ihren Edelmannsprivilegien und Judenprügeleien sollen die Lehrmeister sein für Städteordnungen in deutschen Landen! Hat ein Bürgermeister je etwas Unsinnigeres gesagt? Der Vicegespan von Salzburg erhält vielleicht nächstens aus Pesth einen Ehrensäbel. Aber Oestreich, dem einige Stimmen noch immer etwas deutschen Beruf zutrauen, hat er einen schlechten Dienst erwiesen.

Münchener
PUNSCH.

Ein humoristisches Originalblatt von M. E. Schleich.

Achtzehnter Band.

Nro. 46. Halbjähriger Abonnementspreis: in Bayern 1 fl. Im Ausland erfolgen die üblichen Postaufschläge. **12. Nov. 1865.**

Die doctrinären Scherben.

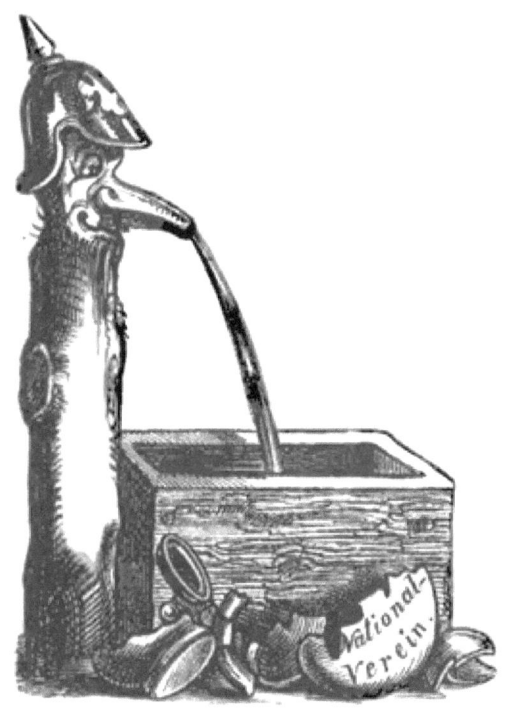

Na, der Krug ist lange genug zum Brunnen gegangen!

Die „Finanzgebarung" des Grafen Larisch fand mehrseitig Beifall.

Aber was thut das? So lange es in Oestreich nicht zu einer förmlichen Finanz-Gebärung kommt, ist nicht geholfen.

In Holstein wird auch heuer wieder der Jahrestag der Thronbesteigung des Herzogs Friedrich begangen.

Unwillkürlich fällt einem da der Landshuter Nationalvereins-Apostel Wittmann ein, der gesagt hat: Viele besteigen den Berg, ohne ihn erreichen zu können!

Wenn die in Churhessen eingerückten Truppen Strafbayern waren, so würde ich doch vorschlagen, die gegenwärtig in Schleswig stehenden Tortur-Preußen zu nennen.

Justus.

In Wien wurde der ehemalige Minister Graf Buol, während er einen Goldarbeiterladen besichtigte, vom Schlag getroffen.

Wenn es so fortgeht, darf man sich nicht mehr wundern, wenn überhaupt jeder östreichische Minister beim Anblick eines edlen Metalles — wie man zu sagen pflegt — Zustände bekommt.

Wie man aus dem Schmid'schen Festspiel ersehen haben dürfte, bin ich durchweg mit „Milch der frommen Denkungsart" aufgezogen. Um so schlechter schmeckt mir die Gasmilch, womit ich von der Münchener Straßenbeleuchtungsgesellschaft täglich in reichem Maß regalirt werde.

Die regulirte
Isar-Nixe.

Marl. Was is benn bas eigentlich: in Berlin sollen ja mehrere Menschen total verschwunden sein?

Sepperl. Hab 's g'hört. Das sind wahrscheinlich solche Preußen, die bereits in Deutschland aufgegangen sind.

Marl. Richtig! D'rum sind s' auch ganz spurlos verschwunden.

Marl. Net wahr, in Frankfurt haben s' auch eine Lotterie?

Sepperl. Und was für eine!

Marl. Aber 's meiste Geld, glaub' ich, bleibt doch in Frankfurt selber.

Sepperl. Freilich. Heißt ja schon der erste Bürgermeister: Dr. Gwinner.

Marl. Das hab' ich gar net g'wußt, daß es auch eine Isarnire gibt.

Sepperl. Ja wohl! Ich hab' einmal einen Hatschier, der g'fischt hat, g'fragt: was da drinn' is? Und da hat er g'sagt: Nix'n!

Privat=Kabel des Punsch.

Mexico. Der Kaiser adoptirt den jungen Augustino Iturbide zu seinem Deficit=Nachfolger. Allgemeine Beleuchtung mit der Inschrift: „Ei du lieber Augustino!"

Florenz. In Erwägung, daß doch nur ungefähr ein Drittel der von der Cholera Befallenen stirbt, geräth der Finanzminister Sella auf den Gedanken, jede günstig verlaufende Cholera= Erkrankung mit einer Steuer zu belegen. Man rechnet darauf, daß die Genesenen gerne bezahlen werden und der Staatsschatz dadurch wenigstens momentan eine ergiebige Unterstützung erhält.

Im Herzogthum Schleswig ist es sowohl der Presse als dem Theater streng verboten, das Wort Herzog zu gebrauchen. Man sage dafür „Erbprinz", oder noch besser: „Augustenburger".

Man denke sich nun z. B. eine Aufführung des „Hamlet" und die bekannte Schauspielscene, wo Hamlet sagt: „Da kommt Einer Namens Lucian, ein Neffe des Her—" in diesem Augenblick treffen ihn zwei wuthfunkelnde Blicke aus der Loge des Generals v. Manteuffel. Dem Künstler bleibt das verpönte Wort in der Kehle stecken und er verbessert sich: „ein Neffe des Erbprinzen"!

Oder man gibt den „Fiesco" und wie der Held in der letzten Scene von Verrina über 's Brett hinabgestoßen wird, ruft er, mit den Wellen kämpfend: „Genua, hilf deinem Augustenburger!"

Tiefer Sinn liegt oft im — Wappenschild.

Das Großprügelthum Mecklenburg hat in seinem Wappen einen — Ochsenkopf.

Und der Ruthenstreicher=Canton Uri ebenfalls!

In Paris hat der bekannte Seine=Präfekt Haußmann angeordnet, daß alle Steuereinnehmer flanellene Leibbinden tragen.

Natürlich, wo käme der baueifrige Haußmann hin, wenn seine Steuereinnehmer einmal eine Zeitlang das, was sie zu sich genommen, wieder von sich geben würden?

Grundrechte des deutschen Volkes.

Münchener Ausgabe, seit lange vorbereitet.

1) Jeder Deutsche hat das Recht, einen Plan zu einem Kunstvereinsgebäude zu entwerfen.

2) Keinem Deutschen ist es verwehrt, sich darüber aufzuhalten, daß für den Münchener Kunstvereinsbau keine Concurrenz ausgeschrieben wurde.

3) Jeder Deutsche hat aber auch die Befugniß, zu behaupten, daß es ihm eigentlich gleichgiltig sei, welcher Architekt die Sache ausführt.

Zur Trennungsstunde.

Donna Portefeuillia. Wie, Max, was muß ich hören? Du willst mich aufgeben?

Max. Ach!

Donna Portefeuillia. Sechs Jahre lang lebten wir zusammen — es war ein glückliches Verhältniß.

Max. Ach ja! Aber meine Gesundheit ist dabei ganz herunter gekommen. Ich muß wieder nach Miesbach.

Donna Portefeuillia. Das ist kein Grund, Du hast mich ja schon oft mitgenommen?

Max. Allerdings, aber ich kann nicht mehr!

Donna Portefeuillia. Du hast mich nie geliebt!

Max. Sprich nicht so! Wer Dich besitzt, der liebt Dich auch.

Donna Portefeuillia. In welche Hände werde ich jetzt fallen! Du Ungetreuer! Mich so zu verlassen.

Max. Glaube nicht, was in der „Bayerischen" steht. Ich verlasse Dich nicht, ich verliere Dich! Denn über uns Allen waltet ein unbeugsames Fatum!

Kleine Frühstücksplaudereien.

Vor einiger Zeit war davon die Rede: Die Hoftheaterintendanz ziehe heimlich einen Tenoristen groß, der eines Abends plötzlich als fertige Kunsterscheinung vor das freudig erstaunte Publikum hintreten werde. Und so ist es gekommen. Das Debüt des Hrn. Vogel ist ein Theaterereigniß, das sofort alles Aehnliche, selbst die Eröffnung des Aktientheaters, aus dem Tagesgespräch verdrängte. Noch vor einigen Monaten befand sich der jetzt so gefeierte Kunstjünger als Schulgehilfe auf einem exponirten Posten bei Ebersberg; von allem Verkehr abgeschnitten und jeder persönlichen Bequemlichkeit beraubt, den in seiner Brust schlummernden Schatz aber wohl kennend, wandte er sich, bescheidene Ziele verfolgend, nach München, wo ihn Generalmusikdirector Lachner sofort unter seine specielle Obhut nahm. Vogel ist ein noch nicht zwanzigjähriger Jüngling, von sympathischem Aeußern, durch und durch musikalisch und im Besitz einer Stimme, deren gewaltiges Einherströmen und zugleich liebliches Schmeicheln den Zuhörer schon nach den ersten Tönen in Enthusiasmus versetzt. Hiemit verbindet Vogel auch ein bedeutendes Darstellungstalent, denn wenn auch am ersten Abend seine Aktion noch unbeholfen war, so wirkte um so überraschender der Ausdruck seines Gesichts und die charakteristische Modulation seines Sprechorgans. Es ist eine wahre Freude, einen Menschen zu sehen, über den die Natur so recht mit Vorliebe ein Quantum seltener und werthvoller Gaben ausgeschüttet hat. Herr Vogel bleibt natürlich in München. Bayern hat einen Schulmeister weniger; aber wir haben einen Tenoristen mehr! Der unzweifelhafte Verlust, den die Volksbildung durch die Standesveränderung des Hrn. Vogel erlitten hat, wird in merkwürdigem Maße aufgewogen durch die Vortheile, die dadurch dem Münchener Hoftheater zukommen. Wie wir vernehmen, erhielt Herr Vogel erst kürzlich eine amtliche Aufforderung, auf seinen Platz zurückzukehren, oder gewichtige Hindernisse anzugeben. Eine solche Tenorstimme hindert Einen freilich, der hoffnungsvollen Jugend zwischen Ebersberg und Wasserburg das A B C einzupauken.

Da die Direktion des Aktientheaters in liberalster Weise sämmtlichen Redactionen und Zeitungscorrespondenten zur Eröffnungsvorstellung Sperrsitze zur Verfügung stellte, so sind begreiflicher Weise alle Blätter voll von Beschreibungen dieses schönen Abends. Wir können nur den Wunsch beifügen, es möchte Herrn. Schmid's geist- und geschmackvolles Vorspiel — bei derlei Dichtungen ziemlich seltene Eigenschaften — auch im Druck erscheinen, um den Münchnern eine Erinnerung an die denkwürdige Feier an die Hand zu geben. An Fleiß lassen es Regie und Personal wahrlich nicht fehlen; fast täglich gibt man neue Stücke, worunter die kleineren Berliner Possen den Vorrang einnehmen. Auch das an mehreren Bühnen gesehene Schauspiel „Die Lady in Trauer" ging schon in Scene, jedoch unter dem veränderten Titel: „Eine Dame in Schwarz". Wahrscheinlich wollte man auf dem Zettel eines Theaters, das der Vertreibung der Langweile gewidmet ist, nicht gleich in der ersten Woche das Wort „Trauer" prangen sehen. Der Zuspruch des Publikums ist günstig. Mehrfach wünscht man den Beginn der Vorstellungen um eine Stunde hinausgeschoben.

Wie aus mehreren neueren Thatsachen hervorgeht — (siehe die Aufhebung und Fortschleppung eines polnischen Freiherrn aus Magdeburg) — besitzt Rußland das Recht, auf **preußischem** Gebiete durch seine Agenten Verhaftungen vornehmen zu lassen! Ein Grund **mehr für die Schleswig-Holsteiner**, ungesäumt um Annexion einzukommen, denn wer würde den Vortheil verkennen, nicht nur unter preußischer sondern zugleich auch unter russischer Polizeigewalt zu stehen? Vielleicht wird dem Freund an der Newa auch noch das Recht eingeräumt, zur Ersparung von Transportkosten gleich auf preußischem Boden die Knute zu geben. Das wäre abermals ein Grund mehr, an Preußen jetzt schon „die Befugnisse der Centralgewalt abzutreten".

Die in Erlangen erscheinende „**Wochenschrift der bayrischen Fortschrittspartei**" sagt in einem Leitartikel über die letzte Nationalvereinsversammlung: „Von der Versammlung habe man sich zwar keine unmittelbaren Erfolge versprechen können, aber der Verein habe dabei doch seine **Lebenskraft** bewährt." Nationalverein und Lebenskraft — wie reimt sich das zusammen! Uebrigens ist man gespannt darauf, ob die Erlanger Wochenschrift bei sothanen geistigen Zuständen ihrer Redaktion noch länger Organ der bayrischen Fortschrittspartei bleiben kann, oder ob letztere vielleicht auf Jakob und Esau **reducirt** wird.

Emanuel von **Geibel** veröffentlicht gegenwärtig Gedichte in den Feuilletons der Kölnischen und der Bayrischen Zeitung. Die besseren in der Kölnischen Zeitung.

Als man in einem kleinen **sächsischen** Städtchen von dem ungeheuren Deficit hörte, daß sich Dresden und Bremen mit ihren „nationalen Festen" aufgeladen, ließ der Magistrat über's Thor schreiben:
 Bewahr uns Gott vor Preuß' und Pest,
 Vor Schützen-, Turn- und Sängerfest'.

Briefranzen.

Pfarrverweser und **Gendarm**, das reimt sich zwar nicht zusammen, aber doch hatte jeder lange Zeit monatlich 20 fl. und da man sah, daß beide immer schwerer zu bekommen sind, gab man ihnen 25 fl. Neuestens machten die Gendarmen wieder einen Schritt vorwärts, die Pfarrverweser aber blieben stehen. Für sie gilt sogar folgende Verordnung: „Nachdem die monatliche Remuneration eines Verwesers auf 25 fl. festgesetzt ist, so kann nur dieser Betrag, nicht aber eine Mehrausgabe von 50 Kreuzern, im Fall ein Monat 31 Tage hat (!) passiren." Conf. Entschl. vom 4. November 1853, Amtshandbuch II. pag. 198. — (Man möchte da wirklich fragen, ob die Pfarrverweser dann im Februar zwei Tagschichten im Betrag von 1 fl. 40 kr. herausbezahlen müssen?)

Wenn in München die Maß Hofbräuhaus-Doppel-Bier sechs Kreuzer kostet, was ist dann die Maß Wolfratshauser-**Simpler**-Bier werth?

Aus Regensburg. Wampelmüllerin: Sie, Frau Bas, kennen S' den Bräu, den man den heiligen Aloysi heißt? Speckmeierin: Des war m'r der rechte hl. Aloysi, der 9 Eimer vom Schaffel sied't und nachher 's Bier um 6 Kreuzer gibt. Wampelmüllerin: No, er macht wenigstens ein aloysisch **unschuldig's** Bier.

Verzwickte Rechtsanschauung. Von der Traun. Zwischen Matzing und Traunstein annexirt ein Bursche etliche Lachsforellen und Aeschen aus der Traun heraus und will sie in Traunstein verkaufen, wobei er aber ergriffen und zu 8tägigem Arrest verurtheilt wird. Nun kommt aber das Schönste! Die Aeschen, heißt es, seien nicht Eigenthum, wie ein anderes, sondern res nullius, so lange sie nicht im Lagel sind, weßhalb sie auch nicht der Eigenthümer sondern der Annexirer zurück erhielt; die Forellen wurden als in der Laichzeit gefangen pro Fisco verkauft. Also ein Gutsherr, zu dessen Gut das Wasser gehört, der es beim Rentamt versteuert, der noch auf weitere Strecken bei Notaren Pachtverträge errichtet, ist nicht Eigenthümer der darin schwimmenden Fische, er hätte sie denn gleich dem hl. Benno bereits auf dem Schooße liegen! Auch liegt darin ein hübscher Wink für die Herren Fischdiebe; es braucht einer wöchentlich nur etwa 25 Pfund Forellen zu annexiren; da sie im Fall des Erwischens doch zu seinen Gunsten verkauft werden müßen, so kann er sich um diesen Preis leicht 8 Tage einsperren lassen. Doch halt: dem Fischwassereigenthümer, sagen die HH. Juristen, bleibt es ja unbenommen, den Annexirer auf dem Civilweg zu belangen. Ja, ja: wer den Schaden hat, braucht für den Spott nicht zu sorgen!

.

Von Damenhand erhalten wir folgende Mittheilung:

Der geehrten Redaktion des Münchener Punsch scheint es nicht bekannt zu sein, daß ein solcher „Bazar" nach gewissermaßen „Lasalle'schem Principe", dessen Gründung sie den Münchenerinnen nach Dresdener Muster so eindringlich anempfiehlt, hier unter der bescheidenen Firma eines „Verkaufsladens des Renten= und Unterstützungs=Vereines für Frauen und Mädchen" (Salvatorplatz Nr. 4) bereits seit 1862 besteht. Nicht allein werden von dort aus arme Arbeiterinnen mit Bestellungen versorgt, sondern auch manches fleißige und geschickte Mädchen aus den höheren Ständen verdient sich ein reichliches Taschengeld durch kunstvolle Handarbeiten, welche sie bisher nur zu ihrem eigenen Schmuck oder zu Geschenken verwenden konnte, da die Stellung ihres Vaters ihr nicht erlaubt, auf die gewöhnliche Weise für Geld zu arbeiten. Einer jeden Theilnehmerin steht es frei, ihre Produkte entweder sogleich an die Vorsteherin zu verkaufen, oder sie in Commission zu geben, d. h. auf den Ertrag zu warten; in beiden Fällen wird nur ein geringer Abzug für den Laden berechnet. Daß ein so uneigennützig betriebenes Geschäft sich nicht rentiren kann, liegt auf der Hand. Dieser Laden kann daher auch nur im Anschluß an den oben genannten Rentenverein bestehen, dessen Fortexistenz soeben in Frage gestellt ist und dessen Auflösung auch in dieser Hinsicht sehr zu beklagen wäre. — (Sollte es so edlen Damen, wie der Einsenderin, nicht möglich sein, bei Auflösung des Vereins wenigstens den Bazar zu retten?) —

Münchener PUNSCH.

Ein humoristisches Originalblatt von M. E. Schleich.
Achtzehnter Band.

Nro. 47. Halbjähriger Abonnementspreis: In Bayern 1 fl. Im Ausland erfolgen die üblichen Postaufschläge. **19. Nov. 1865.**

Europäisches Hundetheater.

Was ist eine Affenschande?

Das ist eine Affenschande. *)

*) Möchte man doch bald sagen können: Es war eine Affenschande!
Anm. des Setzers.

In einem diplomatischen Salon zu Wien hörte neulich der Vertreter des Dresdener Hofes ganz zufällig im Vorbeigehen, wie Graf Mensdorff äußerte: „Es thut mir leid, aber die Sachsen müßen sich wahrscheinlich verschlingen lassen; wir können ihnen nicht helfen." Der im höchsten Grad frappirte deutsche Diplomat suchte alsbald Gelegenheit, den östreichischen Staatsmann über die Bedeutung dieser auffallenden Aeußerung zu befragen. Graf Mensdorff brach in Heiterkeit aus und rief: „Ach Gott, ich meinte ja unsere Sachsen, die in Siebenbürgen, und ihr Verhältniß zu den Magyaren. Wenn ich von Ihren Sachsen rede, werde ich zur Vermeidung von Mißverständnissen künftig sagen: Sächser." — Und der Beustianer war beruhigt.

———

Im zoologischen Garten zu Köln hat die Löwin ihr drei Wochen altes Junges gefressen. Dasselbe ist der Kölnischen Zeitung schon mit gar mancher politischen Aufstellung passirt, die mitunter noch nicht einmal drei Wochen alt war. Ob die Kölnische gerade eine Löwin ist, darüber sind die Naturforscher nicht einig. Zum Katzengeschlecht gehört sie jedenfalls.

———

Von der isländischen Küste wird dem Punsch geschrieben: In den nördlichen Meeren ist ein Corsar erschienen, welcher unter russischer Flagge fährt und auf englische Barken Jagd macht. Der Capitän behauptet: Der Krieg zwischen Rußland und England könne unmöglich schon zu Ende sein und den Zeitungen und Büchern, welche von einem Pariser Frieden sprechen, sei nicht zu trauen. Sollte der Mann endlich Gründe finden, das Rechtliche seiner Aktion anzuzweifeln, so wird er seinen Cours nach einem nordamerikanischen Hafen nehmen und alles Gestohlene auf Ehrenwort behalten.

———

Schüler. Herr Lehrer, da lese ich: In Bundestagskreisen rechnet man auf einen Durchfall der mittelstaatlichen Anträge. Was ist denn das eigentlich für ein Kreis, ein Bundestagskreis?

Lehrer. Nun, was wird's für einer sein? Ein fehlerhafter jedenfalls.

Zur Partheistellung.

Die Gothaer befinden sich in großer Angst vor den — Trichinen, und sie haben in der That die Ausbreitung dieser Krankheit zu fürchten.

Dieß bezieht sich nämlich auf die Einwohner von Gotha, in welcher Stadt Fälle von Trichinenansteckung vorgekommen sind.

Warum sollen Richter gerecht sein? Damit's mehr — regnet. Wenigstens in China wird dieser Grund aufgestellt, indem der Kaiser, um die himmlische Strafe der dort herrschenden Trockenheit aufhören zu machen, den Richtern allenthalben befiehlt, nur gerechte Urtheile zu fällen. Wenn also von nun an ein Chinese ohne Regenschirm ausgeht, so zeigt er dadurch, daß er noch immer kein Vertrauen in die Justiz seines Landes hat. Auch aus einigen Gegenden Deutschlands ertönten unlängst Klagen über große Trockenheit.

Zudringlichkeit der Christen.

Wolfsohn. Na, haben Sie 's gehört? In der Türkei gibt 's jetzt auch eine Staatsschuldencontrolcommission?

Mayersohn. Hab' ich gehört.

Wolfsohn. Dieselbe besteht aus Muselmännern und Christen.

Mayersohn. So? Und in Oestreich besteht sie aus Juden und Christen.

Wolfsohn. Verfluchte Geschichte: Christen müssen doch überall dabei sein!

Bericht aus Frankfurt.

Der Geschäftsgang war in der letzteren Zeit äußerst flau. Aus Furcht vor noch größerer Entwerthung wird man künftig mit allen Anträgen möglichst an sich halten. Das, was wirklich aufgetischt wird, ist meist von untergeordneter Qualität, für den innern Consum. Die dicken Häute, wie sie preußischer Seits in Süddeutschland gewünscht werden, fangen an, etwas zu schwinden; dagegen zeigt sich Frankfurt animirt, wenn es von preußischem oder österreichischem Kalbsfell hört. Uebrigens hatten die Mitteldeutschen nicht leicht so viel Unlust und so wenig Vertrauen, wie dermalen; diese Kunden wollen gegenwärtig nicht angreifen, sie nehmen nur Dieß und Jenes auf Notirung. Merkwürdiger Weise zeigt sich gerade gegenwärtig von Seite des Auslandes, besonders Englands und Frankreichs, etwas mehr Nachfrage, ohne jedoch das Geschäft selbst auch nur im Geringsten zu beeinflussen.

Wovon ist hier die Rede, fragt der Leser? Doch offenbar nur vom Bund und seiner Thätigkeit?

O nein! Vorstehendes ist nichts weiter, als ein Bericht über die Frankfurter Ledermesse, nach Hermann Schlesinger, in der deutschen „Gerberzeitung".

In einer Gesellschaft war davon die Rede, daß die Dresdener bei ihrem Sängerfest wohl auf einen Ausfall gefaßt sein mußten, die ungeheure Summe von 60,000 Thalern aber doch alle Begriffe übersteige. Da rief ein anwesender Gemeinderath: „D'rum soll keine Stadt die Abhaltung eines solchen Festes mehr gestatten, wenn ihr nicht vorher ein gewisses Deficit garantirt wird."

Prater sagte neulich in seiner „Wochenschrift": Wir werden nächstens im Besitze des Herrn v. Neumayer einschlafen und ohne denselben aufwachen!

Und so ist es gekommen. Wir sind des Herrn v. Neumayers beraubt aufgewacht, aber deßhalb doch nicht — aufgestanden.

Neuen Forschungen zufolge herrschte im Norden von jeher die **Langschädelform**, während, je näher es gegen die Donau geht, die **Breitschädelform** immer mehr auftritt.

Herr Crämer hätte also in seiner Fürther Rede, um den anstößigen Ausdruck: „**diese Norddeutschen**" zu vermeiden, sagen sollen: „Mit diesen Langschädeln ist Nichts zu machen; den Abgeordnetentag haben sie verdorben, jetzt wollen sie dafür den Nationalvereinstag poussiren. Aber da kann ein Breitschädel nicht hingehen".

Ich erkläre, daß mich der Artikel: „Ein Wort über das Kabinet u. s. w." in große Aufregung versetzt hat. **Das habe ich nicht gewußt, und jetzt — weiß ich eigentlich auch noch Nichts!** Aber eben deßhalb bin ich aufgeregt.

Pimplhuber,
k. Einwohner von München und Besitzer einer öffentlichen Meinungsparzelle.

Marl und Sepperl, Schusterbuben.

Marl. Also das is doch nicht wahr, daß der Herr von Gablenz dem Herzog Friedrich, so was man sagt, den Strohsack vor die Füß' g'worfen hat?

Sepperl. Nein, wenigstens **mit dürren Worten** hat er 's ihm nicht g'sagt.

Marl. So! Mit dürren nicht, aber vielleicht mit saftigen?

Sepperl. Könnt' sein!

Marl. Jetzt muß i doch fragen: i hab' zwar selber kein Geld, aber wissen möcht' i 's doch: wie steht 's denn mit dem neuen **östreichischen Anlehen**?

Sepperl. Das war bis vor Kurzem noch in der Schwebe.

Marl. So? Na, wenn das was Einer kriegt, so lang' schweben kann, dann wird's nicht fakrisch Viel sein.

Auch in Dresden sind, wegen erneuerten Vorkommens verdächtiger Fälle, die Maßregeln gegen die Hunde verlängert worden, deßgleichen in Frankfurt. In München dauert der Ausnahmszustand ohnehin noch fort.

Es scheint also, daß in den deutschen **Mittelstaaten** die **Wuthkrankheit** allmälig um sich greift. **Zum Toll werden** war 's ja schon längst.

Hingegen scheinen die **Berliner Hunde** recht **gesund** zu sein, sich eines immer mehr wachsenden **Appetits** zu erfreuen und nicht nur keine Wasserscheu zu haben, sondern demnächst überhaupt **jede Scheu** ablegen zu wollen.

Ein preußisches Blatt macht darauf aufmerksam, daß sämmtliche königliche und städtische **Theater Berlins** den **Geburtstag Schillers** ignorirten. Auch unter den vielen Concertanzeigen fand sich in einer einzigen eine auf das Datum möglicher Weise bezügliche Piece, betitelt: „Schiller-Marsch". Also ein Einziger denkt an Schiller und der macht ihm einen **Marsch**! Nun, das paßt eben auch zum Militärstaat.

Aus Bombay wird geschrieben: „Niemand beschreibt das Erstaunen der Hindu's über die neu eingeführte Gasbeleuchtung; zu Hunderten stehen sie Nachts um die Laternenpfähle und drücken ihre Verwunderung auf alle mögliche Weise aus."

Unsere Gasbeleuchtungs-Gesellschaft soll deßhalb gesonnen sein, unverzüglich einige Hindu's nach **München** kommen zu lassen, damit doch einmal Jemand da ist, der auch das hiesige Gaslicht bewundert.

Kleine Frühstücksplaudereien.

Im Theater an der Wien wurde kürzlich „die Eselshaut" zum siebzigsten Male gegeben und zwar bei ausverkauftem Hause. Ein solches Zugstück und trockene Witterung wäre auch dem Münchener Aktientheater zu wünschen.

Der Pariser Abendmoniteur schreibt über das Concert der preußischen Militär-Musiker im Circus: „Eine zahlreiche Menge stand fortwährend vor den Eingängen des Circus, um diese Soldaten aus- und eingehen zu sehen." Wenn man sich den wahrscheinlichen Zweck denkt, um deßentwillen die HH. Musiker während der Zwischenpausen aus- und eingingen, so zeigte die grande Nation durch dieses ihr Hinstehen eben nicht besonderen Stolz.

* * *

Bei dem kindisch tobsüchtigen Selbstständigkeitsgeschrei, das in Oestreich gegenwärtig „meine Völker" an allen Ecken und Enden erheben, erinnert man sich an ein Couplet, das der köstliche Nestroy einst als Schuster im „Lumpazivagabundus" improvisirte und das also schloß:

„Die Gottschewer fangen jetzt ebenfalls an:
A Königreich woll'n f', a Gottschew'risches hab'n.
Da wird Ein'm ja angst und bang —
Die Welt steht auf kein Fall mehr lang, lang, lang!

Die Gottschewer sind ein Hausirervölkchen aus Krain und können sich mit den glorreichen Tschechen, die sich das einträglichere Geschäft der Stellen-Jägerei erwählt haben, freilich nicht messen.

* * *

Dr. Hans v. Bülow gastirt gegenwärtig in Berlin und verschickt an befreundete Redactionen Blätter mit roth angestrichenen Berichten. In München paradirte Dr. Hans bekanntlich als „Königl. preußischer Hofpianist und Vorspieler Seiner Majestät des Königs von Bayern". Auf den Berliner Concertzetteln und Annoncen ist nun der letztere Charakter weggelassen und lediglich der königl. preußische Hofpianist stehen geblieben. In Berlin würde es natürlich für schlechten Ton gelten „mittelstaatliche Musik zu treiben", wenn auch Sonstiges, was diese „sekundären Orte" bieten, nicht zu verachten ist.

* * *

Die „Hamburger Reform" schreibt: In dem Kirchdorfe Nortorf bei Rendsburg wohnt ein Schuhmacher, der den dort häufigen Namen „Holstein" führt. Dieser hat seinem neugeborenen Sohn den Vornamen „Schleswig" beilegen lassen, so daß der junge Weltbürger ein echter „Schleswig-Holsteiner" ist. Wenn man ihn annektirt, schreit er.

* * *

Alles was mit der See zusammenhängt ist nobler, als das Festländische. Die Mariniers dünken sich immer mehr als die Landratten. Aehnlich verhält es sich auch mit den beiderseitigen Spitzbuben. Von Landräubern hat man bisher nur gehört, daß sie vom Zuchthaus weg in Urlaub geschickt wurden. In England aber hat man neuestens eine Gesellschaft von Seeräubern sogar freigelassen auf Ehrenwort!

Also Räuber, geht auf's Meer,
Da wächst Euch wieder — Point d'honneur!

In einem Artikel contra Crämer behauptet Herr Brater wiederholt: die **überwiegende Meinung** im Norden, **wie bei uns**, sei: daß den Herzogthümern ihr Selbstbestimmungsrecht gewahrt werden müße. Wenn man an gewisse Kundgebungen in **Oldenburg** denkt und dabei sieht, mit welch' wachsendem Heißhunger das ganze „königliche Volk" der Preußen anfängt, um sich zu schnappen, so muß die Behauptung des Herrn Brater, daß die Majorität im Norden so denkt, wie wir, geradezu als abgeschmackt erscheinen. Das Gefühl der verschmähten Liebe droht unsern Borussophilen das Concept zu verrücken.

Nun, das ist ja recht hübsch! Zwei conservative Redakteure, einer aus Bayern und ein hessischer, wurden von dem liberalen Baden zu bedeutenden Geld- und **Gefängnißstrafen** verurtheilt. Sind die Conservativen oben, so geht's den Liberalen an den Hals und haben die Liberalen die Herrschaft in Händen, so sperren sie die Conservativen ein. Das Volk — (es lebe hoch!) — wird sich auf diese Art wenigstens **darüber klar, warum** ihm die Partheien den Hof machen, wenn auch die Frage: von welcher dann eigentlich die Freiheit zu hoffen sei, vorläufig noch nicht erschöpfend beantwortet werden kann.

In der Beilage zum **Würzburger** „Stadt- und Landboten" liest man folgende Anzeige: „Zwei Schweizer, jeder zu 20 Kühen, welche auch verheirathet sein dürfen, können mit Familie Arbeit finden. — Oekonomie Gelchsheim."

Dr. Ernst Förster ergreift das Mittel der Tagespresse, um das Münchener Publikum zu zahlreicherem Beitritt zur **Schillerstiftung** aufzumuntern. Es ist wieder einmal die Ehre Münchens, die von einer größeren Betheiligung an dieser nationalen Sache abhängen soll. Der Aufruf des Herrn Doktor ist gewiß gut gemeint, allein es verdient bemerkt zu werden, daß die Art und Weise der **Verwendung** der deutschen Schillerstiftungsmittel nicht immer guten Eindruck macht, am wenigsten aber zu weiteren Beitritten oder erhöhten Zahlungen anreizt. Um Einzelnen, welche jedenfalls mehr **Arroganz** als **Talent** besitzen, unter dem Titel von Sekretärstellen u. s. w. Sinecuren zu schaffen, werden sich künftighin wahrscheinlich wenig Hände aufthun. Wenn man ferner heute liest: Der Dichter N. N. erhielt von der Schillerstiftung diese oder jene Summe ausgeworfen und ein paar Wochen später bringt die Illustrirte Zeitung ein Porträt des nämlichen unterstützten Dichters, nebst einer Abbildung seiner Villa, mit dem Beisatz: der Mann lebe sehr zurückgezogen und pflege die Woche nur ein Mal Gesellschaft bei sich zu sehen, so muß der Glaube entstehen, daß die Gaben, welche das deutsche Volk so vertrauensvoll auf den Altar Schiller's niedergelegt hat, nicht immer gerade den Bedürftigen zu Gute kommen.

Münchener PUNSCH.

Ein humoristisches Originalblatt von M. E. Schleich.

Achtzehnter Band.

Nro. 48. Halbjähriger Abonnementspreis: in Bayern 1 fl. Im Ausland erfolgen die üblichen Postaufschläge. 26. Nov. 1865.

Vereinfachung.

A. Ah, haben Sie jetzt auch zwei Portefeuilles?
B. Warum nicht? Wir können's ja ganz gut tragen.

Marl. Wie heißt jetzt der Banquier, der beim neuen östreichischen Anlehen betheiligt ist? Ich mein' immer: Baron Verlanger?

Sepperl. Erlanger heißt er. Warum nicht gar Verlanger!

Marl. No, nach dem bisl Profit, das man dem geben muß, könnt' er g'rab so gut Verlanger heißen.

Sepperl. Verlangen kann jeder, aber ob er 's kriegt? Der kriegt 's, b'rum heißt er gleich Erlanger.

Marl. Gut, gut.

———

Sepperl. Schau, schau, jetzt haben wir das Königreich Italien auch anerkannt.

Marl. Ja. I bin froh.

Sepperl. Es thut mir nur Leid um die „Gaëta-Laibl-Stiftung".

Marl. Die b'steht ja fort! Das versteht sich.

Sepperl. So, die b'steht fort? Nachher is mir alles Recht. Um die Gaëta-Laibl-Stiftung hätt 's m'r Leid 'than. Ich halte sie für einen der schönsten Gedanken unseres Jahrhunderts.

Marl. Ja, es wird so ziemlich der schönste sein.

———

Sepperl. Aber net wahr: das Unglück beim Regierungsgebäud'!

Marl. Ja, und doch hab' ich auch wieder lachen müßen.

Sepperl. Wie so?

Marl. Na: überall, wo Einer erzählt hat, beim Regierungsgebäud' sei eine Mauer eing'stürzt — hat Alles gleich g'fragt: „Beim alten oder beim neuen?"

Sepperl. Ja, ja. Das ist das Loos der Neubau' auf der Erden —

Marl. Daß sie alsbald wacklig werden.

———

Privat=Kabel des Punsch.

Berlin. Die Kreuzzeitung erklärt Oestreich den Krieg bis an's — Federmesser.

Wien. Glaubt man vielleicht, es ärgert uns, daß Bayern Italien anerkannt hat? O gar keine Idee! Nur das thät' uns ärgern, wenn man glauben könnte, daß wir uns ärgern.

Uri. Durch die in der Eidgenossenschaft entstandene Agitation fühlen sich die Urner tief verletzt. Man dachte schon daran: der Canton solle sich in Bayern aufnehmen lassen, aber da müßte man die Ruthen= und Prügelstrafe auch wieder abschaffen. Und so sieht man der Zukunft mit Ungewißheit entgegen.

Kaiser Max von Meriko soll erklärt haben: Wenn die Franzosen gehen, bin ich der erste, der ihnen folgt.

Kaiser Max dürfte sich also in Merico nicht als „Nachfolger Montezuma's", sondern mehr als Nachfolger der Franzosen bewähren.

In Frankfurt kommt doch Alles zusammen!

Zwei Mitglieder des deutschen Kohlentages nach einer längeren Sitzung.

Oestreich hat in neuerer Zeit mit seinen Schwerpunkten Unglück.

Die neu enthüllte Reiterstatue des Prinzen Eugen will nicht gefallen, weil man findet, daß das colossale Pferd eigentlich auf dem Schweif steht.

In der Kunst steht die Sache auf dem Schweif, in der Politik auf dem Kopf, wie lange wird's da überhaupt noch möglich sein, zu stehen?

Auskunft auf dem Kugelfang.

Hauptmann. Was fehlt dir, Gemeiner Krarelmeier?

Gem. Krarelmeier. Gelbsucht hab i g'habt, Herr Hauptmann.

Hauptm. Nun, hörst du das Schießen?

Gem. Krarelm. Freilich, Herr Hauptmann.

Hauptm. Genirt's dich?

Gem. Krarelm. Warum soll's mich denn geniren? Ich weiß ja, daß 's doch bald aufhört und daß wir nachher wieder heimfahren.

Hauptm. Wenn du aber das nicht wüßtest und wenn's im Gegentheil morgen wieder anging'?

Gem. Krarelm. Ja, das kann i net wissen, ob's mich nachher geniren thät. Ich weiß nur, daß 's mich jetzt nicht genirt.

In Dresden droht die Wuthkrankheit förmlich epidemisch, beziehungsweise epicynisch zu werden. Ein Fremder soll geäußert haben: „Hier ist man ja seines Lebens nicht sicher, Thiere und Menschen sind wüthend und selbst der oberste Lenker der Staatsangelegenheiten beust."

Officiös. Marschall Mac=Mahon ist nicht in politischer Mission nach Oestreich gegangen, sondern er hat nur einen Schwager, der zufällig mit Jemanden bekannt ist, der einen Verwandten besitzt, dessen Freund in Beziehung zum Baron Sina steht, und unter diesen Verhältnissen versteht es sich ja beinahe von selbst, daß Baron Sina zum Mac=Mahon sagte: Mahon mach', daß D' einmal bei mir jagst.

Das Haar, das Graf Bismark in der beabsichtigten Kartenumgestaltung gefunden hat.

Schöner Tod.

Tatschler. Nun, wie gefallen Ihnen die politischen Aussichten?
Pimplhuber. Schlecht.
Tatschler. Es sieht aus, als wenn die Mittelstaaten bald ihr Schwanenlied singen dürften.
Pimplhuber. Schwanenlied? Nun, wenn 's der Richard Wagner componirt — ist 's auch schön!

En-tout-cas-Definition.

Meine Herren! Alles in der Welt läßt sich erklären auf physikalische, chemische, mathematische oder philosophische Weise. Sollten Sie jedoch auf eine Erscheinung stoßen, welche sich auf keine von diesen Erklärungen zurückführen läßt, so können Sie dreist annehmen: es ist das Ergebniß einer Kabinetsintrigue.

Während des letzten Probebombardements

habe ich mich gefragt: Wer bin ich denn eigentlich? Bin ich ein k. bayrischer Einwohner von München? Oder bin ich k. preußischer Einwohner von Schilda? Oder herzogl. braunschweigischer Einwohner von Schöppenstädt? Oder k. württembergischer Einwohner von Hirschau? Oder doch k. bayrischer Einwohner, aber von Weilheim?

Pimplhuber.

Aufsteigende Größen.

Fremder. Ich möchte nur wissen, wie die Straße heißt in der Nähe des Bahnhofes, die ich heute gegangen bin.

Münchener. Wenn sie recht schmutzig war, dann war's die Schillerstraße.

Fremder. Schmutzig? Das war ja zum Versinken! Zum Hals und Bein brechen!

Münchener. Ah, dann war's die Göthestraße!

Da wir nun eine Schiller- und eine Göthestraße haben, so würde ich vorschlagen, der „Einschütt" den Namen „Rabener-Steg" zu geben, da sich eine größere Satyre auf einen hauptstädtischen Communicationspunkt doch nicht leicht finden läßt.

Hiesleus.

Wenn eine magistratische Commission die Kanalöffnungen besucht hat, um zu erproben, ob der Inhalt derselben riecht, so wird man es wohl auch dem Militär nicht verargen können, wenn es sich noch einmal vergewissern will, ob das Schießen kracht?

Unpartheyikus.

Kleine Frühstücksplaudereien.

Die „Wochenschrift der bayrischen Fortschrittspartei", die von Woche zu Woche eine seltsamere Stellung einnimmt, recapitulirt das Sündenregister des Ministeriums Neumayer. Was hat Herr v. Neumayer gethan? 1) Er hat das Wehrturnen nicht unter das gewöhnliche Turnen subsumiren wollen. 2) Er hat verordnet, daß die gesammelten Gelder nicht an den Sechsundbreißiger Ausschuß, sondern an den Herzog Friedrich abzuschicken seien, widrigenfalls er die Schleswig-Holsteinischen Vereine als unstatthafte Filialen eines auswärtigen Vereines betrachten müßte. 3) Er hat den Beschluß des Augsburger Magistrats, den sogenannten deutschen Städtetag auf Gemeindekosten zu beschicken, nicht genehmigt. Wirklich furchtbare Verbrechen, doch hoffen wir, daß Herr v. Neumayer, wenn nicht etwa Mißwachs oder Rinderpest die idyllische Ruhe seiner Miesbacher Landwirthschaft stören sollten, ruhig schläft. Was heißt **Wehrturnen**? Doch nichts anderes, als in Waffen exerciren. Man mag nun von der Sache halten, was man will, so wird man sagen müssen: Exercirt ist nicht geturnt. Was den Sechsundbreißiger Ausschuß betrifft, so ist über den praktischen Werth dieser Einrichtung kein Wort mehr zu verlieren. Ob er seine Aufgabe besser erfüllt hätte, wenn ihm auch noch die Gelder der bayrischen Vereine zugeflossen wären, mag dahin gestellt bleiben. Das Aergste aber, was sich Hr. v. Neumayer zu Schulden kommen ließ, und warum er von der Wochenschrift mit französischen Präfekten auf eine Stufe gestellt wurde, ist: daß er den Bürgermeister Fischer nicht auf Augsburger Gemeindekosten zum „deutschen Städtetag" wallfahrten ließ! Die glänzenden Resultate des deutschen Städtetages sind bekannt, seine segensreichen Wirkungen offenbaren sich in allen bürgerlichen Verhältnissen unseres großen Vaterlandes, der deutsche Städtetag war eine so zeitgemäße, nothwendige und culturhistorische Schöpfung, daß — heute schon fast **Niemand mehr weiß, wann und wo er getagt und was er eigentlich gewollt hat**. Was wäre nun erst daraus geworden, wenn ihm nicht reaktionäre Regierungen, voran der Minister Neumayer, solche Prügel in den Weg geworfen hätten! Dafür ist er aber auch nun todt, Neumayer als Minister nämlich. Und der „deutsche Städtetag" wohl ebenfalls.

Die Geschichte von dem „**Schulrath**", durch dessen Uebelwollen der junge **Vogel** gezwungen worden sein soll, dem Lehramt zu entsagen und sich dem Theater zu verschreiben, beruht, wie so Vieles, was heut zu Tage in den Blättern Aufsehen macht, auf Unwahrheit. Herr Vogel, der, nebenbei gesagt, in seinem früheren Fache ausgezeichnet war und beim Concurs den zweiten Platz errang, schied von seinen Vorgesetzten in bester Harmonie. Die Berufung eines dem Seminar eben entwachsenen Gehilfen zu einer Stelle in der Hauptstadt wäre, wie uns mitgetheilt wird, schlechterdings unzulässig gewesen. Und jetzt — hat's ja der liebe Gott doch recht gemacht, wie man früher zu sagen pflegte.

In Wien hat man jetzt den „**Gang nach dem Eisenhammer**" zu einer komischen Operette verarbeitet. Die berühmt-berüchtigte **Gallmeyer** spielt die Gräfin von **Savern** —! Sie soll mit Fridolin einige sehr ergötzliche Scenen haben. Da rentirt sich freilich die Volksmuse.

(Schmeichelhaft.) Ein längerer Artikel über „Bayerns politische Lage" in der Beilage zur Allg. Ztg. berührt auch den jüngsten Sensationsartikel über das „Cabinetssekretariat", mit dem Beifügen: „derselbe enthalte nicht wenig Wahrheiten; nur verliere der Inhalt seine beste Wirkung durch den Mund, der ihn ausspricht".

Wenn es in dem bei Gründung des Aktientheaters ausgegebenen Prospekt geheissen hat: „daß in diesem Jahrhundert wohl schwerlich mehr ein zweites Volkstheater conceſſionirt werden dürfte", so muß diese, vorweg sonderbare Behauptung jetzt als ganz unhaltbar bezeichnet werden. Wir sind überzeugt, daß nicht nur in diesem Jahrhundert, sondern noch in diesem Jahrzehend ein zweites und vielleicht gar drittes Volkstheater entsteht, denn das Bedürfniß ist durch eine mangelhafte Befriebigung erst recht geweckt und gesteigert worden. Wenn wir von Mangelhaftigkeit reden, so bezieht sich dieß natürlich nicht auf den schönen Bau, noch auf das fleißige Personal, noch auf die von bestem Eifer beseelte Direktion, sondern lediglich auf den Platz, der, wie sich von Tag zu Tag mehr herausstellt, unpraktischer nicht gewählt werden konnte. Ein Blick auf den Plan von München zeigt, daß man die heitere Muse ganz auf die Seite hinausgesetzt hat; es ist dieß zwar bequem für den Verkehr mit der aus dem Festspiel bekannten Isarnire, aber gewöhnliche Menschenkinder mit Fleisch und zerbrechlichem Gebein werden sich schwer entschließen, die halb- oder dreiviertelstündigen Kreuz- und Querzüge durch und über so und so viel schlechte Straßen und Gäßchen recht oft zu unternehmen. Nicht minder wird von den braven Kunstfreunden rechts der Isar ein Theater bescheidenen Charakters, mit täglich 2 Vorstellungen und billigem Eintrittspreis schwer vermißt und dürfte sich eine Agitation zur Wiederherstellung eines solchen entwickeln. Deßgleichen muß aus dem Bedürfniß der Stadt und der östlichen Stadthälfte mit der Zeit ebenfalls ein Musentempel hervorgehen, und er wird seine Rechnung um so mehr finden, je mehr das Hoftheater, so wohl in der Oper als im Schauspiel, einer exclusiven Richtung zusteuert. Den Unternehmern des exponirten Aktientheaters gebührt das Verdienst, auch in dieser Richtung die Bahn gebrochen zu haben.

Briefranzen.

Marl. Wenn 's noch lang so fortgeht, gibt 's in Deutschland keine Hund' mehr.

Sepperl. Und in Frankreich keine Katzen mehr.

Marl. Comment ça?

Sepperl. Man hat 's ja g'hört, daß seit der Armeereduktion über 10,000 Kader (Cadres) eingegangen sind.

Aus der Vorstadt. — Es ist doch sonderbar, daß die Münchener „Neuesten Nachr.", die sonst weder Gott noch Teufel schonen, gerade über ein Hauptübel unserer Zeit: das schlechte Bier, so wenig zu sagen wissen! Und das gäbe doch Stoff zu manch' schönem geharnischten Artikel. Uebrigens ist das neue Hofgebräu vortrefflich, vielleicht nur in Folge einer Kabinetsintrigue, aber das thut nichts.

Münchener PUNSCH.

Ein humoristisches Originalblatt von M. E. Schleich.

Achtzehnter Band.

Nro. 49. Halbjähriger Abonnementspreis: In Bayern 1 fl. Im Ausland erfolgen die üblichen Postaufschläge. 3. Dez. 1865.

Bodenlose Versumpfung.

Der Geschichtsunterricht an den bayerischen Gymnasien, nach Giesebrecht's Darstellung.

In München sah man sich veranlaßt, neue **Hundefänger** und neue **Bierbeschauer** aufzunehmen.

Es muß also mit beiden nicht sauber sein: mit den **Hun**den und mit dem Bier.

Von den Hunden befürchtet man die **Wasserscheu**; von den Bieren gerade das **Gegentheil**.

Böse Hunde **beissen** augenblicklich, schlechte Biere **zwicken** hinterher.

Verdächtige Hunde fängt man ein, verdächtige Biere läßt man **laufen**.

Hunde dürfen nicht mehr in's **Wirthshaus**, um einer Beschädigung der Gäste vorzubeugen. Bei wie vielen Bieren wäre nicht ein ähnliches **Verbot am Platz**?

In seiner letzten Dresdener Schießhausrede erwähnte Hr. v. **Beust** einige Aehnlichkeiten, die zwischen **Schützen** und **Staatsmännern** beständen; z. B. daß beide ruhig und sicher ihr Ziel in's Auge faßen, daß sie manchmal auf's Schwarzweiße sehen müßten u. s. w.

Es wäre noch beizufügen, daß Beide nicht gar zu lange zielen sollen, weil sonst der **Arm matt** wird, und daß es eine Thorheit ist, wenn man wirklich losschlägt, zu **mucken**, und gleichsam über seinen eigenen Schuß zu erschrecken. Die Warnung: nicht zu früh an den Tupfer zu kommen, ist zwar bei den Schützen am Platze, bei unsern heutigen Mittelstaatsmännern aber sicherlich überflüssig.

Bekanntmachung.

Nächsten Mittwoch **abermals keine** Versammlung des großdeutschen Vereins bei Kappler. — Wer geradehinaus lachen will, braucht ja nur in die Hackelsberger'sche Singspielhalle zu gehen.

Auch ein offenes Wort.

In mehreren Blättern ist wörtlich zu lesen, daß die Hofhaltung in Hohenschwangau gegenwärtig auffällig viel consumire und täglich zwei Eimer Hofbräuhausbier dahin abgeschickt werden müßten!

Hiebei trinken offenbar Personen mit, die nicht das Recht dazu haben, und das ist inconstitutionell. Das Cabinet und was daran hängt, muß abgeschafft werden schon wegen seines großen Durstes, wodurch die Volksrechte erheblich verkürzt werden. Keine Hofbräuhausbier-Zwischenconsumirung, das ist es, was Bayerns Volk fordert.

Mehrere, die am Platzl sind, wenn es sich
darum handelt.

Frage an die Erlanger Correspondenz.

Hat noch nie ein Mitglied der Linken oder ein Fortschrittsmann einen Minister für sich, seinen Sohn, Bruder, Neffen oder Freund um eine Gefälligkeit ersucht?

Wer von Euch ohne Nepos ist, der werfe den ersten Stein auf den Nepotismus.

Pimpfhuber,
über alle Anstellungen erhabener k. Einwohner.

Morgengebet eines bescheidenen Mannes.

Lieber Gott! Laß mich gesund bleiben, erhalte mir mein Häuschen, mein Gärtchen und die nöthigen Mittel und schicke mir dazu noch einige Hunderttausend Gulden, wenn auch nicht auf einmal, sondern ich nehme sie auch in kleineren Raten. Lieber Gott, segne alle Menschen, besonders aber einige mit einer so riesigen Tenorstimme, daß ich sie für meine Zwecke brauchen kann. Ich bitte Dich, gib allen Schwachen Stärke, allen Traurigen Trost und allen Kranken Genesung. Nur zwei oder drei Personen, die ohnehin beim bayrischen Volk nicht die geringste Achtung genießen, wollest Du mit einem kleinen Schlag- oder andern Anfalle heimsuchen, damit sie mir hier auf Erden nicht mehr im Wege stehen, sondern eingehen in ein ewiges Leben, Amen.

Talschler. Also hat der Herr v. Koch jetzt zum Portefeuille des Cultus auch das des Innern bekommen?

Pimpelhuber. Ja.

Talschler. Aber kann er denn beide zugleich bewältigen?

Pimpelhuber. Warum nicht? Einem Waidmann macht so eine Doublette nur Spaß.

———

Frankfurt. Die durch ihre humoristischen Ausschüsse auch in weiteren Kreisen bekannte Gesellschaft „zur Bundesversammlung" wird vielleicht auch während der Adventzeit ein oder die andere Sitzung halten, da es ja in denselben, unbeschadet der innern Laune, ganz geräuschlos zugeht.

———

Richardhüpfel.

A Häuserl am Roa,
Und an Garten net kloa,
's Jahr vierz'gtausend Guld'n,
Nachher will i mi' gedold'n.

*

I wünsch' allen Leuten,
Daß s' g'sund bleib'n soll'n,
Nur zwoa, drei Persona
Dürft' der Teufel wohl hol'n.

*

Die zwoa, drei Persona,
Dö lieg'n m'r im Mag'n —
Eher kunnt schon a Schwana
A Beefsteak vertrag'n.

*

Dö zwoa, drei Persona,
Dö genga m'r in's Gäu.
Nix hat mi no so g'ärgert,
Als dö Zwoa oder Drei.

———

Die Cadetten brachten dem Andenken ihres einstigen Commandanten, Generals v. Schuh, ein Hoch aus.

Ein übel angebrachter, aber schöner Beweis, daß ihnen der frühere Schuh lieber war, als der gegenwärtige Pantoffel.

Marl. Also der Herr Wagner behaupt't: wer ihm entgegen sei, der verfolgt gemeine persönliche Interessen.

Sepperl. Ja..

Marl. Wenn aber Einer gleich ein paar Mal hundert Tausend Gulden verlangt, sind das keine persönlichen Interessen?

Sepperl. Persönliche schon, aber noble.

Marl. Ah so! Na, mich geht's nichts an, aber mir schwant, daß die G'schicht nicht gut ausgeht.

Marl. Um noch 'mal auf den Wagner=Artikel zu kommen: da ist über den Boden Münchens wieder fürchterlich losgezogen.

Sepperl. Freilich. Hat schon der Professor Ranke nachgewiesen, daß in München kein Boden ist für liberale Ideen, und jetzt hören wir, daß er auch für die neuen Kunsttendenzen nichts taugt.

Marl. Ein miserabler Boden, ich ärger' mich, so oft ich drauftret'.

Sepperl. Na, weißt — für uns Schuster is er nicht schlecht.

In ganz Schleswig sind die Bildnisse des Herzogs Friedrich aus den Wirthshäusern entfernt worden.

Auf dieses hin sollen die Schleswiger wirklich geschworen haben, ihren Herzog nie mehr an den Nagel zu hängen.

Kleine Frühstücksplaudereien.

Die anmuthige Cabinetshatze tritt nun in ein neues Stadium. Der Volksbote brachte die „Enthüllung", Herr Richard Wagner habe zur Förderung seiner „Kunsttendenzen" neuerdings 40,000 fl. begehrt und die Opposition, auf welche dieses Postulat bei den Verwaltern der Civilliste stieß, habe die „ideale Ruhe" des ersteren so erschüttert, daß er durch seine Freunde das ganze Cabinet als ein inconstitutionelles Institut angreifen ließ und im Namen des „bayrischen Volkes" dessen sofortige Abschaffung verlangte. Die Combination des Volksboten wurde amüsant gefunden, doch mochte man ihr nicht unbedingt beipflichten. Der cabinetsfeindliche Schmerzensschrei ließ sich ja auch aus der Nothwendigkeit erklären, das heilige Feuer der Aufregung nicht ausgehen zu lassen und fünf Wochen vor Neujahr liegt ein Sensationsartikel im Interesse eines jeden Blattes. Nun erscheint aber in den „Neuesten Nachrichten" von dem nächsten Freunde Wagners ein Artikel, an dessen Schluß die Entfernung von zwei oder drei Personen als das einzige Mittel hingestellt wird, um der ganzen Beunruhigung ein Ende zu machen. Herr von Pfistermeister wird den Ritter, der gegen ihn anrennt, wohl schon gekannt haben; derselbe hat nun aber auch vor dem Publikum das Visir abgenommen: es ist Herr Richard Wagner! Als zur Zeit der Tausendgulden-Krisis seine Verabschiedung so voreilig ausposaunt wurde, schrieb Jemand an die Allgemeine Zeitung: „Zwischen den König und sein Volk soll sich kein Zukunftsmusiker drängen." Heute sagt der Zukunftsmusiker: „Zwischen mich und den König soll sich kein Cabinet drängen!" Was bei diesem Gedränge herauskommt, kann geduldig abgewartet werden. Fremdartig aber klingt für das loyale Ohr eines wohlerzogenen Bayern der Ton, in welchem die Person des Monarchen citirt wird. „Der König" thut dies, „der König" wird jenes thun, „Wagner und der König", gleichsam zwei coordinirte Größen, sind die Einzigen, die sich verstehen u. s. w. Es liegt etwas Gemüthliches in diesem Styl und wenn die „Freundschaft" zu dem genialen Componisten dazu dienen sollte, der oft so abgeschmackten Etikette einen Stoß zu versetzen, so könnte sich letzterer eines Verdienstes rühmen. Aber wir fürchten, daß dieser Diktion weniger die Gemüthlichkeit thatsächlicher Verhältnisse, als vielmehr die Frechheit einzelner Individuen zu Grunde liegt. Mag man Hofkreisen noch so ferne stehen, noch so liberal sein, so wird man doch finden, daß es starker Toback ist, wenn geschrieben steht: die Vertrauten des Königs sind „zur Zeit der Gegenstand einer allgemeinen verachtungsvollen Entrüstung", oder: die „zwei oder drei Personen", welche Herr Wagner entfernt wünscht genießen „nicht im mindesten die Achtung des bayrischen Volkes". — Der Nürnb. Anz. sagt: Wir haben ein Zerrbild von Preßfreiheit. Hat er etwa Recht?

Das letzte Concert der musikalischen Akademie erfreute sich eines außerordentlich zahlreichen Besuches. Die Anwesenden schienen von dem „Werth unserer künstlerischen Zustände" eine ziemlich günstige Ansicht zu haben. Aber was versteht das Münchener Publikum! Man wähnt z. B. die Münchener Oper habe schon verschiedene Glanzepochen gehabt, Löhle, Bayer, die Metzger-Vespermann u. A. seien große Sänger gewesen, Lachner's Consequenz habe den guten Geschmack oben erhalten u. dgl. Keine Spur! Wartet erst auf die deutsche Musikschule — (a-u—a—ba—ba—ba u. s. f.) dann sollt ihr Sänger kennen lernen! — Auch die beliebten Quartettsoireen haben wieder begonnen. Aber was sind all' diese Stümpereien gegen das große musikalische Zion, das auf den Lüften, wollte sagen: auf dem Gasteig einst die Zinnen erheben und seine alleinseligmachenden Thore öffnen wird!

———————

Das Preisgericht des Aktientheaters hat erklärt, daß ihm kein „absolut bestes" Stück vorgekommen sei. Es sollte wohl heißen: kein absolut gutes, denn der Superlativ setzt eine Vergleichung mit andern, also etwas Relatives voraus, was sich mit dem Begriff „absolut" nicht verträgt. Doch es handelt sich ja nicht um ein Collegium logicum, sondern um eine preiswürdige Unterhaltung des Publikums und in dieser Beziehung erzielte das Volksschauspiel: „Ein Haberfeldtreiben" wenigstens schöne Kassenerfolge. Herr Arthur Müller aus Berlin schildert Wesen und Charakter der oberbayerischen Landbevölkerung und Herr Julius Grosse stellt ihm in der Bayer. Zeitung das Zeugniß aus, daß er die Sache getroffen habe. Ueber die Richtigkeit dieser Quittung ließe sich freilich vieles sagen, doch es genüge zu constatiren, daß das Publikum dabei viel gejubelt hat. Und warum sollte man nicht jubeln? Es wird ja Haberfeld getrieben! Dieses Treiben ist Mode geworden, nicht nur auf dem Lande, sondern auch in der Stadt, nicht nur bei Nacht, sondern Tag für Tag, und besonders die Preßhaberer sind es, denen das gute Publikum respektvoll zuhorcht. — Uebrigens hat sich gezeigt, daß das Publikum nach Erheiterung lechzt. An einem günstigeren Platze müßte sich das Aktientheater dauernd rentiren.

———————

Mit Rücksicht auf hervorragende politische Leistungen wurde Nürnberg schon öfters die „moralische Hauptstadt" Bayerns genannt. Es scheint sich nun auch zur theatralischen machen zu wollen. Die Aufführung der Meyerbeer'schen „Afrikanerin" ist jedenfalls ein neues und rühmliches Blatt zur Kunstgeschichte Nürnbergs. Alle Berichterstatter sind voll Lob über die Schönheit des Werkes und die Verdienste der Mitspielenden. Das Nürnberger Theater ist jedenfalls ein Fortschrittstheater, denn es eilt fast allen deutschen Hofbühnen voraus. Ob wir unter den herrschenden Umständen in München wohl daran denken dürfen, die interessante Oper ebenfalls zu sehen?

———————

Für solche, welche die Musik genirt, hat der Dichter Weilen in Wien den Stoff: „Tristan und Isolde" zu einem Trauerspiel verarbeitet.

Ganze Männer braucht man in unserer Zeit, hört man oft sagen. Nun, wir in Bayern haben nicht nur ganze, sondern sogar **doppelte Männer**. Das Bamberger Tagblatt vom 18. Nov. beschreibt ein Fest, das die dortigen Landwehrofficiere dem Bürgermeister gegeben haben, und wobei auch der Stadtcommandant Generalmajor Frhr. von Lindenfels als Gast zugegen gewesen sei. Drei Tage darauf erhält das Blatt eine **Berichtigung**, dahin gehend, daß „nicht der Herr Stadtcommandant und Generalmajor, sondern lediglich der Freiherr von Lindenfels dem Fest beiwohnte"! — Es wäre nun interessant zu wissen, ob an demselben Abend der Hr. Generalmajor in einer andern Gesellschaft war, oder vielleicht gar den Schnupfen hatte und im Bette lag?

In Betreff eines gegen den Verwaltungsrath der deutschen Schillerstiftung gerichteten Artikels im „Punsch" vom 19. November halte ich mich verpflichtet, folgende Erläuterung zu geben: Der Verwaltungsrath der deutschen Schillerstiftung besteht aus 7 Mitgliedern, die zu 6 verschiedenen Zweigstiftungen gehören. Alle Anträge und Gesuche in Unterstützungssachen gelangen mit einem Gutachten des Generalsecretariats an den Präsidenten und Schriftführer des Vorortes, und sodann an die übrigen Mitglieder des Verwaltungsrathes, und zwar — wenn nicht Einstimmigkeit erfolgt — durch einen zweiten Umlauf, wobei Stimmenmehrheit entscheidet. Der Verwaltungsrath unterwirft die Art und Weise seiner Geschäftsführung der Prüfung der Generalversammlung, welche dafür eine eigene Revisionscommission aus ihrer Mitte ernennt. Bei der Generalversammlung vom October vorigen Jahres war die Stiftung in zwei Lager getheilt. Die Revisionscommission wurde — und zwar unter entschiedener Mitwirkung des Verwaltungsrathes — aus den Reihen der Opposition gewählt, an deren Spitze Herr Buchhändler Brockhaus stand. In dem Berichte dieser Revisions-Commission heißt es nun wörtlich: „Die Personalacten sind für jeden einzelnen Fall besonders vorhanden und mit so musterhafter Genauigkeit angelegt und geführt, daß wir vollständig sowohl den jedesmaligen Thatbestand als die Gründe und Art der Entscheidung übersehen können.... Von dem Wohlwollen des Verwaltungsrathes sowie von dem einsichtigen und gewissenhaften Urtheil desselben legt jedes Actenfascikel Zeugniß ab; einige Fälle aber auch von einer bewundernswerthen Geduld. Wer einmal erkennen will, mit welcher Zudringlichkeit hier und da ganz unberechtigte Forderungen gestellt und mit wie leichtsinnigen Empfehlungen dergleichen Ansprüche unterstützt werden, den verweisen wir auf die specielle Lectüre einiger hieher gehörender Actenstücke. Was die Grundsätze anlangt, welche den Verwaltungsrath bei der Ertheilung der Unterstützungen geleitet haben, so hat der Ausschuß hierüber nur ein Urtheil über die Loyalität des Verfahrens auszusprechen, denn die ästhetischen Maaßstäbe sind keine Sache dieses Ausschusses. An dieser moralischen und juristischen Loyalität lassen die Acten keinen Zweifel." Dieß wird zur Abwehr der obengenannten Beschuldigung des Verwaltungsrathes der deutschen Schillerstiftung genügen, wie es das Wohlwollen für diese erhalten und fördern möge! München, den 27. November 1865.

Dr. Ernst Förster, Vorsitzender der Zweigstiftung München.

Münchener PUNSCH.

Ein humoristisches Originalblatt von M. E. Schleich.
Achtzehnter Band.

Nro. 50. Halbjähriger Abonnementspreis: in Bayern 1 fl. Im Ausland erfolgen die üblichen Postaufschläge. 10. Dez. 1865.

Ein neuer Orpheus.

Der alte Orpheus setzte Felsbrocken in Bewegung, der neue lockte Metallstücke an. Und noch dazu nach einer unendlichen Melodie!

In allen Blättern war dieser Tage zu lesen: „Wegen der **Insolenz** des **Ministers des Auswärtigen** haben die Diplomaten jeden Verkehr abgebrochen und erklärt, mit einem solchen Menschen wollten sie nichts mehr zu thun haben."

Es kann jedoch nicht oft genug beigefügt werden: daß hier von keinem deutschen Hofe, insbesondere nicht von Preußen die Rede ist, sondern von Persien.

Etymologie bei jungen Leuten.

Zögling Fritz. Sag' mir doch, was heißt mal-aisé auf Deutsch?

Zögling Carl. Mal-aisé? Mein Gott, das läßt sich gar nicht so recht übersetzen. Eigentlich heißt es: unbehaglich, **ungemüthlich**.

Zögling Fritz. Nun, ich weiß's jetzt schon.

„Was geh'n uns die Türken an!" Hätte Frhr. v. Gablenz nicht auch sagen können: Ich will in Holstein nicht wie ein russischer Gouverneur regieren?

Privat=Kabel des Punsch.

München. „O Richard, du mein Wagner" — weiter läßt sich nichts sagen. Wenn der Mensch seinem Glück so feind ist!

Miesbach. Herr v. Neumayer widmet sich nun ganz der Landwirthschaft und glaubt bereits, ohne Erröthen auf seine bisherigen Resultate blicken zu können. Ebendaselbst sucht man unter der Hand eine Getreide-Putzmaschine und ein paar G'sottmesser zu kaufen.

Frankfurt. Ein Rabbi soll gesagt haben: „Einem schäbigen Kater können nicht so viel Haare ausfallen, als dem Bundestag Sitzungen."

Schwerin. Beim Brand des Regierungsgebäudes sind 100 Bündel Haselnußstöcke verbrannt, so daß schleunigst eine Lieferung des wichtigen Materials ausgeschrieben werden mußte, weil man sonst ein paar Wochen lang gar nicht prügeln könnte.

Zum Sturm im Wasserglas.

Für Einen, der weder Musiker, noch Politiker, noch Oberpfälzer, sondern lediglich Zuschauer ist, schlägt sich die Sache folgender Maßen zu Faden.

1) Der erste Artikel im Nürnberger Anzeiger, der plötzlich entdeckt, daß Bayern nicht constitutionell, sondern cabinetsmäßig regiert wird, war nicht von Herrn Wagner, sondern Nürnberger Waare, etwas giftig gefärbt.

2) Das Erscheinen dieses Artikels traf zufällig mit der Thatsache zusammen, daß eine Hauptperson desselben Cabinets der Gewährung einer kunsttendenziösen Forderung des Herrn Wagner im Wege stand. Was der Volksbote über die betreffenden Summen veröffentlichte, ist bis heute noch unbestritten.

3) Herr Wagner, die Angriffe auf das Cabinet vielleicht für wirkliche Ausflüsse der öffentlichen Meinung haltend, glaubte die Constellation benützen zu sollen und ließ, wie man sagt durch Damenhand, jenen unsterblichen Artikel erscheinen, worin er, der asylbedürftige und großmüthig aufgenommene Gast, die nächste Umgebung des Königs der Verachtung der Mitwelt anempfiehlt und die Entfernung von zwei oder drei Personen als für seine und des Landes Ruhe unerläßliche Bedingung erklärt —.

Hier halten wir — was die nächsten Tage bringen, das werden wir in einigen Wochen jedenfalls erfahren. *)

Herrn Wagner aber rathen wir, sich irgend einen Packträger zu suchen, der gegen Draufgeld auf die Marke die Autorschaft jenes unglücklichen Artikels auf sich nimmt und erklärt, daß er ihn geschrieben hatte. Die darin enthaltenen Gemeinheiten kann der Mann mit seinem Mangel an Erziehung und Einsicht leicht entschuldigen.

Pimpelhuber,
vor den Kopf gestoßener k. Einwohner von München.

---

*) Die Wagner-Bill ist zur Lesung „in 6 Monaten" verurtheilt.

Während man es dem bayrischen Nativismus einerseits übel nimmt, daß er gegen die vielen preußischen Berufungen reagirt, wurde dem bayrischen Cabinetschef in einem Artikel der Allg. Ztg. anderseits vorgeworfen, daß er bei Anstellungen seine speciellen Landsleute, wie es heißt: die Oberpfälzer zu sehr berücksichtige.

Also den Preußen gegenüber soll man kosmopolitisch sein; dagegen soll die Parität anderer Landsmannschaften so strikte eingehalten werden, daß nicht einmal zu viele O b e r pfälzer d'ran kommen!

Im Uebrigen sind wir Alle deutsche Brüder, und viele Deutsche sind sogar — Schwestern!

Wir hätten auch mitgethan, wenn nicht ausdrücklich n u r Bürger gewünscht worden wären. Und eigens schnell ein Haus kaufen, bloß um die Adresse unterschreiben zu können, dazu wäre schon die Zeit zu kurz gewesen.

Mehrere Insassen, übrigens auch brave Leute.

Vorschlag.

Könnte denn ein Hundefänger, wenn er zufällig irgendwo einkehrt und verdächtiges B i e r findet, nicht ermächtigt werden, auch gleich d i e s e Waare zu confisciren?

Und könnte man anderseits nicht den Bierbeschauern Auftrag geben, wenn sie in Wirthshäuser kommen und gegen das Verbot Hunde dort treffen, auch d i e s e sofort zu versiegeln und zur Anzeige zu bringen?

Das Geschäft würde dadurch vereinfacht, die Arbeitskraft nach zwei Richtungen hin verdoppelt und das öffentliche Wohl jedenfalls gefördert!

Ein unlängst in England angekommenes Schiff hatte noch die Boje gesehen, die man an der Stelle, wo das atlantische Kabel versenkt wurde, angebracht hatte.

Die Bojen haben also mehr Fähigkeit, sich oben zu halten als die Bojer.

Monumenta boica.

Der kunstsinnige Hof zu München war in früheren Jahrhunderten gerne von fremden Abenteurern, Schwindlern und Schmarotzern heimgesucht, welche daselbst ihr Glück zu machen suchten. Diesen zudringlichen und gewöhnlich abgefeimten Leuten wurde es ein gar Leichtes, der gutmüthigen Bescheidenheit eingeborener Landeskinder den Rang abzulaufen. Sie beuteten die Freigebigkeit der Fürsten nach allen Richtungen aus und schmeichelten diesen mit dem Ruhm des Mäcenatenthums, der ihnen von der Mit- und Nachwelt zu Theil werden müßte. Freilich mußte sich die Hohlheit und Gefährlichkeit solcher Truggebäude endlich offenbaren, doch trat die Krisis häufig erst ein, nachdem schon ungeheure Summen darauf gegangen waren. So erschien zu Ende des 16. Jahrhunderts ein gewisser Bragadino, genannt Mamugna, von dem der Churfürst gehört hatte, daß er den sog. Stein der Weisen besitze. Mamugna, ein mit allen Wassern gewaschener und von verschiedenen Schicksalen hin- und hergeworfener Bursche, eben so keck als herzlos und aller Grundsätze baar, wußte den gütigen Wilhelm V. ganz für sich einzunehmen und versprach ihm alsbaldige Mittheilung und gemeinschaftlichen Genuß des zur damaligen Zeit von vielen, selbst den Gescheidtesten angepriesenen Geheimnisses. Das erste jedoch war, daß sich der verschmitzte Künstler die eigenen zerrütteten Verhältnisse auf fürstliche Art einrichtete. Wie Abrah. Kern's Tagebuch verzeichnet und auch Westenrieder angibt, hatte dieser schlaue Glücksjäger nicht weniger als 36 Diener. Als endlich seine Versuche den Charakter des Unendlichen anzunehmen schienen und er den Hof bereits Unsummen Geldes gekostet hatte, riß die Geduld des Fürsten. Mamugna wurde plötzlich verhaftet, processirt und — geköpft! Selbst ein paar Hunde, die er wegen ihrer Anhänglichkeit längere Zeit gefüttert hatte und die ihm nachgelaufen waren, durften nicht länger leben und wurden erschossen, am 26. April 1591.

Nun, heut' zu Tage verlaufen derlei Dramen gemüthlicher. Selbst die Hunde können ruhig sein.

Als Herr Wagner in Augsburg dafür zur Rechenschaft gezogen wurde, daß er einen Bahnbeamten einen dummen Menschen geheißen hatte, erklärte er: Er habe dabei nur seinen Bedienten gemeint.

Wenn nun in dem berüchtigten Wagnerartikel von Personen gesprochen wird, die im ganzen Lande nicht die mindeste Achtung genössen, sind damit vielleicht auch nur die „Bedienten" des Herrn Wagner gemeint? Mit einer solchen Auslegung könnte man sich beruhigen.

Satzbildung.

Lehrer. Wenn ich z. B. sage: „Richard beutet seinen Wohlthäter aus". Was ist in diesem Falle Subjekt und was Objekt?

Schüler. Nun, ich meine immer: der Richard wär's Subjekt.

Kleine Frühstücksplaudereien.

Die Bürger-Adresse an Herrn v. Pfistermeister, die diesem Mann für eine schwere persönliche Beleidigung Genugthuung geben und ihn des Gegentheils der ihm von Herrn Wagner votirten Mißachtung versichern soll, findet zahlreiche Unterschriften. Freilich könnte die Fassung dieses Schriftstückes dem Zweck entsprechender sein. Was soll z. B. im Eingang die Erwähnung der „conservativen Presse". Haben wir eine conservative Presse? Wo sind ihre Organe? Hat man es im guten Bayerland dahin gebracht, daß in der Kammer nicht einmal eine ministerielle Parthei, viel weniger Mehrheit sich halten kann, wie sollen dann außer derselben unabhängige Leute dazu kommen, ihr Talent und ihre Kraft der Vertheidigung des Bestehenden zu widmen? Wem schreibt denn eigentlich heut' zu Tage ein conservativer Publicist zu Danke? Wenn wir seit Jahren darauf aus sind, auf politischen und verwandten Gebieten den immer dreister werdenden Schwindel zu bekämpfen, so geschieht dieß lediglich aus Geschmacksrücksichten und in der Meinung, daß ein so wohlfundirtes und ersprießliches Staatswesen, wie es das bayrische sonst war, erhalten zu werden verdiene. Der systemlose Wandel aber, das sich selbst bespöttelnde Hin- und Herschwanken, wie es seit ein paar Jahren Bayerns Politik charakterisirt, ist im Stande, auch einen kräftigen Staatskörper zu entnerven. Was sollen Conservative da, wo es nichts mehr zu conserviren gibt?

Herr Vogel hat nun auch in „Lala Rookh" zwei Mal bei über-
füllten Häusern gesungen. Der erzielte großartige Erfolg, sowie der
Umstand, daß Hr. Vogel nur solche Parthien singen will, die der menschlichen Stimme entsprechen — das Alles fällt natürlich unter den Begriff
der „Verschwörung", womit gewisse „Kunst-Tendenzen" angeblich
zu kämpfen haben!

Originell las sich unlängst etwas „Musikalisches aus Hohen-
schwangau", das die bayrische Zeitung mit saurem Gesicht reproducirte.
Die Quelle läßt sich leicht aus dem Umstand entnehmen, daß die von
Tag zu Tag anstößiger gewordene Zusammenstellung: „Der König
und Herr Wagner" auch in diesem Artikel vorkommt! Uebrigens erfahren
wir bei dieser Gelegenheit zu unserer wahren Beruhigung, daß sich Herr
Wagner sogar herabläßt, auch Compositionen anderer Classiker, z. B.
Mozart, Weber u. A. zu dirigiren und daß er dieselben keineswegs „über
Bord wirft," was ihm ganz leicht wäre, da fast alle seine Opern auf
Schiffen spielen.

Wie man vernimmt, hat Hr. v. Pfistermeister gleich bei der ersten
Kunde von der beabsichtigten Adresse telegraphisch um Beseitigung
dieser Demonstration gebeten.

Die „Neuesten Nachrichten" finden sich nun doch bewogen, neben
dem großen Fortschritt, der bei uns im Zuge ist, auch des Bier-
Rückschrittes zu gedenken, in Folge dessen wir uns sogar von Berlin
und Dresden her verspotten lassen müssen. Freilich ist das Mittel, das
die H.H. „Volkswirthe" gegen die Calamität empfehlen, eigenthümlich
genug; es geht nach der Melodie: „Wenn's dir nicht schmeckt, so laß' du's
stehen", oder volkswirthschaftlich ausgedrückt: Das Publikum soll sich
des Biergenusses enthalten oder denselben auf ein Minimum beschränken.
Daß solche Vorschläge sich längst als unpraktisch erwiesen haben, daß
das „Volk" — (es lebe übrigens hoch!) — besonders in der jetzigen
Jahreszeit sich weder mit Milch noch mit Wasser behelfen kann sondern
Bier trinken oder dem Schnapsteufel verfallen muß, das scheinen die
neuesten Beglücker Bayerns nicht zu bedenken, oder absichtlich zu igno-
riren. Das Einfachste wäre ja doch wohl: wenn die H. H. Bräuer
sich entschließen möchten, ein, dem von ihnen dekretirten Preis entspre-
chendes, natürlich kräftiges Produkt herzustellen. Das wäre am Ende ein
Liberalismus, vor dessen praktischem Werth man Respekt haben müßte!

Herr v. Dönniges läßt in einigen Blättern stark für sich arbeiten,
um als bayrischer Gesandter nach Italien zu kommen. Florenz ist eine
schöne Gegend und Victor Emanuel ein passionirter Jagdliebhaber. Es
bleibt nur zu wünschen, daß im Fall der angestrebten Ernennung nicht
wieder das bayrische Staatsinteresse mit den Familien-Interessen des
Herrn v. Dönniges in Conflikt kommt, wie es in der Schweiz der Fall war.

Endlich dürften dem Grafen Bismark die Grausbirnen aufsteigen. Ein Pastor in Holstein, Namens Schrader, veröffentlicht eine Brochure unter dem Titel: „Das Anneriren ist eine Sünde." Hoffentlich hat der Leiter der preußischen Politik so viel Religiosität, daß wir wenigstens bis zur nächsten österlichen Zeit einer befriedigenden Erledigung der schleswig-holsteinischen Sache entgegensehen können.

Die „Dreßdener Nachrichten" schreiben: „Viele Bierkenner loben jetzt außerordentlich die Güte des Waldschlößchenbieres und behaupten, daß sie dasselbe seit Jahren nicht so gut getrunken hätten." Wie wäre es, wenn man Waldschlößchenbier nach München kommen ließe?

Verfassungsconflict, Häusereinsturz, Annexion — Alles tritt in Berlin zurück vor Meyerbeers „Afrikanerin". Die Wiederholungen finden noch immer ohne Abendkasse statt, d. h. selbst Parterre- und Galleriebillets sind Vormittags schon ausverkauft. Reservirte Plätze sind unter zwei bis drei Friedrichsd'or noch immer nicht zu haben. Hr. v. Hülsen ist zwar unwohl und liegt zu Bette, aber das Geschäft geht doch flott. Die mittelstaatliche reindeutsche Romantik erregt in Berlin Heiterkeit. Meyerbeer, der durch seine Pariser Erfolge groß gewordene Berliner Jude, das ist der Prototyp der Zeit. In diesem Zeichen siegt man heut' zu Tage.

Briefranzen.

Eine Einsendung ersucht uns, die Vermehrung der Kaminkehrersconcessionen oder noch lieber: die Freigabe dieses Gewerbes zu befürworten. Der Nahrungsstand sei für alle gesichert, die sich darauf verlegen. (Und wenn Einer keinen Kamin zu kehren bekommt, dann kann er sich wohl selber hinter den Ohren kratzen?)

Der achtzehnte Jahrgang dieses humoristischen Originalblattes naht seinem Ende.

Man ersucht um rechtzeitige Erneuerung der Bestellungen.

Halbjährig bei allen Postämtern.

Preis in Bayern 1 fl.

Ausserhalb Bayerns erfolgt ein geringer Postaufschlag.

Münchener
PUNSCH.

Ein humoristisches Originalblatt von R. E. Schleich.
Achtzehnter Band.

Nro. 51. | Halbjähriger Abonnementspreis: in Bayern 1 fl. Im Ausland erfolgen die üblichen Postaufschläge. | 17. Dez. 1865.

☞ Halbjährig bei allen Postämtern Deutschlands.

Kein „armer Reisender"!

Anlehens-Kalender
für das schuldenreiche Jahr 1866.

Redigirt von Auguſtin Cibulieber, Finanzrath im ordentlichen Dienſt bei mehreren europäiſchen Cabinetten.

Januar. Die Pforte ſchließt ein Anlehen ab.

Februar. Italien contrahirt eine Anleihe von 200 Millionen.

März. Kaiſer Maximilian macht ſein unwiderruflich **letztes** Anlehen.

April. Oeſtreich legt eine neue Anleihe zu 90 Millionen auf.

Mai. Die Pforte negociirt ſchon wieder mit engliſchen Häuſern betreffs eines Anlehens.

Juni. Italien beſchließt, die Mittel zur Erfüllung ſeiner Verbindlichkeiten abermals durch eine Anleihe herbei zu ſchaffen.

Juli. Weil Spanien ſchon lange nicht mehr auf dem Geldmarkt erſchienen iſt, beſchließt es ebenfalls, hundert Millionen aufzunehmen.

Auguſt. Neues römiſches Anlehen, mit dem ausdrücklichen Beiſatz, daß an Italien Nichts abgetreten wird.

September. König Georgios verpfändet bei den Schutzmächten fünf Monatsquittungen ſeiner Civilliſte gegen einen Vorſchuß von 3000 Drachmen. England gibt das Geld her unter der Bedingung, daß er für 1500 Drachmen engliſche Feilen daran nimmt.

Oktober. Kaiſer Napoleon erklärt: Wo Alles borgt, könne er allein nicht auf die Vortheile des Credits verzichten.

November. Wegen vorgerückter Jahreszeit effectuirt der k. italieniſche Finanzminiſter nur mehr ein ganz kleines Anlehen.

December. Oeſtreich braucht abermals 50 Millionen, mit der bindenden Verſicherung, daß es heuer kein Anlehen mehr auflegen wolle!

Kleiner Kosten-Voranschlag der Wagner'schen Stadterweiterungs-Pläne.

Zur geneigten Berücksichtigung für die löbl. Gemeindeverwaltung München.

1) Herstellung des Straßenkörpers von der Kögelmühle östlich bis zur Isar, nämlich Erwerbung der nöthigen Grundstücke, Erbauung von Rollbahnen und Aufführung des Dammes ungefähr   250,000 fl.

2) Erbauung einer steinernen, oder auch eisernen, oder vielleicht auch einer Hängebrücke   400,000 fl.

3) Herstellung des großen Zukunftsplatzes rechts der Isar, in Form eines Rondels, mit Garten-Anlagen und vier großen Springbrunnen. Das seiner Zeit in der Mitte aufzustellende Wagner-Monument würde von seinen Verehrern bestritten. Das Uebrige aber, mit dem Motto: Semper florens, macht ungefähr . . . .   150,000 fl.

4) Freiwilliger städtischer Beitrag zu dem großen Theater, für 10,000 Zuschauer im altgriechischen Styl, welches Straße und Platz abschließt und das Ganze krönt . . . . .   500,000 fl.

5) Für Hauptreparaturen, Einstürze, wiederholtes Pflasteraufreißen, verfehlte Kanalanlagen und sonstige leicht vorherzusehende unvorhergesehene Ausgaben . . . .   300,000 fl.

                      Summa   1,600,000 fl.

Für die Maß Bier 2 Pfennige als Lokal-Kunsttendenz-Aufschlag, und die Kosten sind in 15 Jahren gedeckt! Sollte der Voranschlag überschritten werden, so kommt es auf ein paar weitere Jahre auch nicht mehr an.

Alles Uebrige, namentlich die Ausführung des Riesentheaters, mit den nöthigen Sculpturen und Malereien bestreitet die Civilliste, deren zeitgemäße Verdoppelung durch Vertheilung auf das ganze Land Niemanden sonderlich fühlbar wird.

Geschieht dieß, so ist München die erste Stadt Deutschlands, ja Europa's. Der Mittelpunkt der Gesangskunst wird es durch die neu zu gründende Ba-Ba-Ba-Schule ohnehin. Wird der Plan vereitelt, so sind nur die Ultramontanen Schuld. Der leicht erregbare Neid, die Verschwörung gegen das Höchste und Heiligste in der Kunst, die nackte und schmutzige Selbstsucht triumphirt dann und die traurigen Folgen sind nicht abzusehen.

Die Kunst ist zwar die höchste Blüthe des Friedens. Aber da die Extreme sich berühren, so verhält es sich mit der Wagner'schen Kunst wie mit dem Kriege: es gehört dazu erstens Geld! Zweitens Geld! Drittens Geld!

Wenn Herr Wagner erklärte, er müße Ordenskreuze grundsätzlich ablehnen, so wollte er damit doch wohl nur sagen, daß er ungemünztes Gold nicht brauchen könne.

"Richard's Wanderleben" ist schon ein altes Stück, wird aber immer wieder neu aufgeführt.

Wer ist Schuld daran? Am Ende gar der Richard selber?

Maxl und Sepperl, Schusterbuben.

Maxl. Also ist Herr Wagner aus Bayern hinausgereist?

Sepperl. Ja.

Maxl. Da hätt' man ihm aber doch einen ortskundigen Mann mitgeben sollen.

Sepperl. Warum denn?

Maxl. No, von Herrn Wagner ist's ja bekannt, daß er keine Grenzen kennt.

Maxl. Das ist eine G'schicht' mit dem Regierungsgebäud'! Ich hab' das Bureau g'seh'n — das schaut grauslich aus. Wie leicht hätten da die Beamten getroffen werden können.

Sepperl. Ja ja, die neueren Amtsgebäude sind halt eigentlich für solche Beamte, die im Bureau nicht zu treffen sind.

Bauliche Bekanntmachung.

Zur Beruhigung der oberbayerischen Herren Landräthe diene die Nachricht, daß im neuen Regierungsgebäude, besonders in den betreffenden Sitzungslokalitäten, abgenähte Plafonds hergestellt und, wo dieß wegen Kürze der Zeit nicht möglich ist, wenigstens die bisherigen Decken mit guten Stecknadeln befestigt werden.

———

Die „Neuesten Nachrichten" sprechen von ungeschickten Freunden des Hrn. von Pfistermeister. Nach dem Artikel in Nr. 333 dürfte es denn doch erlaubt sein, nach der Adresse der geschickten Freunde des Herrn Richard Wagner zu fragen?

———

Alles ist ultramontan.

Was ist's denn, Herr Stritzelmeier, warum lachen Sie denn?

— Weil's mich halt freut.

Es freut Sie? Sie sind ein Ultramontaner!

— Erlauben Sie —

Wer jetzt, da Wagner gefallen ist, lacht, der ist ein Ultramontaner. Da hilft aber auch schon gar Nichts. Gar Nichts, sag' ich Ihnen!

Es ist nun notorisch, daß Richard Wagner den König von Bayern aufgefordert hat, seine Macht geltend zu machen und eine Erhöhung der Civilliste durchzusetzen.

Wie bei andern Leuten die Gemüthlichkeit, so hört bei Wagner in Geldsachen die Demokratie auf.

Privat=Kabel des Punsch.

Athen. Man erreichte die Entfernung des griechischen Pfistermeister, Grafen Sponneck. Die Presse tobt, das Publikum wird verwirrt, wir treiben förmlichen Münchener Zuständen entgegen.

Paris. General Shoffield soll wirklich nur zur Herstellung seiner Gesundheit gekommen sein. Die Aerzte zerbrechen sich nun die Köpfe darüber, was das für eine Krankheit sein muß, gegen die es kein anderes Mittel gibt, als im Winter über's Meer nach Europa zu reisen und nach Paris zu gehen, wo überdieß noch die Cholera spukt!

Wien. Der türkische Gesandte erbittet sich Auskunft darüber, was Frhr.-v. Gablenz damit sagen wollte: „Er werde nicht wie ein türkischer Pascha regieren." Die Pforte verlangt, daß der türkischen Pascharegierung eine Ehrenerklärung gegeben werde. Der preußische Gesandte unterstützt sie.

Ungarn. Ein deutscher Diplomat soll gesagt haben: Ofen=Pesth wird entweder der Schwerpunkt oder der Schwärpunkt Oestreichs.

Frankfurt. Die Bundesversammlung empfing am 7. Dec. ein Schreiben J. M. der Königin von Spanien mit der Notification, daß die Infantin Maria Isabel am 28. Sept. von einer Prinzessin entbunden worden, welcher in der Taufe die Namen Maria, Amalia, Luisa, Elena beigelegt wurden. Und das ist nach übereinstimmender Erklärung aller Anwesenden das Erheblichste, was seit langer Zeit vorgekommen ist!

Dresden — Zürich — München.

Liegt nicht was Bezeichnendes darin:
Wo er war, da darf er nicht mehr hin?

Kleine Frühstücksplaudereien.

Wir machen unsere Leser auf einen vortrefflichen Bericht des Münchener Feuilletonisten in Nr. 340 der Augsburger Abendzeitung aufmerksam. Der Verfasser geißelt in unwiderleglichen Sätzen das Verächtliche, Lächerliche und Gefährliche des W a g n e r = S ch w i n d e l s. Verächtlich ist es, wenn ein alter Revolutionär an den fürstlichen Höfen und in den Hotels der Gesandten und Millionäre herumzieht, um sich die Taschen zu spicken; lächerlich, wenn er durch Purzelbaumverse eine Reformation auf dem Gebiete des gesammten menschlichen Denkens hervorbringen will; gefährlich aber, wenn einem Fürsten die Meinung beigebracht würde, durch Verallgemeinerung der „Kunstgenüsse", massenhaften und unentgeltlichen Besuch Wagner'scher Operntrilogien könnte das V o l k g l ü ck l i ch gemacht werden. „Erst Nahrung und Kleidung und dann Aesthetik", meint der Feuilletonist.

Der Pariser „Figaro" bringt nun auch einen Artikel über Monsieur Wagner. Es kommt ihm lächerlich vor, wenn dieser Mann einen Orden aus Grundsatz zurückweist, dabei aber seinem Gönner mit beiden Beinen in die Taschen steigt. „Figaro" hält Wagner nicht so sehr für einen Emissär der Revolution, als vielmehr für ein Hauptmitglied „du parti-voyou". Die Bedeutung der Pariser Bezeichnung „Voyou" figurirt als Titel einer bekannten Nestroy'schen Posse.

Es ward dahier allgemein verbreitet und mehrfach geglaubt: die Mitglieder des Verwaltungsraths des Aktientheaters bezögen für jede Sitzung 5 Gulden, der Vorsitzende sogar das Doppelte und manchen Tag würden zwei Sitzungen gehalten. Ein dem Preßbureau des genannten Theaters entflossener Artikel erklärt nun dieses ganze Gerede für f a l s ch. Die Verwaltungsräthe hätten ihr Amt nur dem Zweck zu Liebe und o h n e a l l e n E n t g e l t übernommen. Dieß ist nun sehr ehrenvoll, ja im Hinblick darauf, daß Zeit Geld ist, fast z u v i e l. — Der Besuch erhält sich fortwährend auf einer namhaften Höhe. Es sind in den letzten Jahren, besonders in Norddeutschland, so viel neue Stücke erschienen, daß die Direktion auf lange hinaus einen reichen Stollen auszubeuten hat.

Was Emil Devrient unter den Liebhabern, das ist Roger unter den Tenoristen. Er singt noch i m m e r und zwar nächstens in Wien. Roger wird sich wohl Einiges transponiren lassen, aber das thut nichts. Neuestens hält man in Wien nicht mehr viel auf identische Noten.

Es muß ja nicht jeder Wachtel gleich in die Tausende haben! Bei der Stadt-Pfarrei in Moosburg ist die Stelle eines ersten Tenoristen als erledigt ausgeschrieben, und ein fixer Gehalt von 250 fl. zugesichert. Plötzliche Heiserkeiten werden nicht acceptirt und künstlerische Rancunen gibt's da nicht.

Briefranzen.

In einer Münchener Gesellschaft war von den vielen Wechselschuldnern die Rede, die im Neuthurm sitzen, häufig nur zur Strafe, da die Gläubiger doch keine Aussicht haben, dadurch Befriedigung zu erlangen. „Ja, ja", sagte ein Bürger, indem er schmunzelnd auf die Dose klopfte, „ich spiel' nicht, ich reit' und fahr' nicht, ich hab' auch keine Maitresse, aber ein' G'fangenen halt i mir! Eine Freud' muß ja der Mensch doch hab'n."

In München gibt es Hundefänger, in Berlin Trichinenfänger, in Rosenheim aber gar Haberfeldtreiber-Fänger, die Tag und Nacht, zu Fuß und zu Pferde auf den Beinen sind. Einer derselben brachte sogar unlängst eine Nacht in einem Bahnwärterhäuschen zu. Die Felder liegen da, der Haber ist schon fort und die Treiber — sollen noch kommen.

Man hört öfter, daß Jemand in Folge eines freudigen Ereignisses zu einem wohlthätigen Zweck eine Schankung macht. Dem Mindelheimer Gesellenverein sind aber, wie das dortige Wochenblatt ausweist, 25 fl. geschenkt worden „aus Anlaß des Unglückes, welches den jugendlichen Feuerwehrmann Gottfried Strobel getroffen hat".

Mehrere Schnadahüpfel aus Wolfratshausen, wovon eines hier folgt:

   D'Loisach is hell
   Und b'Isar lauft schnell,
   Und 's Wasser geht seicht,
   Aber's Bier is uns z'leicht!

 Man ersucht um rechtzeitige Erneuerung der Bestellungen.

Münchener PUNSCH.

Ein humoristisches Originalblatt von M. E. Schleich.

Achtzehnter Band.

Nro. 52. Halbjähriger Abonnementspreis: in Bayern 1 fl. Im Ausland erfolgen die üblichen Postaufschläge. **24. Dez. 1865.**

☞ Die nächste Nummer ist die letzte des achtzehnten Jahrganges und enthält Titelblatt und Inhaltsverzeichniß.

Aus Frankfurt

kamen neulich zwei Meldungen von eigenthümlichem Charakter, nämlich:

Die **Bundesversammlung** hat heute eine Sitzung gehalten; es kamen jedoch nur Unterstützungsgesuche zur Verhandlung und Erledigung.

Und gleich darauf:

Der **Sechsunddreißiger-Ausschuß** war gestern versammelt, hat sich jedoch nur mit Unterstützungsgesuchen beschäftigt.

Möchte man nicht fragen: Was ist denn da noch für ein Unterschied zwischen diesen Beiden? Und doch soll der Sechsunddreißiger Ausschuß keine Nebenbehörde sein?

Allerdings gerirt er sich als solche. Dieß ist ihm aber nur dadurch möglich, daß der Bundestag selbst **Nebenbehörde** geworden ist!

In einer Zeit wo Alles daneben geht — wer kann da Mitte halten?

Schlechter Unterschied.

Pimpfhuber. Hebersleben und Habersleben, was ist für ein Unterschied zwischen diesen zwei Ortschaften?

Tatschler. Ein ganz kleiner, nur ein Buchstabe.

Pimpfhuber. Ja wohl! In Hebersleben wissen sie die Trichinen nicht los zu werden und in Habersleben — machen ihnen die Preußen so zu schaffen.

Volkswirthschaft in einer Bierwirthschaft.

Der Münchener „volkswirthschaftliche Verein" hat nun auch die Bierfrage in die Hand genommen und darauf bezügliche „Resolutionen" gefaßt. Die erste lautet: „Das Braugewerbe

ist frei zu geben." Die zweite: „Die Freigebung des Tarifs
ist definitiv einzuführen."

Jetzt wissen wir's! Freigebung des „Braugewerbes"! So
mancher arme Teufel von Knecht oder Bierführer möchte auch gerne
Großbräuer werden und zum Nutzen des Publikums seinen
früheren Chefs Concurrenz machen, aber — er kann die Concession dazu nicht 'rauskriegen!

So scheinen wenigstens unsere Volkswirthschaftler die Sache
anzusehen. Wissen denn diese Nationalökonomen von der sieben-
ten Bitte nicht, daß die Biermacherei von jenem Gewerbszwang,
dem vielleicht noch Schuster und Schneider unterstehen, sich längst
abgelöst und zum Monopol des Kapitals entwickelt hat? Es
ist ein Grundrecht geworden, und jedem in Bayern wohnenden
Deutschen steht es frei, nicht nur seine wenn auch noch so einfältigen Gedanken drucken zu lassen, sondern auch Großbräuer
zu werden, gleichwie auch Jedermann das Recht hat, ein Weltbank-
geschäft zu gründen und Anleihen zu 50 und 100 Millionen zu
übernehmen. Nur voran, die Bahn ist frei — es braucht nichts
als „die nöthigen Mittel" wie Herr Wagner sagt.

Das Heilmittel der „freien Concurrenz" paßt also auf die
Bierfrage wie die Faust auf's Auge, wodurch jedoch dem volkswirthschaftlichen Verein das Vergnügen an geist- und herzstärken-
den Discussionen nicht verleidet werden soll.

Zweite Resolution: „Der Tarif ist definitiv freizugeben".
Dieser Beschluß übertrifft wo möglich noch den ersten. Die
Freigebung des Tarifs ist eine Thatsache, die sofort wirken muß
und auch gewirkt hat, und es ist gleichgiltig, ob das Wort
provisorisch in der betreffenden Verordnung steht oder nicht.
Es ist gerade, wie wenn eine Abendgesellschaft beschlösse, in
ihrem Local eine neue Ventilation herzustellen. Ist dieß geschehen, so wird sich die versuchte Einrichtung bewähren oder
nicht, und es dürfte vielleicht nicht einmal einem Münchener
Volkswirthschaftler einfallen zu sagen: Die Ventilation zieht
nicht, weil sie nur provisorisch ist, wenn sie erst definitiv
wird, dann geht's schon!

Doch lassen wir der still kneipenden Volkswirthschaft ihre
Freude. Das Bier wird dadurch freilich nicht besser, aber auch
die Nationalökonomie kann kaum mehr schlechter werden.

Patent und Diplom.

Warum sagt man Februar**patent** und Oktober**diplom**?

Ist das Februarpatent kein Diplom und könnte man nicht auch sagen Oktoberpatent?

Die Ausdrücke sind aber richtig gewählt.

Patent ist der Freibrief zur **zeitweiligen** Beschützung einer neuen Erfindung, eines Experiments, das sich erst erproben muß.

Diplom aber bedeutet eine Ausfertigung, wodurch Jemanden gewisse Würden und Vorzüge für immer verliehen und bestätigt werden. Diplome gehören für die Aristokraten, Patente für den Gewerbefleiß. Patente sind etwas zeitgemäßes, Diplome etwas antiquarisches.

Wer Beides vereinigen könnte: Berücksichtigung des Historischen und Befriedigung des Zeitgeistes, der wäre ein **patenter Diplomat**.

―――

Ein Annexionist behauptet Folgendes: Die Beziehung, in welche zwei preußische Officiere zu dem Spion Barmann getreten sein sollen, bestand lediglich darin, daß sie ihm seinen eigenen Namen telegraphirten. Barmann schrieb ihnen nämlich, er sehe täglich Briefschaften und wichtige Aktenstücke liegen, worauf sie ihm telegraphisch antworteten: Barmann! (Pack's, Mann!)

―――

Prost Neujahr!

„Das Jahr 1866 ist unser" — schrieb Wagner an einen Freund.

Aber inzwischen erfolgte die Abreise.

Indessen hört man neuestens wieder, daß er im nächsten April wieder kommt.

„Also das Jahr 1866 ist doch unser" — wenn auch erst vom 1. April an.

Heiße Weihnachten

ober:

Die zwei glücklichsten Herrscher unter der Sonne

ober:

Gottes Gnaden als schweißtreibendes Mittel

Mer v. Marico. Sag'n die Leut' alleweil, es müßt halt doch gar so schön sein, auf einem Thron zu sitzen. I kuß die Hand!

Georgios. Es scheint, es geht Ihnen gerade wie mir? Ich hoffe zu meinem Namenstag wieder zu Hause zu sein!

Mer v. Marico. So lang' halt' i's nicht aus. Was hab' ich denn eigentlich für einen Genuß in meiner Stellung? Staatsschulden, sonst nir. Und die hab' ich zu Haus auch, noch viel schöner.

Georgios. Hören Sie, können Sie mir nicht auf drei Wochen 50 Thaler borgen?

Mer v. Marico. Geld hab' ich kein's, aber den Guadelump-Orden will ich Ihnen geben, wenn Ihnen damit gedient ist.

Georgios. Ich danke Ihnen — ich hätte bald was gesagt!

Mer v. Marico. Braucht's nicht! Ich weiß's schon.

Als Herrn Richard Wagner einen Tag vor seiner Abreise noch eine Schuldforderung unter Androhung sofortiger Auspfändung präsentirt wurde, sagte er zu dem erschienenen Advokaten: „So etwas kann Einem nur in München passiren."

Und doch waren ihm 14 Tage vorher 40,000 Gulden baar, in zwei Fiakern, an's Haus gefahren worden.

Hoffentlich wird Hr. Wagner auch in Bezug auf dieses Vorkommniß bezeugen, daß ihm so etwas nur in München passirt ist.

Privat-Kabel des Punsch.

Nürnberg. Die dermalige Lage unseres Vaterlandes erfüllt mit Recht jeden Patrioten mit Unruhe und Sorge. Diejenigen Patrioten, bei welchen dieß noch nicht ganz der Fall ist, wollen sich behufs ihrer vollständigen Füllung in den Saal des „goldenen Adlers" begeben.

Athen. Der junge Georgios leidet an Minister-Miserere. Es bleibt Nichts mehr bei ihm; jedes Cabinet geht sofort wieder von ihm, wie er es zu sich genommen. Der König ist in Folge dessen sehr schwach. Bülletins werden jedoch keine ausgegeben. Der griechische Hof dürfte nächstens in die Lage kommen, überhaupt nichts mehr auszugeben.

Kassel. Se. Hoh. der Churfürst hat einige Mitregenten erhalten. Nach verläßigen Berichten herrschen jetzt in Churhessen auch die Trichinen.

Mexiko. Diejenigen, welche auf ein französisches Schiff feuerten, waren nur Juaristen in Unionisten-Uniform. Zur Ausgleichung werden sich nächstens in Mexiko selbst Unionisten in Juaristen-Uniform einfinden.

Frankfurt. Die hohe Bundesversammlung erwartet ganz zuversichtlich, daß ihr in zwei, höchstens drei Monaten der Tod des Königs von Belgien werde angezeigt werden.

Der vielbesprochene General Shoffield ist von Paris nach London abgereist, wie es heißt — zur Herstellung seiner Gesundheit.

Frage: Was muß das für eine Krankheit sein, bei der man so viel reisen muß? Und was muß das für eine Gesundheit sein, die auf solche Art hergestellt wird?

―――•◦◦◦•―――

Richard Wagner wird, heißt es, demnächst einer Einladung des Großherzogs von Baden folgen.

Aus diesem Grunde sind in den Räumlichkeiten der großherzoglichen Cabinetskasse zu Karlsruhe bedeutende Erweiterungen vorgenommen worden, um die bereit zu haltenden „nöthigen Mittel" unterzubringen.

Kleine Frühstücksplaudereien.

Der Glanzpunkt des Hoftheaterrepertoire ist gegenwärtig Lachner's Katharina Cornaro. Bei Aufführung dieses an wahren Schönheiten so reichen Tonwerkes gestaltete sich der Beifall, wie die N. Nachr. selbst zugeben, zu einer Ovation für Franz Lachner. Eine solche kann aber unter den gegenwärtigen Verhältnissen leicht eine Anti-Wagner'sche Bedeutung haben. Ist dieß wirklich der Fall, dann war das Hoftheater letzten Sonntag mit wenigstens 2200 Ultramontanen angefüllt.

―――――

Der überall willkommene Hausfreund: genannt Sulzbacher Kalender hat seinen Einzug gehalten. Er bringt die Kalender aller Confessionen, dazu aber auch noch eine Unmasse des Wissenswerthen, z. B. sämmtliche Prinzen und Prinzessinnen von Europa, incl. Brasilien und Merico; ferner Abgeordnetenkammer und Wetterregeln; Orden und Schulden; Verzeichniß der Advokaten und Jagd- und Fischereikalender; sämmtliche Aemter, Gesandtschaften u. s. w. Maaße und Gewichte, Tarife und Märkte, kurz alles kann man in diesem Kalender finden und solche Fülle ist in der That eine reiche Entschädigung für eine kleine Unterschlagung, die sich der Weise von Sulzbach heuer zu Schulden kommen ließ. Dezember 1865 schließt mit dem ersten Viertel und Januar 1866 beginnt mit dem letzten — der dazwischen liegende Vollmond ist nicht zu finden und vielleicht gar wegen seiner „silbernen Scheibe" verklopft worden.

Wagner's Abendmoniteur meldet, daß der Vorspieler Sr. Maj. des Königs, Herr Doktor Hans von Bülow in Berlin und Hannover ganz ungewöhnliche Triumphe erlebt habe, beßgleichen in Schwerin, wo er vom Großherzog zur Tafel gezogen wurde. Es tritt hier der gewiß seltene Fall ein, daß in einem Fortschrittsblatt sogar des Herrschers von Mecklenburg freundlich gedacht wird! Schließlich kund und zu wissen, daß Herr Dr. Hans v. Bülow auch heuer wieder 3 Klaviersoiréen geben wird und daß die Aussicht auf diesen „lang entbehrten Genuß" gewiß von Jedem „mit größter Freude" begrüßt wird, vorausgesetzt, daß ihn die erwähnte lange Entbehrung nicht schon unter die Erde gebracht hat. — Anzufügen erlaubt man sich noch die Frage, warum sich Hr. Dr. Hans v. Bülow in seinen Berliner Concertanzeigen nur als k. preußischen Hofpianisten anführt, die Bezeichnung „Vorspieler Sr. Maj. des Königs von Bayern" aber weggelassen hat, während er an Münchens Straßenecken den kgl. preußischen Pianisten mit großen Lettern voranstellt?

Im Gothaer Tagblatt befindet sich folgende Annonce: „Gestern wurde mir ein 6 Pfund schwerer Schinken gestohlen. Ich beeile mich, den resp. Entwender aufmerksam zu machen, daß das Fleisch noch nicht mikroskopisch untersucht ist." — Ob nun der Schinken wohl zurückgestellt wird, oder ob es der Dieb auf Trichinen ankommen läßt?

Angenehmes Geschäft. In Dresden ist man noch immer mit der Abwicklung des ausgedehnten Rechnungswerkes über das deutsche Sängerfest beschäftigt. Bei dieser Wickelei dürfte mancher unangenehme Knopf zum Vorschein kommen.

's gibt nur oa' Kaiserstadt u. s. w. Das Wiener Fremdenblatt zeigt an: Jeden Dienstag Abend bei Sperl: „Geschlossenes Ballet-kränzchen."

Der Jahrgang 1866 ist unser!

So können Alle sagen, welche zur rechten Zeit das Abonnement auf dieses humoristische Originalblatt erneuern.

Alle Postanstalten des bayrischen In- und des deutschen Auslandes, so wie auch der ganzen Schweiz und Urschweiz effektuiren halbjährige Bestellungen.

Preis in Bayern 1 fl., in Preußen 25 Sgr., in Oestreich 1 fl. 35 Kr., in der Schweiz 3 Frcs. 20 Sous.

Druck der Dr. Wild'schen Buchdruckerei (Barth).

Münchener PUNSCH

Ein humoristisches Originalblatt von M. E. Schleich.

Achtzehnter Band.

Nro. 53.   Halbjähriger Abonnementspreis: in Bayern 1 fl. Im Auslande erfolgen die üblichen Postaufschläge.   31. Dez. 1865.

Zum Zolltarif.

Nach den letzten Volksversammlungsbeschlüssen in Nürnberg müssen nothwendiger Weise auch folgende Gegenstände als **Nürnberger Spielwaaren** betrachtet werden:

Knochenbrecher, Todtschläger, Knüppel, Ziegenhainer Stöcke, abgebrochene Bohnenstangen, Zaunlatten, Wurstmacherschlägel, Maurerhämmer, Maßkrüge, kurz Alles, womit der Vertreter der Stadt Nürnberg gegen die ultramontanen Kundschaften seiner Mandatgeberin vorzugehen empfohlen hat.

Nürnberger Witz und Hand
Geht durch's ganze Land.

Na, wenn Crämers Nürnberger Hand durch's ganze Land reicht, dann dürfen sich die Ultramontanen gleich Feuerwehrhelme anschaffen!

Ich ersuche Herrn Crämer bringend, einen Schädel nicht eher einzuschlagen, als bis er ihn phrenologisch untersucht hat!

Dr. Scheve.

Marl. Aber jetz' geht's zu, in dem Boarn=Landl!

Sepperl. Net übel.

Marl. Mit dem projektirten Ministerium Völk is 's also doch noch nix!

Sepperl. Aber ich bitt' dich — das wär' ja doch gar zu toll — ein Reitknecht —

Marl. Du strohdummer Kerl, ich mein' ja den Deputirten Völk.

Sepperl. Ah so.

Marl. Und der Lerchenfeld is auch nicht Cultusminister worden!

Sepperl. Na, jetzt hör' einmal: Er mag ein sehr achtungswerther Mann sein, aber vom Stall zum Cultus —

Marl. Ich red' ja vom Regierungspräsidenten in Augsburg!

Sepperl. Ja so!

Marl. Hast du den Lerchenfeld g'meint, dem 's nicht recht war, daß der Kolb Stallmeister word'n is?

Sepperl. Jetz' will ich dir was sag'n: das begreif' ich auch nicht! Der Kolb ist ein scharfer Politiker und Zeitungsschreiber, ob er aber reiten kann —

Marl. Mit dir is wirklich nimmer z'reden, du wirfst die ganze Welt durch einander. Hier is ja nicht vom Abgeordneten Kolb die Rede!

Sepperl. Hör'n m'r lieber auf — die Confusion wird sonst alleweil größer. Adieu!

Marl. Du, noch ein Wort, wann wird denn die Residenz nach Nürnberg verlegt?

Sepperl. Nächstens vielleicht.

Marl. Da kriegt wohl der Crämer auch eine Hof=Charge.

Sepperl. Er wird jedenfalls Ceremonienmeister. Als solcher hat er einen Stock zu tragen, mit dem kann er nachher gleich die Ultramontanen auf den Schädel hauen.

Marl. Recht so.

Reaktionäre von reinem Wasser kann's dahier gar nicht geben, bevor die Thalkirchener Leitung nicht fertig ist.

Zum Teufel mit der Logik!

Obersatz. Alle Unterofficiere haben zwei Beine.

Mittelsatz. X hat auch zwei Beine.

Schlußsatz. Also ist X auch ein Unterofficier.

Obers. Alle Ultramontanen sind Gegner Wagner's.

Mittels. Y ist auch ein Gegner Wagner's.

Schluß. Also ist Y auch ultramontan!

Monumentum Boicum.

Am vergangenen Christabend waren es 160 Jahre, daß an der Sendlinger Kirchhofmauer 500 bayerische Nativisten für's Vaterland starben. Demungeachtet kann dieser Species von Leuten, nach der Aufstellung des Herrn Dr. Hans v. Bülow, die Tugend der loyalen Anhänglichkeit an das Herrscherhaus nicht zuerkannt werden. Es ist auch in der That richtig, daß Keiner derselben je einen Zeitungsartikel geschrieben, irgend welche Kunsttendenzen dargestellt, die damalige Cabinetskasse erleichtert hätte und was dergleichen höhere Loyalitäts-Proben mehr sind. Jene Fünfhundert hatten wirklich keinen Begriff von künstlerischer „Daseins-Freude", aber lieb war ihnen ihr saures Leben doch, und das opferten sie. Auch einen beschränkten Geist auszuhauchen ist eine schwere Arbeit, und sie thaten es, um der Unabhängigkeit ihres Landes und der Rettung der Dynastie willen. Die Schlacht hörte nicht eher auf, als bis der letzte Nativist gefallen war. Ein geistreicher Geschichtschreiber sagt, daß die, welche bei Sendling ruhen, nicht so berühmt sind, wie die bei Thermopylä Gefallenen, daß sie sich aber an Heldenthum vollkommen gleichen.

Und doch brachten wir's noch immer nicht zur Tugend „loyaler Anhänglichkeit an das Herrscherhaus"! Ein Berliner Junge muß uns das sagen.

Historisch ist es übrigens, daß die nativistisch-klerikalen Fractionäre, deren Wirksamkeit im Sendlinger Kampf den Culminationspunkt erreichte, bei Jenen selbst keinen Anklang fanden, für die zu sterben sie gekommen waren. —

Privat=Kabel des Punsch.

Frankfurt. Der Bundestag wird sich Mitte Januar wieder versammeln, um zu sehen, ob ihm nicht vielleicht der Tod des Königs von Belgien angezeigt wird.

Der Wagner im „Faust" sagt:

Das Fiedeln, Schreien, Kegelschieben
Ist mir ein gar verhaßter Klang.
Sie toben, wie vom bösen Geist getrieben,
Und nennen's Freude, nennen's Gesang!

Faust's Wagner hätte aber einsehen können, daß das gerade erst der rechte Gesang ist, für den damals leider nur noch die Schule fehlte, die unserer Zeit vorbehalten war.

Druck der Dr. Wild'schen Buchdruckerei (Parcus).